INFLUENCE
The Psychology of Persuasion,
NEW AND EXPANDED

影響力の武器［新版］

人を動かす七つの原理

ロバート・B・チャルディーニ 著
社会行動研究会 監訳

誠信書房

はじめに

『影響力の武器』は一般読者を対象としていたため、学術書とは違う語りかけるような書き方を心がけました。多少心配だったのは、そのせいでこの本が、学者仲間から「通俗《ポップ》」心理学と見られるのではないかということでした。そんな心配をしたのは、法学者のジェームズ・ボイルが述べたように、「学者連中が『通俗科学作家』という言葉を使うとき、そこにはこれ以上ないほどの軽蔑が込められている」からです。そのため、私が『影響力の武器』を書き始めた当時、同僚の社会心理学者のほとんどが、一般向けの本を書いたら研究者仲間から相手にされなくなるかもしれないと考えていました。実際、もし社会心理学が一企業だとしたら、素晴らしい研究開発部門を擁《よう》しながら、出荷部門がない会社として有名になっていたことでしょう。私たちは出荷せず、外部の人たちが利用するどころか、存在に気づくことさえなさそうな専門誌の中で、お互いの知見を交換するだけでした。

幸い心配は杞憂に終わり、大衆的なスタイルを押し通しても、『影響力の武器』が「通俗《ポップ》」心理学だと非難されることはありませんでした。[*1] そのため、その後の版（本書も含みます）でも、この書き方を堅持しています。もちろん、それ以上に重要なのが、私の述べている内容や結論、そして読者に推奨している事柄の根拠となる科学的研究を明記していることです。本書に出てくるさまざまな結論はインタビュー、引用、体系的な人間観察といった手段によって彩られたり、補強されたりしていますが、その土台には必ず、適切に実施された心理学的研究が存在しています。

『影響力の武器　新版』について

私にとって今回の改訂は難題でした。「壊れていないものを修理してはいけない」という格言が頭にあったため、全体を再編成するような大手術を行うのは気が進みませんでした。なにしろ『影響力の武器』は私の常識的想像をはるかに超えた売れ行きを示し、複数の改訂版と四十四種類の翻訳版が出ているのです。翻訳版については、私の同僚でポーランド人のウィルヘルミーナ・ウォーシンスカ教授から、本書が広く受け入れられていることを裏付けるような（しかし、考え込んでしまいもする）コメントをもらったことがあります。彼女はこう言ったのです。「ロバート、あなたの『影響力の武器』はポーランドですごくよく知られていて、私の受け持ちの学生たちなんて、あなたがもう亡くなっていると思っているくらいなのよ」。

一方で、シチリアに住んでいた私の祖父愛用の引用句「ものごとを今のままにしておきたかったら、そこに手を加えなくちゃいけない」[*2]を踏まえれば、今バージョンアップをするべき根拠もありました。『影響力の武器』の最新版が出版されてからだいぶ経っており、その間、本書で取り上げるに値するさまざまな変化があったからです。まず、影響過程に関する心理学的知見が格段に増加しました。説得、承諾、心理的変化に関する研究の進展を反映させるべく、今回の版では加筆を行っています。全般的な題材の刷新に加え、これまで以上に注意を向けるようにしたのが、日常的な人々のやり取りで影響力が果たす役割についての最新記事です。つまり、研究室ではなく現実世界において、影響過程がどう働くかにより注目しています。

また本書では、以前読者の方々の反応に刺激を受けて始めたコーナーを、さらに充実させました。そのコーナーでは、『影響力の武器』を読んでくださった人たちの経験に光を当てています。読者のなかには、影響力の一つによって自分が動かされたり、逆に人を動かしたりした経験を、メールや手紙で報告してくれた人たちがいます。それを本書では「読者からのレポート」というタイトルで、各章に挿入してあります。このコーナーをお読みになれば、私たちが日常生活の中でどれほど簡単に影響力の諸原理の犠牲者になってしまうか、ご理解いただけるはずです。本書には、影響力の諸原理がビジネスや私生活にどう当てはまったかを教えてくれる、新たな体験談を豊富に収録しています。また、過去の版に直接、あるいはコース担当講師経由で、「読者からのレポート」を寄せてくださった次の方々に感謝の意を表します。パット・ボッブズ、ハートナット・ボック、アニー・カルトー、マイケル・コンロイ、ウィリアム・クーパー、アリシア・フリードマン、ウィリアム・グラジアーノ、ジョナサン・ハリス、マーク・ヘイスティングズ、エンデイユ・ケンディー、カレン・クラワー、ダニュータ・ルブニッカ、ジェームズ・ミカエルズ、スティーブン・モイセイ、ケイティー・ミューラー、ポール・ネイル、ダン・ノリス、サム・オマル、アラン・J・レズニック、デリル・レツラフ、ジョフリー・ローゼンバーガー、ジョアンナ・スピチャーラ、ロバート・スタウス、ダン・スイフト、カーラ・バスクス。本書に新たな「読者からのレポート」を寄せてくださった以下の方々にも深く感謝いたします。ローラ・クラーク、ジェイク・エピス、ファン・ゴメス、フィリップ・ジョンストン、パオラ・ジョー・セント・ジョン、キャロル・トマス、イェンス・

トラボルト、ルーカス・ワイマン、アンナ・ウロブレウスキ、アグリマ・ヤダブ。また、読者には、本書に紹介されているような「レポート」を、以下のアドレスまで送ってくださるようお願いいたします。次の改訂版が出版されるときに、紹介させていただくかもしれません。

Eメール――ReadersReports@InfluenceAtWork.com

最後になりましたが、影響力に関連した情報をもっと知りたいという方は、私たちのウェブサイトInfluenceAtWork.comをご訪問ください。

本書では、これまでの版に備わっていた特徴に磨きをかけるような変更のほかに、新たな要素を三つ加えました。一つ目は、効果の証明されている社会的影響戦略をインターネットの世界に応用した手法の検討です。ソーシャルメディアやEコマースのサイトが説得の科学に関する教訓を取り入れているのは間違いありません。そのため本書では、各章に「Eボックス」というコーナーを設け、そうした最新テクノロジーへの社会的影響戦略が、どのような形で成し遂げられているのかを例示しています。二つ目の新しい特徴は、巻末の註【訳注：翻訳書では、原註および引用文献は、誠信書房のウェブサイトより、PDFファイルにて提供している。詳しくはxxiii頁を参照】を増強し、本文で説明した研究の引用だけでなく、関連研究の引用と説明もしていることです。本書では巻末の註が、本文で扱う問題に関する包括的で物語的な読み物になっています。最後に、そしてこれが最も重要なことですが、私は本書に第七の社会的影響力の普遍的原理として、一体性の原理を追加しました。一体性の原理について論じる章では、説得を受ける側の人が、相手との間に意義深い個人的もしくは社会的アイデンティティの共有があると思った場合に、相手の説得アピールを驚くほど受け入れやすくなるということを説明します。

謝辞

本書の執筆にあたり、多くの方々のお世話になりました。記して感謝の意を表します。研究者仲間のガス・レバイン、ダグ・ケンリック、アート・ビーマン、マーク・ザンナには、書き上げたばかりの原稿の隅々に目を通してもらい、鋭いご指摘をたくさんいただきました。そのおかげで、最終稿は非常に質の高いものになったと思います。家族や友人にも初稿を読んでくれた人たちがいます。リチャード・チャルディーニ、グロリア・チャルディーニ、ボベット・ゴードン、テッド・ホールです。彼らからは励ましの言葉とともに、洞察に満ちた的確なコメントも数多くいただきました。

また、有用な示唆を以下の方々からいただきました。トッド・アンダーソン、サンディ・ブレイバー、キャサリン・チェインバース、ジュディ・チャルディーニ、ナンシー・アイゼンバーグ、ラリー・エトキン、ジョアン・ガースティン、ジェフ・ゴールドスタイン、ベッツィ・ハンス、バレリー・ハンス、ジョー・ヘプワース、ホリー・ハント、アン・インスキープ、バリー・レショヴィッツ、ダーウィン・リンダー、デビー・リトラー、ジョン・モウエン、イゴール・パブロフ、ジャニス・ポスナー、トリッシュ・ピュリア、マリリン・ロール、ジョン・ライヒ、ピーター・ラインゲン、ダイン・ルーブル、フィリス・センスニグ・ロマン・シャーマン、ヘンリー・ウェルマン。

執筆の初期にお力添えをいただいた方々もいます。ジョン・ステイリーは、最初にこの企画の意義を認めてくれた編集者です。ジム・シャーマン、アル・ゲザルス、ジョン・キーティング、ダン・ワグナー、ダルマス・テイラー、ウェンディ・ウッド、ダヴィッド・ワトソンは、初版出版直後に好意的な書評を書いてくれました。これは、私や編集者にとってどれだけ励みになったか分かりません。以下に掲げる読者の方々は、電話調査に協力してくださいました。厚くお礼申し上げます。ウィートン大学のエモリー・グリッフィン、カリフォルニア州立大学フレズノ校のロバート・ルヴァイン、ジョージア州立大学のジェフリー・レバイン、デイトナビーチ・コミュニティカレッジのデイヴィッド・ミラー、ジョージア州立大学のルイス・モア、デイトナビーチ・コミュニティカレッジのリチャード・ロジャース。これまでの版に素晴らしい書評を寄せてくれたのは以下の方々です。イェール大学のアサド・アッジ、アーカンソー大学のロバート・ブラディ、ケネソー州立大学のエイミー・バディ、テキサス大学サンアントニオ校のブライアン・コーエン、フロリダ大学のクリスチャン・クランドール、テキサス州立大学のマリア・チジェフスカ、ノース・カロライナ州立大学のセレステ・ファー、サルベレジーナ大学のアーサー・フランケル、アラスカ大学のキャサリン・グッドウィン、ブラッドリー大学のロバート・ロウダー、バージニア工科大学のジェイムズ・マイケル・ジュニア、ノーザン・コロラド大学のユージン・シーハン、コネチカット・カレッジのジェファーソン・シンガー、グレースランド大学のブライアン・スミス、ミシガン州立大学のサンディ・スミス。

本書に関して、以下の人たちには特に感謝しています。私の代理人ジム・レバインからは、非常に鋭い助言をもらいました。ハーパー・ビジネスの担当編集者ホリス・ハインバウチと私は、大小さまざまな事柄で非常に意見が合い、そのため、執筆・編集作業がかつてないほどスムーズに運びました。またハーパー・ビジネスのウェンディ・ウォンと原稿整理編集者のプレジアン・アレクサンダーは、素晴らしい手腕を発揮して、私の原稿を完成稿に整えてくれました。私の同僚スティーブ・マーティンは、彼が見事に実施した実験から得たデータを提供してくれました。そのおかげで、本書の内容が豊かで面白いものになりました。これまでの版がさまざまな国で読まれたので、私はアンナ・ロピェスカに英語を母語としない人の見地から原稿にコメントするよう頼み、彼女は非常に有益なコメントを寄せてくれました。そしてそれが完成稿を仕上げる際には大いに役立ちました。〈インフルエンス・アット・ワーク〉のチームのなかでは、エイリー・ヴァンダミアとキャラ・トレーシーが担当範囲を進んで広げてくれ、その過程で、それまでとはまた違った素晴らしい有能さを見せてくれました。それと、どうしても謝意を述べないわけにはいかない人がいます。『影響力の武器』をずっと支持してくれているチャーリー・マンガーです。彼は金融界や投資業界の人たちに勧めてくれました。

そして最後は、妻であり、仕事仲間であり、遊び仲間であり、心の友でもあるボベット・ゴードンに感謝を。彼女の穏やかな論評はいつも仕事をはかどらせ、彼女の愛は毎日に喜びを与えてくれています。

まえがき

この際、正直に打ち明けてしまうことにします。私はこれまで、実にだまされやすい人間でした。物心がついた頃からずっと、販売員や募金活動員、その他さまざまな説得上手な人に丸め込まれてきました。たしかに、そうした人たちのなかで卑劣な意図を持っていたのはほんの一握りにすぎず、それ以外の人たち（たとえば、慈善団体の代表者）に、邪《よこしま》な動機などありませんでした。でも問題はそこではありません。そうした人たちと話した後、いつも私は読みたくもない雑誌を購読することになったり、行きたくもないダンスパーティーのチケットを買わされていたりしたのです。自分でも心配になるくらい頻繁にそういうことがありました。承諾の研究に興味を持つようになったのは、おそらく、長い間自分がカモの地位に甘んじていたためでしょう。どんな要因によって人は要求を受け入れるのか。それらの要因を最も効果的に使って相手から承諾を引き出すテクニックには、どんなものがあるのか。何か頼み事をするのに、ちょっとしたやり方の違いで成功したり失敗したりするのはなぜだろうか。そんな疑問を持つようになったのです。

それで私は、実験社会心理学者として、承諾の心理について研究を始めました。当初は実験室で、大学生を対象にした実験ばかり行っていました。どんな心理学的原理が要請を受け入れる傾向に影響を与えているのかを、突き止めたいと思っていたのです。現在では、これらの原理がどのようなものであり、どのように働くかについて、心理学者は非常に多くの知識を得ています。本書では、こうした原理を「影響力の武器」と呼ぶことにし、そのなかでも特に重要なものについて論じていきます。

さて、もちろんこの研究に実験は欠かせません。しかし研究を進めるうち、私はそれだけでは不十分だと思うようになりました。心理学の研究室とキャンパスに閉じこもって実験を繰り返し、原理の妥当性を検証しているだけでは、その外に広がる日常世界でそれぞれの原理がどの程度重要な意味を持っているのか、判定できなかったのです。承諾の心理を十分に理解しようとするならば、研究の幅をもっと広げなくてはなりませんでした。他人にイエスと言わせるプロ（いつも私にイエスと言わせてきた人たち）に目を向ける必要があったのです。彼らはうまくいくやり方も、そうでないやり方も熟知しています。適者生存の法則がこのことを証明しているのです。我々を丸め込むのが彼らの仕事であり、それを生活の糧としています。狙った獲物にイエスと言わせることができなければすぐ生存競争に敗れてしまい、イエスと言わせることができれば、この世界で成功できるのです。

もちろん、これらの原理を知っていて自分の仕事のために使っているのは、そうしたプロだけではありません。人は誰でも、近所の人、友人、恋人、家族との日々の付き合いのなかで、ある程度これらの原理を利用していますし、また、その犠牲にもなっています。しかし、承諾誘導術の使い手たちは、効果的な方法に関して、私たちのような素人の曖昧な理解を超えた豊富な知識を持っています。そう考えたとき、私は彼らこそ、承諾に関する最も豊富な情報源だと気がついたのです。そこで三年近くの間、実験的研究の傍《かたわ》ら、それよりも断然面白いプログラムに従事しました。承諾誘導のプロたちの世界、つまりセールスマン、募金活動員、広告マンなどの世界にどっぷりと漬かったのです。

私の目的は、その道のプロたちに広く使われている効果的なテクニックと戦略を、内側から観察することでした。この観察プログラムでは、承諾誘導術の使い手から話を聞くこともありましたし、そうした技術の使い手にとっては天敵と言える人たち（たとえば、警察の詐欺事件担当者や消費者団体）から話を聞くこともありました。また、ときにはセールスマニュアルなど、代々受け継がれてきた資料を徹底的に調べもしました。

しかし、最も多く行ったのは参与観察です。これは研究者が言わばスパイになる研究法です。自分の正体と目的を隠して関心のある環境に潜入し、研究対象とする集団の完全な一員になるのです。たとえば、雑誌（あるいは掃除機、肖像写真、健康サプリ）のセールスを行う組織が用いる売り込みの戦術を知りたいとすれば、販売員見習い募集の広告に応募して、彼らの方法を直接教えてもらうのです。まったく同じ方法ではないにしても、似たようなやり方で、広告やＰＲ、募金活動を行う組織に入り込み、彼らのテクニックを調べることができました。本書で紹介していることの多くは、我々にイエスと言わせることに専心している組織に、説得のプロもしくはプロ志望者を装って、何度も飛び込んだ私自身の経験に基づいています。

約三年にわたる参与観察ではさまざまなことを学びましたが、特に有益だったことが一つあります。それは、その道のプロたちが相手にイエスと言わせるために使う戦術は数限りなくあっても、その大部分は七つの基本的なカテゴリーに分類できるということです。それぞれのカテゴリーを支配するのは、人間の行動をつかさどる基本的な心理学の原理であり、この原理が用いられる戦術の力となっています。本書ではこの七つの原理（返報性、好意、社会的証明、権威、希少性、コミットメントと一貫性、一体性）を取り上げ、一つの原理につき一章を割り当てて論じていきます。これらの原理は、社会でどのように機能するのでしょうか。また、説得のプロたちは、それらの原理が持つ巨大な力をどう巧みに組み合わせ、購買、寄付、譲歩、投票、同意を獲得する要請に仕立てあげていくのでしょうか。[*1]

考察の対象は、それぞれの原理が持つ自動的で愚かな承諾、すなわち、よく考えずにイエスと言ってしまう傾向を引き出す力です。これまでに得られた証拠は、加速度的な勢いで情報の氾濫が進行している現代社会においては、思考を伴わないこの種の承諾が今後ますます頻繁に生じるようになることを示しています。したがって、自動的な影響がなぜ、どのようにして機能するかを理解するのは、私たちの社会にとってさらに重要になっていくでしょう。

最後に、今回の版では章の順番を入れ替えています。変更にあたって参考にしたのは、説得を行う側がメッセージによって達成したい説得目標に応じて有効な原理が変わる、という私の同僚、グレゴリー・ニーダート博士の見解です。もちろん、影響力を使いたいと思う人なら誰でも、相手に変化をもたらしたいものですが、ニーダート博士の「社会的影響力の主要動機モデル」によれば、優先して用いるべき影響力の原理は、説得を行う側がそのとき何を主な目標としているかによって変わります。たとえば、このモデルが考える主な動機（目標）の一つに、良好な関係を育むことがあります。研究によれば、まず受け手にメッセージの送り手を好ましく思わせると、メッセージが伝わりやすくなります。この課題に対しては、影響力の原理七つのうちの三つ（返報性、好意、一体性）が、とりわけ有効なようです。

すでに相手と良好な関係ができている状況では、不確実性の軽減が優先課題になるかもしれません。そもそも良好な関係ができているだけで、説得が必ずうまくいくとは限りません。どんな決定を下すように説得されていても、人は考えを変えようとする前に、それが賢明な選択だと納得したいものです。ニーダート博士の社会的影響力の主要動機モデルによれば、この段階で無視するわけにいかないのが、社会的証明の原理と権威の原理です。ある選択肢を他の人たちや専門家が高く評価しているという証拠は、その選択肢をとても賢明なものに見せるからです。

しかし、良好な関係が育まれ不確実性が軽減された後にも、行動の変化が起きる見込みを高めるために達成すべき目標がまだ一つ残っています。この段階で主な目標になるのは、行動への動機づけです。たとえば、ある人が仲の良い友人から、ほとんどの人が毎日身体を動かすのは健康に良いと信じており、著名な専門家たちも運動が健康にもたらすメリットをこれでもかというほど喧伝しているという証拠をたっぷり示されたとしても、それだけで毎日身体を動かす気になるとは限りません。このようなときに、一貫性の原理と希少性の原理を盛り込むという手を使えば、説得は成功しやすくなります。たとえば、相手が以前、自分の健康の重要性と、もしそれを失ったら味わえなくなるかけがえのない喜び（希少性）について、人前で行った発言（一貫性）を思い出させるのです。このような働きかけを行えば、相手はただ決意をするだけでなく、その決意に沿った行動をとる見込みが最も高くなります。その結果、朝起きてすぐジムに出かけるようになる見込みも最も高くなるでしょう。

ですから、各章の配列を決めるにあたっては、説得する側が持つこれら三つの目標それぞれを達成するのに特にふさわしいのはどの原理か、という問いも考慮しました（ちなみに答えは、良好な関係を育むことを主眼に置くときは、返報性、好意、一体性。不確実性の軽減が大事なときは、社会的証明と権威。行動への動機づけが主な目的となったときは、希少性と一貫性になります）。気をつけてほしいのは、各段階と結びついた原理を用いなければそれぞれの目標を達成できない、と言っているわけではない点です。言いたいのはむしろ、それぞれの目標を達成するのに有効な原理が使えるときに、それを用いなければ大きな間違いを犯すことになるということなのです。

目　次

原註（＊付きの肩付き数字）および引用文献は弊社ホームページ内の本書紹介頁にリンクを貼っております。下記のQRコードからもアクセスしていただけます。
https://www.seishinshobo.co.jp/book/b10033616.html

第1章

影響力の武器

——説得の（強力な）七つ道具

文明は自分の頭で考えずにできる作業の種類を増やすことによって進歩する。
（アルフレッド・ノース・ホワイトヘッド）

単純さは究極の洗練である。
（レオナルド・ダ・ヴィンチ）

本書で紹介するのは、どれも当初は不可解に見えながら、人間に生来備わった傾向への理解を通じてきちんと説明がつく、さまざまな研究の結果です。ついこの間もそうした研究結果にぶつかりました。その研究では、ボランティアの実験参加者に、知能向上を謳《うた》うエナジードリンクを与えました。一部の参加者（第一グループ）はドリンク代として一ドル八十九セントを徴収され、それ以外の参加者（第二グループ）は、割引価格で大量購入したので八十九セントだけ払えばいいと言われました。その後、どちらのグループも、知能パズルに三十分間取り組み、問題をできるだけたくさん解くようにと指示されました。私の予想は、第二グループのほうが値引きを受けて気分が良いだろうから、より熱心に取り組み、数多くの問題を解くだろうというものでした。しかし、実際の結果は正反対でした。[*1]

この結果を読んで思い出したのは、何年も前にかかってきた電話のことです。かけてきたのは、アリゾナでネイティブ・アメリカン・ジュエリーの店を営んでいた女性の友人で、とても不思議な出来事があり、心理学者の私ならそれをうまく説明してくれるのではないかと思って電話したのだと言いました。話というのは、なかなか売れずに困っていたターコイズ（トルコ石）に関してでした。当時は観光シーズン真っ盛りで、店はお客でいっぱいだったそうです。しかし、そのターコイズは値段のわりに質の高いものだったのに、なぜか売れませんでした。なんとかこの宝石を買ってもらおうと、彼女はいくつかの正攻法を試しました。まず、石を陳列ケースの目立つところに移して客の注意を引こうとしましたがダメでした。次に、店員にその品をもっと積極的に客に勧めるようにも言いましたが、やはり結果は同じでした。

いい加減頭にきた彼女は、「その陳列ケースの品は、全部価格を1／2にしておいて！」という殴り書きのメモを売り場の主任に残して、買い付けの出張に出かけました。損をしてもいいから、とにかくその商品を始末したかったのだそうです。数日して店に戻ったとき、陳列ケースの商品がすべて売れていたのを見ても、彼女は特に驚きませんでした。しかしその後、驚くべき事実を知ることになります。メモを受け取った主任は、殴り書きされた「1／2」を「2」と読み間違えたため、商品の値段を最初の二倍の価格にしたのでした。それなのに宝石はすべて売れていたのです。

それで、彼女はすぐさま私に電話をかけてきたのです。私は何が起こったのかすぐ理解しましたが、わざともったいぶって彼女にこう言いました。「ちゃんと説明するとなると、私の話に付き合ってもらわなくてはならないな」。実際に聞かせたのは私の話ではなく七面鳥の母鳥の話で、動物行動学（野生動物の研究）に属するものでした。七面鳥の母鳥はとても良い母親です。優しく、用心深く、ヒナを守ります。自分の翼の下のヒナに気を配り、寒がっていれば温め、汚れていれば体をきれいにし、ヒナがふらふらと出歩いていれば抱き寄せて守ります。こうして母鳥は一日の大半を過ごしていますが、その様子を観察していると、少し奇妙な点に気づきます。こうした世話のほとんどすべては、ある一つのことをきっかけにして始まるのです。それは、ヒナたちの「ピーピー」という鳴き声です。他の特徴、たとえばにおい、羽の感触、外見などは、こうした世話の過程にさほど大きな影響を及ぼさないようなのです。ヒナがピーピーと鳴けば母鳥はそのヒナの面倒を見ますが、鳴かなければヒナを無視し、あるいは殺してしまうことさえあります。

七面鳥の母親がこの音一つに極端なほど頼ってしまうのを劇的な形で証明したのが、七面鳥の母鳥と毛長イタチの剝製を使った実験でした。毛長イタチは七面鳥の天敵で、母鳥はイタチが近づくと激怒して鋭い鳴き声を上げ、くちばしでつつき、爪で引っかきます。実際その実験では、イタチは剝製であったにもかかわらず、紐で引っ張って母鳥のほうに近づけていくと、すぐに強烈な攻撃を受けました。ところが、剝製の中に小さなテープレコーダーを埋め込んでおき、そこからヒナ鳥のピーピーという鳴き声を流すと、母鳥は天敵の接近を許したばかりか、自分の翼の下に抱き込んでしまったのです。そしてテープを止めると、またイタチに対する激しい攻撃が始まったのです。

クリック・実行《ラン》

このような七面鳥の母鳥の行動は、とても不可解です。ピーピー鳴くというだけで天敵を抱きしめ、ピーピー鳴かないというだけでヒナ鳥を虐待したり、殺したりしてしまうのですから。まるで、たった一つの音によって母性本能が制御されているロボットのようです。しかし、動物行動学者たちによれば、こうした行動はけっして七面鳥に限ったものではありません。他の多くの種で、このような規則的で盲目的な、機械的な行動パターンが確認されています。

こうした行動は固定的動作パターンと呼ばれており、そのなかには求愛や交尾の儀式といった複雑な行動も含まれます。これらのパターンの基本的な特徴は、個々の行動が常に同じ形式、同じ順序で起こる点にあります。その様子は、まるでそれらの行動パターンが動物の身体の中に、プログラムとしてインストールされているかのようです。ある場面が求愛を必要とすると、求愛プログラムが実行されます。別の場面が子どもの世話を必要とすると、養育行動プログラムが実行されます。「クリック」によって適切なプログラムが起動し、「実行《ラン》」され、一定の標準的な行動が現れるのです。

最も興味深いのは、プログラムが起動するきっかけです。たとえば、動物が自分のなわばりを守ろうとする場面を考えてみましょう。この場合、同じ種に属する他の個体の侵入がきっかけとなって、警戒や威嚇、そして必要とあらば闘争といった行動をとる、なわばり防衛プログラムが作動します。しかし、このシステムには妙なところがあります。防衛行動を引き起こしているのは侵入者の全身の姿ではなく、ある特定の特徴なのです。この刺激を信号刺激と呼びます。たいていの場合、信号刺激となるのは、接近してくる侵入者が持つたった一つの要素です。体のごくわずかな部分の色が信号刺激となることもあります。たとえば、オスのヨーロッパコマドリは別のオスが自分のなわばりに侵入すると、オレンジ色の羽毛が生えた胸の部分だけを激しく攻撃することが実験で明らかになっています。一方で、胸にオレンジ色の羽毛がない本物そっくりなヨーロッパコマドリの剝製に対しては、無視を決め込むのです。同じことは、オガワコマドリという別の鳥類についても言えます。オガワコマドリの場合、胸に生えた青い羽毛が、なわばり防衛行動の引き金となっています。[*2]

信号刺激を用いれば、下等動物をだまして、その場にそぐわない行動をとらせることが簡単にできると得意になる前に、二つのポイントを押さえておきましょう。第一に、これらの動物が示す自動的な固定的動作パターンは、ほとんどの場合とてもうまく機能するということです。ピーピーという鳴き声を出すのは、正常で健康な七面鳥のヒナ鳥だけですから、母鳥がその声に対してだけ母親らしい反応を示すのは理にかなっています。そのたった一つの刺激だけに反応することによって、普通の母鳥は、ほとんどの場面で正しい行動がとれます。母鳥の固定的な行動が愚かなものに見えるのは、科学者のようなペテン師が介入してきたときだけなのです。第二の重要な点は、私たち人間にも種々のプログラムがあらかじめインストールされており、多くの場面で私たちに利益をもたらしていますが、それを起動する信号刺激がときに悪さをして、状況と合っていないプログラムが実行されてしまう場合もあるということです。

このことを見事に描き出しているのが、心理学者エレン・ランガーの行った実験です。よく知られた人間行動の原理の一つに、理由を添えると頼み事が成功しやすくなるというのがあります。人間というのは、自分がすることに対して理由を欲しがるものです。ランガーはまずこの単純な事実を、図書館のコピー機の前にいる人にちょっとしたお願いをすることによって確かめました。「すみません……五枚だけなのですが、先にコピーをとらせてくれませんか？　急いでいるので」というものです。この「お願い＋理由」の効果は完璧に近く、九四％もの人が先にコピーをとらせてくれました。ところが、「すみません……五枚だけなんですけど、先にコピーをとらせてくれませんか」とだけ頼んだ場合は、順番を譲ってくれたのは六〇％の人にすぎませんでした。一見すると二つの頼み方の決定的な違いは、急いでいるのでという言葉の有無だと思われるかもしれません。

しかし、ランガーが試した三番目の頼み方の結果を考えると、それが誤りだと分かります。成功率の違いを生んでいるのは、どうやら「急いでいるので」という言葉全体ではなく、最後の二字だけ、つまり「ので（because）」だったようなのです。三番目のやり方では、理由らしい理由を述べるのではなく、言わずもがなの内容に「ので」という単語を添え、「すみません……五枚だけなんですけど、先にコピーをとらせてくれませんか。コピーをとらなければならないので」と頼んだのです。その結果、この条件でもほとんどすべての人（九三％）が譲ってくれたのでした。理由らしい理由も、新しい情報も、「ので」の前にはなかったというのにです。七面鳥のヒナ鳥のピーピーという鳴き声は、たとえそれが毛長イタチの剝製から発せられたものでも、七面鳥の母性本能を刺激して、母親らしい反応を引き出しました。同様に、ランガーの実験で後ろから声をかけられた人は、「ので」という単語が発せられただけで、その前に理由らしい理由が述べられていなくても自動的に頼みを聞いてしまったのです。まさに「クリック・実行《ラン》」です。[*3]

ランガーの実験では、人間が機械的な（つまり「クリック・実行《ラン》」）行動をとらない場合が多くあること

●読者からのレポート1・1——マネジメント専攻の大学院生より

　私が住んでいる街のアンティーク・ジュエリー店の店主が、「高価なもの＝良質なもの」の影響力に関する教訓を話してくれました。店主の友人が、婚約者に特別な誕生日プレゼントを贈りたいと店にやって来ました。店主はネックレスをショーケースから取り出して、友人に見せました。それは店で五百ドルで売っている品だったのですが、心の中では二百五十ドルにまけてあげるつもりでした。友人はそのネックレスを一目で気に入った様子でした。ところが、値段は二百五十ドルだと言った途端、友人の顔は曇り、買う気が失せてしまったようでした。将来自分の花嫁になる女性には、「本当に良い」ものを贈りたかったからです。

　翌日、事の次第を理解した店主は友人に電話をかけ、別の良いネックレスがあるからと言って、もう一度店に来てもらいました。今度は通常価格の五百ドルを提示して、そのネックレスを友人に見せました。友人はこれも非常に気に入り、すぐ買う気になりました。しかし支払い前に、店主は友人にこう言ったのです。「結婚のお祝いだ。二百五十ドルにまけとくよ」。その言葉に友人は大喜びでした。二百五十ドルという価格に何か侮辱されたような気持ちになることもなく、彼に感謝し、喜んで店を後にしたのです。

著者からひと言——注目してほしいのは、安価な商品をバカにした人が、二倍の価格をつけたターコイズを買った客と同じように、その商品が良質な品だと確信したがっていた点です。「高価なもの＝良質なもの」というルールの逆側、つまり「安いもの＝悪いもの」というルールも同じように働くことは、確かなことだと思います。結局、英語では安い（チープ）という言葉は、単に価格が安いというだけでなく、「粗悪品」という意味もあるのです。

も明らかにされていますが、多くの研究者が、人の行動はたいてい機械的だと確信しています。たとえば、前に述べた宝石店の話を思い出してください。間違って最初の二倍の価格がついたときに初めて、客はターコイズの陳列台に殺到したのです。「クリック・実行《ラン》」という観点から考えなければ、彼らの行動にはまったく説明がつきません。

客の多くは裕福な観光客であり、ターコイズについて大した知識は持ち合わせていません。そこで、宝石を買おうとしたときに、「高価なもの＝良質なもの」という標準的な原理、つまりステレオタイプを用いたのです。商品の品質についてよく知らない場合、人がしばしばこの種のステレオタイプを使うことは、多くの研究で明らかにされています。「良質な」宝石を欲しがっていた観光客は、価格だけがつり上げられた宝石を見たとき、これは買う価値があるものだと信じ込んでしまったのです。品質の善し悪しを決める信号刺激が価格しかなかったために、価格の劇的な上昇だけが、品質の良い宝石を追い求める客を刺激でき、その結果、売り上げが大きく伸びたのです。

思考の近道に賭けて単純化する

ターコイズの例で、「バカな買い物をしたものだ」と観光客を批判するのは簡単です。しかし、事情を詳しく知ると、彼らをもう少し優しい目で見られるようになるでしょう。彼らは「安かろう悪かろう」というルールを聞かされて育った人たちであり、それまでの人生でこのルールが当てはまるのを、何度も何度も見てきたのです。そうしているうちに、このルールを「高価なもの＝良質なもの」という意味に置き換えてしまったのです。普通、商品の価値が上がるにしたがって、その価格は上昇します。たいていの場合、値段の高さは品質の高さを表しています。ですから「高価なもの＝良質なもの」というステレオタイプは、それまでは彼らの役に立っていたわけです。そのため、品質の良いターコイズが欲しいがそれについては詳しくはないという状況に置かれた場合、彼らは当然、昔から使っていた基準に頼って宝石を選ぼうとするのです。

当人たちは自覚していなかったでしょうが、ターコイズの価格だけに反応することで、彼らはてっとり早い方法に賭けていました。自分に有利な買い物をするために、ターコイズの価値を表す特徴を一つひとつ丹念に検討するかわりに、確実に品物の品質を表していると思われるたった一つの特徴に頼ったのです。つまり、価格さえ分かれば必要なことすべてを知ることができると考えたわけですが、今回は「１／２」を「２」と読み違えた人がいたため、残念な結果に終わりました。しかし、過去から将来に至るすべての状況について考えるなら、こうしたてっとり早い方法、つまり思考の近道に沿って行動するのは、最も合理的なやり方です。

ここまでの話から、本章冒頭の不思議な研究結果に説明がつけられます。問題解決能力を高めるという触れ込みで渡されたドリンクを飲んだ人たちのうち、解いた問題の数が多かったのは、高い対価を払った人たちでした。研究者たちはその結果を、「高価なもの＝良質なもの」というステレオタイプと結びつけました。一ドル八十九セントを払った人たちは、八十九セントだけ払った人たちよりも、ドリンクの効果に高い期待を寄せていました。そして、驚くべきことに、その期待だけで効果に差が生まれたのです。まったく別の研究でも同様の現象が見られました。その研究で実験参加者たちは、鎮痛剤（実際には偽薬《プラセボ》）を投与されてから軽い電気ショックを受けました。参加者の半数は鎮痛剤が一錠十セントだと言われ、残りの半数は二ドル五十セントだと言われていました。実際には全員に同じ鎮痛剤が与えられていたのですが、薬の苦痛軽減効果については、値段を高く伝えられていた人たちのほうが、断然高い評価を与えたのです。[*4]

こうした自動的で紋切り型の反応は人間の行動のほとんどすべてで見られますが、そうなるのは、たいていそれが最も効率的な行動形態だからであり、場合によっては単にそうする必要があるからです。私たちはとてつもなく複雑な環境に住んでいます。これほど急激に変化し、複雑に入り組んだ環境がこの星に存在したことは、これまでに一度もありません。これに対処するためには、ものごとを単純化する思考の近道が必要なのです。たった一日の間に遭遇する人や出来事や状況だけでも、すべての特徴を理解し分析することは不可能です。そうする時間も、エネルギーも、そして能力も、私たちにはありません。ですから、どうしてもステレオタイプや経験則を使わざるを得ません。そして、いくつかの特徴に照らして物事を分類し、もし信号刺激となる特徴が見つかれば、考えるより早く、それに応じた反応をするのです。

解き放たれた一連の行動が、その状況に不適切な場合もあります。どれほど優れたステレオタイプや信号刺激であっても、常にうまく働くというわけにはいかないからです。けれども、他に選択の余地がないため、私たちはその不完全さに目をつぶっています。単純化を促すこうした特徴がなければ、物事の目録を作ったり、評価を下したり、調整したりで忙殺され、身動きがとれなくなってしまうでしょう。そうこうしているうちにも、実際の行動に充てる時間はどんどん過ぎ去っていきます。今後、私たちはいっそう、これらのステレオタイプに依存するようになるはずです。私たちの生活に降りかかる刺激がますます

図1・1　キャビアと匠の技

このダンスク社の広告が伝えようとしているのはもちろん、「高価なもの＝良質なもの」というメッセージである。

Courtesy of Dansk International Designs

複雑さと多様さを増しているため、思考の近道にもっと頼る以外には、対処しようがないのです。

心理学者たちは、私たちが日常の判断を行うときに使う心理的な思考の近道を、いくつも発見しています。判断のヒューリスティックと名づけられているこれらの簡便法は、ちょうど「高価なもの＝良質なもの」というルールと同じように作用します。このおかげで、多くの場面で単純な思考で物事に対処できるようになるのですが、そのせいで高くつく過ちを犯す危険もあります。特に重要なのは、どのような場合に他人から言われたことを信じたり、それに従ったりするべきかという判断と関係したヒューリスティックです。たとえば、「専門家がそう言うなら正しいに違いない」というルールについて考えてみましょう。第5章でも解説しますが、私たちの住む社会には、権威がありそうな人の言うことや指示を盲目的に受け入れてしまうという、少し不安な傾向があります。つまり、専門家の発言をよく吟味したうえで同意するのではなく、「専門家という肩書き」があるだけで、発言の内容など問題にせず、ただ納得して同意してしまうことが多いのです。状況の中にある一片の情報に機械的に反応してしまう傾向は、私たちがこれまで自動的反応、あるいは「クリック・実行《ラン》」反応と呼んできたものにあたります。これとは対照的に、すべての情報を十分に分析したうえで反応する傾向は、コントロールされた反応と呼ばれています。

多くの実験的研究によると、情報を注意深く分析しようとする欲求と能力がある場合、人はコントロールされたやり方でそれらの情報を処理することが多く、そうでない場合には、もっと簡単な「クリック・実行《ラン》」というやり方を使いがちになります。例を挙げましょう。ある研究で、ミズーリ大学の学生に、録音されたスピーチを聞かせました。内容は「四年生全員に卒業試験を課し、合格できなかった者は卒業させない」という案を支持するものでした。一部の学生にとっては、これは身近な問題でした。その試験が来年、つまり彼らの在学中に実施されるかもしれないと告げられたからです。当然、こう言われた学生たちは、スピーチの内容を注意深く分析しようとしました。しかし、他の学生にとっては、それほど重要でない問題でした。その試験は彼らが卒業した後、だいぶ経ってから実施されると告げられていたからです。したがって、スピーチの内容を慎重に検討する必要があまりなかったのです。この実験の結果は明白でした。まず、その問題とあまり関わりのない学生の多くは、話し手が教育の専門家だと言われると、それだけで納得してしまいました。「専門家がそう言うなら正しいに違いない」というルールを使い、話の論点にはほとんど注意を向けなかったのです。一方、問題を身近なものと感じていた学生は、話し手が専門家であるかどうかには関わりなく、スピーチの内容そのものに影響を受ける傾向がありました。

どうやら私たちは、「クリック・実行《ラン》」で反応するのが危険な場面では、慎重さを発揮するようです。つまり、重要な問題には、利用できる情報のうち信号刺激となる特徴一つだけを見て反応するという、楽な方法の誘惑に乗ろうとはしないのです。このことが多くの場合に当てはまるのは、間違いありません。それでも、私はまだ安心しきれません。前に述べたことを思い出してください。人々がコントロールされたやり方で、すなわちよく考えたうえで反応するのは、そうする欲求と能力を持っているときだけなのです。とても印象深い研究によると、スピードの速い現代の生活においては、私たちはもはや自分自身に関する重要事項についてさえも、十分に考えてから決定を下すことが難しくなっています。直面した問題があまりに複雑だったり、時間がなかったり、気を散らせる刺激がそこらじゅうに溢れていたり、感情の高ぶりがあまりに激しかったり、心理的な疲労感があまりに強かったりするせいで、よく考えたうえで反応できるような頭の状態でないこともままあります。そうしたときには、直面した問題が重要であろうとなかろうと、てっとり早い方法を選ぶしかありません。

おそらく、この点が最も劇的に強調された事例は、航空会社の職員が機長症候群と名づけた、人の死に直結する現象でしょう。米国連邦航空局によれば、多くの航空機事故は、機長が犯した明白なミスを、他の乗務員が正さなかったために起きています。つまり、機長の致命的なミスについて、他の乗務員はそれが本人にとって非常に重要な問題であるにもかかわらず、「専門家がそう言うなら正しいに違いない」というルールを適用したがために、対応せずに放置してしまったのです[*5]

図１・２　機長症候群の悲劇的結末

この旅客機は、ワシントン DC のナショナル空港近くのポトマック川へ墜落した。同機のブラックボックスには、翼に氷をつけたまま離陸することを巡って機長と副機長が交わした以下の会話が収められていた。

副操縦士：計器の数字が間違っている気がします。
機　　長：いや、そんなことはない。
副操縦士：いやいや、間違ってますって。（７秒の空白）分かりました、たぶん大丈夫でしょう。
副操縦士：機長、高度が下がっています。
機　　長：分かってる！

[機長と副操縦士のほか、76名が亡くなった墜落の衝撃音]

© *Cohen/Liaison Agency*

誰が得をしているのか

自動的な行動パターンが現在これほど多く使われていて、日ごとに増えているにもかかわらず、大多数の人がこうした行動についてほとんど知らないというのも奇妙な話です。それほど機械的に、考えることなしに行われている、ということなのかもしれません。ただし、自動的行動パターンについては、絶対に押さえておくべきポイントがあります。それは、このパターンの機能を熟知する者に対して、私たちは恐ろしいほど無防備になるということです。

これを十分に理解するために、もう一度、動物行動学者の仕事を見てみましょう。さまざまな生物の行動プログラムを起動する手法は、ヒナ鳥の鳴き声の実験や、オレンジ色の羽毛を使った実験以外でも見つかっています。たとえば、ある種の生物は擬態と呼ばれる方法を使い、別の生物の信号刺激をコピーして、その生物の反応としては正しい行動プログラムを、間違った場面で実行してしまうように仕向けます。そして、そのまったく不適切になってしまった行動から利益を得るのです。

例として、フォトゥリス（Photuris）という種のホタルのメスが、フォティヌス（Photinus）という別種のホタルのオスを捕食するために仕掛ける策略を見てみましょう。フォトゥリスのメスは血に飢えており、当然のことながら、フォティヌスのオスはフォトゥリスのメスとの接触を慎重に避けようとします。しかし、何世紀にもわたる自然淘汰の結果、フォトゥリスのメスは獲物の弱点を突き止めました。フォティヌスのオスとメスは、求愛のための特別な点滅信号を使って、交尾の準備ができていることを互いに伝達し合うのですが、フォトゥリスのメスはこの点滅信号を真似ることによってフォティヌスのオスをだまし、ごちそうにありつくのです。求愛プログラムが起動してしまうことによって、フォティヌスのオスは、メスの抱擁を目指しながらも、実際は機械的にあの世への片道飛行に飛び立ってしまうというわけです。

生存競争の世界では、最も原始的な病原体に至るまで、ほとんどすべての生命体に偽物が存在します。賢いバクテリアやウイルスは、有益なホルモンや栄養素の重要な特徴を身につけることで、健康な宿主細胞に入る資格を得ます。その結果、健康な細胞は、狂犬病や単核細胞白血病、感冒を発症させる原因を、喜び勇んで取り込んでしまうのです。[*6]

ですから、まったく不思議な話ではありませんが、人間の世界にも手強く嘆かわしい対応物があります。自動的反応を引き出す信号刺激を真似て、利益を得る者がいるのです。ほとんど本能的な動物の反応パターンとは異なり、人間の自動反応プログラムは、たいてい私たちが受け入れるように学習してきた心理学的原理やステレオタイプから作られています。それぞれ強さは異なりますが、なかには驚くべき力で人間の行動を方向づける原理もあります。私たちは幼い頃からこうした力の影響を受けています。そしてずっと、あまりにも広範な影響を受け続けているので、自分ではその力の存在にほとんど気づきません。しかし、一部の人にとって、そうした原理は、現に目の前に存在するよく整備された武器、すなわち自動的な影響力の武器なのです。例として社会的証明の原理を考えてみましょう。この原理は「人間には、周囲の人たちが信じていることや行っていることを、信じたり行ったりする傾向がある」と述べています。インターネットで商品を買うときに、私たちは必ずこの原理に則った行動をとり、まずは商品のレビューや星の数による評価をチェックします。しかし、レビューサイトに到着した途端、私たちは擬態を使う人間、つまり嘘偽りのないレビューに見せかけて不誠実なレビューを投稿する人たちに、対処しなくてはなりません。幸い、Eボックス1・1が、まがいものに気づくための方法を教えてくれます。

●Eボックス1・1

科学が勧める、いんちきなオンライン・レビューを九割見抜く方法
——まがいもののレビューを驚くべき正確さで特定する、新しいコンピューター・プログラム

寄稿者　ジェシカ・スティルマン（Inc.com 所属　旧ツイッターアカウント @EntryLevelRebel）

自分のものであれ、会社のものであれ、ネットで商品を買うとき、おそらくあなたの意思決定を大きく左右するのがレビューです。私たちはアマゾンで他の購入者の意見をチェックし、評価が星四・五の商品よりも星五つのものを選んだり、あるいはエアビーアンドビーで利用者が最も熱烈に勧めている宿を予約したりします。

もちろん、誰でも知っているように、そうしたレビューには時にいんちきが混じっています。売り手からお金が出ていたり、商売敵が悪意の書き込みをすることがあるからです。コーネル大学の研究チームは、いんちきなお勧めを見抜くコンピューター・プログラムを設計すれば、世の中の役に立つのではないかと考えました。

では、どうすれば、「五つ星」と評価されたホテルの部屋が、行ってみたらカビが生えてて狭苦しいかもしれないとか、評価の高いトースターが、トースト一枚焼かないうちに壊れてしまうかもしれないと、事前に気づけるのでしょうか。コーネル大学の研究チームによれば、レビューの次のような点に気をつけるのが良いようです。

◆詳細の欠落。実際に体験していないことを書くのは難しいため、まがいもののレビューでは、細部に踏み込まず

全体だけを褒めることがよくあります。「たとえば、あるホテルのレビューが信頼できるものであれば、そのホテルと関係した具体的な単語（〈バスルーム〉〈チェックイン〉〈価格〉など）が使われていることが多い。信用できないレビューは、場面を描くようなもの（たとえば〈休暇〉〈出張〉〈私の夫〉）が多く用いられる」。

◆人称代名詞が多い。人は誠実だと思われたいとき、自分の話が多くなるようです。おそらくはそのためでしょうが、いんちきなレビューには私という単語が多くなります。

◆名詞より動詞が多い。言語分析の結果、いんちきなレビューには、作者が実際に考えていることをしばしば快い（あるいはぞっとする）お話に書き換えるため、動詞が多く使われる傾向があります。嘘偽りのないレビューは名詞が多くなります。

もちろん、こうした些細《ささい》な手掛かりだけを使って、いんちきなレビューを見抜く達人になるのは難しいでしょうが、レビューの信頼性をチェックする他の手法（実際に購買したとされるレビュアーにも、さまざまな人がいることを忘れず、怪しい投稿時刻に注意するなど）と組み合わせれば、運を天に任せるよりもずっと良い結果になるはずです。

著者からひと言――ニセ者注意

ネット上のレビューサイトは現在、虚偽のレビューを書く人たちと戦っています。私たちも参戦するべきです。その理由は、ある一連の比較を見れば分かります。二〇一四年から一八年にかけて、ネット上のレビューに対する消費者の好意的な反応は、あらゆるカテゴリーで上昇しました（たとえば、「レビューを読んでから購入を決める」人は八八％から九二％になりました）が、例外が一つだけあります。好意的なレビューの集まっている企業を信頼すると答えた人は、七二％から六八％に減ったのです。どうやら偽のレビューを書く人たちのせいで、私たちは思考の近道に用いる情報の価値を、信頼しにくくなっているようです。

世の中には、自動的な影響力の武器がどこにあるかよく知っており、欲しいものを得るためにそれをうまく使いこなす人がいます。彼らは社会的な出会いを繰り返し、そのたびに相手を丸め込んで自分の要求を通そうとします。その成功率たるや目がくらむほどの高さです。成功の秘訣は、要求の組み立て方にあります。つまり、彼らは社会的環境の中に存在する影響力の武器を、しっかりと身につけています。そして、その武器が力を発揮するには、強力な心理学的原理を利用して私たちの自動行動プログラムの一つを作動させる、的確な言葉が一つあるだけで十分という場合もあります。ここでは人間の搾取者を参考に、機械的な反応を利用して利益を得るやり方を、素早く学び取ることにしましょう。

宝石店を経営している私の友人のことを覚えているでしょうか。彼女は、はじめは偶然に利益を得ましたが、そのうち「高価なもの＝良質なもの」というステレオタイプを、定期的にしかも意図的に利用するようになりました。今や旅行シーズンになると、価格をかなりつり上げることによって、売れにくかった商品をさばくようにしています。彼女に言わせると、これは非常に費用効果が高いのだそうです。あまり疑おうとしない観光客が相手の場合（実際そういう人たちが多いのですが）、こうすることによって莫大な利益が得られます。また、たとえこの方法がうまくいかなくても、商品に「値下げ」という札を付ければ、値引き商品を探している人たちが元々の値段で買っていくため、この場合もやはり、つり上げられた価格に対する「高価なもの＝良質なもの」という反応から、利益が得られるわけです。[*7]

柔 術

柔術の心得のある女性は、敵に対するとき、自分の力はほんのわずかしか使いません。そのかわり、重力、てこの作用、運動量、慣性など、自然に存在する法則の力を利用します。これらの法則の力をどこから、どのように借りればいいのかが分かっていれば、自分より力の強い相手でも簡単に打ち負かすことができます。私たちの周りに自然に存在する自動的な影響力の武器を利用しようとする人にも、同じことが言えます。彼らは標的とする人物に対して、自分の力をほとんど使わずに、これらの武器の力を利用することができます。自分の力をほとんど使わないという特徴は、搾取者にさらなる大きなメリットをもたらします。この特徴のおかげで、操っているように見せずに相手を操れるのです。そのため、被害者本人でさえ、自分が同意したのは当然の結果であり、それによって利益を得る人に操られたとは滅多に考えません。

例を挙げてみましょう。人間の知覚にはコントラストの原理というものが働いており、順番に提示されるものの差異をどのように認識するかに影響を与えます。もし二番目に提示されるものが最初に提示されるものとかなり異なっていれば、それが実際以上に最初のものと異なっていると考えがちなのです。したがって、最初に軽いものを持ち上げて次に重いものを持ち上げると、二番目のものだけを持ち上げた場合よりも重く感じます。コントラストの原理は精神物理学の領域で確立されたものであり、重さの知覚だけでなく、あらゆる種類の知覚に働きます。体重を気にしている人が昼食に行き、チーズバーガーにどれくらいカロリーがあるかを考えているとします。このとき、その人がサラダにどれくらいのカロリーがあるかを先に考えていた場合、チーズバーガーのカロリーが高めに見積もられます（ある研究では三八％も高くなるという結果が出ました）。サラダとの間にコントラストが生じ、チーズバーガーがいっそう高カロリーに思われるのです。また、何かのパーティーで最初に魅力的な人と話をして、次に魅力的でない人に会うと、その人は実際以上に魅力がないように見えてしまうものです。大衆メディアに登場する現実離れした魅力を持つ人たち（俳優、モデル）のせいで、私たちは身の周りにいる恋人候補の見た目に、満足しにくくなっているかもしれないと警告する研究者たちもいます。彼らは、性的魅力を強調した雑誌のヌード写真を見せられると、現在のパートナーに感じる性的魅力が低下することを実証しました。[*8]

　コントラストの原理を学生に紹介するために、私は教室で次のような実演をしたことがあります。冷水、常温の水、お湯が入った三つのバケツの前に学生を座らせます。そして片手を冷水に、もう片方の手をお湯につけさせてから、常温の水に両手を同時につけさせます。そのとき学生の浮かべる愉快げな困惑の表情から、何が起きたのか分かります。両手を同じバケツに入れているのに、冷水につけていたほうの手は水が熱い湯のように感じ、最初にお湯につけていたほうの手は水が冷水のように感じているのです。重要なのは、同じもの（今回の例では常温の水）であっても、その前に起こった出来事次第で、まったく違ったものに思えてしまうという点です。さらに言えば、他のもの（たとえば大学の成績）への認識であっても、知覚のコントラストから影響を受ける場合があります。例として以下の手紙をご覧ください。これはある大学生が両親に宛てて書いたもので、何年か前に私のデスクに届いたものです。

親愛なるパパとママへ

大学に入学してから、ぐずぐずして、全然手紙を書かなくてごめんなさい。今日は、今までにあったことをすべて書くことにしました。ここから先はちゃんと座って読んでほしいです。座らなくちゃ読み進んじゃ駄目よ、いい？

私は今、とってもうまくやっています。ここに来てすぐに、寮で火事がありました。そのとき、窓から飛び降りて脳震盪を起こし、頭蓋骨を骨折したけれど、今はとても良くなっているの。病院には二週間だけ入院していたけど、今はほとんど普通に頭が働くし、頭痛も日に一回くらいになっています。運がいいことに、寮から火が出て私が飛び降りたところを、向かいのガソリンスタンドにいた人が見ていて、消防署に電話してくれたの。その彼、病院に何度か見舞いに来てくれたわ。寮が焼け落ちちゃって住むところもないから、彼の親切に甘えて、彼の部屋で一緒に生活することにしたの。その部屋、地下室なんだけど、結構気がきいているのよ。彼はとても素晴らしい男性で、私たちは結婚するつもりでいます。まだ式の日取りは決めていないけれど、お腹があんまり目立たないうちにすませたいと思っているの。

そうなの、ママ、パパ……私、赤ちゃんができたの。孫が生まれて、おじいちゃんとおばあちゃんになるのを楽しみにしてくれるでしょ？　きっと、私が子どものときと同じように、赤ちゃんをかわいがってくれるよね。結婚が遅れているのは、彼が伝染病を持っていたせいで、結婚前の血液検査に引っかかっちゃって、おまけに私も不注意でその病気をもらっちゃったからなの。

さて、と……今まであったこと書いてきたけど、よく聞いてね。寮の火事なんてウソ。だから脳震盪も起こしていないし、骨折もしていません。入院もしていないし、妊娠もしていません。もちろん結婚もまだだし、病気もなし。ボーイフレンドだっていません。ただね、歴史の成績が「D」で、化学は「F」ということになりそうなの。できたら、いろんな可能性を考えたうえで、この成績について考えてほしいな。

愛しの娘、シャロンより

著者からひと言――シャロンは化学の単位は落としたかもしれませんが、心理学については「A」がもらえます。

コントラストの原理によってもたらされる小さな影響力の武器は、悪用されないとも限らない。そう肝に銘じてください。この原理の怖いところは、うまく機能するばかりでなく、見破ることがほぼ不可能だという点にあります。この原理の使い手は、自らのために場面を設定しているような様子をまったく見せずに、その影響力を利用することができるのです。

紳士服の販売店がよい例です。ある男性がお洒落な店でスーツとセーターを買おうとする場面を考えてみましょう。もしあなたが店員だとしたら、その客の財布の紐を最大限ゆるめるために、スーツとセーターのどちらを最初に見せるでしょうか。紳士服の販売店では、高い品物のほうを先に買わせるように店員を指導しています。常識から考えると逆のような気がします。スーツに大枚をはたいたすぐ後では、さらにお金を払ってセーターを買うのは二の足を踏みそうです。しかし、さすがに専門家はよく分かっています。彼らのやり方はコントラストの原理に合致しているのです。まずスーツを先に買わせるのは、そうしておくとセーターを選ぶときに、どれほど高価なものでも比較の問題でさほど高く感じなくなるからです。新しいスーツと一緒に小物（シャツ、靴、ベルト）を買おうと思っている人にも、同様にこの原理が当てはまります。常識的な見方とは逆に、さまざまな証拠がコントラストの原理から導かれる予測を支持しています。

セールスマンがもっと多くの利益を上げようと思うなら、高価な品を先に見せるべきです。そうしないと、コントラストの原理の影響力を利用できないばかりか、その原理のせいで商売がやりにくくなってしまいます。安い商品を最初に見せて次に高い商品を出すと、客はそれをいっそう高額に感じてしまうのです。多くの販売組織にとって、これは望ましくないことでしょう。要するに、最初に手をつける水の温度次第で、同じバケツの水を熱くも冷たくも感じさせられるのと同じように、先に提示する商品の価格次第で、同じ商品の価格を高くも安くも感じさせられるのです。

知覚のコントラストを上手に利用しているのは、紳士服の販売店ばかりではありません。不動産会社の承諾誘導法について潜入調査をしたときに、コントラストの原理に則ったテクニックに出会ったことがあります。商売のコツを覚えるため、私はある週末、営業部員に連れられ、見込み客の物件巡りに同行しました。その人物（ここではフィルと呼んでおきましょう）が、研修期間中の私の教育担当でした。私はすぐあることに気がつきました。新しい客に住宅を見せるとき、フィルは必ず魅力のない住宅から始めるのです。このことについて尋ねると、フィルは笑いながら次のような説明をしました。それらは彼が「当て馬物件」と呼んでいるものだったのです。その会社はリストに魅力のない住宅を一つか二つ、高い価格で載せていました。そうした住宅は客に売るためではなく、ただ見せるためだけにあります。これと比較すれば、会社のリストの中にある本命の住宅が、とても素晴らしく見えるからです。営業部員が皆この当て

「皆様には、今夜家に帰る途中で立ち止まり、空を見上げて宇宙の大きさに思いを馳せていただきたい。
その後、我が社の第２四半期の損失が、実際にはいかに取るに足りないものかを考えてもらいたいのです」

図１・３　「宇宙の大きさを思えば」
コントラストの原理は全宇宙に及ぶ。　*The New Yorker*

馬物件を利用したわけではありませんが、フィルは使いました。まずボロ屋を見せた後で、売りたいと思っている物件に連れていくと、客の「目が輝く」そうで、それを見るのが好きだと言いました。「ひどい家をいくつか最初に見せておくと、その後の家が本当に立派に見えるんだ」。

自動車のディーラーも、コントラストの原理を使います。交渉で車の売値を決めてから、オプションを次から次に勧めてくるのが、その手口です。何万ドルという取引の後なら、カーオーディオのアップグレードなどに払う数百ドルなど、取るに足らない額に思えます。その後さらに、スモークガラス、高品質なタイヤ、特別な内外装などを勧められるかもしれませんが、それらを追加購入する費用についても同じことが言えます。ここで使われているテクニックは、追加購入の品を

●読者からのレポート1・2――シカゴ大学ビジネススクールの学生より

シカゴのオヘア空港で搭乗を待っていたときのことです。どうやら飛行機の座席がオーバーブッキングされていたらしく、次の便でもかまわない人は申し出てほしい、お礼にサービス引換券を差し上げる、といったアナウンスが流れてきました。ところが、そのサービス券の額がなんと一万ドルだというのです。もちろん、このとんでもない金額はジョークでした。聞いている人を笑わせたかったのでしょう。実際ウケていました。ところがその後、アナウンスした係官が実際の額（二百ドル）を示しても、誰ひとり応じないのです。結局、応募者が現れるまでに、その額を三百ドル、五百ドルと二回引き上げなくてはなりませんでした。ちょうどその頃、私は『影響力の武器』を読んでいましたから、何が起こったのかすぐに理解できました。係官は笑いを取った代わりに、コントラストの原理によって失敗してしまったのです。一万ドルという金額を口にしたばかりに、多くの人にとって二百ドルが、雀の涙ほどにしか感じられなくなってしまったのでしょう。ずいぶんと高くついたものです。航空会社は応じてくれた客一人につき、三百ドルも余計に損をすることになりました。

著者からひと言――有利に事を運ばせるためにコントラストの原理を使うとしたら、係官はどのようなアナウンスをしたらよかったと思いますか。おそらく、「二ドル相当の引換券を差し上げます！」とジョークを放って、次に二百ドルという実際の（そして、実際よりも魅力的に聞こえるはずの）金額を提示したほうがよかったはずです。笑いもボランティアも同時にゲット、となったことは確実です。

別々に提示することです。こうすれば、すでに決定している額に比べて追加購入品一つひとつの価格は、取るに足らないと思わせることができるのです。何度も車を買い替えている人ならお分かりでしょうが、これら一見些細《ささい》な額のオプションを加えることによって、標準的な車でも最終的な価格は大きく跳ね上がってしまいます。こうして客は、サインした契約書を手に何が起こったのかと考えて立ち尽くし、自分以外に責める相手も見つからず、一方で車のディーラーは、柔術の達人のような謎めいた微笑みを浮かべて立っている、という場面ができあがるのです。

まとめ

◎自然環境の中で動物の行動を研究する動物行動学者は、各種の動物の行動が、しばしば固定的で自動的なパターンとして生じることに気づいた。これは固定的動作パターンと呼ばれるが、こうした行動の連鎖は、人間の自動的反応（クリック・実行《ラン》）と似ている点で注目される。人間も動物も、その自動的な行動パターンは、状況内の関連情報の中のたった一つの特徴によって、引き起こされる傾向がある。このたった一つの特徴（信号刺激）は、状況内のそれ以外の情報を逐一、慎重かつ完璧に分析することなしに一連の正しい行動を導き出せるため、大変貴重なものとなる場合が多い。

◎このような「てっとり早い」反応の利点は、その効率性と経済性にある。役に立つことが多い信号刺激に自動的に反応することによって、人は貴重な時間やエネルギー、精神能力を節約できる。この反応の欠点は、愚かで高くつく間違いを犯しやすくなることにある。利用できる情報のうち、たった一片だけに反応することによって、(その情報が結果を正しく導くことが多いとしても) 間違いを犯す可能性が増す。とりわけ、自動的で考えなしに反応しているときにはそうなりやすい。間違いを犯す可能性がいっそう高まるのは、他の人間が何か利益を得ようと企んでいるときである。彼らは信号刺激を操作して、自分が望む反応を、相手にとって不適切な場面で引き起こさせようとする。

◎承諾の過程(ある人が行う要請に対して、別の人が従うように促される過程)の多くは、自動的で簡便な反応を行おうとする人間の習性に則ったものである。私たちの文化の中では、大多数の人が、承諾を導く信号刺激(普段、どういう場合に要請に応じるのが正しく、また利益になるかを教えてくれる一連の情報)を備えている。そして、これらの信号刺激を、自分の要求を通す(影響力の)武器として用いる人たちがいる。

◎知覚のコントラスト(異なる二つのものが、実際以上に違って見えるという傾向)は、一部の承諾誘導の専門家が影響力の武器として利用している。たとえば、不動産業者は、客に一軒か二軒の魅力に欠ける住宅を見学させてから、より魅力的な物件に案内する。そうすると、その物件が比較対象なしで見せた場合よりも、魅力的に感じられるようになるからである。この影響力の武器、つまり知覚のコントラストを用いる利点は、それを戦略として使っていることにまず気づかれない、というところにある。

第2章

返報性

――昔からある「ギブ・アンド・テイク」だが……

物をもらうときに手を差し出すのなら、
返すときには手を引っ込めるな
（シラ書四章三十一節）

だいぶ前のことですが、ある大学教授がちょっとした実験を行いました。クリスマスカードを、まったく知らない人たちに送ってみたのです。その教授は、多少は反応があるだろうと思ってはいましたが、自分のもとにクリスマスカードの返事が山のように来たのには驚いてしまいました。カードを受け取ったほとんどの人が、会ったことも名前を聞いたこともないその大学教授に、返事のカードを送ったのです。返事を出した人の大部分は、自分の知らないその大学教授が何者なのか、尋ねもしませんでした。クリスマスカードを受け取った（「クリック」）、だから自動的に返事のカードを出した（「実行《ラン》」）のです。

狭い範囲の話ではあるものの、この実験から浮かび上がってくるのは、私たちの身の周りにあるさまざまな影響力の武器のなかでも最も強いものの一つ、返報性のルールです。これは「他人がこちらに何かしてくれたら、こちらもそのお返しをしなくてはならない」というルールです。ある女性が親切をしてくれたなら、お返しに何らかの親切を返さなくてはいけません。ある男性が誕生日のプレゼントをくれたら、今度はその人の誕生日を覚えておいて、プレゼントをすべきです。ある夫婦がパーティーに招待してくれたら、自分たちがパーティーを計画したときには、お返しに彼らを招待してあげる必要があります。返礼としてのカードや誕生日プレゼント、パーティーへの招待を証拠にして、このルールに強い影響力があると言い切るのは強引に見えるかもしれません。しかしこのルールには、実際に行動をかなり大きく変える力があります。英国の研究者たちが、寄付集めをしている団体と共同で行った研究では、出勤途中の投資銀行の行員に近づき、かなりの大金（彼らの日給と同額、場合によっては千ドル以上）を寄付するよう求めました。驚くべきことに、この要請に先立ってお菓子の小さな袋詰めという贈り物を渡すと、集まる寄付の金額が倍以上も多くなったのです。

国家の行動にさえ、このルールが働いています。一二一五年制定の大憲章《マグナ・カルタ》では、戦争勃発時の敵国の商人の扱いを、返報性のルールを用いて「もし我が臣民が彼の地で安全なら、彼の地の者の我が国での安全は保証する」と定めています。また、親切や贈り物、招待、友好的な行為などを受けると、返報性のルールによって、恩恵を与えてくれた相手に対して将来お返しをする義務が生じます。恩恵を受けると借りができたような気分になるのは、普遍的な現象です。英語のほか、さまざまな言語で、「恩に着ます」という表現が「ありがとうございます」という表現の同意語になっています（たとえばポルトガル語の「obrigado」がそうです）。恩義の感情が未来に及ぶことは、日本語の「ありがとう」を表すフレーズである「すみません」によく現れています。「すみません」というのは文字通りに読むと、「これでは終わりません」という意味になります。

　返報性について印象的なのは、それが人間社会・文化に広く浸透しているところです。このルールは非常に広く行きわたっており、アルビン・グルドナーなどの社会学者は、すべての人間社会がこのルールを採用していると報告しているほどです。それぞれの社会の内部においても、このルールはあまねく行きわたっており、あらゆる種類の交換行為に浸透しています。それどころか、返報性のルールから発展した、受けた恩義を返さなくてはならないという制度は、人間文化の特徴をなす性質とさえ言ってもよさそうです。著名な考古学者リチャード・リーキーは、私たちを人間たらしめているものの神髄は、返報性のシステムであると述べています。彼の主張によれば、私たちが今日人間的でありうるのは、先祖が食料や技能を「名誉ある恩義のネットワークの下で」共有してきたからなのです。文化人類学者のライオネル・タイガーとロビン・フォックスは、この「恩義が織りなす織物」を人類特有の適応メカニズムとみなしており、これによって人々の労働が分担され、多種多様の物やサービスが交換され、個々人を高度に能率的な集団へとまとめあげる相互依存性が生み出されると述べています。

　タイガーとフォックスが述べたような形での社会進歩に不可欠なのが、受けた恩義に将来必ず報いなければならないという義務感です。人類に広く共有され、しっかりと根付いているこの恩返しの気持ちは、人間社会の進化に非常に大きく貢献してきました。これによって、人は食料や労力、世話といったものを他者へ与えても、それが決して無駄にはならないと確信できるようになりました。進化の歴史においてははじめて、さまざまな資源を形のうえでは無償で与えたとしても、本当に無償で提供するわけではなくなったのです。その結果、取引という、自分の資源を他人に与えることから始めなければならない行為に対して、誰しも当然抱くであろう心理的抵抗感が減りました。そして、洗練され、よく調整された、援助、贈り物、防衛、商売の制度を作ることができるようになり、このことが、そうした制度を採用している社会に多大な利益をもたらしました。ですから、この返報性のルールが、人間誰もが経験する「社会化」を通して私たちの心の奥深くに培われているとしても、決して不思議ではありません[*1]。

報恩の義務は将来へと続きますが、だからといってその期間は永遠ではありません。とりわけ比較的小さな恩義については、時間の経過とともに報恩の義務は薄れていくようです。しかし、贈り物が本当に素晴らしく、記憶に残るような場合には、報恩の義務は極めて長い間生き続けることになります。私の知る限りで報恩の義務が後々まで強く残ることを最もよく示している例は、メキシコとエチオピアとの間で交換された五千ドルの援助資金の話です。一九八五年にエチオピアは、世界で最も悲惨なレベルの貧困に苦しみました。国の経済は破綻し、食糧供給は長期的な干ばつと内戦によって徹底的な打撃を受けていました。何千もの民衆が病気と飢餓のために死に瀕していたのです。こうした状況で、メキシコから五千ドルの援助資金がこの極端に困窮した国に送られたと聞いても、別に驚かなかったと思います。今でも覚えていますが、そのニュースの新聞記事を読んで私が驚いたのは、援助がまったく逆の方向に行われていたからです。エチオピア赤十字の現地職員が、その年メキシコシティで起きた地震の被災者を支援するために、資金を送る決定を下したというのです。

性格なのか仕事柄なのか、私は人間行動の不可思議な側面に遭遇するといつでも、もっと詳しく調べたいという衝動に駆られます。そしてこの件については、事の真相をしっかりと突き止めることができました。幸い、私と同じくエチオピアの行動を不思議に思ったジャーナリストが、エチオピア側に援助について問い合わせていたのです。彼の得た回答は、返報性のルールが確かに存在することを雄弁に物語っていました。エチオピアが、あらゆる面で窮乏していたにもかかわらず、メキシコに援助資金を送ったのは、一九三五年のイタリア侵攻の際、メキシコが援助をしてくれたお返しだったのです。こうして、疑問は氷解しました（畏敬の念はまだ感じていましたが）。お返しをしたいという気持ちは、大きな文化の違い、遠く隔たった距離、急迫した飢餓、そして長い年月や目先の自己利益を超越していたのです。煎じ詰めればこの義務感は、半世紀経ってなお、あらゆる対抗勢力に勝利するほど強かったのです。

これほど長期にわたって義務感が消えなかったのは非常に特殊な例で、もしかするとエチオピア文化特有の特徴によって説明できると考える人がいるかもしれないので、別の事例も検討してみましょう。二〇一五年、英国出版界の重鎮で九十四歳のアーサー・ジョージ・ワイデンフェルド卿は、基金を通じて「オペレーション・セーフ・ヘブンズ」を支援しました。これは、過激派組織ＩＳＩＳによって生活が脅かされているシリアやイラクのキリスト教徒を、国外に輸送する取り組みでした。世間はこの善行を称えながらも、その偏狭さを批判し、なぜワイデンフェルドの尽力は、同様の危険にさらされている他の宗教グループ（イスラム教ドゥルーズ派、アラウィー派、ヤズディ教徒、イスラム教シーア派など）にまで広がらないのかと、首を傾げました。

おそらくワイデンフェルドは、自身と同じキリスト教徒の利益だけを考えて行動していたのだろうと考える人もいるでしょう。しかし、そうした安易な説明は、ワイデンフェルド卿がユダヤ教徒だったことを知れば、木っ端みじんになります。彼は一九三八年、ナチスによる迫害が吹き荒れるヨーロッパ大陸から

●読者からのレポート2・1——オレゴン州の公務員より

引き継ぎの訓練期間中、前任の女性から、「上司はとても人柄が良くて気前の良い男性だから、あなたもきっと彼の下で仕事をするのが楽しくなるわ」と言われました。その上司は、いろいろな機会に花束などのプレゼントをくれるそうです。その女性は、子どもができたので家にいたいと思い退職を決意したのですが、そうでなければ、きっとその後何年もこの仕事を続けていたと思います。

その上司の下で働くようになってもう六年になりますが、私も前任者と同じ経験をしています。上司は、クリスマスには私だけでなく息子にまでプレゼントをくれますし、私の誕生日にもプレゼントを欠かしません。私は昇給の上限に達してしまってから、すでに二年が経っています。今の仕事ではこれ以上の昇進も期待できないので、州機構の試験を受けて他の部署に再応募するか、民間の仕事を見つけるしか選択肢はありません。でも、他の仕事を探したり、別の部署に移ろうとしたりするのには抵抗があるのです。上司はもうすぐ定年ですから、その後なら私もきっと移ることができるでしょう。でも今は、良くしてくれている上司のためにもこの仕事を続けなければという気持ちがあって、身動きが取れません。

著者からひと言——私は、この読者が自分の仕事の選択に関して使っている言葉に驚きました。上司が定年退職したら、自分も他の仕事に移ることが「できるでしょう」という表現です。この上司の折々の小さな親切が彼女の中に恩義の気持ちを育て、それに縛られて、もっと条件の良い仕事を求めることができないのです。この話には、経営者が従業員の忠誠心を高めるための、分かりやすい教訓が含まれています。しかし同時に、この話には、我々すべてが汲み取るべき、さらに大きな教訓があります。それは、「些細なことによる効果が常に些細であるとは限らない。特にそれが、返報性のような人生の大きなルールに結びついているときには」というものです。人間の行動に大きな影響を与える小さな手段にご興味のある方は、『影響力の武器　戦略編』を参照ください。

ユダヤ人の子どもを安全な場所へ避難させるために、キリスト教徒の団体が組織した「キンダートランスポート」の列車に乗ってイングランドにやって来ました。ワイデンフェルド自身の説明には、返報性のルールに備わった優先順位を確保する力がはっきりと表れています。彼はこう言いました。「私に世界は救えないが……ユダヤ教徒とキリスト教徒に対しては……返すべき借りがある」。明らかに、返報性が持つ影響力には命を救う力があり、その影響は生涯にわたることがあるのです。[*2]

返報性のルールはどのように働くか

間違いなく、人間社会は返報性のルールから非常に大きな利益を得ています。そこで人間社会は、その成員がこのルールを遵守するように教育しようとします。私たちは皆、このルールに従って行動するよう教えられますし、守らない者に対して加えられる社会的制裁や嘲笑について知っています。他人から取るだけ取ってそのお返しをしようとしない人に対しては、多くの人が嫌悪の念を感じますから、私たちは他の人たちから「たかり屋」と呼ばれないように一生懸命努力します。しかし、そうした努力の過程で、私たちはしばしば、恩義を感じさせることによって一儲け企む相手に、まんまと「だまされて」しまうことがあるのです。

返報性のルールがどう悪用されうるかを知るため、心理学者デニス・リーガンの行った実験を詳しく検討してみましょう。「美術鑑賞」という名目の実験に参加した大学生が、もう一人の参加者とともにいくつかの絵画の作品評価を行いました。ただし、もう一人の参加者（仮にジョーとします）は、参加者のように振る舞ってはいましたが、実はリーガンの助手でした。実験は二つの異なった条件の下で行われました。第一の条件では、ジョーは本当の参加者に、次のような小さな親切をしました。短い休憩時間に数分間部屋を離れ、本当の参加者と自分のために二本のコーラを手にして戻り、「実験監督にコーラを買いに行ってもいいかって聞いたら、いいって言うんで、君の分も買ってきたよ」と言ったのです。第二の条件では、ジョーは参加者に対して親切をしませんでした。つまり、二分間部屋を離れた後、手ぶらで戻ったのです。これ以外の点に関しては、ジョーは二つの条件ともまったく同じように振る舞いました。

さて、すべての絵画の評価が終わり、実験監督がちょっと部屋から出たとき、ジョーは自分の頼み事を参加者に聞いてもらおうとしました。自分は新車が当たるくじ付きチケットを売っているが、最も多くチケットを売れば五十ドルの賞金が手に入る。そこで、一枚二十五セントのチケットを何枚か買ってほしい、と頼んだのです。「何枚でもいいんだ。もちろん多いに越したことはないけど」。この研究の主な発見は、二つの条件の下で、参加者がジョーから買ったチケットの枚数の違いに関するものでした。もちろん、ジョーが親切にしておいた参加者のほうが、チケットをたくさん買ってくれたのは言うまでもありません。それらの参加者は、明らかにジョーに対して借りがあると感じており、何もされなかった参加者の二倍もチケットを購入したのです。このリーガンの研究は、返報性のルールがどのように働くかを示す簡単な例ですが、このルールが持つ重要な特徴もいくつか表しています。それらをもっと詳しく検討すれば、返報性のルールから利益がどのように引き出されるのか理解できるはずです。

▼返報性のルールの威力

　返報性が、他者からの承諾を引き出す手段として、これほど効果的に使われる理由の一つは、その威力にあります。このルールには恐ろしいほどの力があり、相手に借りがあるという気持ちがなければまず断るような要求でさえ、受け入れさせてしまうのです。このルールの威力は、普段なら要求を受け入れるかを左右する要因を圧倒してしまいます。その証拠は、リーガンの研究で得られたもう一つの結果から確認できます。実はリーガンは、返報性のルールが要求を受け入れるか否かの意思決定に及ぼす影響だけでなく、要求を出してきた相手に対する好感度が、要求を受け入れる傾向にどのような影響を及ぼすかについても調べていました。ジョーへの好感度が、くじ付きチケット購入の決定に及ぼした影響を測定するため、リーガンはいくつかの評定尺度を用意して、ジョーへの好意の度合いを参加者に記入させました。そして、ジョーへの好感度とチケットの購入枚数を比較しました。その結果、ジョーへの好感度が高い人ほど、購入枚数が多かったことが分かりました。これだけだったら特に驚くような発見ではありません。好意を感じる人には親切をしようとする。それくらいは誰でも容易に想像がつくでしょう。

　むしろ、リーガンの実験で興味深いのは、ジョーからコーラをもらった参加者の場合、ジョーへの好感度と購入枚数の相関関係がまったくなかったという点です。ジョーに借りがあった参加者たちは、ジョーが好きか嫌いかに関係なくチケットを購入していました。彼らは借りを返さなければという義務感から、実際にそうしたのです。購入したチケットの枚数は、ジョーを好きだと評価した参加者も、好きではないと評価した参加者も、同じくらいでした。頼み事をしてくる相手への好感度という、普通ならとても大きい要因の影響を、いとも簡単にしのいでしまうところに返報性のルールの強さが見てとれます。

この結果から示唆されることを考えてみてください。私たちが普段嫌っている人たち（不快な印象のセールス勧誘員、気難しい知り合い、聞いたことのないあるいは評判が芳しくない組織団体の人など）が、ただ要求を出す前にちょっとした親切を私たちにするだけで、彼らの要求が通る確率はぐっと上がることになります。近年の例を引いてみましょう。アフガニスタンでのタリバンとの戦いにおいて、米国軍の情報部員たちは影響力に関する難題を常に抱えていました。タリバンの活動や拠点について、現地の人たちからの情報を必要とすることが頻繁にあった一方で、住民の多くは情報提供に関心を持ちませんでした。そこには二つの理由がありました。第一に、そんな真似をすればタリバンから報復される恐れがありました。第二に、多くの人が米国軍のアフガニスタン駐留やその目的、代表者に強い反感を抱いていました。中央情報局（ＣＩＡ）の工作員も、部族長とのやり取りでこの二つを理由とする協力拒否を経験しましたが、彼はその部族長が部族をまとめる義務と、年下の四人の妻に対する務めとに疲れ果てていることに気づきました。そこで、次の訪問のときに、ささやかな贈り物を用意しました。妻一人につき一錠ずつ、計四錠のバイアグラです。この贈り物の「効能《ポテンシー》」は、翌週の訪問時にはっきりと現れました。部族長が「タリバンの動向と補給ルートに関する大量の情報を渡してきた」のです。

私も数年前、これほど重要ではないものの、似た経験をしました。外国へ飛行機で行く機会があり、当初私は三つ並んだ座席の通路側を取っていました。しかし、窓側の席の人が、五時間も壁の隣から動けないと思うと閉所恐怖症になりそうだと言うので、（私は通路側の席のほうがよかったのですが）座席を交換しました。彼はひどく感謝してくれました。こういう場面では、本心ではなくても「大したことじゃありません」と言って（私は本当に通路側の席のほうがよかったのです）、相手に気兼ねさせないようにするものだと教えられてきましたが、そうするかわりに私はこう言いました。「なに、立場が逆だったら、あなただって私に同じことをしてくれたはずですよ」。彼はそのとおりだと言いました。

　それから着陸まで過ごした時間は、驚くべきものでした。隣の男性客二人が会話を始め、お互いに共通点がたくさんあることが分かりました。二人とも昔アトランタで暮らしたことがあり、しかも住んでいた場所まで近かったのです。また、どちらもＮＡＳＣＡＲ《ナスカー》【訳注：全米自動車競争協会主催のカーレース。トップクラスの人気を誇る】のファンであり、銃のコレクターであり、政治的見解も同じでした。私には友情が生まれつつあるのが分かりました。しかし、通路側の男性が何か（カシューナッツ、ガム、新聞など）を私たちに差し出してくれるときは必ず、彼はまずそれを、ときには新しくできた友人の顔のすぐ前を通過させて、私にくれたのです。こう思ったのを覚えています。「なんと、どっちが隣に座っているのかも、どっちと共通点が多いのかも、どっちとよく話すのかも関係なかったぞ。彼は私に恩義を感じていて、それが一番重要だったんだ」。

　また、私はこうも考えました。意義深い親切をしてお礼を言われたばかりの人にアドバイスすることがあったら、たとえば「大したことじゃありません」「気にしないでください」「誰にでもやることです」といった、あまりにもありふれた物言いで親切を矮小化し、返報性のルールの影響力を無効化してはいけないと言おう。そうするかわりに、たとえば「いえいえ、立場が逆だったら、あなただって私のために同じことをしてくれるのは分かってますよ」といった言葉を用いて、（手に入れた）影響力を維持することを勧めよう、と。そうするメリットはかなり大きいはずです[*3]。

●読者からのレポート2・2——ニューヨーク州のビジネスウーマンより

私はニューヨーク州ロチェスターのある会社で事務部長をしています。たいてい夕方には退社するのですが、あるとき重要な案件があって遅くまで残業しました。その帰り、車を駐車場から出そうとしていて、タイヤが氷か何かで滑り、溝にはまってしまいました。時間は遅く、気温は低く、あたりは真っ暗でした。うちの部の社員はみんなとっくに帰っていました。でも他の部署の人がやって来て、車を引っ張り出してくれました。

それから二週間たったある日、人事関係の仕事中、深刻な社内規約違反者のリストに、車を引っ張り出してくれた社員の名前が載っていることに気がつきました。この人物の倫理観について詳しく知っていたわけではありませんが、私はそれでも彼のために社長と話をする役を買って出ました。以来今日まで、その人物の評判は社内で悪くなるばかりですが、私は彼に恩義を感じており、喜んで味方になろうと思っています。

著者からひと言——リーガンの実験結果と同じく、その人物の個人的特徴よりも、彼に助けてもらったという分かりやすい事実のほうが、この読者が彼を助けようという決断を下すときに、強く影響したようです。これもまた「クリック・実行《ラン》」の一例です。

他のさまざまな組織でも、ささやかなプレゼントの力を用いて、それなしではうまくいくはずのない活動を押し進めるようになっています。これまでの研究では、郵送調査の際に調査用紙とともに金銭的な謝礼（一ドル硬貨や五ドル小切手）を同封したときには、記入して返送してくれれば同額の謝礼を送ると約束した場合よりも、断然回収率が高くなるという結果が出ています。それどころか、ある研究では、保険についての調査用紙とともに五ドルの小切手を「事前のプレゼント」として同封すると、その回収率は調査用紙返送後に五十ドルを支払うとした場合の二倍になったと報告されています。同様に、レストランでも、伝票にキャンディーやミントを添えて客に渡すだけで、チップの額がかなり増えることが判明しました。また、多くの外国人観光客が利用しているレストランで調査を行ったところ、この傾向が客の国籍とは関係なく認められました。私の同僚スティーブ・J・マーティンとヘレン・マンキンは、ブラジルとコロンビアのマクドナルド数店舗で簡単な実験を行い、先に与えることの効果を調べました。その実験では、半数の店舗で、家族連れの客の子どもたちに、帰るとき風船を渡しました。残り半数の店舗では、入

●Eボックス２・１

著者からひと言――二〇一一年、スターバックスは創業四十周年を記念して、ギフトカードと交換できる無料のオンラインクーポンを提供しました。このプレゼントに対するお返しの義務感を高めるために、クーポンを受け取った人には、ソーシャルメディア上で同社への感謝をはっきり表すことが義務づけられていました。ソーシャルメディアで返報性の原理がどう働くかをさらに知りたければ、https://vimeo.com/137374366. をご参照ください。

追伸：クーポンは無料配布によって返報性の原理を利用しただけでなく、期間と枚数を限定することで、希少性の原理も利用していました。希少性の原理については第6章で見ていきます。

店時に渡しました。一家の購入金額は風船を先に渡した場合二五%高くなりました。データを見て印象的なのは、コーヒーの注文が二〇%増えていることです。これは子どもが注文したとは考えにくい品物ですが、なぜ増えたのでしょうか。それは、私も身に覚えがありますが、子どもへの贈り物は自分への贈り物に思えるからです。

客にちょっとしたプレゼントやオマケを渡しさえすれば、売れる見込みのなかった商品やサービスが売れると、商売人の間では広く知られるようになっています。[*4]

▼政治の世界における返報性のルール

政治の世界もまた、返報性のルールが強い力を発揮する分野です。あらゆるレベルで返報性を使った戦術が顔を出します。

◎政治の上層では、公職に選出された者たちが恩恵の交換に精を出し、政治の場を人と人とが思いもしない形で結びつく場所にしています。自分の選んだはずの議員が、想像もしなかった法案や立法措置に賛成票を投じることがたまにありますが、これは法案提出者に対する恩返しで行っている可能性があります。政治アナリストは、リンドン・ジョンソンが大統領になって間もない頃から、自分の法案をどんどん議会で通してしまうことに驚きました。そうした法案に強く反対すると思われた議員までもが、賛成票を投じたのです。政治学者の詳細な検討（たとえば、ロバート・カロが二〇一二年に出版した定評あるジョンソンの伝記）によれば、その理由は、ジョンソンの政治的手腕というよりも、彼が長年にわたって上院や下院で力を持っていた時期に他の議員たちに与えておいた恩恵（＝貸し）が、積もりに積もっていたことにありました。大統領になったとき、ジョンソンは以前に施した恩恵の見返りを回収することによって、驚くべき数の法律を短期間のうちに制定することができたのです。興味深いことに、これと同じ理屈で説明できそうなのが、その後の大統領たち（カーター、クリントン、オバマ、トランプ）が議会で法案を通そうとした際に抱えた問題です。彼らは連邦議会の外からやって来た大統領でした。自分はワシントンの外の人間だから、議会には借りがある相手が一人もいないと言って選挙運動を展開しました。ひょっとすると、彼らが就任後の法律制定で直面した多くの困難は、議会の誰も彼らに借りがなかったせいで生じたのかもしれません。

◎政治の世界の別の層でも、返報性のルールは威力を発揮しています。その影響力の強さは、法廷関係者や法律を制定する議員にプレゼントを届けたり、恩を売ったりしようとする企業や個人の存在と、それを制限するいくつもの法律を見れば分かるでしょう。合法的な政治献金の場合でも、ひいきの候補者を応援するという表向きの目的の裏に、候補者に恩を売って、後で便宜を図ってもらおうとする気持ちが隠されていることがよくあります。これは、重要な選挙で対立している二人の候補者のどちらの陣営にも献金を行う会社や組織を調べると、一目瞭然です。政治献金の見返りが本当にあるなら、その直接的な証拠を見せろと言う人もいるかもしれません。そんな人には、政治献金規制法改正に関する公聴会でぬけぬけとその効果を認めた、実業家のロジャー・タムラズ氏の言葉を見ていただくのがよいでしょう。三十万ドルの政治献金に対する十分な見返りはあったのかという質問に、彼は笑顔で答えました。「次は六十万ドル献金しようと思っていますよ」。

政治の世界において、タムラズ氏のように正直な人はまれです。献金をする側もされる側もたいてい、口をそろえてこう言います。「政治献金、接待旅行、スーパーボウルのチケットが、〈真面目で良識的な〉政府役人の意見に影響を及ぼすわけがないのです」と。あるロビー団体の代表は次のように主張しました。「そんな心配は無用です。男性であれ女性であれ、政府の役人は皆、訓練を積み重ねて見識を高め、批判力や注意力を養い、そしてトップの座についた頭脳明晰で成熟した洗練された人たちなのですから」。もちろん政治家も、こうした意見に同意するでしょう。普通の人と違って義理に押し流されることはない。自分は自由独立の人間だ。政治家のこんな主張は耳にタコができるくらい聞かされています。私の住んでいる州のある代議士は、次のように断言しました。「献金をしてくれる人と、してくれない人に、違いはない。見返りなど何もない」。

申し訳ないのですが、私は科学者なので、こういう話を聞くと笑いをこらえきれなくなってしまいます。「真面目で良識的な」科学者はこんな話は信じません。なぜかと言えば、一つには、「男性であれ女性であれ、（科学に関する）職業のトップで仕事をしている頭脳明晰で成熟した洗練された人たち」が、自分たちも普通の人と同じように、義理人情の心理過程から影響を受けやすいことを突き止めているからです。心臓病の治療薬であるカルシウム拮抗剤の安全性に関する、医学的論争を例に取りましょう。その治療薬の使用を支持する研究結果を発表した科学者は、全員が製薬会社から何らかの援助（接待旅行、研究助成金、雇用など）を事前に受けていたのに対して、その薬に批判的な研究者のなかで事前に援助を受けていたのは、わずか三七％にすぎませんでした。「訓練を積み重ねて見識を高め、批判力や注意力を養った」科学者が、こうした隠れた交換の影響力に惑わされるなら、政治家も同じように惑わされるのではないか。そう考えるのが当然ですし、正しくもあるでしょう。たとえば、AP通信の記者たちはある選挙の期間中に、六つの主要な政策・論争に関わる特別利益団体から最も多額の献金を受け取った連邦議会議員たちを取材し、それらの議員たちが選挙キャンペーン中に最も多額の寄付を行った団体の意に沿う形で法案に投票する確率は、そうでない議員の七倍以上にのぼることを明らかにしました。結果として、当時の連邦議会議員の八三％がこうした特別利益団体に有利になるような投票を行ったのです。同様の結果が、税制の決定に関わる委員のうち、企業から多額の献金を受け取った議員について調べた米国の研究でも得られています。献金した企業はその後、大幅な税率の引き下げを受けていました。選挙で選ばれて任命された政治家は、駐車違反規制などの普通の人が守らなくてはならないルールを、自分たちは免れることができると思いがちです。しかし、彼らが返報性のルールに対しても同じ自惚れを持つのは、愚かしいだけでなく無責任でもあります[*5]。

国家間交渉の歴史には、最悪の事態を招きかねなかった対立が、恩返しの交換によって平和的解決にこぎ着けた例がたくさん残っています。おそらくそのなかでも最も際だった歴史的意義を有するあるギブ・アンド・テイクの合意は、そのおかげで世界が救われたかもしれないのに、当時は政治的理由からその成果を認めるわけにはいきませんでした。一九六二年十月二十二日、米ソ冷戦の緊張感は沸点近くまで高まっていました。ジョン・F・ケネディ大統領はテレビ演説で、ソ連の核ミサイルが秘密裏にキューバへ運ばれ米国に狙いを定めていることを、米国の偵察機が確認したと述べました。そして、ソ連の最高指導者ニキータ・フルシチョフにミサイルの撤収を訴えるとともに、設置されたミサイルが撤去されるまで米国海軍にキューバ周辺を封鎖させ、さらなるミサイルの流入を防ぐと宣言しました。フルシチョフは、キューバへ航行中のソ連艦がこの「あからさまな海賊行為」に屈することはないと応じ、さらに、海上封鎖のための試みは例外なく攻撃行為とみなされ、戦争の引き金になるだろうと述べました。ただの戦争ではありません。人類の三分の一が命を落とすとされる核戦争です。十三日間、世界中の人が希望に（そしてお互いに）すがるなか、二人の指導者は睨み合いを続けました。そして、とうとうフルシチョフが瞬きをして、ケネディの妥協を知らない交渉姿勢に屈し、ミサイルを引き上げることになりました。少なくとも、私がいつも聞いていたキューバミサイル危機の顛末では、そうなっていました。

　ですが現在、機密解除された当時の録音や文書が伝えるのは、まったく違った説明です。ケネディの「勝利」は、彼の妥協なき交渉姿勢の産物ではなく、ソ連がキューバからミサイルを撤去するのと引き換えに、米国がトルコからジュピターミサイルを撤去するという、フルシチョフの提案に応じた結果でした。自分の政治的評判が傷つくのを恐れ、ケネディはミサイルの取引について公表しないことを、最終合意の条件としました。ソ連に対して少しでも譲歩したとは見られたくなかったのです。長きにわたり、いや今日でさえ、「世界を救った」要因（返報的交換の力）があまり認識されておらず、世界を滅ぼしかねなかった別の要因（妥協の拒否）が世界を救ったのだと考えられているのは、皮肉なことにも残念なことにも思われます。[*6]

　政治から離れた場面で、互恵的手法と一切妥協しない手法のそれぞれが交渉にもたらす利益については、社会心理学者リー・ロスが検討しています。取り上げられたのはカナダで大手のペット用品量販店を経営している兄弟（ロスの従兄弟）です。二人は商品の仕入れ先がある複数の町で、在庫保管スペースを確保するための交渉をしなければなりません。報告では兄がこう言っています。「私はそれぞれの町の倉

図2・1　「カストロ峡谷の降伏」

当時描かれたこの政治風刺漫画は、キューバのミサイル危機がどう終わったかについて、広く受け入れられていた解釈を描いている。脅威となる敵国に一切妥協しないケネディの前に、フルシチョフが降参したというものだ。しかし、実際にはその反対が真実だった。世界に対する核の脅威を解決したのは大きな妥協であり、それによって、両陣営は互恵的に核ミサイルを撤去したのである。

Library of Congress, copyright by Karl Hubenthal

庫の相場を知っているので、交渉ではまっとうな価格を提示して、そこから一歩も引き下がりません。だから、契約はいつだって弟が取りつけるんです」。

▼無料（とは言えない）試供品

返報性の力は、言うまでもなく商売の世界においても見られます。例はたくさんありますが、ここでは私たちに馴染み深いものを検討してみましょう。マーケティングのテクニックとして無料の試供品を配るという手法は、効果が高く、長い歴史があります。たいていの場合、顧客となりそうな人たちに製品を配布し、その反応を見るわけです。確かにこれには、生産者が製品の良さを消費者に知ってもらうために行っている、という一面はあるでしょう。しかし、無料試供品の真の強みは、それが一種の贈り物でもあるため、返報性のルールを持ち込めるという点にあります。無料試供品を配布する販売促進員は、相手の力を利用して敵を倒す柔術家と同じです。製品の存在を知ってもらいたいだけという振りをしつつ、贈り物につきものの報恩の義務の力を起動させているのです。

カリフォルニア州南部のキャンディーショップで、研究者たちは入店時に無料のキャンディーを渡した客と渡さなかった客、それぞれの購買パターンを調べました。プレゼントをもらった人たちのほうが、何かを買う率が四二％高くなりました。もちろん、その原因が返報性の力ではない可能性もあります。ひょっとしたら、無料のキャンディーを受け取った人たちはその味がとても気に入ったために、買う気になることが多かったというだけかもしれません。しかし、さらによく調べてみると、そうではないことが分かります。購入が増えたのは無料で配られたキャンディーと同じ種類ではなく、他の種類のものだけでした。どうやら、無料のキャンディーを受け取った客は、もらったキャンディーをそれほど気に入っていなくても、親切のお返しをする義務を感じて、何かを買うことにしたようです。

無料試供品がよく提供される場所であるスーパーマーケットでは、買物客はしょっちゅう製品を少量渡されて、食べてみるよう勧められます。多くの人が、笑みを絶やさない販売促進員から試食品をもらっている以上、楊枝《ようじ》や空のカップだけを返して立ち去るわけにはいかないと感じてしまいます。それで、試食した品をそれほど気に入っていなくても、その製品を少しは買ってしまうことになります。大手小売り企業のコストコ社の販売データによれば、ビール、チーズ、冷凍ピザ、リップスティックなど、あらゆる種類の製品が、無料サンプルのおかげで大きく売り上げを伸ばしています。購入者のほとんど全員が、試供品を受け取った人なのです。このやり方に似た販売方法で非常に効果的なものが、ヴァンス・パッカードの古典的名著『かくれた説得者』（1957）【訳注：林周二訳、ダイヤモンド社、一九五八年刊】に紹介されています。それによると、インディアナ州のあるスーパーマーケットの経営者は、一日数時間だけチーズを買物客の前に出し、それを客に自分でスライスさせて、試食品として食べてもらうというやり方で、驚くなかれ四百五十キログラムものチーズを売ってしまったのです。

これとは違った形の無料試供品戦術を用いているのが、アムウェイ社です。同社は家庭用品や身の周り

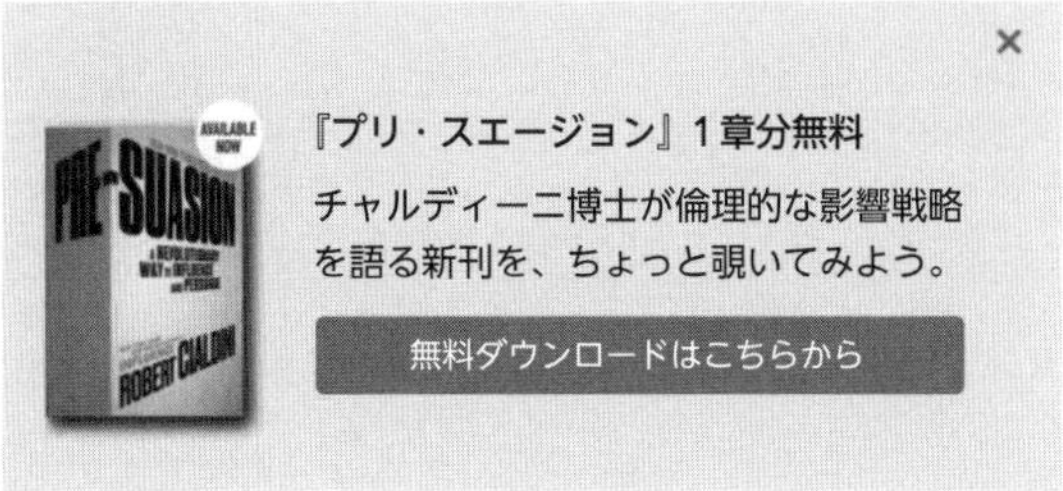

© *Robert Cialdini/Influence At Work*

●Eボックス2・2
『プリ・スエージョン』1章分無料

著者からひと言——このネット広告からは、無料サンプルが効果的である理由が二つ見てとれます。①無料で読める章は、その本を購入するかどうかを決めるのに役立つ情報を提供します。また、②贈り物なので、受け取った人はお返しとして本を買わなければいけない気になるかもしれません。私はたまたまこの本の著者を知っているので、この広告の狙いは二つの理由のどちらにあるのかを尋ねてみました。それは、「もちろん①だよ」というのが答えでした。彼が基本的に正直な人間なのは分かっていますが、私は心理学者なので、しばしば人は自分の信じたいことを信じるということも知っています。ですから私は、相手の言葉を鵜呑みにはしていません。

の品を生産し、全国規模のネットワークで戸別の訪問販売を行っています。この会社（発足当時は地下室を借りて事務所としていましたが、今では年商八十八億ドルもの企業に成長しています）では、無料試供品を利用したBUG《バッグ》という手法が用いられています。BUGはアムウェイ社の製品をひとまとめにしたもので、その中には家具用クリーナー、洗剤、シャンプー、防臭スプレー、殺虫剤、窓ふきクリーナーなどが入っており、専用ボックス、もしくはありふれたポリエチレン製の袋に入れられて、顧客の家に届けられます。アムウェイ社の極秘マニュアルには、販売員《ディストリビューター》がBUGを届けた後にすべきことが書かれています。「何の義務も課さず、もちろん無料ということで、二十四時間、四十八時間、ないしは七十二時間置かせてもらってください。そして『製品を試しに使っていただきたいのです』とだけ説明してください。そう言えば、誰も断りません」。試用期間が終わると販売員がやってきて、客が買いたいと思う製品の注文を取ります。BUGの中の製品をそんな短期間のうちに全部使い切る人はほとんどいませんから、販売員は使いかけの製品をBUGに戻し、近所の別の家で同じ手順を繰り返します。何人もの販売員が、同時期に、いくつものBUGを、自分の担当地域で回しています。

すでにお分かりかと思いますが、BUG製品を家に置くことを承諾してそれを試用した人は、返報性のルールの罠に引っかかってしまっているのです。そうした人の多くは、試しに少し使ったのだから注文しないと悪い、という思いに屈してしまいます。そして、もちろん客がこうした気持ちになるのも、アムウェイ社は先刻承知なのです。アムウェイ社は元々飛躍的な成長をしていた会社でしたが、それでもBUGの成功は社内で大きな反響があったようです。各州の販売員が親会社に送ったレポートは、その著しい効果をまざまざと物語っています。

イリノイ州の販売員より——信じられません！　こんなに売れるのは初めてです！　ついこの間始めたばかりだというのに、製品は驚くべき速さで右から左へと動いていきます。地元販売員がＢＵＧを取り入れてから、売上げは信じられないくらい伸びています。

マサチューセッツ州の販売員より——こんなすごい販売方法は初めてです！　平均してみると、ＢＵＧを置かせてくださったお客様は、入っている商品のうち、およそ半分の品をご購入になられます。ひと言でいえば、驚異的です！　我々の全組織の中でも、このような反応は前代未聞です。

アムウェイ社の販売員たちは、ＢＵＧの驚異的な威力にびっくりしたようです。嬉しい驚きでしょうが、そうであっても驚きは驚きです。もちろん、読者の皆さんは、今さら驚いたりしないと思います。

返報性のルールは、お金も商取引も関わらない、人と人との関係のみが存在する多くの場面も支配しています。これに関して有益な論点を教えてくれる事例を紹介しましょう。ある女性は、相手に贈り物を与えるのではなく、強い報恩の義務が伴った贈り物を拒否することによって、自らの命を救いました。一九七八年十一月、ガイアナのジョーンズタウンのリーダーであったジム・ジョーンズ師は、全住民に集団自殺を呼びかけました。ほとんどの者はそれに従って、毒の入った飲み物を飲んで死んでいきました。しかし住人のダイアン・ルイは、ジョーンズ師の命令を拒み、ジョーンズタウンから抜け出してジャングルに逃げ込みました。そうできたのは、以前困っていたとき、ジョーンズ師から特別な恩恵を受けることを拒否していたおかげだと、ダイアンは考えています。病気で伏せっていたとき、ジョーンズ師から特別食を提供するという申し出があったのですが、断っていたのです。なぜなら、「一度でも彼からそんな恩恵を受けたら、言うことを聞かなくてはいけなくなると分かっていました。だから、彼には借りを作りたくなかったんです」。おそらくジョーンズ師の間違いは、ダイアンに聖書を教えすぎたことでしょう。特に「出エジプト記」二十三章八節を。そこにはこう書かれています。「あなたは賄賂を取ってはならない。賄賂は、目の開いている者の目を見えなくし、正しい人の言い分をゆがめるからである」[*7]。

▼個々人向けにカスタマイズする

返報性の原理が発する力はただでさえ印象的なものですが、ある条件を満たすと、その力はさらに強まります。その条件とは、最初に渡す贈り物が受け手のそのときのニーズや好みに合わせてカスタマイズされ、受け手にぴったりのものになっていることです。コンサルタントをしている私の友人は、請求書を送る際に相手に合わせた贈り物を使って、支払いが遅いことで有名な顧客（業界では半年も支払いを遅らせる人物として知られていました）の延滞期間を短くしたと言います。彼女はしばらく前から、その相手に請求書と一緒に、ささやかなプレゼント（文房具、チョコレート、スターバックスのギフトカードなど）を贈るようにしました。すると、延滞期間がそれまでの半分になりました。その後、相手の好みに合わせて、地元の美術館で現代美術（彼女は相手が現代美術を収集していると知っていました）の絵はがきを買い、請求書に同封するようにしました。彼女によれば、最近は支払いの遅れがほぼなくなったそうです。彼女の同業者たちは驚き、何をしたのか知りたがっています。が、今のところ、誰にも秘密を明かしてはいないそうです。

受け手の好みに合わせるやり方だけでなく、相手のそのときのニーズに合わせるというやり方でも、贈り物の効果は高まります。ファストフード店で行われた研究が、この種の工夫の効果を教えてくれます。客の一部（第一グループ）は、入店時に温かい挨拶で迎えられました。他の客（第二グループ）は温かい挨拶に加えて、素敵なキーホルダーというプレゼントも受け取りました。第一グループと比べ、第二グループでは購買量が一二％多くなりました。これは返報性の原理が教えているところと完全に重なる結果です。第三のグループは、温かい挨拶に加えて小さなカップに入ったヨーグルトを渡されました。そのヨーグルトの小売価格はキーホルダーと変わらないというのに、第三グループの購買量は第二グループより二四％も多くなりました。なぜでしょうか。それは入店した客たちが食べ物へのニーズを抱えていたため、そのニーズに合ったプレゼントが威力を発揮したからです。

少し前のことですが、同僚のブライアン・エーハーンがあるビジネス雑誌の記事を送ってきました。その記事には、世界展開をしているホテルチェーンの重役が、同社で大金をかけて始めた「不満なき滞在体験」プログラムの結果にショックを受けた話が書いてありました。アンケートで一番高い満足度を示し、また利用したいと答えていたのは、「不満なき」滞在をした宿泊客ではありませんでした。サービスに何らかの支障が生じ、ホテルの従業員によってそれがすぐに対処された宿泊客たちだったのです。このような結果になった理由はいくつか考えられます。たとえば、宿泊客はホテルがミスをすぐ修正できると知って、今後また利用したときにも同様の対応をしてくれるだろうという信頼を深めたのかもしれません。この可能性を疑うわけではありませんが、私は別の要因も働いているのではないかと考えています。おそらくそうしたトラブルへの対応は、ホテルがわざわざ「自分にだけ特別対応」をしてくれたと、宿泊客たちに思わせたのです。そして返報性の原理が働き、お返しとしてホテルは、宿泊客から高い評価と信頼を受け取ったのです。

私はビジネス関連の集まりで講演するとき、よくこのホテルチェーンの重役を驚かせた結果とそれに対する自分の考えを話します。そうした集まりの一つで、この返報性に基づいた説明への裏付けが得られました。講演会場のリゾートホテルの支配人が客席から立ち上がり、ちょうどその日にあった出来事を話したのです。ある宿泊客が、幼いお子さん二人とテニスをしたいと言ってきたのですが、ホテルが二本だけ用意していた子ども用ラケットは、すでに貸し出されていました。そこで支配人は、従業員をすぐに地元のスポーツ用品店へ走らせ、子ども用ラケットを一組購入し、宿泊客にラケットを届けました。がっかりさせてしまってから二十分足らずの早技でした。しばらくして、その宿泊客が支配人のオフィスまでやって来てこう言いました。「たった今、うちの家族と親戚みんなで独立記念日の週末を過ごすために、このホテルの部屋を予約したところです。あんなに良くしてもらったので」。

考えてみれば面白い話です。もしこのホテルが、宿泊客に「不満なき体験」を保証するために最初から子ども用のラケットをもう二本用意していたら、その気配りは注目に値する贈り物あるいはサービスとは思われず、特別な感謝も、お礼としての次回の利用も、なかったはずなのです。それどころか、ラケットのことなど、この宿泊客の記憶にはほとんど残らなかったかもしれません。

私は確信していますが、生じた問題へ対応するという手法が、受け手にだけ与えられるプレゼントもしくはサービスとみなされる原因は、それがその都度カスタマイズされたものだという点にあります。その特徴が返報性の原理の力を発動させると考えれば、ときに相手の失敗から満足感と忠誠心が高まるという非常に逆説的な話も、理解できるようになります。要するに、人は問題がないときよりも、問題がなくなったときのほうが嬉しいのかもしれません。[*8]

▼返報性のルールのために余計な恩義を感じてしまう

返報性のルールの力はとても強いため、相手が見知らぬ人や嫌いな人でも、最初にその人から親切な行為をされてしまうと、一つぐらいなら要求に応じてもよいという気になってしまうのは、すでに述べたとおりです。しかし返報性のルールには、もう一つ大きな特徴があります。それは、余計なお世話をされた場合でも、私たちの心は恩義の感情が生まれるようにできているということです。思い出してみましょう。返報性のルールは、相手がしてくれたのと同じことを相手に返すべきだ、としか言っていません。そのため、受け取ったものが自分の頼んだものでなくても、お返しの義務を感じてしまうのです。たとえば米国退役軍人障害者協会の報告によると、普通の郵便で寄付のお願いをした場合、応じてくれる人の割合は一八%程度だそうです。しかし、頼まれてもいないちょっとしたグッズ（オリジナルの住所ラベルシール）を同封して郵送すると、成功率は二倍近い三五%にもなるのです。ここで重要なのは、自分から頼んで何かをしてもらっても、より強い恩義を感じるとは限らないということではなく、自分から頼んだかどうかとは関係なく恩義の感情が生まれる、という点です。

その理由は、返報性のルールが社会にとってどのような意味を持っているかを考えると分かります。返報性のルールが確立されたのは、互恵関係を促進し、損をする心配なしにそうした関係に踏み出せるようにするためでした。返報性のルールがこうした目的の達成のためにあるなら、頼まれたわけでもない最初の親切にも、恩に着る気持ちを引き起こす力が当然備わっているはずです。相互に返報を行う関係は、そうした関係を育んできた文化に多大な利益を与えるので、このルールが確実に目的達成に資するよう、強い圧力がかかっているのです。後世に大きな影響を与えたフランスの人類学者マルセル・モースが、人間文化における贈与の過程にまつわる社会的圧力に関して、「与える義務、受け取る義務、お返しをする義務がある」と述べているのも不思議ではありません。

返報性のルールの本質を構成しているのはお返しの義務ですが、このルールを悪用しやすくしているのは、受け取る義務のほうです。この道義的義務があるために、私たちは恩義を感じる相手を必ずしも自分で選ぶことができませんし、そのルールの力を他者の手に委ねることにもなります。この過程がどのように働くのかを明らかにするために、前述の二つの事例をもう一度検討してみましょう。リーガンの研究では、ジョーに親切にされた参加者たちが買ったくじ付きチケットの枚数は、そうでない参加者たちの二倍に上りましたが、その親切は参加者本人が頼んだわけではありませんでした。ジョーは自発的に部屋を出て行き、自分の分と参加者に渡す分のコーラを一本ずつ持って戻ってきたのです。参加者は皆、コーラを受け取りました。ジョーの親切をむげに断ったらとても気まずい雰囲気になったはずですが、その理由は容易に理解できます。ジョーは、参加者のためにお金を使ってしまっているからです。また、飲み物を持ってくるというのは、このような場面では極めて適切な親切と言えます。ましてや、ジョーは自分の分のコーラを持っているのです。ジョーの思いやりを断ったら失礼だと考えるのが自然でしょう。にもかかわらず、参加者はコーラを受け取ったせいで、ジョーに恩義を感じました。このことは、ジョーがチケットを何枚か買ってほしいと頼んだときの結果を見れば明らかです。このとき、両者はまったく釣り合いの取れていない関係にある、という点に注目してください。完全に自由な選択を行ったのは、ジョーだけなのです。最初にどのような親切を行うか決めたのもジョーなら、お返しに何をしてもらうか決めたのもジョーです。もちろん、参加者にはジョーの申し出を二回とも断るという選択肢があったと言うのは簡単でしょう。しかし実際にそうするのは、とても難しかったはずです。どちらの申し出を断るにしても、そのとき参加者は、返報性を支持する文化の自然な力に逆らわなくてはなりません。

さまざまな組織が、相手が望まないものでも、贈り物を与えさえすれば恩義の感情を引き起こせることに気がついています。私たちは寄付のお願いを記した手紙に添えられた小さな贈り物（名前入りの住所ラベル、グリーティングカード、キーホルダーなど）を、慈善団体から何度受け取ったことでしょう。私はここ一年間で五通受け取りました。うち二通が傷痍退役軍人会からで、残りはミッションスクールと病院からでした。いずれの場合も似たようなメッセージが書かれていました。同封の品は私たちの組織からの贈り物だと考えてほしい、なにがしかの金額を送ってほしいが、これは代金ではなくお返しの気持ちだと考えてほしい、という内容です。伝道プログラムに取り組むある団体からの手紙に記されていたように、送られたグリーティングカードは代金を直接払うような性質のものではなくて、「あなたの（つまりカードを受け取った人の）親切心を奮い起こすために」用意されたものなのです。なぜ送ったカードを商品ではなく贈り物と見てもらいたいのかは理解できます。たとえこちらが望んだものでなくても、贈り物をもらったらお返しをするべきという強い文化的圧力がある一方で、欲しくない商品を購入すべきという圧力は存在しないからです。[*9]

●読者からのレポート2・3——ある男子大学生より

昨年、感謝祭（米国の十一月の祝日）で帰省する途中、返報性のルールの力を直に感じる体験をしました。途中で車のタイヤがパンクし、通りかかった看護師姿の女性が、家まで車で送ってくれたのです。家まではまだ四十キロメートルぐらいはあるし、その人が向かっていたのと逆方向だと何度も言ったのですが、それでもその人は「いいからいいから」と言うばかりで、送ってくれた後はお礼のお金さえ受け取ろうとはしませんでした。謝礼を断られたことで、『影響力の武器』で論じられていたように、そわそわと落ち着かない気分になってしまいました。

そんなことがあってからしばらくの間、両親もそわそわしっぱなしでした。返報性のルールと恩返しをしていない後ろめたさのせいで、うちの家族は皆、軽い神経症にかかったのです。その人が誰なのか突き止めて、花かプレゼントを送ろうとあれこれ手を尽くしたのですが、駄目でした。その人がどこの誰だか分かっていれば、きっと、なんでも好きなものを差しあげていたに違いありません。この義務感から逃れる手段が他になかったので、母は残された最後の手段に打って出ました。感謝祭の夕食のテーブルにつき、祈りを捧げるときに、天国からその女性にお返しをしてくださいと神様にお願いしたのです。

著者からひと言——この話は、頼んだわけでない援助を受けたときにも返報性のルールが作動するということ以外に、知っておくべきもう一つのことを際立たせています。恩返しへの義務感は、最初に手助けされた人だけが感じるのではありません。その人が属する集団の成員も、同様に感じるものなのです。最新の研究を踏まえて言えば、この大学生が受けた親切によって、大学生の家族は看護師だけでなく、その看護師の家族にも何か親切を返したくなるのです（Goldstein et al., 2007）。その後の研究によれば、この種の集団的な返報性は不当な扱いに対しても発動されます。私たちは別の集団の人から傷つけられ、その人物にやり返すことができない場合、腹いせにその集団の別の人を不当に扱いやすくなります（Hugh-Jones, Ron, & Zultan, 2019）。

▼返報性のルールは不公平な交換を引き起こす

返報性のルールには、他にもまだ悪用されやすい特徴があります。逆説的な話ですが、本来は二人の間の平等な交換を促進するために発展してきたこのルールを使って、非常に不平等な結果を導き出すことができるのです。ある行為がなされた場合、受け手がそれと類似した種類の行為でお返しすることを、このルールは要求します。厚意には厚意で応えるべきであって、無視してはいけませんし、ましてや攻撃で返すなどもってのほかです。ただし、このルールは相当な「幅」を認めています。はじめに一つ小さな親切をするだけで、かなり大きな恩返しをする義務感を相手に生じさせることができてしまうのです。すでに見てきたように、このルールを使う人は、相手に恩義を感じさせる最初の親切の性質だけでなくそのお返しの性質も選べるわけですから、このルールを悪用する人が相手では、不公平な交換を余儀なくされる場合があるのも当然です。

もう一度、リーガンの実験を振り返ってみましょう。あの研究でジョーは、あるグループの参加者に対して最初にコーラを一本あげておいて、その後で一枚二十五セントのくじ付きチケットを何枚か買ってほしいと頼みました。実はこの実験が行われたのは一九六〇年代後半で、当時のコーラの値段は十セントです。この十セントの飲み物をもらった参加者が、平均して二枚のチケットを買ったのです。なかには、なんと七枚も買った人もいました。平均の金額だけを見ても、ジョーが大儲けしたのは分かります。自分の投資に五倍の見返りというのは、本当に大したものです！

ですがジョーの場合、五倍の見返りといっても、その額はたかだか五十セントにすぎません。返報性のルールは、もっと意味のある大きなお返しを引き出すこともできるのでしょうか。状況さえ整っていれば、間違いなく可能です。例を挙げましょう。私の勤める大学の女子学生の一人は、なんとも残念そうにある日の出来事について報告してくれました。

一年ほど前の話ですが、車のエンジンがどうしてもかからないことがありました。どうしようもなくて車の中でぼんやりしていると、駐車場にいた男の人がやって来て、手を尽くしてエンジンがかかるようにしてくれました。私はお礼を言い、彼は「どういたしまして」と応えました。そして彼が立ち去ろうとしたとき、私は「何か困ったことがあったら声をかけて」と言いました。一カ月くらい経った頃、誰かがドアをノックするので開けてみると、その男の人が立っていました。車を修理に出しているので、二時間ほど私の車を貸してほしいと言われました。私は恩返ししなくてはという気持ちになりつつも、少し心配でした。というのは、私の車はまだ買ったばかりでしたし、相手の人もまだ子どもに見えたからです。後で知ったのですが、彼は未成年で保険にも入っていませんでした。とにかく、私は彼に車を貸しました。そしてめちゃくちゃに壊されてしまいました。

一カ月前の小さな親切へのお返しとはいえ、なぜこの知性豊かな若い女性が、ほとんど赤の他人（おまけに未成年）の男性に、自分の新車を貸すような羽目になったのでしょうか。もっと一般化して言うなら、最初の小さな親切が、それよりも大きなお返しをしばしば引き出すのはなぜでしょうか。重要な理由の一つは、親切にされたままにしているときの明らかに不愉快な気分と関係があります。ほとんどの人にとって、恩義を受けたままにしている状態はとても不快なものです。ずしりと肩に食い込むこの重荷を早く下ろしてしまいたいという気になります。どうしてこういう気持ちになるのか、その源をたどるのはそれほど難しくありません。人間社会のシステムの中では、相互扶助が極めて重要ですから、恩義を受けたままでいると不快になるように条件づけられているのです。他者からの最初の親切に返報する必要性を無視すれば、相互にお返しをつなげていく鎖を断ち切ってしまうことになり、相手が将来再び親切にしてくれる可能性も少なくなるでしょう。そんなことが起こるのは、社会にとって望ましくありません。ですから私たちは、恩義を受けたままでいると何か落ち着かない気持ちになるように、子どものときから訓練されているのです。この理由だけで、私たちは喜んで受けた厚意よりも大きな厚意のお返しをするかもしれません。ただ、恩義という心理的な重荷から解放されたい一心で。「ただより高いものはない」という日本の諺は、このことを雄弁に語っています。

それに加えてもう一つ理由があります。返報性のルールを破る人、すなわち他者の親切を受けるばかりでお返しをしようとしない人は、社会集団のメンバーから嫌われます。本人の能力や状況にどうにもならない事情があって埋め合わせができない場合はその限りではありませんが、ほとんどの場合、返報性のルールに従わない人はひどく嫌われます。「たかり屋」とか「自分勝手」「恩知らず」というレッテルを貼られるのは、慎重に避けなければなりません。そう言われたくないばかりに、人はときとして不公平な交換に甘んじてしまうのです。

off the mark.com
by Mark Parisi
チップをあんまり出したくないんだ。私の担当には態度の悪いウェイトレスをつけてほしい。そうすれば後ろめたくないだろうし……
offthemark.com
MENU
お席にご案内するまでお待ちください
ATLANTIC FEATURE ©1995 MARK PARISI
MARK PARISI

図２・２　後ろめたさが漂う

ひどくケチな人でさえ、返報性のルールの力を感じる。しかしこのルールは、レストランの接客係たちがチップを増やすのに利用してもいるのだ。ある研究では、客に伝票を差し出すときにキャンディーを１つ付けると、その接客係へのチップが3.3％増加した。テーブル客１人につきキャンディーを２つずつ配ると、増加率は14％に上った。(Strohmetz et al., 2002)

Cartoon © Mark Parisi/offthemark.com

心の中の不快感と外聞が悪くなる危険性、この二つが組み合わさると、とても大きな心理的負担が生まれます。こうした負担という観点から考えれば、私たちが返報性の名の下にしばしば受け取った以上のものを返すのも、さほど不思議ではありません。また、自分がお返しをできないのが分かっている場合に、他者の援助を必要としていながらそれを求めたがらないのも理解できます。心理的負担は、物質的な不利益以上に耐えがたいことがあるのです。

　不利益の中には、それが予想されるために、他人からの贈り物や特別な計らいを断らせるようなものもあります。女性はよく、高価なプレゼントをもらったり、お金のかかる晩のデート代を負担してもらうと、その男性に対してお返しをしなくてはという不快な義務感を感じると言います。一杯の飲み物をおごってもらっただけでも、借りがある気持ちになることがあるのです。私が教えていたクラスの女子学生は、レポートの中でその不快な義務感について率直に書いています。「これまでいろいろ嫌な思いをしてようやく分かったので、もうクラブで知り合った男の子に飲み物をおごってもらうのはやめました。私が何か性的な義務を負っていると自分で思うのも、相手に思われる

●読者からのレポート2・4——オーストラリアに移住した米国人より

先頃、私たちはオーストラリアへ移住しました。五歳になる娘は新しい文化に慣れよう、新しい友達を見つけようと頑張っています。先日のことです。妻と一緒に近所を散歩していたときに、娘はご近所さんたちの郵便受けに「プレゼント」を入れてみました。プレゼントといっても、クレヨンで描いた絵をいくつか折りたたみ、テープでつなぎ合わせて手紙の形にしただけのものでした。私はそれをかなり無邪気なものだと思いましたが、受け取った人たちが迷惑に感じはしないかと心配でした。「郵便受けにゴミを入れていく人」という評判が立ったらどうしようと思ったのです。やがておかしな出来事が起こり始めました。うちの郵便受けに娘宛のカードが届くようになったのです。ホールマーク社製の立派なカードです。一枚三～五ドルはしていました。さらに、お菓子の詰め合わせや小さなおもちゃも届き始めました。もし『影響力の武器』を読んでいなければ、とても理解できなかったと思いますが、返報性の力は本当に信じられないほど強いのですね。娘にはもう何人も友達がいて、毎日道路の向こうの公園で一緒に遊んでいます。

著者からひと言——私がこの話を気に入っているのは、これが返報性の原理の二つの特徴に関する補強材料を与えてくれているからです。返報性のルールは不公平な交換を引き起こすだけではなく、継続的な社会的仕組みの始まりにもなるのです。さらに言えば、幼い子どもたちでさえ、返報性のルールのことを、そうした仕組みを生み出す手段だと見ているのです。

のも嫌だからです」。この女子学生の心配には根拠があることが、研究の結果から分かっています。女性が飲み物の代金を自分で払わずに男性におごらせると、その女性はすぐにその男性と性的関係を持つ気があるのだろうと（男性からも女性からも）判断されるのです。

返報性のルールはほとんどの人間関係に適用されます。しかし家族や親友など、長期にわたる関係においては純粋な形の返報性（プレゼントや親切の平等な交換）は不必要であり、また望ましくもありません。こうした「共同」関係で返報的に交換されるものは、相手が必要とするものを必要なときに喜んで提供しようという気持ちです。こうした形の返報性においては、与えた分の多い少ないを計算する必要はなく、お互いが一般的なルールに従っているかが分かれば十分なのです[*10]。

譲り合い

返報性のルールを用いて人に要求を通すやり方には、別の方法もあります。人に何かしてあげて、そのお返しを求めるという直接的な方法に比べれば目立たないやり方なのですが、場合によってはずっと効果的な手段となります。その方法がどれほど効果的に承諾を引き出せるかを示す証拠として、数年前に私自身が体験したことをお話ししましょう。

道を歩いていると、十一、二歳の少年が近づいてきました。その少年は自己紹介をしてからこう言いました。「今度の土曜日の晩に、毎年恒例のボーイスカウト・サーカスが開かれるのですが、ぼくは今そのチケットを売っています。できたら何枚か買ってくれないでしょうか。一枚五ドルです」。私は断りました。「そうですか」と少年は言いました。「チケットが駄目なら、チョコバーはどうですか？　一本たったの一ドルです」。私は二本買い、その途端、たった今、注目に値する出来事が起きたと気がつきました。なにせ次のような事実があるのです。①私はチョコバーが好きではない。②私はお金が好きである。③私は二本のチョコバーを手にして立っている。④少年は私の一ドル札二枚を手にして歩み去っていった。

何が起きたのか正確に理解しようと思い、研究室に戻ると助手たちを招集しました。そして、その状況について議論するうちに、チョコバーを買ってほしいという要求に私が従ったことと返報性のルールがどう結びつくのか、分かってきました。一般的なルールの定めるところでは、私たちに対して何か行為をした人には、同じような行為を受け取る権利があります。そのため、受けた親切に対してお返しをする義務が生じます。しかしそれとは別に、このルールからは、自分に譲歩してくれた相手に対して譲歩を返す義務も生じるのです。私たち研究グループがこのことに思い至ったとき、これこそ、私があのボーイスカウトの少年にしてやられた状況だったのだと気がつきました。一本一ドルのチョコバーを買ってほしいという少年の頼みは、譲歩の形をとっていました。一枚五ドルのチケットを何枚か買ってほしいという要求を引き下げる形で出されてきたからです。返報性のルールが命じるところに従おうとするなら、今度は私が譲歩をしなければなりません。先ほど話したように、行われたのはまさにそのような譲歩でした。少年が大きな要求から小さな要求に引き下げたのに応じて、本当はどちらにも興味がなかったのに、私は拒否から承諾へと行動を変化させたのです。

あの場面では、要求を通すお手本のようなやり方で、影響力の原理の力が使われていました。私は品物が好きだからではなく、買ってほしいという要求が返報性のルールから力を借りるやり方で示されたために、買う気になったのです。チョコバーが好きでないことなど問題にはなりませんでした。ボーイスカウトの少年の譲歩が「クリック」となり、私のプログラムが「実行《ラン》」され、私のほうも譲歩で応じてしまったのです。もちろん、相手の譲歩へのお返しに自分も譲歩をするという傾向は、あらゆる場面ですべての人に働くほど強力なものではありません。本書で検討する影響力の武器はどれも、そのような強さは持っていません。しかし、私とボーイスカウトの少年とのやり取りのなかでは十分な威力を発揮し、私はいつの間にか、欲しくもないチョコバーを二本も手に持っていたのです。

なぜ私は、相手の譲歩には譲歩でお返しをしなければという気持ちになったのでしょうか。この答えもやはり、そのような傾向があると社会の利益になるからということになります。どのような集団であっても、その成員が共通の目標に向かって働くことが、その集団の利益に通じます。しかし、多くの社会的なやり取りにおいて、当事者たちは、互いに相手の受け入れられないような要求を最初は持っています。したがって、社会の側は、最初の相容れない要求をうまく調整し、社会の利益のために協力させなくてはなりません。これは妥協を促す手続きによって達成されます。譲り合いは、そのような重要な手続きの一つなのです。

返報性のルールは、二つのやり方でお互いの譲歩を引き出します。一つ目は単純明快で、すでに行われた譲歩に対し、同じような譲歩をするよう受け手に圧力をかけるのです。二つ目はそれほど目立ちはしませんが、とても重要なものです。受け手がお返しの義務を負うおかげで、人は自由に最初の譲歩ができ、そこから交換という利益のある過程が始まります。結局のところ、譲歩には譲歩でお返しをするという社会的義務がなかったとしたら、誰が最初の譲歩をしようなどと思うでしょうか。そんなことをすれば、何の見返りも期待できないのに、何かを手放すという損失の危険を冒すことになってしまいます。しかし、このルールが働いてさえいれば、私たちは最初の譲歩をしても大丈夫だと思えます。そうすることで、相手にも譲歩する義務が生まれるわけですから。

▼拒否したら譲歩

返報性のルールが妥協の過程を支配しているのですから、相手にイエスと言わせるための非常に効果的なテクニックの一部として、最初の譲歩を使うことができます。これは「譲歩的要請法《ドア・イン・ザ・フェイス・テクニック》」としても知られるテクニックですが、ここでは「拒否したら譲歩」法と呼ぶことにします。やり方はとても簡単です。たとえば、あなたがある要求を私に受け入れさせたいとしましょう。この場合、次のようなやり方で、私が承諾する可能性を高めることができます。まず、確実に拒否されるような大きな要求を私に出します。私がそれを拒否した後、それよりも小さな、あなたが元々受け入れてほしいと思っていた要求を出すのです。これらの要求を上手に組み合わせて提出できれば、私は二番目の要求を自分に対する譲歩だと考え、こちらも譲歩をしなければという気になって、二番目の要求を受け入れるでしょう。

ボーイスカウトの少年は、この手口を使って私にチョコバーを買わせたのでしょうか。五ドルから一ドルへ要求額を下げたのはお芝居で、最初から一ドルのチョコバーを買わせるつもりだったのでしょうか。ボーイスカウトで配られたバッジを今も捨てずに持っている身としては、そうではなかったと思いたいところです。あの少年が狙ってそうしたのかどうかはともかくとして、その結果は同じでした。大成功を収めたのです。このように見事な効果を上げるので、「拒否したら譲歩」法は自分の要求を通そうとする人が意図的に使うことが考えられますし、実際に使われているのです。まず、承諾を引き出す奥の手として、この戦術がどう使えるのか検討してみましょう。その後、それがすでにどのように使われているのかを見ていきます。そして最後に、このテクニックを、あらゆる影響力の原理の中で最も強いものに仕立て上げている、ほとんど知られていない二つの特徴に目を向けることにしましょう。

　思い出してください。ボーイスカウトの少年と遭遇した後、私は研究助手を集め、自分に何が起きたのか理解しようとしました（そしてその集まりで、彼らは証拠品を食べてしまいました）。しかし実を言えば、他にもやったことがありました。最初に出した大きな要求が拒否された後に通したい要求を出すという手続きが、本当に有効かどうか調べる実験を計画したのです。実験の目的は二つありました。一つは、この手続きが私以外の人にも有効なのかを見ることです。確かにこの戦術はあの日の私には効果を発揮しましたが、私という人間にはそれまでにも、あらゆる手口のカモにされてきたという輝かしい実績があります。そのため、「拒否したら譲歩」法が、承諾を引き出すための実用的な手段なのか、多くの人に対して有効なのかという疑問が、まだ残っていたのです。もし答えがイエスなら、今後は常に注意が必要ということになります。

　二つ目は、このテクニックが相手にイエスと言わせる道具として、どれくらいの効力を持つのかを調べることでした。相当大きな要求でもこれを使えば通せるのではないか。言い換えれば、要求する側が譲歩した後に出す、より小さな要求は、小さな要求でなくてもよいのではないか。このテクニックが効果を発揮する理由が私たちの考えるとおりだとすると、二番目に出される要求は実際に小さいものである必要はありません。最初の要求より小さければ、どんな要求でもよいのです。私たちの考えでは、大きい要求から小さい要求へと引き下げるときに肝心なのは、それが譲歩に見える点でした。ですから、最初の要求より小さいものでありさえすれば、二番目の要求が客観的に見て大きいものであっても、このテクニックは有効に働くのではないかと考えたのです。

助手たちと相談をした後、このテクニックを使って、人々がまず断るような要求をしてみる実験を行うことに決めました。私たちは「青少年カウンセリング・プログラム」の担当者を装って、キャンパスを歩いている大学生を呼び止め、非行少年のグループを動物園に連れていく付き添いボランティアをやってくれないかと頼みました。学生たちからしてみれば、無償で、年齢もはっきりしない非行少年グループを公共の場所へ引率し、何時間も面倒を見るなんて、まず遠慮したい提案です。予想どおり大多数（八三％）に断られました。けれども、頼み方を少し変えて、まったく同じお願いを似たような大学生たちにしてみたところ、前とは大きく違った結果が出ました。このときの大学生たちには、非行少年グループを動物園に連れていくことを頼む前に、それよりもさらに大きな頼み事をしました。少なくとも二年間にわたり、毎週二時間、非行少年たちのカウンセラーを務めてほしいと言ったのです。この極端に大きな頼み事を拒否された後（全員が拒否しました）で、彼らに動物園への引率という小さな頼み事をしたわけです。最初の大きな頼み事から譲歩した形をとったことで、引き受けてもらえる確率は劇的に上昇しました。比較すると三倍もの学生が、動物園への引率ボランティアを引き受けてくれたのです。

相当に大きな頼み事の承諾率を三倍にできる方法（私たちの実験では、一七％から五〇％になりました）であれば、それがどんなものであれ、日常の場面でもさまざまな形で使われていて当然でしょう。たとえば労使交渉では、受け入れてもらえるとは期待していない極端に高額な要求を出したうえで譲歩し、

●読者からのレポート2・5――ドイツのソフトウェア・エンジニアより

大学で電気工学を学び、エネルギー業界で四年間働いた後、私は一大決心をして仕事を辞め、やりたいと思っていたソフトウェア開発の世界に飛び込みました。ソフトウェアに関する知識はすべて独学だったので、最初は小さな会社（従業員十人）でソフトウェアのエンジニアの仕事を始めました。二年後、私は給料を上げてもらおうと決めました。ただ問題が一つ。社長は昇給を認めないことで知られていたのです。そこで私は次のような手を打ちました。

まず、社長に見せる資料を準備しました。私の残業時間、そして何よりも大事なこととして、私の貢献が会社にもたらした収益をデータにしました。そしてこう言いました。「私は自分が平均的な従業員だとは思いません。平均よりも貢献しているはずです。ですから私の職種の業界平均賃金をもらいたいのです。具体的には年XXユーロを希望します」（当時の私の収入は平均よりも三割少ないものでした）。社長は「無理だ」と即答しました。私は五秒間黙り込んだ後、こう言いました。「分かりました。では月にXユーロの昇給と、月に一度の在宅勤務を認めてもらうということでどうでしょう」。社長の返事は「じゃあ、そうしよう」でした。

社長に業界平均の賃金を払うつもりがないのは分かっていました。私が狙っていたのは、まあまあの昇給と、月に一度の在宅勤務を認めてもらうことでした。婚約者と過ごす時間を増やしたかったのです。社長室を出るときに私が手に入れていたものは二つありました。①二三％の昇給と、②「拒否したら譲歩」法への新たな関心です。

著者からひと言――注目してほしいのは、「拒否したら譲歩」法を使うことが、コントラストの原理も発動させているところです（たいていの場合そうなります）。より大きな最初の要求が、小さいほうの要求を妥協に見せるだけでなく、二つ目の要求を非常に小さく感じさせるのです。

追伸：この読者のお名前は、本書冒頭の一覧には掲載されていません。ご本人から、イニシャル（M・S）だけを使ってほしいというご希望があったためです。

これによって相手側から本当の譲歩を引き出すという戦術がよく使われます。この場合、最初の要求が大きいほど、見せかけの譲歩を行う余地が残されるわけですから、大きな要求をすればするほど効果的だと思われるかもしれません。しかし、これにも限度があります。イスラエルのバル＝イラン大学で行われた研究では、最初の要求が法外に大きいと、かえって逆効果を招いてしまうことが示されています。その場合、最初に法外な要求を出す人間は、誠実な交渉相手とは見られません。最初の要求が現実離れしていると、そこからいくら要求を引き下げても本当の譲歩だとは受け取られません。したがって、お返しの譲歩も行われません。本当に交渉上手な人は、お互いが譲歩し、対案を出し合うのに必要なだけ自分の最初の立場を誇張しておき、それによって交渉相手から最終的に自分が望む回答を引き出すのです。[*11]

▼譲歩のお返し、知覚のコントラスト、そしてウォーターゲート事件の怪

前述のように、「拒否したら譲歩」法が成功を収める理由の一つは、それが返報性のルールを取り入れている点にあります。他にも二つ、大きな要求の後に小さな要求を出すというやり方が効果を発揮する理由があります。一つは、第１章に出てきた知覚のコントラストの原理です。この原理で説明がつくものの一つが、なぜ高価なスーツを買う前よりも買った後のほうが、一緒に買うセーターの値段が高くなりがち

なのかということでした。先に大きな買い物をすると、それより安い品物の値段が比較の効果でいっそう安く見えるのでした。同じように、大きな要求から小さな要求へ引き下げるやり方でも、先に出した大きな要求との間にコントラストの原理が働き、後から出す小さな要求を非常に小さいと感じさせます。私があなたから十ドル借りたいと思っているとき、先に二十ドル貸してほしいと頼んでおけば、目的の十ドルを実際よりもささやかな金額に思わせることができます。この戦術の優れた点は、最初に二十ドルを要求して次に十ドルに引き下げることで、返報性のルールとコントラストの原理が同時に働くところにあります。こうすると、十ドル貸してほしいという要求が、返報されるべき譲歩と見られるだけでなく、最初から十ドルを要求するよりも、ささやかなお願いに思わせることができるのです。

返報性のルールと知覚のコントラストの原理を組み合わせて使うと、恐ろしいほど強い力が生み出されます。「拒否したら譲歩」法に統合されることによって、この二つは本当に驚くべき効果をもたらすのです。これらの力を考慮に入れてはじめて、現代における最も不可思議な政治的行動の一つに、筋の通った説明を与えられると私は考えています。その行動とは、民主党本部（ウォーターゲート事務所）への侵入という、リチャード・ニクソン大統領を辞任に追い込むことになった悪名高き意思決定です。決定に加わった一人、ジェブ・スチュアート・マグルーダーは、ウォーターゲートへの侵入者が逮捕されたと聞かされるとすぐに、もっともな困惑を浮かべながらこう言いました。「なんだって我々は、こんな馬鹿をやらかしてしまったんだろう？」。本当にどうしてなのでしょう。

侵入計画の実行が、ニクソン政権にとっていかに愚かな行為だったかを理解するために、いくつかの事実を押さえておきましょう。

◎この作戦の発案者は、大統領再選委員会（CREEP）で情報収集活動を取り仕切っていたゴードン・リディだった。彼は政府の高官からちょっと怪しい男と目されており、着実さや判断力の点を疑問視されていた。

◎リディの提案は、足のつかない古紙幣で二十五万ドルという、極端に高い費用を要するものだった。

◎三月末、再選委員会責任者のジョン・ミッチェル、補佐役のマグルーダーとフレデリック・ラルーの会合でこの提案が承認されたが、この時期は、十一月の選挙でニクソン大統領が勝つ見込みが強いと思われていた。それ以前の世論調査で、大統領を打ち負かす可能性があるとされた唯一の候補者エドモンド・マスキーも、予備選挙では不本意な結果に終わっていた。その結果、大統領の椅子を争う相手として最も戦いやすいジョージ・マクガバンが、民主党の指名を受けるだろうと考えられていた。共和党の勝利は保証されたようなものだったのである。

◎侵入計画そのものも、十名もの人間が細心の注意を払って実行しなければならないという、大きな危険を伴うものだった。

◎侵入や盗聴の標的となった米国民主党委員会やその委員長ローレンス・オブライエンのオフィスには、現職の大統領を打ち負かせるほど大きなダメージを与える情報はなかった。また民主党には、ニクソン政権がとてつもなく愚かな行為をしない限り、そのような情報が手に入る可能性もなかった。

これほど明らかな要因がいくつもあったにもかかわらず、判断力を疑われている男が持ち込んだ、莫大な費用を要し、不確実で、無意味な、そして悲惨な結果を招く危険のある提案が承認されたのです。ミッチェルやマグルーダーといった経験豊富なインテリが、どうしてこのようなとてつもなく愚かな真似をする気になったのでしょうか。おそらくその答えは、これまでほとんど検討されてこなかった事実のなかにあります。彼らが承認した二十五万ドルの計画は、リディが持ってきた最初の提案ではありませんでした。実を言えばこの提案は、それに先立つ二つの大規模な提案を大幅に引き下げる形で提出されたのです。最初の計画案は二カ月前に、ミッチェル、マグルーダー、ジョン・ディーンとの会合で提案され、費用は百万ドルと説明されていました。その内訳は、（ウォーターゲートへの侵入のほかに）特別な通信機を装備した「追跡用飛行機」の購入費、盗聴・誘拐・襲撃部隊の編成費、そしてクルーザーに「高級コールガール」を揃えておき、民主党の政治家たちを罠にかけて脅迫するための必要経費などでした。その提案が却下された翌週、リディは同じメンバーに対して、二つ目の提案を行いました。いくつかの計画案が削除され、費用も五十万ドルまで引き下げられていました。それもミッチェルによって却下された後ではじめて、リディは「ぎりぎりの線」の二十五万ドルの計画案を提出したのです。そのときの会合には、ミッチェル、マグルーダー、そしてフレデリック・ラルーが出席していました。この案も馬鹿げたものでしたが、以前のものに比べればまだましだったので、承認されることになったのです。

長い間カモだった私は、ボーイスカウトの少年にチョコバーを買わされることになりました。慎重で堅実な政治家ジョン・ミッチェルは、政治の世界で災難を売り歩く男にしてやられました。なぜ二人とも、似たようなやり方でいとも簡単に丸め込まれ、まずい取引を行ってしまったのでしょうか。

ウォーターゲートの捜査官たちが、リディの案を最終的に承認した決定的な会合の様子を最も忠実に再現していると考えたジェブ・マグルーダーの証言に、いくつかの手掛かりが示されています。まず、マグルーダーは、一九七四年の著書『あるアメリカ人の人生——ウォーターゲートへの道』で、次のように述べています。「この計画を聞かされても、特に感心はしなかった」が、「百万ドルという莫大な金額から話が始まっていたので、二十五万ドルなら容認可能に思えた。（中略）彼を手ぶらで追っ払うような真似をしては悪い気がした」。ミッチェルは、「わずかばかりの金でもリディに残しておいてやらなければならないという気持ち」にとらわれ、「〈まあいいさ、二十五万ドル与えておいて、彼がそれに見合うことをやるか見てやろう〉というような気分でサインをした」。どうやら「二十五万ドル」という大金は、譲歩のお返しとして渡すべき「わずかばかりの金」になっていたようです。マグルーダーは、ある程度の時間が過ぎた後の冷静な目でリディのやり方を見つめ直して次のように述べていますが、「拒否したら譲歩」法の例としてこれほど簡潔なものを、私は今まで聞いたことがありません。「もし、リディが最初から〈ラリー・オブライエンの事務所に侵入して盗聴器を仕掛ける計画がある〉と言ってきたら、おそらく即座に断っていただろう。しかし、彼が最初に持ってきたのはコールガール／誘拐／侵入／襲撃／盗聴という手の込んだ作戦だった。（中略）彼はこのすべてを要求したのだが、その半分、いや四分の一でも認められれば御の字だと考えていた」。

結局は上司の決定に従ったのですが、グループのメンバーでただ一人、フレデリック・ラルーだけが、リディの提案に真っ向から反対意見を表明したのも興味深い点です。彼は極めて常識的な立場から「危険を冒してまでやる価値はない」と言っていましたが、仲間のミッチェルとマグルーダーがどうして自分と同じような考えにならないのか、不思議だったに違いありません。もちろん、リディの計画に対する見解の相違を生むような違いが、ラルーと他の二人の間にはいろいろとあったのかもしれません。しかし、そ

＊訳注「まったく違う話」という意味の熟語。

図2・3　やんちゃなゴードン？
　同じようなやり方からは、同じように満足げな笑みが生まれるのだろうか。どうやらそうなるらしい。
Cartoon © Dennis the Menace/Hank Ketcham and Field (マンガ) *Enterprises; photo of G. Gordon Liddy: UPI* (写真)

うした違い以上に際立った違いが一つあります。会合に参加した三人のメンバーでラルーだけが、リディがとてつもなく大きな構想をぶち上げた最初の二回の会合に出席していなかったのです。おそらくそのおかげで、ラルーだけは他の二人のように返報性やコントラストの原理の力の影響を受けることがなく、三番目の提案を価値のない代物と見抜き、それに対して客観的な対応ができたのです。

▼承諾するも地獄、断るも地獄

前節の冒頭で、「拒否したら譲歩」法がうまくいくのには、返報性のルールを取り込んでいることのほかに、二つの理由があると述べました。一つ目が知覚のコントラストで、これについてはすでに検討しました。もう一つの理由は他の二つとは違い、心理学的な原理というわけではありません。むしろ、要求の順序という、純粋に構造的な特徴と関係しています。もう一度、私があなたから十ドル借りたいと思っている場面を考えてみましょう。要求を二十ドルから始めると、私は決して損をしません。そのまま要求が通れば、予定の二倍の額を借りられたということになります。一方、最初の要求を断られたとしても、最初から望んでいた十ドルに要求を引き下げることができます。そうすれば、返報性とコントラストの原理が働いて、要求が通る確率はぐっと高まります。どちらにせよ、私は利益を得ることができます。はじめから私が勝つと決まっている勝負をしているようなものです。

「拒否したら譲歩」法がこのように驚くべき効果を上げるのなら、マイナス面もかなりあるはずだと思うかもしれません。この戦略に丸め込まれた人は、要求を呑まざるを得なくなったことに憤慨するかもしれません。その怒りがどういう形をとるかについて、考えられる可能性は二つあります。第一に、そうした人たちは、相手との口約束を実行しないことにするかもしれません。第二に、人の心を操って頼み事を通そうとする相手に不信感を抱き、今後は一切関係を持たないと決心するかもしれません。こうした結果のどちらか一方、あるいは両方がしばしば起こったら、「拒否したら譲歩」法の使い手もこのやり方を使うのは躊躇《ちゅうちょ》するようになるでしょう。けれども、これまでの研究が明らかにしたところでは、「拒否したら譲歩」法を使ったからといって、丸め込まれた人がこうした対応を取りやすくなるわけではありません。いささか驚かされる話ですが、むしろそうしたことは起こりにくくなるようです。なぜそんなことになるのか考える前に、まずは証拠を見てみましょう。

▼私の血をどうぞ。また必要でしたらお電話ください

カナダで発表された研究が、「拒否したら譲歩」法で丸め込まれた人は、相手が譲歩の形で出してきた要求を受け入れた後、きっちりとそれを実行するのかという疑問に答えてくれます。この実験では、参加者が実験者の頼み（地域精神衛生局で一日ボランティアとして二時間働く）に同意するか否かだけでなく、約束どおりにやって来て務めを果たすかも記録しました。これまでの研究と同じように、大きな頼み事（少なくとも二年間、週に二時間ずつ地域精神衛生局でボランティアとして働く）を先にしてから、より小さな頼み事に引き下げたほうが、小さな頼み事だけをするよりも、引き受けてくれる人の割合が多いという結果が出ました（前者が七六％、後者が二九％）。しかし、より重要なのは、実際にボランティア活動をするためにやって来た人の割合です。そしてこの点でも、「拒否したら譲歩」法のほうが効果を上げていました（八五％対五〇％）。

これとは別の実験では、「拒否したら譲歩」法に丸め込まれた人たちが、相手に操られたと強く感じるあまり、それ以後、同じ相手からの頼みを一切聞かなくなるのかが調べられました。その研究の調査対象は大学生で、彼らは毎年恒例のキャンパス献血運動の一環として、一パイント（四七三ミリリットル）献血するように頼まれました。調査対象の学生は二つのグループに分けられ、そのうちの一グループはまず、六週間ごとに一パイントの献血を最低三年間続けるよう求められました。別のグループの学生は、一パイントの献血を求められただけでした。双方のグループのなかで、求めに応じて血液センターまでやって来た学生たちは、将来また献血を頼みたいので、電話番号を教えてくれないかと言われました。「拒否したら譲歩」法を使われた結果、一パイントの献血を行うことになった学生のほとんど（八四％）が、将来また献血することに同意しました。一方で、もう一つのグループのうち、将来の献血に同意した人の割合は半分にも届きませんでした（四三％）。将来の親切を引き出すという点でさえ、「拒否したら譲歩」法が優れた効果を上げることが証明されたのです。

▼うま味のある秘密の効果

奇妙な話ですが、「拒否したら譲歩」法を使うと、相手はこちらの要求を呑むばかりか実際にそれを実行し、さらなる要求にも嫌がらずに応じようと考えるのです。なぜ「拒否したら譲歩」法を使うと、丸め込まれて頼みを聞く羽目になった人たちが、さらに頼みを聞き続けてしまうのでしょうか。その答えを探すには、この手続きの核となる部分、つまり頼む側の譲歩について考えてみるのがよいでしょう。駆け引きの小細工だと思われない限り、譲歩が相手の譲歩を引き出しやすくするのは前述のとおりです。しかし、譲歩という行為には、まだ私たちが検討を加えていない一面があります。実は譲歩には、あまり知られていない二つの副産物があります。取り決めに対するより大きな責任感と、より強い満足感です。このうま味のある二つの副産物があるからこそ、「拒否したら譲歩」法は、丸め込んで呑ませた要求を相手が実行し、似たような要求を繰り返したときにも、嫌がらずに応じるように仕向けることができるのです。

他者とのやり取りのなかで譲歩がもたらすこれらの好ましい副産物は、交渉場面を扱った多くの研究にはっきりと示されています。なかでも特に分かりやすい事例が、カリフォルニア大学ロサンゼルス校の社会心理学者たちが行った実験です。この実験の参加者たちは「交渉相手」と対面し、実験者から与えられたお金を二人でどう分配するか、交渉するように指示を受けました。また、決められた時間内に合意できなかった場合は、二人とも一セントももらえないとも言われました。参加者は知らなかったのですが、交渉相手役を務めたのは実験者の助手で、交渉を行うときには相手ごとに三通りのやり方を使い分けるよう、あらかじめ指示が出ていました。第一のグループに対しては、交渉相手はお金をほとんど独り占めするような極端に強気な要求を最初に出し、交渉の間ずっと主張を曲げませんでした。第二のグループに対しては、適度な額の要求から始めましたが、このときも交渉の間ずっと主張を曲げませんでした。第三のグループに対しては、極端な要求を最初に出し、その後交渉の過程で次第に額を適度な水準に下げていきました。

この研究には、なぜ「拒否したら譲歩」法がこれほど効果的なのかを理解する手掛かりとなる、三つの重要な発見がありました。まず、他の二つのやり方と比べると、極端な要求から始めて適度な額に下げる方法を使った場合、その人は最も多くの額を得ることができました。この結果はそれほど意外でもありません。最初に大きな要求を出してから目的とする小さな要求を出す方法が持つ、相手の同意を引き出す力については、これまでにもたっぷりと見てきました。けれども、それ以外の二つの結論には目を奪われます。

■責任を感じる

「拒否したら譲歩」法の一環として行われる譲歩は、相手の同意を引き出しやすくしただけでなく、最終的な合意を「取りまとめた」と思わせ、より強い責任感を植え付けてもいました。この結論を見れば、「拒否したら譲歩」法の不可思議な力が理解できるようになります。なぜ丸め込まれた相手が取り決めの内容を実行するのか。それは、契約条件の作成に関与した場合、人はその契約をより履行しようとするものだからなのです。

■おまけに満足感も

「拒否したら譲歩」法の標的となった参加者たちは、平均すると交渉相手に最も多くのお金を渡したグループなのですが、他のグループよりも最終的な合意内容に満足していました。交渉相手の譲歩によって合意がまとまると、満足感が非常に高くなるようです。このことを踏まえれば、以前は奇妙に思えた「拒否したら譲歩」法のもう一つの特徴、つまり、さらなる要求を相手に呑ませる力にも説明がつきます。この戦術では譲歩を用いて要求を呑ませるので、他のやり方よりも、相手は最終的な取り決めに大きな満足感を覚えやすいのです。取り決めに満足を感じた人のほうが、同じような取り決めを喜んで受け入れるの

●読者からのレポート2・6——元・家電量販店の店員より

私はかなり長い間、大手量販店のテレビ・ステレオ売場で働いていました。この店では従業員が再雇用されるかどうかは、店が提供する保証期間延長の契約を何人の客と結べるかによって決まりました。この話を聞かされてすぐ私は、「拒否したら譲歩」法を使ったうまいやり方を考え出したのです。もっとも、そのときは、この方法に名前がついているとは知りませんでしたが。

店では製品購入の際に提案する保証期間延長プランを、一年、二年、三年と、三つ用意していましたが、客がどれを選んでも店の実入りは同じです。客からすれば、三年延長という最も高い契約は当然避けたがります。それが分かっていましたから、私は最初にわざとこの一番高い契約を熱心に勧めました。こうしておくことで、後で願ってもない結果を手中に収められるのです。この三年のプランが断られた後、それではということで、比較的安価な一年延長のプランを持ち出します。もちろん、これこそが元々選んでもらいたかったプランです。このやり方は効果抜群でした。同じ売場の他の従業員は四〇％前後の契約しか取れなかったのに、私は平均して七〇％の客から契約を取ったのですから。客も、保証期間を一年延長できて満足している様子でした。どうやって契約を取っていたのか、人に話すのは今回が初めてです。

著者からひと言——研究が示しているように、「拒否したら譲歩」法は、契約数とその契約に対する顧客の満足度の両方を増加させました。

は理にかなっています。消費者研究の専門家シンドラーが行った二つの研究が示したように、自分の値段交渉がうまくいったおかげで良い買い物ができたと思う人は、買い物への満足度が上がり、その店に通う頻度も上がります。*12

防衛法

返報性のルールの使い手は、恐るべき強敵です。最初に恩恵を施したり譲歩したりすることにより、敵は強力な助けを借りた一大軍事作戦を敢行《かんこう》し、私たちを丸め込みにかかります。一見このような状況では、私たちは悲惨な運命にあるように思えます。返報性のルールに屈すれば、相手の求めに応じることになります。頼みを断れば、そのせいでルールの力の矛先が、心の中に深く根付いた公平さと義務の感情を責め苛《さいな》みます。降伏するか、あるいは甚大な損害を被るか。お先まっ暗とはこのことです。

ですが、幸いなことに選択肢は他にもあります。敵の性質を適切に理解していれば、承諾を巡って戦う戦場からかすり傷一つ負うこととなしに、それどころか、場合によっては以前より頼もしくなって帰還できるのです。まず、本当の敵は、返報性のルール（やそれ以外の影響力の原理）を使って頼み事をしてくる人ではないのだと認識することが肝心です。そうした人は、返報性の恐るべき力と結託した柔術の達人になる道を選び、最初に親切をしたり譲歩をしたりして、その力を解き放っているにすぎません。本当の敵はルールそのものです。このルールに翻弄されたくないのなら、私たちは対策を講じて、そのエネルギーを抜き取ってしまわなくてはなりません。

▼ルールを退ける

返報性のルールのような社会的ルールの効果を無力化する……そんな真似ができるものでしょうか。

いったんこのルールが始動してしまえば、どこまでも追いかけてきて逃げきれそうになく、しかもその影響力の強さは太刀打ちできるものではなさそうです。ですから、対処法はおそらく、「ルールを始動させないようにする」ことです。最初の段階で相手がルールを始動させなければ、私たちはこのルールと直面しないで済むはずです。最初の厚意や譲歩を拒絶すれば、相手の策略から逃れられるでしょう、おそらく。とは言うものの、無理かもしれません。最初の厚意や犠牲の申し出をいつも断るのは、頭で考えるほど簡単にはいきません。特に、最初に申し出がなされたとき、それが本心から出たものか、私たちを食い物にしようという企みの第一段階なのかを見分けるのが難しいのです。これはトリック・オア・トリート問題です。いつもいつも最悪（トリック）ばかり想定していると、返報性のルールを悪用しようなどとは夢にも思っていない人が申し出る本当の厚意や譲歩（トリート）を、素直に受けられなくなってしまいます。

このことに関して、私の同僚が、思い出しても腹が立つという出来事を話してくれました。十歳になる彼の娘さんが、ある男に気持ちをひどく傷つけられたというのです。その男は返報性のルールの圧力を避けたい一心で、娘さんの厚意を踏みにじったのです。祖父母のための小学校公開日に、娘さんのクラスでは児童総出で来訪者をもてなすことになっており、彼女は校庭に入ってくる来訪者の一人ひとりに一輪の花を渡す係でした。ところが、彼女が花を渡そうとした最初の男性は、怒ったような声で「いらないよ」と言ったのです。どうすべきか分からないまま、娘さんはもう一度花を差し出しました。するとその男性は、「お返しに何を出させるつもりなんだい」と聞いてきました。娘さんが弱々しい声で「何もいりません。これはプレゼントです」と答えると、男は疑いの気持ちを隠そうともせずに彼女を睨みつけ、そのまま立ち去ってしまったのです。娘さんはこの経験にすっかり傷ついて、その後は誰にも花を渡しに行けなくなってしまい、係を他の子に代わってもらうしかありませんでした。前からとても楽しみにしていた仕事だったというのに。誰が悪いのかは分かりません。その心ない男性が悪いのかもしれませんし、その人の隙につけこみ、贈り物は絶対に拒否すべきだと思い込ませた人が悪いのかもしれません。誰を責めるかは別にしても、ここから得られる教訓ははっきりしています。私たちは本当に寛大な人や、返報性のルールを悪用するのではなく、それにフェアに従おうとする多くの人に、常に出会うのです。そうした人たちは、自分の努力をいつも拒否する人に対して、きっと屈辱を感じるでしょう。そうなれば、人間同士の軋轢や孤立が生み出されるのが関の山です。ですから、やみくもに拒否するというやり方は、あまりお勧めできません。

もう一つの対処法はもっと有望です。人からの申し出は受け入れるのですが、その申し出がどのような体裁をとっているかではなく、根本的に何であるかを判断して受け入れるのです。人が親切をしてくれるというなら、先々自分がお返しをする義務を負うことは心に留めておいて、それをありがたく頂戴しておけばよいのです。この種の取り決めをするからといって、その相手に返報性のルールを悪用されていることにはなりません。むしろまったく逆です。人類の創生期から、個人にとっても社会にとっても非常に有効だった「名誉ある義務のネットワーク」に、加わることになるのです。けれども、最初の親切が、私たちを刺激してより大きなお返しを得ようとするために、特別に仕組まれた策略であると判明したときには、話はまったく違ってきます。その相手が親切な人ではなく、とんだ食わせ者だと分かったら、そのときこそ、相手の行為に対してそれに見合ったやり方で対応するべきです。最初の申し出が厚意から出たものではなく、こちらを丸め込むための策略だと判断したら、その影響力から逃れるために、それ相応の反応をすればいいだけです。こちらが相手の行為を、親切ではなく承諾を引き出すための策略だとみなしている限り、相手はもはや返報性のルールを味方にすることはできません。このルールは、厚意には厚意を返すべきだと言っているのであって、策略に対して厚意を返せと要求しているわけではないからです。

▼敵をいぶり出す

実際にありそうな例でもっと具体的に考えてみましょう。ある日、あなたのところへ、家庭防火協会の者と名乗る女性から電話がかかってきたとします。「当協会では、家庭でできる防火対策をお伝えし、お宅に危険箇所がないか点検を行い、家庭用消火器を差し上げていますが、ご興味はおありでしょうか、料金は一切かかりません」とその女性は言います。こうしたことに関心があったので、あなたは協会から一人派遣してもらうことにします。やって来た人はあなたに小型の消火器を渡し、火災の危険箇所がないか調べ始めます。やがて彼は、火災の危険一般に関して、恐ろしくも興味深い情報を聞かせてくれます。また、あなたの家にどの程度、火災の危険性があるかも教えてくれます。最後に、「家庭用火災報知機の設置をお勧めします」と言い残して帰っていきます。

このような出来事は決して珍しくありません。多くの市や町には、この種の無料安全点検を実施してくれる非営利団体があり、普通は消防署の職員が手の空いているときにしています。こうした出来事があれば、皆さんもきっと、やって来た人の厚意を受け取ったことでしょう。そして、将来その人が援助を必要としている（たとえば、その人が故障した車を前に道路の端で途方に暮れて立ち尽くしている）と分かったら、返報性のルールに従って喜んでお返しをしようという気持ちになるはずです。そうした厚意のやり取りこそ、返報性のルールが培《つちか》ってきた素晴らしい伝統なのです。

しかし、同じような出来事でも、まったく違った結末を迎えることがあります。火災報知機の設置を勧めて帰っていくのではなく、検査に来た人が、自社の高価な熱感知型火災報知機を買わせようとして製品の紹介を始めるのです。火災報知機の訪問販売を行っている会社は、よくこういうやり方を使います。たいていの場合、その製品は十分に効果を発揮するものなのですが、とにかく値段が高いのです。こうした会社は、あなたは商品の小売価格をよく知らないだろうし、買う決心さえ固まれば、消火器を無料で渡して家の点検も無料で行った会社に義理を感じるだろうと当て込んで、その場で購入させようと圧力をかけてきます。先に無料で情報を提供し、無料点検を行うこの手法によって、防火設備の販売会社は米国中で繁盛しています。

万が一あなたがこのような状況に陥り、高価な警報装置を売りつけることが訪問者の主な目的であると気づいたなら、最も効果的なその次の行動は、自分の胸の内だけで行う単純な方策です。状況を定義し直すのです。受け取ったもの（消火器、防火に関する情報、危険箇所の点検）を、贈り物ではなく販売の手練手管だと考え直すだけで、勧誘を断るのも受け入れるのもあなたの自由になります。その場合、返報性のルールはまったく働きません。厚意は厚意に返すべきものであって、セールスの戦術に対して返すものではないからです。

もしその気があれば、相手の影響力の武器を逆手に取って、攻撃することもできます。思い出してください。返報性のルールはある行為をした人に、それと同等のものを受け取る権利を生じさせるのでした。

●読者からのレポート2・7——スイス、チューリッヒの化学工学専攻の学生より

私は行動心理学にとても興味があり、その興味からあなたの本『影響力の武器』を手に取りました。つい昨日、返報性を扱った章を読み終えました。そして今日、スーパーマーケットへ行ったときのことです。ヨガの行者を名乗る男性に呼び止められました。彼は私のオーラを読み始め、私が落ち着いた、人助けを厭《いと》わない人物なのが分かると言いました。そしてポケットから小さな真珠を取り出し、プレゼントだと言って私にくれました。その直後、彼は寄付を求めてきました。こちらは貧乏学生で寄付に回せるお金はない、と私は言いました。彼は私に真珠を渡したこと、お返しに寄付をするのはお互い様でしかないことを熱心に説き始めました。返報性の章を読んでから、まだ二十四時間も経っていなかった私には、彼がその真珠で何をしようとしているのか、はっきりと分かっていたので、私は断りました。そうしたら、相手はそれ以上何も言わず、どこかへ行ってしまいました。

著者からひと言——この事例に当てはまるのは「知識は私たちを自由にする」という使い古された格言です。返報性のルールを利用して利益を得ようとする人への対応方法を知っていたおかげで、この学生は本人の求めていない、まがい物のプレゼントの影響力に逆らえたのです。さらに私は確信していますが、この学生の話に出てきた真珠はおそらく模造品です。ただし、彼のレポートがそれを読む私たちにもたらしてくれる知恵の価値は、本物の真珠に勝るとも劣らないでしょう。

もし「防火検査官の贈り物」が、真の贈り物ではなくあなたを丸め込むための道具に違いないと思ったなら、それを用いて自分の利益を得ても良いのではないでしょうか。相手がくれるというものは、安全のための情報でも家庭用消火器でも何でももらっておき、丁寧に礼を述べてから、ドアの外へ送り出しましょ

う。結局のところ返報性のルールは、それで正義がなされるのだとすれば、搾取の試みには搾取でお返しをすべきだと主張しているのです。

まとめ

◎社会学者や人類学者によると、人間文化のなかで最も広範囲に存在し、最も基本的な要素となっている規範の一つに、返報性のルールがある。このルールは、他者から与えられたら、自分も同じようなやり方で相手に返すように努めることを要求する。返報性のルールは行為の受け手が将来それに対してお返しをすることを義務づけるので、人は自分が何かを他者に与えても、それが決して無駄にはならないと確信できる。このルールに将来への義務感が含まれることによって、社会にとって有益なさまざまな持続的人間関係や、交流、交換が発達することになる。したがって、社会の全成員は、このルールを忠実に守るべきこと、守らないと重大な社会的不承認を被ることを、子どもの頃からたたき込まれる。

◎他者の要求に応ずるか否かの決定は、頻繁に返報性のルールからの影響を受ける。承諾誘導のプロたちが好んで使う儲けの手口の一つに、最初に何か与えておいて、相手からお返しを求めるという方法がある。このやり方が功を奏するのは、返報性のルールに含まれる三つの特徴のためである。第一の特徴は、このルールが非常に強く働くという点にある。その強さは、普通であれば要求に応ずるか否かを決めるはずの諸要因の影響力を、凌駕してしまうほどである。なかでもこのルールが特に強く働くのは、プレゼント、親切、サービスが、受け手のその時々の嗜好やニーズに合わせて個別化、つまりカスタマイズされている場合である。第二に、このルールは、望みもしない厚意を最初に相手から受けた場合にも適用される。したがって、借りを作る相手を自分で選びにくくなり、その選択を他者の手に委ねることになる。第三に、このルールは、不公平な交換を助長することができる。恩義を受けっぱなしにしているという不快な感情を取り除こうとして、受けた親切へのお返しに、それよりもかなり大きな頼みを聞いてしまうことは、よくある。

◎返報性のルールの基本型に応用を加えて、承諾を引き出すやり方も存在する。最初に親切を施してその見返りを期待する代わりに、最初に譲歩して、そのお返しとして相手の譲歩を引き出すのである。これは、「拒否したら譲歩」法あるいは「譲歩的要請法《ドア・イン・ザ・フェイス・テクニック》」と呼ばれる手法であり、相手の譲歩に返報しなければならないという圧力を使って承諾を引き出す。確実に拒否されるような極端に大きな要求を最初に出し、次にそれよりも小さな要求（元々通そうとしていた要求）に引き下げる。そうすると、要求の引き下げが譲歩に見えるため、小さな要求が通る傾向が強まる。研究によると、「拒否したら譲歩」法を用いた場合、相手がイエスと言う傾向が強まるだけでなく、相手がその要求を実行し、将来の同じような要求にも同意する傾向が強まる。そうなるのは、譲り合いを行うと、結果に対する責任と満足をより強く感じるようになるからである。

◎返報性のルールを使って私たちを丸め込もうとする者に対する最善の防衛法は、他者の最初の申し出を杓子定規に拒否してしまうことではない。むしろ、最初の親切や譲歩は誠意をもって受け入れ、後で計略だと分かった時点で、それを計略だと再定義できるようにしておくことである。再定義が成功すれば、受けた親切や譲歩のお返しをしなければという気持ちにはならない。

第3章

好意

――優しそうな顔をした泥棒

何かを売るときに一番効果的なやり方は、客があなたから好かれていると思うように、**心底思うようにさせることである。**

（ジョー・ジラード――ギネスブック公認の「世界で最も偉大な自動車販売員」）

好きな相手（たとえば友達など）からはより大きな影響を受けると言われて、驚く人はほとんどいないでしょう。しかし、気づくと驚くかもしれないのは、この単純な好意のルールが親しく交わったことのない人にも、それどころか一度も会ったことがない人にさえも当てはまるということです。例として、何十年もの間、科学知識の普及に努める人たちを悩ませてきた課題の解決に、この傾向がどう使われているかを見てみましょう。その課題とは、どうすればもっと多くの人が、ダーウィンの進化論を受け入れるようになるかというものです。進化論は、人間を含むあらゆる生き物が、自然選択などの体系的な進化過程を経て、現在の姿になったと説いています。この考えは、私たちを人間にしている決定要因は神の手だと考えるさまざまな宗教の教えとぶつかるため、なかなか普及しません。実際、この問題に関する最近の調査では、私たちが種として発展してきたのは自然界の進化過程だけが原因であるという考えに同意する米国人は、三三％にすぎませんでした。

この結果を受けて、科学者、教師、そして進化論支持者たちは、進化論を信じる人を増やそうと試みてきました。具体的な方法は次のとおりです。①進化論の妥当性について科学者たちがおおむね一致している内容を説明する、②進化論の考えを裏づけてきた何千もの研究を紹介する、③進化論の原理を応用して成し遂げられた医学、遺伝学、農学、薬理学の進歩を強調する、④集中的な教育によって、進化論の論理にもっと同意するように導く。しかし、どれもほとんど成功していません。たとえば、より良い指導を通じて進化論を信じるようにさせるという④のやり方は、効果がありません。研究結果によれば、進化論を信じるかどうかは、進化論の論理の理解とは無関係だからです。無関係なのも当然です。進化論へ抵抗感が生まれるのは、進化論の論理に矛盾があると感じるからではなく、人々の感情に基づいた選好、信念、価値観（それらの土台になっているのは、往々にして信仰している宗教の教えです）と進化論が、矛盾していると感じられるからなのです。

したがって、信仰に基づいて感情的に抱かれている信念に論理的な議論で打ち勝とうとしても、それらが、知のまったく違った方法の表れである以上、うまくいくはずがありません。三百年前、英国の作家ジョサン・スウィフトはこのことを見抜き、「人が理屈で始めたわけではないことを、理屈で説得してやめさせようとするのは徒労である」と断じることで、戦略的教訓を提供したのですが、科学知識の普及に努める人たちは、それを学び損なっています。彼らは思考を知の方法として最も高く位置づけているため、事実が受け手を説得するという想定に固執しています。受け手は、進化についての事実ではなく、進化論という考え方に対する自らの感情に基づいて反応しているというのにです。科学知識の普及に努める人たちは、このようにやり方を間違っているわけですが、状況を打開できるような説得手法は何かあるのでしょうか。

ここで登場するのが好意のルールです。カナダの心理学者チームは、ちょっとしたニュース（大勢に好かれている人物が進化論を支持している）を使えば、進化に対する態度を好転させられると考えました。彼らがダーウィンの法則の擁護者として白羽の矢を立てたのは誰だったのでしょう？　それはジョージ・クルーニーです。

この研究では、進化論を支持する本についてクルーニーが好意的なコメントをしたと実験参加者が考えた場合、進化論を受け入れる割合が有意に高まりました。さらに、この変化は、参加者の年齢、性別、信心深さとは無関係に生じました。この結果を生んだ原因が、ジョージ・クルーニーあるいは男性有名人に特有の要因にあるわけではないことを確認するため、研究者たちは大勢に好かれている女性有名人で俳優のエマ・ワトソン（映画『ハリー・ポッター』シリーズで有名）を使って、もう一度同じ実験を行い、同じ結果を得ました。説得力を持ちたい人のためのメッセージは、はっきりしています。感情を変えさせようとするなら、別の感情を使うべし。そして、そうした「別の感情」として重宝なのが、情報の送り手に対する好意です。

人の選択を方向づけるときに好意という感情がどれだけ強く働きうるかを理解するため、医療ミスを専門とする著名弁護士アリス・バーキンが、インタビューで次のような質問を受けたときの返答を見てみましょう。

インタビュアー　どんな医師でもミスを犯すことはあります。ですが、そのほとんどは医療過誤訴訟には至りません。訴えられやすい医師とそうでない医師とは、何が違うのでしょうか？

バーキン　私たちが担当した裁判の多くで最も重要な要因になるのは、過失それ自体を別にすれば、医師と患者の関係性のあり方です。この仕事を始めてから今に至るまで、依頼したいとやって来た人が「私はある医師《せんせい》がとても好きなんですが、彼を訴えたいと思っているんです」と言ったことはありません（中略）人は相手の医師に好意を持っていたら、訴えたりはしないのです。[*1]

好意から利益を生む

私が知る限り、好意のルールを最もはっきりした形で商売に利用している例は、タッパーウェア・パーティーです。私はこれこそが、承諾誘導の古典的な舞台装置だと思います。タッパーウェア・パーティーの仕組みをよく知っている人なら誰でも、本書で扱うさまざまな影響力の武器がそこで使われていることに気づくでしょう。

◎返報性――最初にゲームが行われ、それに勝った参加者は景品を獲得します。ダメだった人も福袋から品物を一つ選ぶことができます。つまり、販売が始まる前に、全員がプレゼントを受け取っているのです。

◎**権威**――タッパーウェア製品の品質と安全性は、専門家のお墨付きであることが示されます。

◎**社会的証明**――購買者は販売が始まると、自分と似たような人たちがこの品物を欲しがっているのだから、これは良いものに違いないと考えるようになります。

◎**希少性**――他の製品にはない便利さと期間限定価格が、常に提示されます。

◎**コミットメントと一貫性**――開始から間もなく、参加者はタッパーウェアに対する態度表明を求められます。具体的には、これまでタッパーウェアを使った経験から、その便利な点や使い方を皆の前で話すように言われます。

◎**一体性**――購入した途端、客たちは「タッパーウェア・ファミリー」に迎え入れられます。

ここでは各影響力の原理が、ことをうまく運ぶために用意されています。しかし、タッパーウェア・パーティーの本当の力の源は、好意のルールを利用したお膳立てにあります。タッパーウェアの販売員の語り口がどんなに面白くて説得力に富んでいたとしても、品物を買ってくださいという一番大事なお願いをしてくるのは、見ず知らずの販売員ではなく、その部屋にいる全員に共通の友人です。販売員が参加者に購入のお願いをすることもあるかもしれませんが、心理的に購入を強制しているのは、隅のほうに座っておしゃべりをしながら、参加者たちに飲み物を勧めている人物なのです。その人物はこの集まりの主催者であり、自分の家での実演販売会に友人を呼び集め、そしてその場にいる誰もが知っているとおり、その売上げから利益を得ています。

簡単に言えば、タッパーウェアブランズ社は、売上げの何％かをタッパーウェア・パーティー主催者に払うことによって、消費者に、見ず知らずの販売員からではなく友人から品物を買ったのであり、それが友人のためでもあるのだと思わせるお膳立てを整えています。そうすることによって、友情の魅力、温かさ、安心感、そして義務感が、販売の場面で生じるように仕向けるのです。実際、ホームパーティー販売を調べた消費者研究の専門家は、ホステス役の主婦と参加者の社会的結びつきを利用する戦略が、実に強力に働いていることを確認しています。製品の購入を決めさせる力は、製品そのものに対する好感度よりも、社会的結びつきのほうが二倍も強かったのです。

その結果たるや、驚くべきものです。最近の推定によれば、タッパーウェアの売上げは、今や一日あたり五百五十万ドルを超えています。ヨーロッパ、ラテンアメリカ、アジアの国々は、米国に比べて、友人や家族のネットワークが個人にとって重要なものとされていますが、タッパーウェア商法はこれらの地域で特に大きな成功を収めています。そのため現在では、北米におけるタッパーウェアの販売高は、世界全体の四分の一にも達していません。

興味深いことに、消費者は、タッパーウェア・パーティーで好意や友情の圧力が働いていることに十分気がついているようです。その圧力を気にしない人もいますし、嫌だと思いながらも、その圧力の避け方が分からないという人もいます。私が話をしたある女性は、かなり不満気な声でこう訴えました。

はっきり言って、タッパーウェア・パーティーに呼ばれるのは迷惑です。必要な容器は全部持っていますし、もっと欲しかったらお店に行って、他の会社のもっと安い品を買えるわけですから。でも、友達から誘われると、行かなきゃいけないって気になってしまうんです。それで行けば行ったで、今度は何か買わなきゃいけないっていう気になってしまいます。だって仕方ないでしょう？　友達のためなんですから。

友情というものが避けがたい結びつきであることを考えれば、タッパーウェアブランズ社が小売りの路線を切り捨ててホームパーティー形式を推し進めるのは、何の不思議もないことです。たとえば、同社は二〇〇三年に、他の会社では考えられないような行動に打って出ました。店舗で同社製品が売れすぎているという理由で、小売大手のターゲット社との提携を解消したのです！　提携を打ち切らざるを得なくなったのは、小売店で製品が売れすぎた結果、タッパーウェア・パーティーの開催数に悪影響が出たためでした。

統計によると現在タッパーウェア・パーティーは、世界のどこかで一・八秒に一回開かれています。もちろん、タッパーウェアブランズ社だけでなく、承諾誘導の技術の使い手なら誰でも、好意を持っている相手からの頼みにはイエスと言わせる圧力があることを知っています。たとえば、かなり多くの慈善団体が、自宅近辺だけで寄付集めをするボランティアを募集しています。寄付を頼んでくるのが友人や近所の人だったときの断りにくさを、彼らは完璧に理解しているのです。

また、承諾誘導の専門家のなかには、友人がそこに実際にいなくても、その名前を口にするだけで効果があると知っている人たちもいます。シャクリー社はさまざまな家庭製品の訪問販売を専門にしていますが、セールスマンには、新しい客を見つけるために「無限連鎖《エンドレス・チェーン》」という方法を使うよう指導しています。

客がひとたび品物を好きだと言ったら、今度はその品物について同じように詳しく知りたいと思っている友人を、何人か教えるように頼みます。教えてもらったら、そのリストに載せた人たちを訪問して商品を売り込むとともに、友人を紹介するように頼みます。その友人たちも、さらなる潜在的な顧客開発のための源泉となります。こうして連鎖は無限に続いていきます。

この方法が成功する鍵は、新たな顧客になりそうな人を訪問したとき、「○○さんからあなたを訪問するよう言われて来た」と、友人の名前を告げる点にあります。そう言われてしまったら、セールスマンを追い返すのは難しくなります。友人の頼みを断るのも同然になるからです。シャクリー社の販売マニュアルは、従業員にこの方法を使うよう強く勧めています。「この方法には、いくら評価してもしすぎることはないほどの価値がある。顧客になりそうな人を訪問したり電話したりするとき、〈お友達の誰々さんが、あなたなら、ほんの少し耳を傾けただけで、この製品の値打ちが分かるはずだとおっしゃっていました〉と言うことができさえすれば、売り込みを始める前に品物は半ば売れたも同然なのである」。ニールセン社の調査から、シャクリー社の「無限連鎖《エンドレス・チェーン》」テクニックがなぜそれほどうまくいくのかが分かります。九二％の消費者が知り合い（仲の良い友人など）から受けた商品の推薦を信頼しているのです。これは他のどんな情報源よりもはるかに高い信頼度であり、次に信頼できるとされた情報源（ネットのレビュー）と比べても二二％も高い数字です。友人に対するこのあつい信頼から、推薦された企業にとっての「驚くべき利益」と研究者の呼んだものが生まれます。ある銀行の友人紹介プログラムを分析した研究では、友人から紹介を受けた人々は一般的な新規顧客と比べ、三年後もその銀行を利用している率が一八％、銀行にもたらす利益が一六％も高いという結果が出ました。[*2]

●読者からのレポート3・1――シカゴ在住の男性より

私はタッパーウェア・パーティーには一度も参加したことがありませんが、最近あることで友情のプレッシャーをひしひしと感じました。ある長距離電話会社のセールスの女性から電話がかかってきて、私の友人の一人が「MCIの友人・家族コーリング・サークル」という書類に私の名前を書いた、と言うのです。

友人というのは、幼なじみのブラッドです。彼は昨年、仕事の都合でニュージャージーに引っ越したのですが、いつも一緒に遊んでいた仲間の近況を聞きたいらしく、しょっちゅう私に電話をかけてきます。セールスの女性の説明では、ブラッドのコーリング・サークル（お気に入りの相手）のリストに登録された相手がMCI電話の加入者であれば、ブラッドはその人たちへの電話代を二割も節約できるというのです。あなた自身もサービスをいろいろ受けられるし、ブラッドの電話代も二割節約してあげられるのだから、電話会社をMCIサービスに乗り換えませんか……彼女はそう言って勧誘してきました。

私はMCIが提供するサービスにはあまり関心がありませんでしたし、加入している長距離電話会社に十分満足していました。でも、私が加入すればブラッドの電話代を節約できるということが、とても気になりました。もし、私がコーリング・サークルに加わりたくないとか、ブラッドのお金の節約のことなどあまり気にしてない、などと言うのをブラッドが聞いたら、裏切られたと考えるかもしれません。そんなことはしたくありませんから、私はMCIに切り替えると彼女に告げました。

かつて私は、何で女性は友達が主催するというだけでタッパーウェア・パーティーに出かけていって、欲しくもないものを買ってしまうのか、とても不思議に思っていました。しかしもう、不思議だとはまったく思っていません。

著者からひと言――MCIのコーリング・サークルというサービスに埋め込まれた圧力の強さを証言しているのは、この読者だけではありません。この方法について、

『コンシューマー・リポート』誌があるMCIのセールス担当者にインタビューしたところ、彼の答えは「十人のうち九人はこのやり方でうまくいきますよ」でした。MCIも同社のコーリング・サークルも、今はもうありませんが、私はこのレポートを本書に残しました。非常にためになるからです。この話のより現代的なバージョンは、今でも多くの企業の友人紹介プログラムで目にします。そうしたプログラムは非常に効果的なのです。たとえば、あるテスラ自動車のオーナーは、ソーシャルネットワークを使って百八十八人を紹介して、十三万五千ドルの報償を受け取り、テスラ社は千六百万ドルの売上げを記録しました。私個人の話をすると、最近同じジムに通う友人が、インターネットプロバイダーのコックス・コミュニケーション社から友人紹介プログラムの宣伝を受け取りました。そのプログラムは、紹介した友人がコックス社の新規顧客になった場合、紹介者は料金から百ドルの値引きを受けられるというものでした。彼がその話を私に持ちかけてきたとき、コックスの狙いが分かったので、私は断りました。ですが、それから何週間もの間、私は彼と顔を合わせるたびに、誘いを断ったことへの気まずさを感じ続けました。

▼戦略的友情——友達になるのは影響を及ぼすため

承諾を引き出す技術の使い手たちが、友人同士の好意の絆を広く利用しているという事実から、好意のルールに備わった同意を引き出す力について、たくさんのことが分かります。実のところその道のプロたちは、利用できる既成の友人関係がないときでさえ、好意のルールから利益を得ようとします。彼らがそうした状況で好意の絆を利用するために用いるのは、極めて直接的な承諾誘導戦略です。すなわち、彼らはまず初めに、私たちが彼らを好きになるように仕向けるのです。

図3・1　ジョー・ジラード「あなたが好きです」

ジラード氏は、13,000人の担当顧客に毎年、そして年に12回、（ポストカードで）「あなたが好きです」と伝えていたことが、世界で「最も偉大な自動車販売員」になるのに役に立ったと明かしている。

Getty Images

デトロイトにジョー・ジラードという人物がいました。彼は好意のルールを用いてシボレーを売るスペシャリストでした。この方法で年に何十万ドルも荒稼ぎし、大金持ちになりました。それほどの高給取りならば、ＧＭの重役かシボレー販売会社のオーナーなのだろうと想像するかもしれません。ところが違うのです。ジョーはショールームで販売員をやって、それだけの大金を稼いだのです。彼の売上げは驚異的なものでした。十二年連続で「ナンバーワン・カー・セールスマン」に輝きました。平均で一日に五台以上の乗用車とトラックを売りました。「世界で最も偉大な自動車販売員」として、『ギネスブック』に載ったこともあります。

これほど大きな成功を収めたにもかかわらず、彼が用いた手法は驚くほど単純でした。人々にたった二つのものを提供しただけなのです。つまり、公正な価格と、この人から買いたいと思うような人間です。「そう、それだけです」と、彼はあるインタビューで言っています。「自分が気に入った販売員と、納得できる価格。この二つが一緒になれば、誰でも車を買いますよ」。

なるほど。確かにジョー・ジラードの公式は、好意のルールが彼の仕事でいかに重要な役割を果たしているかを私たちに教えてくれます。しかし、それだけでは不十分です。ジョーの話を聞いただけでは、なぜ彼が、同じように公正な価格を示す他の販売員よりも好かれたのかは分かりません。それに、ジョーの公式が答えていない、重要な普遍的疑問が残されています。それは、人が人を好きになる原因は何かということです。その答えが分かれば、どのようにしてジョーのような人たちが好意を獲得しているのか、また、どうすれば私たちが他人から好意を獲得できるのかが、もっとよく分かるはずです。幸い、行動科学者は数十年にわたって、この問題に対する答えを求め続けてきました。それらの研究で得られた証拠から、人に好意を抱かせる多くの要因がいくつも確認されています。これから見ていくように、丸め込みのプロたちは、これらすべての要因を見事に使いこなして、私たちに「イエス」と言わせているのです。

あなたを好きになるのはなぜ？　その理由を考えてみよう

▼外見の魅力

外見的魅力のある人のほうが他者との付き合いで有利になるというのは一般によく知られていますが、最近の研究によれば、私たちはその効果の大きさと影響が及ぶ範囲を、かなり過小評価しているのかもしれません。魅力的な人に対しては、「クリック・実行《ラン》」反応が生じるようなのです。すべての「クリック・実行《ラン》」反応と同じように、それは考えることもなく自動的に起こります。反応自体は、社会科学者がハロー（後光）効果と呼んでいるカテゴリーに入ります。ハロー効果というのは、ある人が望ましい特徴を一つ持っていることによって、その人に対する他者の見方が大きく影響を受けることを言います。外見の魅力がしばしばそのような効果をもたらすことは、今や多くの証拠から明らかになっています。

　私たちは、外見に秀でた人は、才能、親切心、誠実さ、知性といった望ましい特徴を持っていると、自動的に考えてしまう傾向があります。さらに言えば、その判断を下すとき、魅力が果たしている役割を意識していません。「器量が良い＝優秀」という無意識の想定が引き起こす結果のなかには、ぞっとするものがいくつもあります。たとえば、一九七四年のカナダ連邦選挙を扱った研究によると、外見が魅力的な候補者はそうでない候補者の二・五倍もの票を獲得しました。証拠から考えて、多くの有権者が外見の魅力的な政治家たちに好意を示したのは明らかなのに、その後の追跡調査の結果は、有権者がそのようなバイアスに気づいていないことを示しています。実際、調査対象となったカナダの有権者の七三％は、投票にあたって候補者の外見から影響を受けることは、一切なかったと断言しています。そのような影響の可能性をわずかでも認めた人は、一四％にすぎませんでした。有権者が候補者の魅力に影響されて投票先を決めたのではないと言うのは自由ですが、そうした要素があることを示す証拠は繰り返し確認されています。

　同様の効果は、人事採用の場面でも認められています。模擬面接場面を用いた研究では、仕事に必要な資格よりも応募者の身だしなみの良さのほうが決定に大きな影響を及ぼしていましたが、面接官自身は外見はほとんど決定に影響しなかったと考えていました。外見的魅力のある人は就職した後、給与の面でも得をしています。米国人とカナダ人のサンプル調査を実施した経済学者たちによれば、外見的魅力のある労働者はそうでない労働者よりも、かなり高い給料を受け取っています。この話題についての著書がある科学者、ダニエル・ハマーメッシュは、生涯収入で考えた場合、魅力があることによって上積みされる収入を二十三万ドルと推定しています。ハマーメッシュはこれを恵まれた人間の自慢話だと思わせないため、こうも言っています。十点満点の尺度で「私の魅力は三点です」。

その他の研究でも、外見の魅力的な人は必要なときに援助を得られやすいことや、聴衆の意見を変化させる説得力があることが明らかにされています。したがって、外見の魅力的な人たちは私たちの文化の中で、非常に多くの社会的利益を享受しているのは明らかです。彼らは好かれ、稼ぎ、説得力を持ち、多くの援助を得られ、望ましい性格特性、知的能力を有すると見られているのです。しかも、外見の良い人が社会的利益を受けるのは、幼少の頃から始まります。大人は外見の良い子どもが突っかかるような態度をとってもそれほど失礼だとは思わず、教師は外見の良い子どものほうが、そうでない子どもより知的であると考えています。

このように見てくると、外見的魅力の持つハロー効果が、日頃から丸め込みのプロたちに利用されているのも不思議ではありません。私たちは魅力的な人物に好感を持ちますし、好きな相手には従う傾向があります。ですから、販売訓練のプログラムに身だしなみに関する注意が入っているのも、流行の先端を行くブティックが応募者の中から外見の良い人をフロア・スタッフとして選ぶのも、そして、詐欺師が美形なのも筋が通っているのです。[*3]

▼類似性

しかし、外見があまり問題にならない場合はどうでしょうか。結局のところ、ほとんどの人は平均的な外見をしているのです。好意を生み出すのに使える要因は他にもあるのでしょうか。研究者も丸め込みのプロたちも知っているように、好意を生み出す要因は他にもいくつかあります。そのなかで最も影響力が強いのは、類似性です。

私たちは自分に似ている人を好みます。この事実は生後九カ月の赤ん坊にも当てはまり、その後の人生においても変わりません。意見や性格特性、経歴、ライフスタイルなど、どのような領域の類似性であっても同じです。ネットのマッチングサイト登録者、四億二千百万人を対象とした大規模調査では、やり取りをする相手への好感度を最も正確に予測できた要因は、類似性でした。研究者たちが述べたように、「ほとんどすべての特徴について、二人が似ていれば似ているほどお互いを好ましく感じ、直接会ってみようと思う見込みは高くなる」のです。

したがって、私たちから好意を獲得して言うとおりにさせようとする人は、さまざまな方法で私たちと似ているように見せかけ、その目的を達することができます。服装がよい例でしょう。いくつかの研究によれば、私たちは自分と同じような服を着ている人を好んで助けるようです。ある実験では、類似した他者に対する好意的な反応が、いかに自動的に生じるかが示されました。その実験によれば、反戦デモの参加者たちは、①自分と似た服装をした人から嘆願書への署名を頼まれた場合に応じやすく、しかも、②そのときには、訴えの内容を読みもせずに署名しがちでした。「クリック・実行《ラン》」です。

頼み事をする側が類似性を操作して好意と承諾を得るもう一つの方法は、興味の対象が似ていると主張することです。たとえば、車の販売員は客の下取り車を調べている間に、類似点の手掛かりを探すように訓練されています。トランクにキャンプ道具が入っていれば、販売員は後で、自分も郊外に出かけるのが大好きで、時間が許す限りそうしていると話すでしょう。後部座席にゴルフボールがあれば、翌日にゴルフの予定が入っていて、十八ホール終わるまで天気がもってほしいと思っているんです、と話すでしょう。

これらの類似性は取るに足らないものに思えるかもしれませんが、実際に好結果が得られます。たとえば、指紋の型が似ていると知った後だと、その「指紋の型が似た相手」の手助けをする意欲が高まります。また、製品ブランドの最初の文字が自分のイニシャルと同じというだけで、そのブランドの商品を買う見込みが上がります。別の研究では、依頼の文面を少しばかり変えることで、郵送調査に応じる人の割合を増加させることができました。差出人の名前を受取人の名前と似せるようにしたのです。つまり、ロバート・グレアーは調査センター職員のボブ【訳注：「ボブ」は「ロバート」の愛称】・グレガーから調査を依頼され、シンシア・ヨハンソンは調査センター職員のシンディ・ジョンストンから依頼されるという具合です。調査協力のお願いに名前の類似性を加えた結果、調査に応ずる人の割合はほぼ二倍になりました。

組織ですら、自分の名前の要素が入っているものを過大評価する傾向があります。ロックンロール誕生五十周年を祝って、『ローリングストーン』誌は「オールタイム・グレイテスト・ソング五〇〇」を発表しました。同誌の編集者たちが票をまとめ、重み付けを行った結果、一位と二位に輝いた楽曲はそれぞれ、ボブ・ディランの『ライク・ア・ローリング・ストーン』と、ローリング・ストーンズの『サティスファクション』でした。私は本項を執筆する際に、似たようなオールタイム・ベストのリストを十種類チェッ

図3・2　「ピーピー」不動産

セールスの場面で類似性が持つ強い影響力について、丸め込みの専門家たちはずっと前から理解している。

The Penguin Leunig, © 1983, by Michael Leunig, published by Penguin Books Australia

クしましたが、同誌以外にこの二曲のどちらかを、一位もしくは二位にランクインさせたものは一つもありませんでした。*4

こうした例はまだあります。教育の分野で言えば、青少年へのメンタリング・プログラム【訳注：年長者（メンター）と若年者（メンティ）とが一対一で定期的に交流し、役割モデルと信頼関係の構築を通じてメンティの発達支援を行うプログラム】の成功に最も大きな役割を果たす要因は、プログラム開始時点で生徒とメンターに共通の興味対象があることです。また、教師と九年生の生徒の双方に、互いの類似性についての情報を教えた場合、その教師の担当する授業での生徒の成績が目に見えて良くなりました。同様に、交渉の場面で相手と似たところがあると知った場合（「え、ランニングが趣味なんですか？　私もです！」）、同意にこぎ着ける見込みが高くなります。ですから、選挙で有権者がどことなく自分と顔立ちが似ている候補者を好むのも、言語様式（会話するときに使う単語や口語表現）やテキストメッセージの書き方が似ていると恋愛的魅力が増すのも、驚くことではありません。また（これはさすがに少々驚くべきことでしょうが）、こうした類似性があると、人質解放の交渉が平和裡に終わる見込みも上がります。

わずかな類似性でさえ、他者に対する望ましい反応を作り出す効果があり、見せかけの類似性は簡単にでっち上げられるのですから、「似たもの同士ですね」と言って近づいてくる相手には特に注意するよう、ここで忠告しておきたいと思います。実際、近頃では、自分とよく似ているように思えるだけの影響力行使者《インフルエンサー》には、用心しておいたほうが賢明です。なぜなら、私たちはたいてい、誰かを好きになるときに類似性が及ぼす影響を見くびっているからです。それに加えて現在、多くの影響力訓練プログラムは、研修生に、影響を与えたい相手の姿勢と話し方をわざと真似するように教えています。これらの特徴の類似性が、好ましい結果をもたらすと分かっているからです。証拠としていくつか例を挙げてみましょう。①給仕係が客の言葉遣いを真似る訓練を受けると、チップが増えました。②販売員に客のちょっとした言動を真似するよう指示を出すと、電気機器の売上げが伸びました。そして、③交渉担当者に相手側の言語や身振りを真似るように教えておくと、相手が米国人でも、オランダ人でも、タイ人でも、結果が良くなりました。ビジネスアドバイザーだけでなく、今では人間関係アドバイザーも、わざとらしい共通点の使用を推奨してかなりの成果をあげています。お見合いパーティーで相手の話し方や身振りを真似るようにと指導された女性は、話した相手から性的魅力があると評価されやすくなり、結果として、連絡先を教えてほしいと言われることが増えました。[*5]

●Eボックス3・1

著者からひと言——ネット上で説得を行う人たちはしばしば、対面で用いるのと同じ影響戦術を使って好意を引き上げるようにと、助言されています。したがって、私たちはネットショップでそうした戦略が使われていることを、意識できなくてはなりません。例として、『マーケターのための心理学』という素晴らしいウェブサイトがデジタルマーケターに説く、類似性と友情を媒介にした好意の原理の利用法を見てみましょう。

好意

あなたも、きっとたくさんの場面で、この原理を体験しているだろう。頼み事をしてきたのが友人だと、非常に断りにくくなるものだ。ここでは、相手から好かれるための単純なテクニックを、いくつか紹介する。①相手のそばにいて親しみの感情を生み出そう。②お互いの似ている点を指摘しよう。③相手の仕草を真似しよう。④小さな親切をしてあげよう。⑤相手に好意をもっていることを示そう。

オンライン・マーケティングでの応用法――受け手と同じ言葉遣いをしよう。ターゲットグループと同じ単語、フレーズ、隠語を使えれば、いっそううまくいく。逆に、ターゲットグループが使わなかったり、理解できない言葉を使うと、受け手との間に距離が生まれ、少しも共感してもらえなくなってしまう。ソーシャルメディアと電子メールは、受け手とのやり取りには最適のツールである。最初の接触では、決して何かしてほしいと言ってはいけない。友達相手のときとまったく同じように振る舞おう。

もしあなたが、わざとらしい共通点の利用は倫理にもとると感じたり、相手の真似をすることが小賢しい気がすると言うなら、私はそれに反論しようとは思いません。好かれたいと思うのは人間の基本的な欲求ですが、それが達成できたからといって、ありもしない類似性を示すなどの捏造行為が正当化できるわけではないからです。一方で、私は好かれるために戦略的に働きかけること、たとえば相手との本当の共通点を見つけ、それを伝えるために労力を割くことが好ましくないとは、まったく思いません。むしろ、多くの場面で協調的なやり取りを促す手法として勧めたいくらいです。勧めるかどうかはさておき、それをやり遂げるのは簡単ではありません。私たちは概して、類似性よりも違いのほうに注意が向きがちだからです。

一般的に、人は一致よりも不一致に意識を向けたり、目が留まったりする傾向があります。物体の重さや大きさといった物理的な次元についてもそうで、観察者は共通点よりも相違点に早く、頻繁に目がいきます。これは、やり取りをしている当事者間に存在する一致点の有無といった、もっと社会的な次元についても同じです。リー・トンプソン博士が実施した三十二の交渉の研究では、敵対的な交渉担当者たちの半数が、自分と相手に共通する興味や目的の特定と、共通項への言及に（そうしたものが本当にそこにあって、好意の増加と互恵的な結果を得るためにいつでも利用できる状態にあっても）失敗しました。

この残念な傾向を踏まえれば、人種あるいは民族集団が別集団との間に取る社会的距離について、いくらか説明がつくかもしれません。彼らは主に集団間の違いに注目しているため、外集団との交流の肯定的な面を軽んじてしまい、その結果、無理もありませんが、実際に交流しようとする回数が減っているのかもしれません。ある研究グループが、この推論を裏付ける一連の研究を実施しました。最初の実験では、白人の大学生に黒人の学生との会話を予想させた後、実際に会話をしてもらいました。すると、彼らは相手と自分の違っているように思えるところに最初から意識を向けすぎていたため、会話自体の楽しさを過小評価していました。次の実験では、別の学生グループにまったく同じ条件で、これから会話する相手との間にある、何らかの類似性に注意を向けるように指示したところ、まったく違った結果になりました。本当に存在する類似性に集中するという戦略によって、白人学生が黒人学生と会話することへの否定的な見方を修正されたのです。この条件の下で肯定的に変化した彼らの予想は、黒人学生との実際の肯定的な体験と合致するものになりました。

こうした結果から、満足できる個人的なやり取りの範囲を広げる方法が分かります。似ていないように見える他者との類似性を探し、そこに意識を向けることによって、他者へあまり期待しないという間違いをしないようにするのです。*6

▼お世辞

一七一三年、ジョナサン・スウィフトは有名な詩の一節でこう断言しました。「昔から学校で言われる格言／お世辞はお馬鹿の餌」。しかし、スウィフトが語るのを怠ったのは、人々がその空しい餌をどれほど食べたがるかということです。たとえば、かつて喜劇俳優のマクリーン・スティーブンソンは、教訓的でありつつもユーモラスな物言いで、妻がどんな「計略」を用いて彼を結婚させたか語ったことがあります。「彼女、僕のことを好きだって言ったんだ」。現在、この「好き《ライク》」はインターネット上に頻繁に現れ、同様の効果を肯定的感情に及ぼしています。脳撮像を用いたある研究では、十代の若者がソーシャルメディアに写真を上げて、たくさんの「いいね《ライク》」をもらうと、脳内の報酬と関係した部位がクリスマスツリーのように明るくなりました（この部位が普段活性化するのは、チョコレートを食べるとかお金を受け取るなど、嬉しい出来事があったときです）。

誰かが自分のことを好きだという情報は、お返しとしての好意と自発的な承諾を生み出すうえで、魔法

図3・3　お世辞から自動的（機械的）な魅力が生まれる

Dilbert: Scott Adams 6/25/02. Distributed by United Features Syndicate, Inc.

のように効果的な手段となりえます。ですから、人がお世辞を言い、親しげに接してくるとき、私たちから何かを引き出そうとしていてもおかしくないのです。そして多くの場合、彼らは目的のものを手に入れるでしょう。レストランで給仕係に「いいチョイスですね」と褒められたり、ヘアサロンでスタイリストから「お客様ならどんなヘアスタイルもお似合いになりますよ」と褒められたりした後、客の渡すチップの金額は有意に大きくなりました。同様に、採用面接を受ける人が、面接時に面接官にお世辞を言うと評価が上がり、採用される見込みが高まりました。

コンピューターでさえ、お世辞を言うことから利益を得られます。デジタル作業に取り組み、コンピューターから嬉しくなるようなフィードバック（「あなたはデータを論理的に構築する能力が非常に高いようです」）を受け取った人たちは、そのコンピューターに対する好感度が他の人よりも高くなりました。フィードバックはあらかじめプログラムされたもので、実際の課題の成績を反映していないと言われていたにもかかわらず、そうなったのです。さらに驚くべきは、この無意味な褒め言葉を受け取った人たちの、作業に対する自己評価も上昇した点です。明らかに、私たちはさまざまな種類のお世辞を真に受け、そうしたお世辞を言ってくれる相手を好んでいます[*7]。

成功の秘訣は客が自分を好きになるようにしたことだと言う、世界で最も偉大な自動車販売員、ジョー・ジラードを覚えていますか？　彼は一見馬鹿らしくて、割に合わないようなことをしていました。毎月一万三千人以上のお得意さん一人一人に、メッセージを印刷した挨拶状を送ったのです。挨拶状の種類は毎月異なっていました（新年、バレンタインデー、感謝祭など）が、印刷されたメッセージは常に同じで、「あなたが好きです」と書いてあったのです。ジョーが説明したように、「挨拶状には何もいらないんですよ。自分の名前以外には何もね。私がお客様に好意を感じているということを伝えるだけでいいんです」。

「あなたが好きです」という挨拶状が、まるで時計仕掛けのように毎年十二回、届けられるのです。そして、挨拶状に印刷された「あなたが好きです」は、他の一万三千人のもとへも届いているのです。これほど真心が感じられず、自動車を売るためであることが見え見えの好意の表明に、効果があったりするのでしょうか。ジョー・ジラードはあったと考えています。仕事であれほどの成功を収めた人物ですから、その意見は傾聴に値します。ジョーは人間性についてのある重要な事実を理解していました。それは、私たちがおめでたいほど、お世辞に弱いということです。

ノースカロライナで行われた実験は、私たちが称賛に対していかに弱いかを明らかにしています。その実験では、男性の実験参加者が、もう一人の参加者（評価者）から課題遂行に関する評価を受ける場面が作られました。そして、参加者は、評価者が参加者から好意を得たいと思っているとされる条件と、そう思っていないとされる条件のいずれかに振り分けられました。課題遂行を終えた参加者は評価者からコメントを受けるのですが、そのうち何人かは肯定的コメントだけを、別の何人かは否定的コメントだけを、残りの参加者たちは肯定的コメントと否定的コメントの両方を受けました。この実験から、興味深い結果が三つ見出されました。一つは、評価者は、肯定的コメントだけを受けたグループから最も好かれました。二つ目は、この傾向は、実験参加者が、評価者は自分たちから好意を得ようとしているのだと、はっきり認識している場合であっても変わりませんでした。三つ目は、他のタイプのコメントとは違って、純然たる称賛はそれが正確でなくても効果を持ちました。肯定的なコメントは、それが真実であろうとなかろうとお世辞を言う人に対して、等しく好意を生じさせたのです。

明らかに、私たちはお世辞に対して自動的に肯定的な反応を示してしまい、その結果、好意を得るために意図的にお世辞を言う人の餌食になってしまうのです。「クリック・実行《ラン》」というわけです。このように見てくると、「あなたが好きです」という挨拶状を毎年十五万通以上印刷して郵送する費用が、馬鹿げているとも高くつくとも思えなくなってきます。[*8]

幸い、前述の捏造された類似性と同様に、私たちが使えるのは偽りの褒め言葉だけではありません。好ましい結果を生むということについては、心からの称賛も、少なくと偽物と同じ程度には効果が見込めます。とはいえ、ここで告白すると、本書で説明しているさまざまな影響戦略の中で、私が最も苦手としているのがこれなのです。何らかの原因（おそらくは私の生育歴に絡んでいるのでしょうが）によって、私はいつも本心からの称賛を伝えるのに困難を感じていました。大学院生との研究ミーティングでは、「ジェシカ（あるいはブラッド、リンダ、ヴラド、ノア、チャド、ロザンナ）が今言ったことは、なんて洞察に富んでいるんだろう」と胸の内でだけ言ったことが数え切れないほどありました。心に浮かんだ称賛のコメントは決して口から出ていかず、言葉にしていれば得られたであろう好意を、いつも受け取り損ねていたのです。

今はもう違います。意識してこの欠点と戦い、胸の内に抱えたどんな称賛の気持ちにもスポットライトを向けて、ちゃんと声に出すようにしています。その結果、皆が得をしています。あまりにも素晴らしいので、私は嘘偽りのない称賛が、それを言った人にとって特に有益になる状況について考え始めました。弱さを感じている時期に称賛を受けたり、自分が弱点だと思っている側面について称賛されたりすることで受け手の気持ちが引き上げられる場合、というのはその一つですが、当然のことなのでここでは割愛します。それ以外で、ほとんど気づかれてはいないものの、注意を向けるに値する場面が二つあります。

一つは、褒め言葉を陰で言うときです。研究ミーティングの最中に、人前で学生を褒めるという私の新しい習慣がうまくいっているのは、私が責任者だからという部分もあります。しかし、ミーティング場面で、あなたはリーダーではないかもしれません。そうなると、称賛の言葉を口にするのが不適切なこともあります。たとえば、職場の会議で社長が何か言い、あなたはそれがとても賢明だと思ったとします。しかし、口に出して言うのは憚《はばか》られるでしょうし、点数稼ぎだと思われるかもしれません。こんなときにどうしたら良いのでしょうか。先に言っておくと、私の学生たちがこの問題に直面することはほとんどありませんでした。それでも、私には解決策があります。休憩時間か会議の終わりに、社長のアシスタントにあなたの意見を伝えるのです。「さっき、サンディ社長が○○について言ったことだけど、あれは素晴らしかったですね」と。

見込める結果はいくつかあります。第一に、人は他の人の心の中で良い情報と連想で結びつきたいと考え、そうなるように積極的に動くものなのでアシスタントはほぼ確実にあなたの意見を社長に伝えます。

第二に、あなたは自分の肯定的な意見を直接社長の耳に入れたわけではないので、誰も（周りの人も社長も）あなたに不愉快な下心があるとはみなしません。第三に、褒め言葉を言われたときの人間心理について私たちが知っていることから考えて、社長はあなたの（嘘偽りない）称賛を信じ、あなたへの好感度が上がります。[*9]

二つ目は、それに従って行動してくれたら嬉しいと思える、嘘のない褒め言葉を見つけて相手に伝えるときです。人は褒められると良い気分になり、その称賛を生んだ性格特性や行動に誇りを抱きます。したがって、嘘偽りのない称賛を伝えるやり方で特に有益なのは、今後もそれを続けてほしいと思う良い行動をしたときに、それを褒めるというものです。そうすれば、褒められたほうは、こちらの与えた素晴らしい評価に沿うために、今後その行いをもっとしようという気になるでしょう。この考え方と関係するのが、他者配役（オルター・キャスティング）と呼ばれる影響戦略です。この戦略では、対象となる人に特定の社会的役割を与え、以後、その人がその役にふさわしく振る舞うことを期待します。たとえば、保険会社は保護者という役割を強調することによって、家族のために生命保険に入ろうという親たちの気持ちを後押しします。

本書の初版を準備しているときの調査で、私はたまたまこのテクニックの力を目撃しました。当時、私は効果的な影響戦術に関して、自分の実験的研究の成果だけでは飽き足らず、承諾誘導の専門家（販売員、マーケター、広告業者、採用担当者、募金勧誘員）が知っていることを学びたいと思っていました。結局のところ、そうした専門家が経済的に生き残れるかは、彼らの用いる戦術の成功にかかっているわけですから、彼らは数十年にわたる試行錯誤を経て、非常に有効なやり方を特定しているはずだと私は確信していました。残念ながら、私がちょっと尋ねたくらいで彼らが秘蔵のノウハウを教えてくれるはずがないことにも、同じくらい強い確信がありました。影響力の専門家たちは、自分たちが持つ最も効果的な戦術については、決して外部に漏らさないことで有名なのです。

そこで、尋ねるのはやめて求人広告に応募し、身分を隠して彼らの研修プログラムに参加しました。そこでなら、彼らはすすんで、自ら学んだ教訓をすべて参加者に伝えてくれるからです。思っていたとおり、承諾誘導の専門家志望者のふりをしてそうした場に潜り込んだ結果、それ以外のやり方では門前払いされるしかなかったはずの知識の宝庫に足を踏み入れることができました。ただ心配だったのは、私が研修の最後に自分の正体と目的を明かして、収集したデータの使用許可を求めたとき、きっと誰も使用を許可してくれないだろうということでした。こちらの提案にメリットがあるのは私だけで、先方にはリスクを抱える可能性しかないからです。

ところが、ほとんどの場合で話はこんな具合に進みました。まず、私が名乗っていた「ロブ・カールダー」は偽名で、本当にその道のプロになりたいわけではなく、自分の集めた情報をまとめて本を書きたいと思っており、その本でそちらに所有権のある情報を使用する許可を書面の形でいただきたい、と打ち明けます。すると、相手は怒りで顔を赤くし、すごい目で睨んできます。しかし、私がさらに（その効果に気づかぬまま）もう一つ事実を打ち明けると、状況が一変するのです。私は大学の教授で社会的影響力を研究しており、「それについて、あなたから学びたい」と思っている、と伝えました。そうすると、決まってこんなふうな返事が戻ってきました。「つまり、あんたは大学の先生で、このテーマの専門家で、そして、我々はあんたの先生だったってのかい？」。そのとおりだと念を押すと、彼らはたいてい胸を張り、

（手をひと振りしながら）こう言いました。「もちろん、我々の知識を分かち合ってくれてかまわない」。

今から考えれば、あれほど多くの場合で色よい返事がもらえた理由も分かります。私の念押しは、彼らに教師の役を割り当てたのです。教師は知識を出し惜しんだりはしません。広めようとします。

それ以来、私はどうすれば他者配役テクニックを、嘘のない称賛とうまく結びつけられるかが分かるようになりました。つまり、ただ相手に保護者とか教師といった役を割り振るのではなく、援助の姿勢や誠実さといった称賛に値する特質を示した人を、純粋な気持ちで褒めるのです。そうすれば、その人はそれ以後、ますますその特質を示すようになるでしょう。研究がこの予想を裏付けています。ある課題について誠実さを褒められた子どもたちは、数日後の関連課題にも、他の子より誠実に取り組みました。同様に、手助けを厭《いと》わないところを褒められた大人は、かなり後のまったく別の状況でも、手助けをする傾向が他の人より有意に強くなりました。

私は最近、このテクニックを自宅で試してみました。うちの新聞は何年も、カールという配達員が届けてくれています。カールは毎日車で我が家まで来て、私道に新聞を投げ込んでいきます。ほとんどの場合、新聞は私道の真ん中近くに落ちるので、だいたい同じ時刻に私道の両側で作動する水遣りシステムの水で、濡れることはありません。毎年、年末になると、カールは配達する新聞と一緒に、自分宛の封筒を放っていきます。彼のサービスへの感謝の印として、私に小切手を送らせようとしているのです。私はいつもそれを使って小切手を送っています。しかし、前回は一枚のメモも同封しました。ほとんどいつも新聞を濡れない位置に落としてくれることから分かる、彼の誠実さを褒めたメモです。それまでカールの放った新聞が私道の真ん中近くに着地する確率は七五％でした。今年は一〇〇％です。

●読者からのレポート3・2——アリゾナのMBAコースの学生より

ボストンで働いていたときのことです。同僚のクリスはことあるごとに、それでなくても忙しい私に仕事を押しつけようとしました。普段ならそうした頼みを断るのは得意なのですが、クリスは頼み事をする前にお世辞を言うのが非常に上手で、いつもこんなふうに話を切り出すのです。「聞いたよ、○○のプロジェクトじゃ大活躍だったんだってね。実は今それと似た仕事を抱えてて、手伝ってもらえるとありがたいんだけど」。あるいは、こんなふうに言うこともありました。「○○の分野は君が専門家だろ。だからさ、この仕事もまとめてやってくれないかな」。クリスのことが本当に好きだと思えたことはありません。けれども、その数秒でいつも考えが変わって、結局のところ、彼は良い奴なのかもしれないなと思い、手伝ってしまうのです。

著者からひと言——クリスはおべっか使い以上の人物です。彼が、この読者に守るべき評判を与える（そうすることで自分に利益がある）形で、お世辞を言っていることにご注意ください。

ここからどんなことが分かるでしょうか。それは、普段から称賛すべき行いをしている人（入念な準備をして会議に参加してくれることが多い同僚、あなたのアイデアに有益なフィードバックを与えようと一生懸命に頑張ってくれる友人など）がいるなら、その人を褒めるときには、行為だけでなく特質についても褒めるようにしよう、ということです。そうすればおそらく、その素晴らしい特質を目にする機会が多くなるでしょう。*10

▼接触と協同

多くの場合、私たちは馴染みのあるものに好意を感じます。このことを理解してもらうために、ちょっとした実験をしてみましょう。携帯電話であなたの顔を正面から自分撮りした写真を一枚、印刷してください。そして携帯の写真データを鏡像（顔の左右が反対）になるように編集して、その画像を印刷します。これで手元には二枚の写真があることになりました。一枚はあなたの現実の顔（二枚目）で、もう一枚は左右が反転している顔（一枚目）です。次にその二枚のうち、より好ましいと思う写真を選び、親しい友人にも同じように好ましいほうを選んでもらいます。この実験に参加したのはミルウォーキーの女性グループでしたが、もしあなたと友人が多少なりとも彼女たちと似ているなら、きっと奇妙なことに気がつくはずです。おそらく友人は、現実の顔と同じ写真を好ましいと思い、あなたは左右が反転した写真のほうを好ましいと思ったはずです。なぜ、このようなことが起こるのでしょうか。それは、あなたたちがどちらも、より馴染みのある顔に好感を持ったからなのです。その顔が、友人にとってはあるがままを写した写真の顔であり、あなたには毎日鏡で見ている左右反対の顔なのです。

ほとんど意識していませんが、ある対象に対して私たちがとる態度は、過去にその対象と接した回数から影響を受けています。たとえば、インターネット広告に関する研究では、参加者が読む記事の上部にカメラのバナー広告を五回表示させた場合、二十回表示させた場合、まったく表示させなかった場合で、どんな違いが見られるかを調査しました。広告の表示時間はごく短かったので、参加者は広告が出ていたことに気づいていませんでしたが、それでも表示回数が多いほど、そのカメラに対して好印象を持ったのです。同様の効果は他の実験でも確認されています。その実験ではまず、数人の顔写真を、高速で次から次へとスクリーンに提示しました。一枚一枚が映し出される時間はごくわずかだったので、参加者たちはどの顔も覚えていませんでした。それにもかかわらず、その後、参加者が顔写真の人物たちと実際に対面したときには、スクリーンに映された回数の多かった人物ほど好感を持たれたのです。好感を持たれれば、そのぶん社会的な影響力が強まるので、最も多くスクリーンに投影された顔写真の人物の言うことは他の人物たちの意見よりも参加者を納得させました。

「フェイクニュース」やインターネットのボット、そしてメディアに出ずっぱりの政治家たちが跋扈《ばっこ》する時代において、人々が最も頻繁に触れたメッセージを信じるようになると考えるのは、不安を覚えます。「十分に繰り返せば、嘘は真実になる」という、ナチスの宣伝大臣ヨーゼフ・ゲッベルスの主張に通じているからです。それと関連して、非常に不安になる発見があります。でたらめな主張（フェイクニュース制作者が好んでするような主張です）であっても、繰り返されれば信頼度は上昇するのです。[*11]

過去に接したことがあるものに好感を抱くというデータに基づき、人種間関係の改善に「接触」アプローチを推奨する人もいます。人種的背景の異なる者同士が、対等な存在として接触する機会が増えれば、それだけでお互いのことをより好ましく思うようになるはずだと、彼らは主張します。

この主張と合致する研究はたくさんあります。しかし、科学者たちが学校の人種統合（接触アプローチの検証にはうってつけの研究分野です）について調べたときに判明したのは、まったく逆のパターンでした。学校における人種隔離の撤廃は、黒人と白人の間にある偏見を、減少させるよりもむしろ増大させがちだったのです。

■学校へ行き、この問題を考えよう

ここで、学校での人種隔離撤廃の問題を考えてみることにしましょう。単純な接触による人種間の調和を提唱する人の意図がいかに善意に基づくものであったとしても、このアプローチが実を結ぶとはまず考えられません。というのは、根底にある論拠が学校には当てはまらないからです。第一に、学校という環境は、子どもたちが同じ人種のメンバーに対するのと同じように、人種の違うメンバーと気軽に相互交流する「るつぼ」ではありません。学校で形式的な人種統合が行われてからすでに何年も経っていますが、その実態はお寒い限りです。学生は多くの場合、自分と異なるグループとは距離を置き、人種ごとに固まっています。第二に、たとえ人種間の相互交流が数多くあったとしても、研究が示すところによると、繰り返し接触することで何かに馴染みを持っても、必ずしもそれに対する好意を高めることにはつながりません。逆に、失望や対立、競争などが生じる不快な状況下で、繰り返し人や物に接触すると、好意は減少してしまいます[*12]。

典型的な米国の教室は、まさにこのような不快な状況を作り上げているのです。ここでは、心理学者エリオット・アロンソンの啓発的な報告を検討してみましょう。彼はテキサス州オースティンの学校に招かれ、コンサルタントとして、学校当局者とともにさまざまな問題の解決に尽力した人物です。彼は標準的な学級での教育方法を次のように描いていますが、これは米国のほとんどすべての公立学校に当てはまります。

一般に、この教育方法を使うと、教室はこんなふうになる。教師は教室の一番前に立ち、質問をする。六～十人の生徒が、自分の席から緊張した面持ちで教師に向かって手を挙げる。いかに自分が利口であるかを示すチャンスに飢えているのだ。他の何人かの生徒は、顔を見られないように目をそらして静かに座っている。教師が一人の生徒の名前を呼ぶと、指されたいと思っていた他の生徒は、失望と動揺の色を隠せない。彼らは教師から誉められる機会を失ってしまったのである。一方、答えの分からなかった生徒たちの顔には、安堵の表情が見てとれる。（中略）このゲームは極めて競争の色彩が強く、そして獲得される利益も大きい。生徒たちが得ようと争っているのは、彼らの世界では一、二を争う重要な人物からの愛と称賛なのである。

また、この教授法では、生徒たちがお互いを好きになったり、理解し合うようになったりしないのは、保証ずみである。あなた自身の経験を思い出してほしい。もし、正解を知っているのに誰か他の生徒が指されたら、おそらくその生徒が間違えることを願っただろう。そうすれば、自分には分かっていると示す機会が回ってくるかもしれないから。もし、指されたのに間違ってしまったり、競って手を挙げることさえできなかったら、おそらく答えを知っているクラスメートを妬んだり、不愉快に思ったりしたことだろう。この教授システムの中で落ちこぼれた生徒は、うまくやっている生徒たちに対して嫉妬や憤りの念を覚えるようになる。そして、彼らを教師のペットと言って蔑んだり、ときには校庭で喧嘩を売ることになる。一方で、うまくやっている生徒たちは、落ちこぼれた生徒のことを「うすのろ」とか「馬鹿」と呼んで侮蔑することが多いのである。

この報告を踏まえれば、学校における人種隔離の徹底的な撤廃（バス通学の強制、学区の再編、学校の閉鎖など、いずれの施策であれ）が、なぜ偏見を弱めるのではなく逆に強めることになってしまうのかは、不思議ではなくなります。同じ人種グループ内に楽しい社会関係や友人関係がある一方で、他の人種集団との接触が、教室という競争に満ちた大鍋の中に限られているなら、そうなるのも当然かもしれません。

この問題に解決策はあるのでしょうか。幸いなことに、そのような対立を解消する現実的な希望が、教育専門家の研究のなかから生み出され、「協同学習」という概念に結実しています。教室での人種隔離撤廃以来、偏見が高まったのは、多くの場合、自分以外の人種集団の成員と競争相手として接触する機会が増えたためだと考えられました。そこでこれらの教育者は、クラスメートとの競争ではなく、協力が中心となる学習形態を使って実験を行いました。[*13]

■キャンプへ行こう

協同アプローチの論理を理解するためには、トルコ生まれの社会学者ムザファー・シェリフとその共同研究者たち（その中には、彼の妻で社会科学者のキャロライン・ウッド・シェリフもいました）による古典的な研究プログラムを再検討することが助けになるでしょう。この研究チームは集団間の対立の問題に関心を持っていたので、少年たちのサマーキャンプでこうした対立の生まれる過程を調査することにしました。少年たちは、実験の対象にされていることにはまったく気づいていなかったのですが、シェリフたちはキャンプの社会的環境を巧妙に操作して、それが集団間の関係にどのような影響を及ぼすのかを観察しました。

ある種の敵意を作り出すのに、さほどの手間はかかりませんでした。少年たちを二つの山小屋《キャビン》に分けるだけで、両グループの間には「我々vs彼ら」という感情が生まれ、少年たちにそれぞれのグループの名前（イーグルスとラトラーズ）をつけさせると、ライバル意識がいっそう高まりました。少年たちはすぐに、もう一方のグループの能力や成果をけなしはじめました。しかし、この程度の対立はまだ序の口でした。やがて実験者が、両グループ合同のミーティングに競争的な活動を導入すると、対立はますますエスカレートしました。山小屋対抗の宝探し、綱引き、運動競技会では、罵り合いや小突き合いが発生しました。競技中には、「ずる」「こそ泥」「卑怯者」といった野次が飛び交いました。その後、どちらのグループも相手の山小屋を襲撃し、団旗を盗んで燃やしてしまいました。威嚇のための看板も掲げられ、食堂での小競り合いは日常茶飯事になりました。

この時点で、不和を作るのに手間はかからないことが、明らかになりました。参加者をグループに分け、しばらくはグループごとに活動させます。その後、双方を一緒にさせ、競争心が持続するように煽り立てるのです。これだけで、二つのグループの敵対心は煮えたぎるほどにまで高まります。

さて、ここで実験者はより難しい問題に直面することになりました。今やゆるぎないものとなった対立を、どうやって解消するかという問題です。最初は、二つのグループが一緒に過ごす時間を増やす接触アプローチを試みました。しかし、合同で行う活動が、映画や社会的イベントのように楽しいものだったときでさえ、悲惨な結果が待っていました。ピクニックは食べ物を奪い合う場に、催し物は叫び声のコンテスト会場に、食堂の列はつかみ合いの喧嘩の舞台に変わってしまいました。研究チームは、フランケンシュタイン博士と同じように、もはや自分たちではコントロールできない怪物を作り出してしまったのではないかと心配しはじめました。その後、対立が頂点に達した時点で、単純かつ効果的な作戦を試してみることにしました。

グループ同士で競争をすると全員の利益を損ね、協力すればお互いの利益になるような、一連の状況を作ったのです。たとえば、一日がかりの遠足の途中で、町へ食料を買いに行くために唯一使えるトラックが立往生してしまったことが「発見」されます。そこで全員が集められ、トラックが動き出すまで、皆で押したり引いたりしたのです。別の場合には、キャンプの水道（離れた所のタンクからパイプで引かれたものです）を、研究者がわざと途中で止めてしまいました。すると、少年たちは共通の危機に直面したことで、一致団結した行動の必要性を痛感し、皆でその日のうちに問題を見つけて修理を終わらせました。もう一つ、協力の必要な状況が作られました。面白い映画がレンタルできるのだけれど、お金の余裕がないために借りられないと、少年たちに告げたのです。唯一の解決策はお金を出し合うことだと気がつき、少年たちは皆でお金をとりまとめ、その映画を借りました。そして、一緒にその映画を観ながら、なごやかな一夜を過ごしたのです。

こうした協同作業の効果は、すぐに出たわけではありませんでしたが、その成果は著しいものでした。共通の目標に向かって力を合わせ、首尾よくそれに成功したことが、二つのグループの間にあった溝に橋を架けたのです。まもなく、挑発するような物言いは聞かれなくなり、列に並んでいるときの押し合いもなくなり、違うグループの少年たちが同じテーブルに着いて食事をするようになりました。それだけでなく、親友の名前を挙げるように言われたときに、以前は自分と同じグループの仲間の名前しか挙げなかった少年たちの多くが、別のグループの少年の名前もリストに含めるようになりました。何人かは研究者たちに礼を言いさえしました。前回リストを作成した後、考えが変わっていたので、友人を評価し直す機会を与えられたことが嬉しかったのです。次のエピソードはこのあたりの事情をよく表しています。少年たちはキャンプファイヤーの後、皆で一台のバスに乗り込みました（以前なら、そんなことをすれば必ず何か騒動が持ち上がったに違いないのですが、このときは、少年たちのたっての希望でそうなったのです）。そして帰る途中でバスが休憩所に止まったとき、一方のグループの少年たちは、残っていた自分たちの資金数ドルをはたいて、以前は憎々しい敵であった相手にミルクセーキをおごることに決めたのです！

この驚くべき心の変化の原因をたどっていくと、少年たちがお互いを味方だと思わなければならなかった時点に行きつきます。最も重要な手続きは、実験者が両グループに共通の目標を与えたことでした。これらの目標を達成するために必要とされた協力こそが、最終的に敵対グループのメンバーもお互い分かり合える仲間、頼りになる支援者、友人、そして友人の友人たちなのだと理解させることになったのです。お互いの協力によって成功が得られたとき、勝利を分かち合うチームメートに敵意を抱き続けるのは、極めて困難になっていたのです。

■学校へ戻ろう

学校での人種隔離撤廃の後に続いた人種的緊張のうねりの中で、一部の教育心理学者たちは、シェリフたちの発見が教室の中でも当てはまることを理解しはじめました。教室での学習経験に、成功を目指して人種間で協力する機会をときどきでも含められれば、そこから集団の壁を越えた友情が育まれるはずです。類似したプロジェクトがいくつかの州で進められていますが、特に興味深いアプローチは、エリオット・アロンソンとその共同研究者たちがテキサス州とカリフォルニア州で開発した、ジグソー教室という手法です。

学習におけるジグソー法の要点は、間近に迫った試験のために、生徒たちが一緒に勉強する状況を作ることです。まず生徒たちをいくつかの協力チームに分け、それぞれの生徒に、合格するのに必要な情報の一部分（つまり、ジグソーパズルの一個のピース）だけを与えます。こうすると、生徒は交替で教え合い、お互いに助け合わなければならなくなります。良い成績をとるためには、一人ひとりが他のすべての人を必要とするのです。シェリフの研究では、協同してはじめて成功できる課題に少年たちが取り組みましたが、それと同じように、ここでも生徒たちは敵ではなく味方同士になるのです。

人種隔離の撤廃が行われたばかりの教室でジグソー法が試されたとき、とても印象深い結果が確認されました。同じ学校で旧来の競争的方法を用いた他の教室と比べると、ジグソー法は明らかに人種間の友情を深め、偏見を少なくさせました。対立を弱めただけでなく、他にもいくつかのメリットがありました。まず、マイノリティに属する生徒の自己評価が上がり、学校が好きだという気持ちが強まり、テストの成績が向上しました。さらに、白人の生徒にとっても得るところがありました。自己評価が上がり、学校が好きだという気持ちが強まりました。またテストの成績も、伝統的な方法を用いたクラスの白人の生徒と比べて、見劣りするようなことはありませんでした。

ジグソー教室の場合のような望ましい結果が得られると、人は困難な問題にも簡単な解決策があるのだと浮かれてしまいがちです。しかし、私たちの経験が教えているように、そのような問題に使える妙薬な

図3・4　成功目指して混ざり合う

研究から明らかなように、ジグソー教室は人種間の友情と協力を育むのに有効なだけでなく、マイノリティに属する生徒の自己評価を上げ、学校が好きだという気持ちを強め、テストの成績を高めるのにも有効な手法である。

Nicholas Prior/Stone/Getty Images

どまずありません。このケースにも、それは疑いなく当てはまります。話を協同学習に限ってみても、問題は複雑です。私たちが、ジグソー法やその他の類似した学習と好意性へのアプローチに関して、本当に満足のいく理解を得るまでには、なお多くの研究を積み重ねる必要があります。協同アプローチはどの程度の割合で効果を上げるのか、また、それが有効に働く集団はどの程度の大きさで、メンバーの年齢は何歳くらいで、どのような種類の集団間協力戦略が有効なのかを明らかにしなければなりません。さらに、教師がどうやって新しい方法に着手するのが最善かも知らなくてはなりませんし、そもそも教師たちに、こうした手法を採用する気があるのかという点については何とも言えません。多くの教師にとって協同学習は、昔ながらの手慣れた教授法とかけ離れたものであるばかりでなく、教えるという仕事の多くの部分を生徒に任せることで、教室における教師の尊厳を脅かしかねないやり方でもあるからです。最後に、競争の必要性も私たちは認識しておかなくてはなりません。競争は望ましい行為を促す有益な要因であり、また、自己イメージの形成にも重要な役割を果たします。ですから、私たちがやるべきなのは、学業から競争を撲滅することではなく、すべての人種集団の成員を包含して、望ましい結果へと至る定期的な協同体験を導入することによって、教室を競争だけが支配する場にしないことなのです。

例として、ユダヤ教の説教師、ロムシショクのラビ・ハイムが述べた地獄と天国の定義を考えてみましょう。

地獄　ご馳走がたっぷり用意された宴会場。飢えた人でいっぱいだが、彼らは両肘の関節が固定されていて曲げられない。そのため、自分でものを食べることができない。

天国　まったく地獄と同じだが、そこにいる人たちはお互いに食事を与え合っている。

この説明は、協同学習の導入について考える際にも役立ちます。協同学習を選ぶのは、その過程で全員が成長するチャンスを最大化するためです。注目してほしいのは、ラビの説明にもあるように、最善の協力行為は個々人の間に好意的な感情を生み出すだけでなく、共通して抱える問題への互恵的解決手段をも生み出すという点です。たとえば、値段交渉のはじめに進んで握手を求めて、協力的な姿勢を率直に示すと、どちらにとっても金銭面での結果が良くなるという研究結果があります。[*14]

ここまで、本題から外れて学校における人種隔離の撤廃が人種間の関係に及ぼす影響について述べてきましたが、要点は二つあります。第一に、接触によってもたらされる馴染みがあるという気持ちは、好意を強めるのが普通ですが、接触に不快もしくは身の危険を感じるような経験が伴う場合は、逆効果になってしまいます。したがって、さまざまな人種の子どもたちを、米国の標準的な教室の絶え間なく続く過酷な競争の中に投げ込めば、お互いの敵意がさらに増すことになるでしょうし、実際、それが現実に起こっていることなのです。第二に、チームワークを重視する学習法がこの混乱の解毒剤になるという証拠から、協力が好意の形成過程に絶大な影響を及ぼすことが分かります。

協力が好意を生み出す強力な原因であるとみなす前に、まず厳密なチェックをしてみましょう。承諾誘導の技術の使い手たちは、要求を呑ませるために協力を体系的に用いて、私たちが彼らに好意を持つように仕向けているのでしょうか。協力するのが当然の状況でも、彼らは協力することに注意を向けさせるのでしょうか。協力がわずかしか存在しないときには、それを増強しようとするのでしょうか。そして、最も役立つチェック項目ですが、協力がまったく存在しないとき、彼らはそれをでっち上げようとするのでしょうか。

これから明らかになりますが、どの項目にも、軒並み「はい」という答えが入ります。承諾誘導の専門家はことあるごとに、私たちと彼らが共通の目標を目指して努力していること、お互いの利益のために私たちは「仲良くやって」いかねばならないこと、彼らが本質的に私たちのチームメイトであることを認めさせようとします。例ならいくらでも挙げられます。そのほとんどは、よく目にするものです。たとえば、私たちの味方として値引きを勝ち取るべく、上司と「戦う」車の販売員などもその一例です。実際は、販売員がそのような状況で上司の部屋に入っていっても、戦いなどまず起こりません。多くの場合、販売員は値引きの限度額を正確に知っているので、上司と話すらしないのです。本書執筆のために私が入り込んだ自動車販売会社でよく見たのは、ゲイリーという販売員がただ黙ってソフトドリンクやコーヒーを飲み、目の前の上司はそのまま仕事を続けているという光景でした。そして適当な時間が過ぎると、ゲイリーはネクタイをゆるめ、疲れた面持ちで、客のために「勝ち取った」価格（実は上司の部屋に入る前に決めていた価格）を携《たずさ》えて、客のもとへと戻っていったものです。

もっと派手な実例は、私たちが直接目にする機会のほとんどない場所で生まれています。それを生んでいる承諾誘導のプロとは警察の取調官で、彼らの仕事は容疑者から自白を引き出すことです。最近では、容疑者に対する警察の処遇、特に自白を引き出す際のやり方に関して、裁判所がさまざまな制限を課すようになっています。過去に自白を取るために使われていた多くの手法は、今では使えません。訴訟が成立しなくなる可能性があるからです。しかしこれまでのところ、警察が巧妙な心理学を使うことに関しては、裁判所は何ら違法性を認めていません。このような理由から、犯罪の取調の際に「優しい刑事・怖い刑事」と呼ばれる方法が、ますます使われるようになっています。

「優しい刑事・怖い刑事」のやり方は、次のようなものです。たとえば、強盗容疑で逮捕された若者がいたとします（名前は仮にケニーとしましょう）。彼は自分の権利について教えられた後、容疑を否認したため取調室に連れて行かれ、二人の男性刑事から尋問を受けます。刑事の一人は、その役が似合っているという理由から、あるいは単に順番によって「怖い刑事」を演じます。容疑者が椅子に座りもしないうちから「この悪党が」と罵ります。取調中も怒鳴ってばかりいます。自分の役柄を強調するために、容疑者の椅子を蹴飛ばしたりもします。容疑者を見る眼差しは、ゴミの山でも見ているかのようです。容疑者がちょっとでも言い返したり、返事をしなかっただけで怒り狂います。その怒り方たるや、沸騰せんばかりのすさまじさです。そして、どんな手段を使ってでも必ず最も重い刑罰を与えてやると、容疑者に断言します。地方検事局の友人に容疑者が非協力的だと教えてやれば、きっと情け容赦しないだろうとも言います。

「怖い刑事」がこの演技を始めるとき、相棒の「優しい刑事」は後ろに控えています。やがて、ゆっくり口をはさみだします。まずは「怖い刑事」だけに話しかけ、相棒の暴発しそうな怒りを和らげようとします。「フランク、まあ落ち着けよ」。しかし「怖い刑事」は叫び返します。「こいつが面と向かって俺に大嘘を並べ立てているのに、落ち着いてなんかいられるか！　俺はこういう大嘘つきには我慢ならないんだ！」。しばらくすると、「優しい刑事」は容疑者を庇《かば》うようなことを言いだします。「そんなにカリカリするなよ、フランク。こいつはまだ子どもだ」。たいした擁護でなくても、「怖い刑事」の暴言に比べれば、この言葉は容疑者の耳に心地良い音楽のように響きます。しかし、まだ「怖い刑事」は納得しません。「子ども？　違う、こいつは子どもなんかじゃない。チンピラだ。立派なチンピラだよ。言っとくけどな、こいつは十八を過ぎてる。十八を過ぎてりゃ、もうこっちのもんさ。この馬鹿野郎を懐中電灯でもなけりゃ顔の見分けもつかねえような、監獄の奥深くにぶち込んでやれるんだ」。

今度は「優しい刑事」が容疑者に直接話しかけます。彼をファーストネームで呼び、容疑者にとっての明るい材料をいくつか指摘します。「ケニー、おまえはラッキーだったよ。怪我人は出なかったし、武器を持っていたわけじゃない。きっと裁判でも、そこが斟酌《しんしゃく》されるだろう」。それでもまだ容疑者が無実を主張し続けるなら、「怖い刑事」が悪態と脅しの長広舌《ちょうこうぜつ》を再開します。ただ、今回は「優しい刑事」が「怖い刑事」を制止し、小銭を渡して言います。「分かったよ、フランク。このへんにして皆でコーヒーでも飲もう。三人分買ってきてくれないか」。

「怖い刑事」が部屋から出て行ったところで、「優しい刑事」の見せ場が始まります。「なあ、理由は分からないんだが、あいつはおまえが嫌いなんだ。それで、おまえに刑を受けさせようとしてるんだよ。あいつはそれをやれるよ。証拠なら十分そろっているんだから。それに、地方検事局は非協力的なやつには容赦しないって話、あれは本当だぜ。このままだと五年はムショ暮らしだな。俺はおまえをそんな目に遭わせたくないんだ。だから、もし今のうちに強盗をやったと認めれば、俺が事件の担当になって、地方検事に口添えをしてやる。俺たちが力を合わせれば、五年を二年、いやもしかしたら一年にだってできるかもしれない。ケニー、これはおまえにも俺にも良い話じゃないか。どういうふうにやったんだ、それだけ教えてくれ。一緒にこの苦境を乗り越えようじゃないか」。ほとんどの場合、この後、すべてが自白されることになるのです。

「優しい刑事・怖い刑事」方式が効果を発揮する理由はいくつもあります。長い刑期を務めることへの恐怖が、「怖い刑事」の脅しによってすばやく吹き込まれます。知覚のコントラストの原理（第1章）が働きますから、怒鳴りちらし、悪意に満ち満ちた「怖い刑事」と比較して、「優しい刑事」を演じる人がとりわけ理性的で優しい人に見えるのは確実です。それに、「優しい刑事」は何度も容疑者を庇《かば》い、身銭を切ってコーヒーまで買ってくれたわけですから、返報性のルールによって、今度は自分が何かやってあげなければという圧力がかかります。しかし、この手法が効果を持つ主な理由は、自分の味方になってくれる人がいる、自分の幸福を考えてくれる人がいる、自分のために一緒に努力してくれる人がいると、容疑者に思い込ませるところにあります。多くの場合、このような人は非常に好ましい人物と見られるでしょうが、この強盗容疑者が置かれているような困難な局面では、さらに救世主のような性格を帯びることになるはずです。そして、その人物は、ほんのわずかなステップで、救世主から信頼される聴罪司祭に変ずるのです。

▼条件づけと連合

「先生、なぜ私が非難されなければならないのでしょうか?」。その震えた電話の声の主は、地方テレビ局の天気予報担当者でした。彼はこの疑問に答えてくれる人を探して、私の大学の心理学部に電話をかけ、その電話が私のところに回ってきたのです。彼はこのことを常々疑問に思っていたのですが、最近では思い悩み、落ち込むまでになっていました。

「こんなのっておかしくないですか? 誰だって知っているんですよ、私はただ天気を予報しているだけで、天気を決めてるわけじゃないって。それなのに、天気が悪いと、どうして私が集中砲火を浴びなければならないんでしょうか? 去年の洪水のときには、脅迫状が届きました。ある男から、雨がやまなきゃ撃ち殺すって脅されたんですよ、まったく。それ以来ずっと怖くて、後ろを振り返ってばかりいます。それに、局で一緒に働いている連中まで同じことを言うんです。放送の真っ最中でも、熱波やら何やらの不満を私にぶつけてくるんです。私に責任があるわけじゃないって知ってるのに、おかまいなしなんですよ。先生、一体なぜなんでしょうか? 本当に参ってしまいそうなんです」。

私は彼にオフィスまで来てもらい、次のような説明を試みました。彼を苦しめているのは大昔からある

「クリック・実行《ラン》」反応で、それは、二つの対象がお互い結びついていると知覚されただけで生じてしまうのです。このような反応の例は現代生活の中にたくさんあるものの、この落ち込んだ天気予報担当者を救うのに最適の例は、古代の歴史の中に隠れているような気がしました。そこで、古代ペルシャ皇帝の勅使の危険な運命について、考えてみるようにと言いました。軍事上の急便の役目を担う勅使には、ペルシャの勝利を切望する特別な理由がありました。小袋の中が勝利の知らせならば、宮殿に到着した瞬間から英雄扱いされます。好きな食べ物と飲み物で豪勢にもてなされるのです。しかし、その知らせが敗北を伝えるものであれば、扱いはまったく異なりました。即座に殺されてしまうのです。

この話の趣旨が彼にも当てはまるだろうと考えました。気づいてほしかったのは、古代のペルシャでも今日の世界でも起こりうる、ある事実でした。シェイクスピアも『アントニーとクレオパトラ』で書いていますが、「悪い知らせを伝える者は疎《うと》まれる」のです。人間には、不快な情報をもたらす人を嫌う傾向があります。たとえ、その人が悪い知らせの原因ではないとしてもです。その知らせと結びついているというだけで、私たちの嫌悪感を刺激するのです（図３・５「天気予報担当者たちは、自然が投げる変化球に代償を払う」参照）。十一の実験からなる一連の研究では、悪い知らせを読み上げる役を振られただけの人が、それを聞いた人たちから嫌われました。興味深いのは、読み上げ役の人が悪意を持っているとも見られ、有能さに欠ける人物だとも評価されたところです。何らかの望ましい特徴（たとえば身体的魅力）から、「ハロー効果」（望ましい特徴があるために、観察者がその人物を、それ以外のあらゆる面でも好意的に見る効果）が生まれることを思い出してください。悪い知らせを持ち込むことからは、ハロー効果と逆の反応が生まれるようです。この効果は「ホーン効果」と呼ばれることもあります。ただ悪い知らせを伝えただけで、それを伝える人に悪魔の角《ホーン》が貼り付き、その人が持つそれ以外のさまざまな特徴への評価にまで影響するのです。

歴史上の例から彼に学んでほしいと思っていたことは、もう一つありました。苦境に陥っているという点で、彼は昔からの多くの「伝え手」と同類なのですが、ペルシャの使者などに比べれば、まだ恵まれているということです。会話の最後に言ったことから考えて、彼はその点もはっきり理解していたはずです。こう言いながら席を立ったのですから。「先生、なんだか悪くない仕事だって思えてきましたよ。なんといっても、自分は一年に三百日は晴れているフェニックスにいるんですからね。職場がバッファロー（米国北西部の都市。年間降水量が多く、治安が悪い）じゃなくて、本当に良かった」。

この言葉は、彼が自分に対する視聴者の好感度に影響を及ぼす原理について、私が話した以上に理解できていたことをはっきり物語っています。悪い天気と結びつけられてしまえば実際に悪影響を被りますが、逆に良い天気と結びつけられたときには、好感度は驚くほど高まります。そのことを彼はよく分かっていました。連合というのは一般的な原理であって、望ましくない結びつきにも、望ましい結びつきにも適用されます。悪い出来事や良い出来事とただ関連があるだけで、私たちは人から良くも悪くも思われてしまうのです。

望ましくない連合に関する教育は、主に両親によって行われてきたように思われます。思い出してみてください。あっちの通りの「悪い子」とは遊ぶなと、しょっちゅう言われませんでしたか？　近所の人たちは付き合っている仲間でその人のことを判断するのだから、たとえ本人が悪いことをしていなくても関係ないのだと、言われませんでしたか？　親たちは、連合が生む罪について教えていたのです。連合の原

デイヴィッド・L・ラングフォード（AP通信）

テレビの天気予報担当者たちは、天気について話すだけで贅沢な暮らしをしているが、母なる自然が変化球を投げたときには、身を縮めてどこかに隠れなくてはならない。

今週、何人かのベテランから話を聞いたが、老婦人に傘で叩かれたり、バーで酔っぱらいに絡まれたり、雪の玉やオーバーシューズを投げつけられたり、殺すぞと脅されたり、神への冒涜だと責められたり、といった苦労話が次から次へと出てきた。

「ある男から電話がかかってきて、もし、クリスマスの間ずっと雪なら、おまえは新年まで生きられないぞと言われました」と、ボブ・グレゴリーは語った。彼は9年間、インディアナポリスのWTHRテレビで天気予報を担当している。

ほとんどの天気予報担当者が、当日の予報なら十中八九は当たるが、長期予報は難しいと主張していた。そして、ほぼ全員が認めていることだが、彼らは国立気象局か民間機関にいる匿名の気象学者やコンピューターから提供される情報を、ただ報告しているにすぎない。

しかし、人々が責めるのは、テレビ画面に現れる顔なのである。

トム・ボナー（35歳）は、アーカンソー州リトルロックのKARKテレビで11年間天気予報を担当しているが、あるときバーで会ったロノークの無骨な農夫のことが今でも忘れられない。農夫はひどく酔っていて、彼に近づくとその胸に指を突きつけ、「貴様が竜巻なんか寄越しやがったせいで、俺の家は滅茶苦茶になっちまった……その首、いつかもぎ取ってやるからな」とすごんだという。

ボナーは店の用心棒を探したが、見つけることができず「竜巻の件はそのとおりだ。もう一つ教えてやる。もし、あんたが手を引っ込めないなら、また竜巻を送ってやるぞ」と答えたという。

数年前、サンディエゴのミッションバレーで水が3メートルも溢れる洪水があったが、その当時KGテレビのマイク・アンブローズは、一人の女性が彼の車に向かってきて傘で車のガラスを叩き、「この雨は、あんたのせいだ」と叫んだことを覚えている。

インディアナ州サウスベンドにあるWSBTテレビのチャック・ウィティカーは、「小柄な老婦人が警察署に電話し、大雪を降らせた罪で天気予報担当者を逮捕させようとした」と語った。

娘の結婚式に雨が降って気が動転したある婦人は、ニューヨーク州バッファローにあるWKBWテレビのトム・ジョルズに電話し、怒鳴りつけた。「僕に責任を取れと迫り、今後もし会うことがあったらひっぱたいてやるって言うんだ」と彼は語った。

WJBKテレビのソニー・エリオットは、30年間デトロイト地区で天気予報を担当しているが、数年前に5〜10cmの降雪を予報し、実際には20cmも降ってしまったときのことを覚えている。局の同僚が仕返しのために仕掛けを作り、翌日彼が予報をしている最中に、百足ものオーバーシューズを頭上から降らせたのである。「その証拠に、まだコブがある」と彼は言った。

図3・5　天気予報担当者たちは、自然が投げる変化球に代償を払う

私の研究室を訪れた天気予報担当者の話と、他の天気予報担当者たちの話との類似性に注目。

理の望ましくない側面を、私たちに教育していたのです。親たちは正しくもありました。人は実際に、私たちが友人と同じ特性を持っているとみなすのです。

望ましい連合に関しては、承諾誘導の専門家が教えてくれます。彼らは絶え間なく、自分自身あるいは製品と私たちの好きなものとを結びつけようとしています。車の広告で美人のモデルが車の隣に立っているのはどうしてだろうと、不思議に思ったことはありませんか。広告主が期待しているのは、彼女たちの望ましい特性（美しさと好ましさ）をその車に付加することなのです。一緒に並んでいるというだけで、私たちが魅力的なモデルと製品に同じ反応をするはずだと広告主は信じており……実際、同じように反応するのです。

ある研究では、魅惑的な若い女性モデルが写っている新車の広告を見た男性は、速さ、魅力、高級感、デザインの点で、モデルがいない同じ車の広告を見た男性よりも高く評価しました。ところが、後で聞いてみると、若い女性の存在が自分の判断に影響を及ぼしたとは誰も考えていませんでした。

おそらく、連合の原理が無意識のうちに私たちを刺激してお金を出させてしまうことについて、最も興味深い証拠を示したのは、クレジットカードと消費に関して行われた一連の調査です。現代の生活において、クレジットカードは心理学的に注目すべき特徴を持った装置です。それがあるおかげで、私たちは即座に製品やサービスを手に入れる一方で、支払いを何週間も先に延ばせるようになりました。その結果、私たちは、クレジットカードそのものや、カードを表すマーク、シンボル、ロゴなどを、消費のマイナス面よりもプラス面と連合させがちなのです。

消費者研究の専門家リチャード・ファインバーグは、クレジットカードやその関連物の存在が、消費傾向にどのような効果をもたらしているのか考えました。そして一連の研究から、とても興味深く、同時に私たちを不安に陥れる結果を得ました。第一の研究では、レストランの常連は、現金よりもクレジットカードで支払いをした場合のほうが、チップを多く払いました。第二の研究では、学生は、マスターカードのロゴマークが出されている部屋で通信販売カタログの品物選びをする場合、平均二九％も多くの金を使うことが明らかになりました。しかも彼らは、クレジットカードのロゴマークが実験の一部として置かれていたことに、気づいていませんでした。最後の研究では、学生たちに〈ユナイテッドウェイ〉というチャリティー団体への寄付を求めましたが、その部屋にマスターカードのロゴマークがあった場合、寄付をする人の割合は俄然高くなりました（ロゴマークがあった場合八七％に対して、なかった場合は三三％）。この最後の結果は、連合の原理の力に関して、最も心騒がすものであると同時に、最も教訓に満ちたものと言えます。クレジットカードそのものはチャリティーの寄付には使われないのに、単に（好ましい連合が付随している）カードのシンボルが存在するだけで、学生たちはより多くの現金を使う気になったのです。この現象は、レストランを対象に行った二つの研究でも確認されています。そこでは、客はトレーに載せられた勘定書を受け取るのですが、トレーにはクレジットカードのロゴマークがある場合とない場合がありました。そして、ロゴマークがあるトレーで勘定書を受け取った客のほうが多くのチップを払いました。この違いは、現金で支払いを行った客の場合でも変わりありませんでした。

ファインバーグのその後の研究は、連合による説明を補強しています。部屋にあるクレジットカードのロゴマークによって出費を促されたのは、カードで好ましい体験をした人だけだったことが分かったのです。クレジットカードで嫌な体験をした人（前年の利払い回数が平均以上だった人）に対する促進効果は、ありませんでした。逆に、そのような人は、クレジットカードのロゴマークがあるだけで、出費を抑え気味にする傾向が見受けられました。[*15]

　連合の過程は非常に強く（しかもまったく無意識のうちに）働くので、企業はいつも必死になって、自社製品と最新の文化的流行を結びつけようとします。「ナチュラル（ありのまま）」が魔術的とも言えるコンセプトになるや、「ナチュラルな」という言葉が巷に溢れました。ときには、ナチュラルと結びつけても意味をなさないものもありました。たとえば、ある評判のテレビコマーシャルは、「髪の色をナチュラルに変化させましょう」と熱心に勧めています。この話題については、ある学者たちのグループが二〇一九年にこう言っています。

　現在の「ナチュラルなプロダクト」や「ナチュラルなサービス」の豊富さから考えて、ナチュラルというラベルの付いた商品を好む人たちは、この世の春を謳歌している。夏には、セブンスジェネレーションのナチュラルクリーナーで掃除したウッドデッキに腰掛けて、アップルゲート社のナチュラルビーフ・ホットドッグを、ヴェルモント・ブレッド・カンパニーの一〇〇%ナチュラルなホットドッグ用のパンに挟み、自然の恵み《ネイチャーズ・プロミス》社のケチャップとマスタードをかけて食べることができる。ホットドッグと一緒に、レイズのナチュラル・ポテトチップスをつまんで、ハンセンズのナチュラルソーダで流し込むこともできる。さらにはその後、ナチュラルアメリカンスピリット（タバコ）を吸いながら、ナチュラローン・オブ・アメリカ社から来た人たちが芝生の手入れをしてくれているのを眺めるかもしれない。その晩、胃の痛みを感じたら、ナチュライト・ナチュラル制酸薬を飲めばいい。

米国で初めて月ロケットが打ち上げられた頃は、朝食の飲料から防臭剤に至るまで、あらゆる商品が米国の宇宙計画に関連づけて売られました。さらに、その連合から認識される価値は時の試練にも耐えています。二〇一九年、月面着陸五十周年に合わせて、オメガ、ＩＢＭ、ジミー・ディーン・ソーセージ（！）の三社それぞれが、この有名な出来事と自社のつながりを知らせる全面広告を打ったのです。

オリンピックの年には必ず、米国オリンピックチームの公式ヘアスプレーや、公式ティッシュ・ペーパーが宣伝されます。公式グッズの権利は安くありません。スポンサー権を勝ち取るために、協賛企業は何百万ドルもの大金を費やします。しかも、その後これらの企業は、さらに何倍もの金額を投じて、オリンピックとの結びつきを宣伝するのです。それでも、最も高額な協賛金を払った企業でさえ、損はしないでしょう。『アドバタイジング・エイジ』誌の調査によれば、消費者の三分の一が、オリンピックと結びついた商品だとつい買ってしまう、と言っているからです。

同様に、一九九七年に米国のマーズパスファインダー探査機が、火星（Mars）への着陸に成功した後、マーズローバー（火星探査車）のおもちゃの売上げが飛躍的に伸びたのも当然のなりゆきでした。ただ、ほとんど意味不明だったのは、マースキャンディーバーまで売上げを伸ばしたことです。このキャンディーバーは宇宙計画とは無関係で、名前の由来は製造元の創設者フランクリン・マース（Franklin Mars）だったのです。これと同じようなことは、日産のＳＵＶ「ローグ」にも起こりました（そうとしか考えられません）。二〇一六年に映画『ローグ・ワン／スター・ウォーズ・ストーリー』が封切られた際に、大きく販売台数が伸びたのです。これらと関連する効果を示す研究結果もあります。「セール」という販売促進の看板を出すだけで、（実際には割り引きなどいっさいしていなくても）売上げが増加します。

その理由は、買物客が「ここで買えば安くあがる」と意識して考えるからだけではありませんでした。看板を見た客がついつい買い物をしてしまうのは、そうした看板が記憶のなかで、繰り返しお手頃価格と結びつけられてきたためでもあったのです。したがって、「セール」の看板と結びついた商品はすべて、自動的により好意的な評価を受けるようになります。

もう一つ、連合の原理に基づいて広告主たちがお金をかけるのは、商品と名声を結びつけるという手法です。たとえば、プロのスポーツ選手にお金を払うのは、彼らの役割に直接関係した商品（スポーツシューズ、テニスラケット、ゴルフボール）や、まったく無関係な商品（ソフトドリンク、ポップコーン鍋、腕時計）と彼らを結びつけるためです。大事なのは、とにかく結びつきを作り上げることであって、論理的である必要はありません。ただ好ましい結びつきでさえあればいいのです。そもそも、マシュー・マコノヒーが高級車のリンカーンについて、どれほどのことを知っているというのでしょうか【訳注：俳優のマシュー・マコノヒーは二〇一四年からリンカーンのCMに出演している】。

もちろん、人気タレントが提供するのは別の形の望ましさであり、その望ましさと自社製品を結びつけようとして、企業は常に大金を払っています。最近では政治家も有名人とつながりを持つことで、有権者に影響を与えられると気がついています。大統領候補者は、政治家以外の有名人を数多く集めます。選挙キャンペーンに積極的に参加してくれるか、それとも名前を貸すだけかは二の次です。州議会選、あるいはそれ以下の規模の選挙であっても、同じようなゲームが行われています。ここではその証拠として、私が聞いたロサンゼルス在住の女性の言葉を取り上げましょう。彼女は公共の場所での喫煙禁止を問う住民投票の際、自分の中の相反する感情を次のように言い表しました。「本当に決めかねてしまいます。一方

図3・6　由緒ある有名人たち
——この広告がブライトリングの腕時計と結びつけている二つの肯定的な性質に気づいただろうか。一つ目ははっきりしている。魅力的で成功した有名人たちとのつながりである。二つ目の結びつきはそれほどはっきりしていないが、それでも効果が見込まれる。広告の腕時計の針の位置に注目してほしい。微笑みに似た形になっている。この形は、好意的な連想をたっぷり呼び起こすので、時計の広告はほとんどいつも針の位置をこうしている。このような広告を見た人はより強い喜びを覚え、その時計の購買意欲をより強く示すようになるのだ（Karim et al., 2017）。
Courtesy of Breitling USA, Inc.

は大スターに禁煙賛成と言わせるし、もう一方は別のスターに反対と言わせるんですから。どちらに投票したらいいのか分かりませんよね[*16]」。

　政治家は長い間、母性、故郷、アップルパイなどの価値と自分自身を結びつけようとしてきましたが、そのなかで最も賢く利用しているのは、最後に挙げた食べ物との結びつきでしょう。たとえば、ホワイトハウスでは昔から食事を共にすることによって、反対派の国会議員の投票を操作しようとするのが習わしです。食事自体はピクニックランチの場合もあれば、贅沢な朝食や優雅なディナーの場合もありますが、重要な法案が問題になっているときには常に銀製の食器が供されます。最近では、政治資金調達の際、食べ物でもてなすのが普通になっています。また、資金調達のために開かれる典型的なディナーでは、いっそう多くの寄付や努力を求めるスピーチやアピールが、食事の前ではなく必ず食事中か食後に行われることにも注意してください。このテクニックにはいくつかの利点があります。たとえば、時間の節約になりますし、返報性のルールも働きます。しかし、最も認識されていない利点は、一九三〇年代に著名な心理学者グレゴリー・ラズランによって行われた研究で明らかにされたものでしょう。

彼は「ランチョン・テクニック」と名付けたテクニックを使って、実験参加者が食事中に関わりのあった人や物をより好きになることを明らかにしました。私たちに最も関係のある例では、参加者が以前に評価を下したいくつかの政治的意見が、もう一度同じ参加者に提示されました。実験が終わったとき、ラズランは以前よりも好意的に受け取られた政治的意見に、共通点を見出しました。それらは、どれも食事の最中に提示されていたものだったのです。このような好意度の変化は、無意識に起こっているようでした。というのも、参加者は食事中に提示されたのがどの政治的意見だったか、思い出せなかったからです。

連合の原理が不快な経験においても働くことを示すために、ラズランは実験にある条件を組み込みました。その条件では、実験参加者に政治的スローガンを示している間、不快なにおいを部屋に送り込みました。この条件ではスローガンへの支持率が低下しました。別の研究が示すところによれば、意識できないほど微かなにおいであっても、人の心理に影響を与えるようです。良い香りか不快なにおいのどちらかをごくわずかに漂わせたなかで、実験参加者に顔写真を見せ、その好感度を答えさせたところ、漂うにおい次第で好感度が増減することが分かったのです。

ラズランはどのようにして、ランチョン・テクニックを思いついたのでしょうか。なぜ、それが効果を発揮すると思ったのでしょうか。その答えは、彼の経歴に含まれる二つの学問上の役割にあるかもしれません。ラズランは独自の研究者として尊敬されていただけではなく、ロシアの先駆的な心理学文献の初期

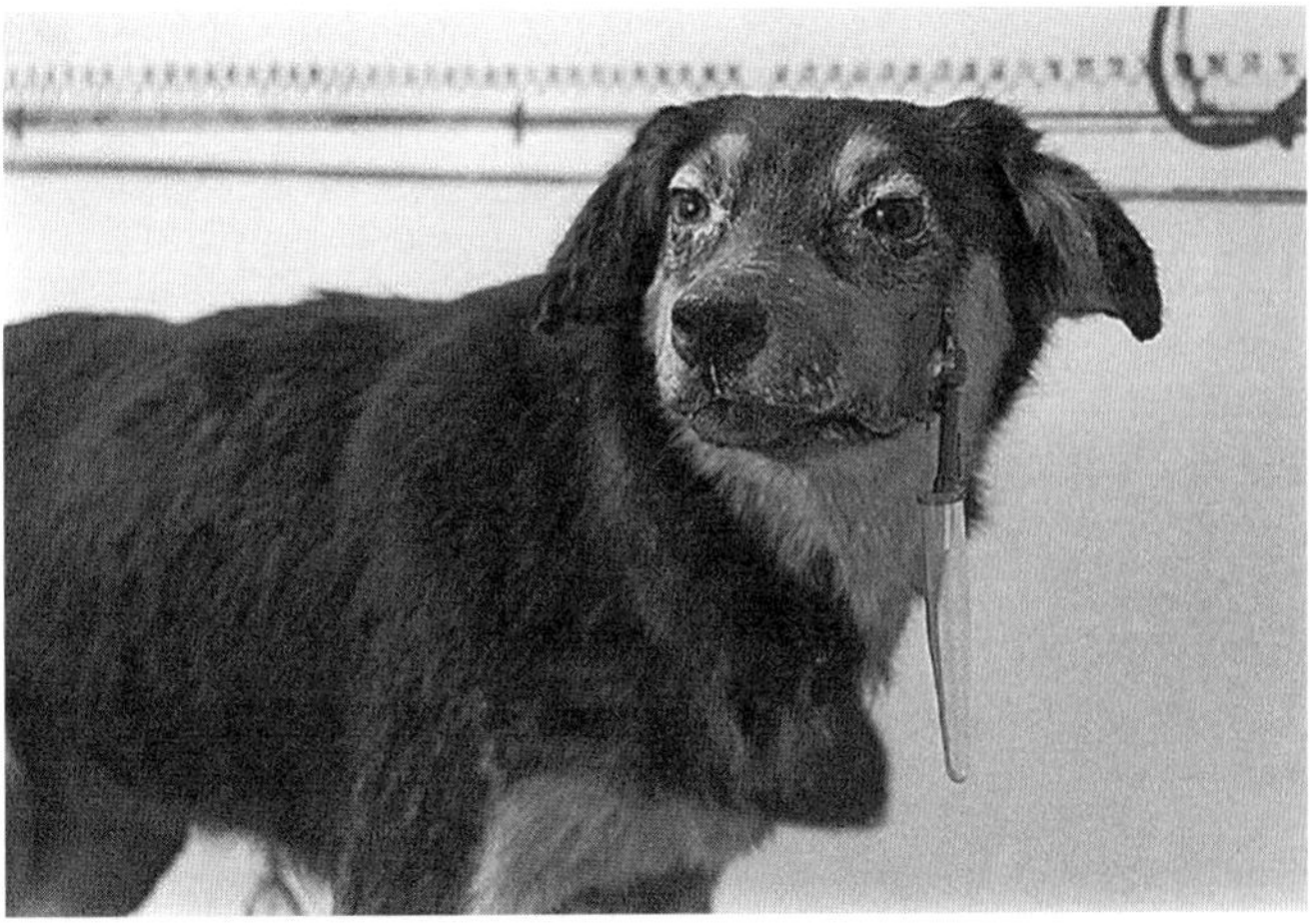

図３・７　待てよ、あの音は食べ物の味みたいに聞こえるぞ

写真はパブロフのイヌの１匹。食べ物に対する唾液反応が、どの程度ベルの音に対する反応に変更（条件づけ）されるかを測定するために、唾液収集用の管をつけている。　*Courtesy of Rklawton*

の英訳者でもありました。その文献は連合の原理の研究を扱ったもので、聡明な研究者、イワン・パブロフの考えに強い影響を受けたものでした。

パブロフは、消化腺に関する研究でノーベル賞を受賞するなど、多くの優れた才能を持った科学者でしたが、最も重要な実験で実証したことは単純そのものです。食べ物に対する動物の典型的な反応（唾液の分泌）を、食べ物と関係のないもの（ベルの音）に対して生じさせるには、ただその二つの事柄を結びつけて、動物に経験させればよいことを示したのです。イヌに食べ物を与える直前に必ずベルの音を聞かせれば、まもなくイヌは、食べ物がなくてもベルが鳴るだけで唾液を分泌するようになります。

パブロフの古典的実験からラズランのランチョン・テクニックに至るまでには、さほど多くのステップはいりません。食べ物に対する通常の反応を、粗っぽい連合のプロセスによって、他のものに移転させられるのは明らかです。ラズランが鋭く見抜いたのは、食べ物に対する自然な反応は唾液の分泌以外にも数多くあり、楽しく心地良い感情もその一つだということです。ですから、この快適な感情や好意的な態度は、おいしい食べ物と密接に関連するものなら何でも（例としては政治的意見しか挙げませんでしたが）、結びつけることができます。

また、ランチョン・テクニックから、承諾誘導の専門家の認識（食べ物だけでなくあらゆる望ましいものは、それらと人工的に結びつけられたアイデアや製品、人物に、好ましい特性を付与できる）に至るまでにも、さほど多くのステップはいりません。だからこそ、週刊誌の広告に容姿端麗なモデルが起用されるのです。だからこそ、ラジオの番組構成者は、大ヒット曲を流す直前に局のコールサインを挿入するように指示されるのです。タッパーウェア・パーティーでビンゴをする女性たちが、商品を受け取るためにフロア中央へ駆け寄る前に、ビンゴ！ではなくタッパーウェア！と叫ばなければならないのも、この理由によります。ゲームをやっている人にとってはタッパーウェアかもしれませんが、会社にとってはまさにビンゴ《大当たり》！なのです。

私たちはしばしば、自分でも気づかないうちに、連合の原理を使う丸め込みのプロたちにまんまとやられてしまうものですが、だからといって、その原理がどう機能するかを理解していないわけではありませんし、自分でそれを用いることだってあります。皇帝の勅使や現代の天気予報担当者が悪い知らせを告げるときの窮状を、私たちがよく理解していることを示す証拠はたくさんあります。それどころか、自分が同じような立場に陥らないように対策を立てることさえあるのです。ジョージア大学で行われた研究では、良い知らせあるいは悪い知らせを伝達するという課題に直面した場合、私たちがどう振る舞うかが明らかにされています。この研究では、実験が始まるのを待っている学生に、一緒にいる他の学生に重要な電話があったことを伝える、という仕事が与えられました。電話の内容は、良い知らせだとされる場合が半分、悪い知らせだとされる場合が半分でした。その結果、知らせの内容次第で、情報の伝え方がまったく異なることが分かりました。良い知らせのときは、「良い知らせの電話があったらしい。詳しい話は実験者に聞いて」といった具合に、どんな知らせかを必ず言い添えました。しかし、悪い知らせのときには、「電話があったらしい。詳しい話は実験者に聞いて」という具合に、その知らせの内容と自分を無関係にしておくような言い方をしたのです。学生たちは明らかに、好かれようと思うなら自分と良い知らせを結びつけ、悪い知らせとは結びつけないようにするべきだと、すでに学んでいたのです。[*17]

▼ニュース・天気予報からスポーツの世界へ

人々は連合の原理を十分に理解しており、たとえ自分がその事象の原因ではない場合にも、自分を望ましい事象と結びつけ、望ましくない事象からは切り離そうとします。この事実によって、たくさんの奇妙な行動が説明できます。そうした奇妙な振る舞いの最たるもののいくつかにお目にかかる場所が、スポーツ会場です。ただし、問題は選手の行為ではありません。選手が試合中の激しい接触で、ときおり常軌を逸して爆発するのは、ある意味仕方のないことでしょう。それに対して、一見したところとても奇妙なのが、スポーツファンが示す強烈で、不合理で、果てしなく燃える熱情です。ヨーロッパで見られる野蛮なスポーツ暴動や、凶暴化した南米のサッカーファンによる選手や審判の殺害を、どう説明したらよいのでしょうか。また、米国のプロ野球選手はすでに十分な富を得ているというのに、なぜ地元ファンは選手に敬意を表するために設けられた特別な「○○デー」で、必要もないプレゼントを気前よく贈るのでしょうか。合理的に考えればこれらはすべて筋の通らない行為です。だって、スポーツなんてただの遊びなんですよ。そうでしょう?

ところが違うのです。スポーツと熱心なファンの関係は、決して遊びとは割り切れません。生死がかかるほど真剣なものなのです。例として、サッカーのコロンビア代表選手だった、アンドレス・エスコバルの事例を考えてみましょう。彼は一九九四年のワールドカップで、試合中に誤って自軍のゴールにボールを蹴り入れてしまいました。この「オウンゴール」によって米国が勝利し、優勝候補の一角と目されていたコロンビアは大会から姿を消しました。そして二週間後、コロンビアに帰っていたエスコバルは、レストランで銃を持った二人組の男に殺害されました。ミスの代償に十二発の弾丸を撃ち込まれたのです。

ところで、自分が優れていると証明するために、自分と結びつきがあるスポーツチームの勝利を望むのだとして、証明したい相手は誰なのでしょうか。もちろん、自分自身に対してもそうですが、同時にすべての他者に対しても証明しようとしているのです。連合の原理の教えるところでは、たとえ表面的にでも(たとえば住居の場所など)自分と結びついた成功で我が身を包むことができれば、私たちの公的な威信は高まります。

これらすべてのことから分かるのは、私たちが自分を良く見せようとして、勝者や敗者と自分との結びつきの見え具合を意図的に操作しているということです。私たちは望ましい連合をひけらかし、望ましくない連合を覆い隠すことによって、周囲の人たちからより高く評価され、より好かれようとします。この目的を達成するための方法は数多くありますが、最も単純で頻繁に用いられるのは、代名詞の選び方です。ご覧になったことがあるでしょうが、地元チームの勝利の後、ファンはしょっちゅう一群となってテレビカメラの前に殺到し、人差指を高く突き上げて「俺たちはナンバー・ワン！　俺たちはナンバー・ワン！」と叫びます。その叫びが「彼らがナンバー・ワン」でない点に注目してください。使われる代名詞は「俺たちは（we）」であり、これを使うことによって、チームと自分とのつながりをできる限り緊密にしようとしているのです。

また、チームの敗北時には、このようなことは決して起こらない点にも注目してください。テレビをいくら見ていても、「俺たちは最下位だ！　俺たちは最下位だ！」という叫びは決して聞こえてきません。地元チームが敗北すると、私たちは距離を置こうとします。このような場合には、「俺たちは」という代名詞よりも、突き放したような「彼らは」という表現が好まれます。この点を証明するために、以前私たちは簡単な実験を行いました。アリゾナ州立大学の学生に電話をかけ、大学のフットボールチームが数週間前に行った試合の結果を尋ねてみたのです。何人かの学生には、チームが負けた試合の結果について尋ねました。別の学生には、チームが勝った試合について尋ねました。共同研究者のアブリル・ソーンと私は話の内容をただ聞き取って、その答えのなかで「我々は（we）」という言葉を使った学生の割合を記録しました。

結果をまとめたところ、「我々はヒューストンに十七対十四で勝った」「我々は勝った」というように、学生たちが自分の大学の勝利を「我々は」という言葉を使って表現し、自分自身と成功を結びつけようとしていることが明らかになりました。一方、試合に負けた場合には、「我々は」という言葉はほとんど使われませんでした。そのかわりに、「彼らはミズーリに三十対二十で負けた」とか「スコアは知らないけど、

図３・８　（狂信的）スポーツファン

チーム愛が昂じると、大学名の入ったトレーナーを着るだけでは飽き足らなくなる。写真のジョージア大学の学生たちは、違ったやり方で大学名を身にまとうことによって、母校のチームを盛り立て、勝たせようとしている。

Chris Graythen/Getty Images

アリゾナ州立大学は負けた」というように、自分自身と負けたチームの間に一線を引くような言葉が使われました。ある学生の返答には、自分自身を勝者と結びつけたいという欲求と、敗者とは距離を置きたいという欲求が、渾然一体《こんぜんいったい》となっていました。「アリゾナ州立大は三十対二十で試合を落とした」と、彼はチームの敗戦スコアを冷静に述べた後、「彼らは、我々の全国制覇のチャンスをみすみす捨ててしまったんだ！」と、悔しさのあまりつい口走ったのです。

　勝者とのつながりを吹聴する傾向は、スポーツ分野特有のものではありません。ベルギーで総選挙が行われた後、研究者たちは家の敷地に掲げられた各政党のポスターが撤去されるまでに、どの程度の時間がかかるか調べました。その結果明らかになったのは、選挙結果が良かった政党のポスターを掲げた家のほうが、いつまでもポスターを撤去せずに、望ましい連合を誇示していたということだったのです。

栄光にあずかること（栄光浴）を望む気持ちは、多かれ少なかれ誰にでもありますが、あまりにその傾向が強い人たちには何か特別な理由があるように思われます。彼らはどのような人たちなのでしょうか。私の考えでは、そうした人は本当のファンではありません。本当のファンなら、良いときも悪いときもチームを支えるからです。そうした人はいわゆる「にわかファン」で、勝利したチームとのつながりだけを吹聴します。私の推測が間違っていなければ、彼らはパーソナリティに隠れた欠陥、つまり、否定的な自己イメージがある人たちなのです。心の深層に自分は価値が低い人間だという気持ちがあるため、自分自身の成し遂げたことではなく、他者の成し遂げたこととの結びつきから、名声を得ようとするのです。こうした人たちは実に多種多様で、私たちの文化の至るところでお目にかかります。有名人を友達のように言う人たちは、その典型的な例です。ロック・ミュージシャンを追い回すグルーピーもそうです。有名なミュージシャンと一時期「付き合って」いたと友人に言いたいがために、自分の性的魅力を売り物にしているのです。どのような形であれ、そのような人々の行動には似たような主題があります。それは、自分一人の力では物事の達成は得られない、というかなり痛ましいものの見方です。

このような人々のなかには、少し違ったやり方で連合の原理を働かせる人がいます。成功した他者との見かけの結びつきを誇張するかわりに、自分との結びつきが明らかな他者の成功を、誇張するように努めるのです。最もはっきりした例は、悪名高い「ステージママ」でしょう。彼女たちは、自分の子どもをスターにすることしか頭にありません。もちろん、これは女性だけに限った話ではありません。数年前、ア

●読者からのレポート3・3――ロサンゼルス映画撮影所勤務の従業員より

私は映画業界で働いているので、もちろん大の映画ファンです。私にとって最高の晩は、なんと言っても年に一度のアカデミー賞授賞式の日です。授賞式をビデオに録画までして、心から尊敬している俳優の受賞スピーチを繰り返し見ています。なかでもケビン・コスナーが『ダンス・ウィズ・ウルブズ』で一九九一年に最優秀作品賞を受賞したときのスピーチは、私のお気に入りの一つです。なぜ好きかと言うと、大した映画ではないと言う批評家に対して、彼が反論したからです。私はそのスピーチがとても気に入ったので、すべて書き取りました。しかし、スピーチのなかで、以前にはどうしても理解できなかった部分があります。その一節はこんな内容です。

「世界を覆うさまざまな問題と較べれば、今回の受賞に大した意味はないかもしれません。しかし私たちにとっては、今回賞をいただけたことが、いつまでも大きな意味を持ち続けると思います。私の家族は今日のことを決して忘れないでしょう。私のネイティブ・アメリカンの兄弟たち、特にラコタ・スーも決して忘れないはずです。そして、私と一緒に高校に通った人たちも、決して忘れることはないでしょう」。

もちろん、ケビン・コスナーが、この大いなる名誉を決して忘れないだろうということは分かります。彼の家族が決して忘れないことも分かります。さらに、これはネイティブ・アメリカンについての映画ですから、ネイティブ・アメリカンの人たちが忘れないということも確かでしょう。しかし、彼がどうして高校の同級生たちにまで触れたのか、私には分かりませんでした。その後、あなたの本を読んで、スポーツファンがどのようにして地元チームやその選手から「栄光の余沢にあずかる」のかを知りました。そして、コスナーの同級生もこれと同じだと、ようやく理解しました。おそらく、コスナーと一緒に高校へ通った誰もが、彼がオスカーを獲得した翌日から、会う人ごとに自分とコスナーの結びつきについて話したに違いありません。彼らは映画とはまったく関係なかったわけですが、そうすることで、ケビン・コスナーのオスカー受賞の威信のおこぼれを頂戴できると感じたかもしれません。実際、彼らは正しいのです。確かにそういう効果があるのですから。栄光を手にするために、自分がスターになる必要はありません。ほんのわずかでもスターと関わりがあれば、それで良いのです。何と面白いことでしょうか。

著者からひと言——こうした体験は私にもあります。建築家の友人に、私はあの偉大な建築家フランク・ロイド・ライトと同じ街の生まれだ、と話したときのことです。ちなみに、私は真っ直ぐな線さえ引けない人間です。しかし、私は友人の目の中にはっきりと好意を読み取ることができました。その目は、「すごい……君とフランク・ロイド・ライトが同郷だって?」と語っているようでした。

イオワ州ダベンポートで、ある産科医が学校職員三人の妻に対する医療を断りました。報じられたところによると、その理由は、同校に通う息子が、学校のバスケットボールの試合で十分な出場時間を与えられなかったからだそうです。妊婦の一人は当時、妊娠八カ月でした。*18

防衛法

奇妙に思われるかもしれませんが、好意を高める方法が数限りなくあるからこそ、好意のルールを利用する丸め込みの専門家に対する防衛法のリストは、短いものでなければなりません。好意に影響する方法は無数にあるので、それぞれに対処する方法を一つひとつ作り出しても仕方ないのです。個々に問題に対処しようとしても、塞ぐべき経路があまりに多すぎます。また、好意を引き出すいくつかの要因（外見的魅力、類似性、馴染みがあること、連合）は、私たちの気づかないうちに働いてその効果を及ぼすため、私たちがそれらから臨機応変に身を守る方法を習得することができるとはあまり思えません。

そのかわりに、もっと包括的なアプローチを考える必要があります。好意に関係するいかなる要因にも適用できて、承諾の意思決定に及ぼす悪影響を和らげてくれるような方法です。そのようなアプローチの肝は、何よりもタイミングです。好意を形成する要因が私たちに働きかけてくる前にその作用を認識し、防止しようと努めるよりも、なすがままにさせておくほうが対処しやすいかもしれません。承諾誘導の専門家への不当な好意を生み出しうる事象ではなく、不当な好意が生み出されてしまったという事実のほうに注意を向けるべきなのです。防衛を始めるタイミングは、状況から見て不自然なほど、相手のことが好きになっていると感じたときです。

原因よりも効果に注意を集中することで、好意に及ぼす多くの心理的影響力を発見してそれを避けるという、面倒なばかりでほとんど達成不可能な課題が不要になります。そのかわり、承諾誘導の技術の使い手と接触するときには、好意と関係する一つのことだけに敏感になればよいのです。その人に対して、予想以上に早く、あるいは強く、好意を抱いてしまったという感情です。ひとたびその感情に気づけば、何らかの戦術が用いられていることが分かり、必要な対策が取れます。ここで推奨しているやり方のもとになっているのは、承諾誘導を引き出す技術の使い手自身が好んで用いる、柔術のスタイルです。私たちは好意を生じさせる要因の影響を抑制しようとはしません。まったく逆のことをします。それらの要因に力を発揮させておき、その後、その力自体を利用して反撃に移るのです。その力が強ければ強いほどその存在は明白になり、結果として、私たちの機敏な防衛の網にかかりやすくなります。

　こんな場面を考えてみましょう。私たちは「最も偉大な自動車販売員」ジョー・ジラードの後釜を目指す、買わせ上手のダンと、新車の値段交渉をしているとします。ちょっと話をして値段の交渉をした後、ダンは取引をまとめたい素振りを見せます。こちらに車を買う決心をしてほしいのです。しかし、そのような決定をする前には、「この男を知ってからの四十五分間で、予期していた以上にこの男を好きになっていないか」という、重要な問いかけを自分にしてみるべきです。もし、答えがイエスなら、その四十五分間のダンの振る舞いについて考えてみましょう。ひょっとすると、彼がコーヒーやドーナツをサービスしてくれたり、オプションの選択や色の組み合わせを誉めてくれたり、面白い冗談を飛ばして笑わせてくれたり、安い値段で買えるように上司とかけあってくれたりしたことを、思い出すかもしれません。

　ただ、出来事をそのように振り返ることは、それはそれで有益ではあっても、好意のルールから自らの身を守るうえで、絶対に必要なステップだというわけではありません。ひとたび自分でも意外なほどダンを好きになっていると気づいたなら、その理由は知らなくてもいいのです。不当な好意であると確認できさえすれば、それで十分に対抗できます。一つのやり方は、この過程を逆転させて積極的にダンを嫌いになることですが、それだと彼に対してフェアではないかもしれませんし、こちらの利益にも反するかもしれません。結局、本当に好感の持てる人はいるものですし、ダンがまさにそういう人物かもしれないのです。とても好感の持てる人物が、たまたま承諾誘導の専門家だったからといって、自動的に背を向けてしまうのは正しいとは言えないでしょう。それに、私たち自身のためにも、そのような素晴らしい人たちとの商売上の付き合いを、断ち切るべきではありません。その人が好条件の取引をさせてくれるかもしれないとすれば、なおさらです。

私がお勧めしたいのは別のやり方です。もし、例の重大な問いかけに対する答えが、「そのとおりだ。この状況で私はどうも、この男が妙に気に入ってる気がする」ということならば、それを合図にすぐさま反撃に転じましょう。心の中で、ダンと彼が売ろうとしているシボレーやトヨタを分けて考えるのです。この時点で特に心に留めておくべきことは、もしダンが勧める車を買ったら、私たちが販売店の駐車場から運転して出て行くのはその車であって、彼ではないという点です。ダンはとても好人物で、外見が良く、こちらの趣味に関心を示してくれ、楽しい人間で、自分の故郷に彼の親戚が住んでいるかもしれませんが、それと賢く車を購入することとは無関係なのです。

こうしたときの正しい対応は、商談の利点とダンが用意してくれた車にだけ、意識を集中することです。もちろん、私たちが承諾の決定をする場合、承諾する内容とその相手に対する感情を分離するというのは、常に良い考えです。しかし、ひとたび私たちに言うことを聞かせようとする相手と接してしまうと、それがちょっとした会話程度であっても、私たちはこの区別を簡単に忘れてしまうものです。何らかの理由でその相手が気に入らないという場合なら、この区別を忘れてもそう悪いことにはならないでしょう。大きな間違いを犯しやすいのは、その相手に好意を感じているときです。

ですから、承諾誘導の技術の使い手に対しては、好意を持ちすぎないように気をつけることが、非常に重要になります。そのような感情に気づければ、取引のメリットと販売者を分けて考え、判断材料には取引の中身だけを使えるようになるでしょう。もし、私たちが皆この手続きに従えば、承諾誘導の専門家とのやり取りの結果は、きっともっと満足度が高くなるはずです。もっとも、そうなればダンは面白くないでしょうが。

まとめ

◎人は自分が好意を感じている知人に対して、イエスと言いやすい傾向がある。承諾誘導の専門家たちはこのルールを知っているので、自らの影響力を強めるために、自分の好感度全般を高めるようないくつかの要因を強調する。

◎第一の要因は、外見の魅力である。外見の美しさが社会的相互作用のなかで有利に働くことは、ずっと以前から知られているが、研究結果によれば、その利点は想像以上に大きいかもしれない。外見の魅力はハロー効果を生じさせ、才能や親切さ、知性といった、他の特性に関する評価を高める。その結果、魅力的な人は、自分の要求を通したり他者の態度を変化させる際の影響力が強い。

◎好意と承諾に影響する第二の要因は、類似性である。私たちは自分と似た人に好意を感じ、そのような人の要求に対しては、あまり考えずにイエスと言う傾向が強い。好意を高める第三の要因は、称賛である。お世辞は一般に好意を高め、承諾を引き出しやすい。嘘偽りのない称賛でとりわけ有用なものが二種類ある。受け手本人のいないところで言われる称賛と、与えられた評判を守るために望ましい行動を続けようと受け手が思うような称賛である。

◎人や事物と接触を繰り返して馴染みを持つようになることも、たいていの場合は好意を促進する（第四の要因）。この関係は主に、不快な環境ではなく、快適な環境のなかで接触が起こる場合に当てはまる。特にこの関係が強く生じるのは、相互の協力によって成功がもたらされる場合である。好意と結びつく第五の要因は、連合である。広告担当者、政治家、商売人は、自分自身や自分が扱う製品と望ましいものを結びつけ、連合のプロセスによってその望ましさを分かち合おうとすることが多い。その他の人々（たとえばスポーツファン）も、単純な結びつきの効果を認識しており、好ましい事象と自分が結びついていることと、好ましくない事象と自分が切り離されていることを、他者に印象づけようとする。

◎承諾の決定に対して好意が及ぼす悪影響を防ぐのに有効な手段は、承諾を引き出そうとしてくる相手に対して、過度の好意を持っていないか敏感になることである。ある状況で、相手に対して尋常でない好意を感じていたら、そのやり取りから一歩退き、その相手と相手の申し出の内容を心の中で切り離し、申し出のメリットだけを考えて、承諾するかどうかの決定を下さなければならない。

第4章

社会的証明

——真実は私たちに

やりたいことを自由にできるとき、人々はたいてい互いに模倣し合う。
（エリック・ホッファー／中本義彦訳）

何年か前、中国の北京で、レストランチェーンの店長たちが研究者と手を組み、大いに利益が上がることを成し遂げました。効果的でありながら費用のかからないやり方で、特定のメニューの注文数を増やしたのです。彼らが検討しようと考えたのは、価格を下げたり、素材を高級にしたり、もっと腕の良いシェフを雇ったり、コンサルタントにお金を払ってメニュー表の商品説明をもっと魅力的にしてもらったりしなくても、そのメニューに効果的な売り文句を与えるだけで、特定のメニューの注文数を増やせるかどうかでした。とりわけ効果的な売り文句が見つかりましたが、驚いたことにそれは、たとえば「当店名物」とか「今晩のシェフのお勧め」といった、彼らが売上げを伸ばすために使おうと考えていたフレーズとは違っていました。効果的な売り文句は、特定のメニューを、「当店の一番人気」と紹介しただけのものだったのです。

この売り文句を使った結果は目をみはるものでした。対象としたメニューの売上げは平均で一三〜二〇％増えました。ごく単純にまとめると、対象となったメニューは人気があるためにますます人気メニューになったのです。注目すべきは、注文増加を招いた説得手法が、費用いらずで、倫理にもとるところもなく（実際に一番人気のメニューでした）、簡単に実行できるにもかかわらず、店長たちが一度も試してみようとしていなかったという点です。同様の結果は、敷地内でパブを運営するロンドンの醸造所が協力した研究でも得られています。パブのカウンターに、その醸造所でその週一番の人気商品は黒ビール、と（正直に）書いて掲げました。すると、即座に黒ビールの売上げが二倍に伸びました。「クリック・実行《ラン》」です。

こうした研究結果から私が不思議に思うのは、なぜ他の小売業者は、同様の情報を提供しないのかということです。アイスクリームやフローズンヨーグルトを売る店の多くは、客がチョコチップやココナッツフレーク、クッキー・クランブルなど、いろいろなトッピングを好きに選べます。人気があるということの影響力を考えれば、店主たちはその月に最も選ばれているトッピングや、その組み合わせを客に伝えているだろうと思うかもしれません。ですが、実際にはやっていないのです。彼らにとっては何とも残念な話です。とりわけ、トッピングを頼まなかったり、いつも同じトッピングしか頼まない客にとって、嘘偽りがない人気情報は選択の幅を広げることにつながります。たとえば、多くのマクドナルド店では、「マックフルーリー」というデザートを提供しています。マクドナルド数店での研究によれば、客に「デザートはいかがですか？　一番人気はマックフルーリーです」と伝えたところ、マックフルーリーの売上げが五五％上昇しました。さらに、客がマックフルーリーを注文した後で、「○○フレーバーが当店で一番人気のトッピングです」と店員が言った場合、そのトッピングが追加購入される割合が四八％も増えました。

●Eボックス4・1

すべての小売店が人気を収益につなげるやり方を理解しているわけではないが、大手メディアのネットフリックスは、自社データから教訓を引き出すとすぐに、人気を利用したアプローチを開始した。テクノロジーとエンターテインメントを専門とする記者、ニコール・ラポルト（2018）によれば、同社は「長きにわたり、視聴時間や評価に関する情報についてまったく公表しないことを自慢とし、広告業者への説明義務を持たないために、どんな数字もいっさい表に出す必要がないという事実を謳歌していた」わけだが、二〇一八年に突然の方針変更があり、大好評を博したコンテンツに関する大量の情報を公開するようになった。ラポルトの言葉を借りよう。「ネットフリックスは株主への手紙で、提供タイトルと視聴者数を列挙した。まるで酔っ払った船乗りが、この普段は厳重な警戒態勢を敷いている戦艦を乗っ取って、機密情報を言いふらしているかのようなやり方だった」。

ネットフリックスが方針を変えたのは、同社の役員たちが人気は人気を呼ぶと理解したからである。最高プロダクト責任者のグレッグ・ピーターズが明かした内部テストの結果によれば、ネットフリックスの会員に人気タイトルを教えると、その番組はますます人気番組になった。他の重役たちはすぐにその意味を理解した。最高コンテンツ責任者のテッド・サランドスは、ネットフリックスが今後ますます「世界中の人たちが何を見ているか」を教えるようになっていくと、はっきり述べた。創業者兼共同最高責任者のリード・ヘイスティングスはこの約束を追認し、「私たちはまだそういったデータを公開し始めたばかりです。この取り組みを四半期単位でさらに進めてまいります」と述べた。

著者からひと言——ネットフリックス社の重役たちの発言から分かるのは、同社重役たちにお飾りはいないということです。しかし、サランドスの別のコメントが、私には非常に印象的でした。「人気というのは、人々が利用可能なデータポイントです（中略）我が社は会員の役に立つものであるなら、それを隠したくありません」。ここでの重要な知見は、同社が過去にしていたような本当の人気の隠蔽は、短期収益という観点からだけでなく、会員が賢明な選択をし満足を得るという観点からも無益であり、したがって長期収益という観点からも無益だったということです。

社会的証明

なぜ、人気に大きな効果があるのかを明らかにするために、私たちがその性質を理解すべき強力な影響力の武器を、もう一つご紹介しましょう。それは社会的証明の原理です。これは、人は他の人たちが何を正しいと考えているかを基準にして物事を判断する、というものです。重要なのは、この原理が、何が正しい行動かを決める際に使われるということです。特定の状況で、ある行動をする人が多いほど、人はそれが正しい行動だと判断します。その結果、広告業者たちはある製品が「急速に売上げを伸ばしている」ときや、「売上げナンバーワン」のときに、それを熱心に知らせてきます。売ろうとしているものが良いものだと、私たちを直接説得する必要がないからです。必要なのは、他の大勢がそれを良いものだと考えていると示すだけであり、たいていの場合、それが十分な証拠だとみなされます。

みんながやっているならそれは適切な行動だとみなす態度は、通常はうまく機能します。一般に、社会的証拠に合致した行動をするほうが、反対の行動をとるよりも間違いを犯すことが少ないはずです。たいていの場合、多くの人が行っているのであれば、それは正しい行動なのです。社会的証明の原理が持つこうした特徴は、この原理の強みであると同時に弱点でもあります。他の影響力の武器と同じく、この原理のおかげで私たちは行動の仕方をてっとり早く決められるのですが、同時に、この方法を悪用して利益を得ようとする人に引っかかりやすくもなっています。

問題は、私たちが社会的証拠に対してあまりに無意識的、反射的に反応しているため、不完全な証拠やいかさまの証拠にだまされてしまうところにあります。ある状況で何をすべきか決めるときに、他人の行動を根拠に使うことが愚かだというわけではありません。それは、十分に根拠のある、社会的証明の原理にかなったやり方です。愚かなのは、それを悪用して利益を得ようとする人が供給する偽の証拠にも、自動的に同じ反応をしてしまうことです。例はたくさんあります。一部のナイトクラブ経営者は、店にまだ客を入れる余地がかなりあるのに、入場制限をして外に長い行列を作らせます。目に見える社会的証明をでっちあげて、店の質の高さを示そうというのです。販売員は、その製品を買った人たちのことを、いろいろと織り交ぜて話をするように教えられています。バーテンダーは、前の晩の客が残していったチップに見せかけるために、何枚かのドル紙幣をチップ入れに混ぜてから店を開けることがよくあります。教会の受付も、しばしば同じ理由から募金箱に前もってお金を入れておきますが、こうすることによってやはり実入りが良くなります。キリスト教福音派の牧師は、聴衆のなかにサクラを仕込んでおくことで知られています。サクラは打ち合わせどおり、決められた時間になると前に進み出て、信仰告白と寄付をします。そしてもちろん、製品レビューを書き込めるウェブサイトには、製造業者が自作自演で書き込んだり、人を使って投稿させたりする絶賛レビューが、しょっちゅう紛れ込みます。[*1]

▼他者がもたらす力

こうした人たちは、なぜそんなにも熱心に社会的証明を利用して、利益を得ようとするのでしょうか。それは、みんながやっているならその行為は正しいと仮定する私たちの傾向が、いろいろな場面で強い力を発揮すると知っているからです。セールス・コンサルタントのキャベット・ロバートは、この原理をうまくとらえたアドバイスを、販売員の卵たちに与えています。「自分で何を買うか決められる人は全体のわずか五％、残りの九五％は他人のやり方を真似する人たちです。ですから、私たちがあらゆる証拠を提供して人々を説得しようとしても、他人の行動にはかなわないのです」。この言葉を信じるべきとする証拠は、至るところにあります。少し例を見てみましょう。

道徳性――ある研究では、取り調べでの拷問の使用を仲間の大多数が支持していると知った後、大学生の八〇％が、それまでよりも拷問を道徳的に受け入れられるとみなした。

犯罪行為――飲酒運転、障害者専用スペースへの違法駐車、万引き行為、ひき逃げ（引き起こした交通事故の現場から逃げること）は、加害者になるかもしれない人が他の人たちもやっていると信じていると、発生頻度が上がる。

問題のある個人的行動――男性であれ女性であれ、親密な相手への暴力行為をよくあることだと考える人は、後に自分でもそうした暴力行為を行いがちである。

健康的な食事——大多数の同級生が健康のために果物を食べようとしていると知ったオランダの高校生たちは、果物の消費量が三五％上昇した。昔ながらの思春期風の流儀で、その情報によって食習慣を変えるつもりはない、と言い張っていたというのに。

ネットショッピング——商品に推薦文がつくのは目新しいことではないが、インターネットは購入を考える人に、すでに製品を利用している大勢の評価を簡単に見られるようにすることで、状況を一変させた。その結果、ネットショッピングをする人の九八％が、商品購入を考えるときに影響を受けた最も重要な要因は、偽りのないカスタマーレビューだと言っている。

請求書の支払い——ケンタッキー州のルイビルでは、駐車違反の切符を切られた人たち宛ての召喚状に、これを受け取った人の大多数が二週間以内に罰金を払っている、という文言を入れたところ、罰金を払う人の数が一三〇％増え、駐車違反から得られる町の税収が倍以上になった。

科学的裏付けのある忠告——二〇二〇年にＣＯＶＩＤ‐19の感染爆発が起きたとき、研究者たちは、日本の市民が同国の医療専門家たちからマスクの着用を勧められた場合、どんな理由で着用頻度を決めているのかを調べた。理由はいろいろあるが（たとえば、「病気の深刻さを考えて」「マスクをつけていれば感染から身を守れそう」「マスクをつけていれば他の人への感染が防げそう」など）、マスクの着用頻度に大きな違いを生んでいた理由は一つだけだった。「他の人たちがマスクをしているのを見て」である。

環境問題への取り組み——他の大勢の人が、家庭でのリサイクルや省エネ、節水などを通じて、環境の保全や保護に取り組んでいると知った人は、その後、同様の行動をとる。

環境問題への取り組みという分野では、組織にも社会的証明が働きます。多くの政府がかなりの資源を費やして、空気や水を汚染している企業への規制、監視、制裁を行っています。こうした支出はしばしば、違反者の一部に対しては無駄遣いになっているようです。そうした企業は、規制を完全に無視するか、法令を守るためにかかる費用より安上がりな、罰金の支払いを厭わないかの、どちらかだからです。しかし、一部の国では、社会的証明という（公害を起こさない）エンジンを点火することで働く、費用対効果の大きいプログラムが開発されています。そのプログラムでは、最初に、ある業界で汚染物質を排出している企業各社の環境パフォーマンスを格付けし、その結果を公表します。これにより業界の全企業が、業界内における自社の相対的な位置を理解できるようになります。業界全体で見た改善具合は劇的でした。三〇％上昇したのです。そのほとんどが、比較的環境汚染度の高い企業の変化によるものでした。そうした企業は、同業他社と比べて自分たちがどれほどひどいかを自覚したのです。

研究者たちは、社会的証明の原理に基づいた手段が幼い子どもに対しても働き、ときに驚くような結果をもたらすということも発見しています。なかでも心理学者アルバート・バンデューラは、そうした手段で望ましくない行動を取り去る方法の開発を推進しました。バンデューラと同僚たちは、驚くほど単純なやり方で、恐怖症に苦しむ人たちから極度の恐怖感を除去できると証明したのです。たとえば、初期の研究では、犬を怖がる三～五歳の子どもたちを選び、その子たちに、小さな男の子が犬と楽しそうに遊んでいる様子を、一日二十分見せました。たったこれだけのことなのですが、犬を怖がっていた子どもたちの

●読者からのレポート4・1――オクラホマ州タルサのトヨタディーラーショップの採用・研修担当より

私はオクラホマ最大の自動車販売店に勤務していいます。この仕事で最も難しいことの一つが、優秀な販売員の獲得です。新聞広告を出しても応募者があまり集まらなかったので、仕事帰りの時間帯にラジオで求人広告を流すことにしました。広告でアピールしたのは、我が社の製品への大きな需要、どれほど大勢の人が買っているか、その結果、需要に対応するための販売員の増強がどれほど必要なのかということでした。期待どおり、販売部門で働きたいという応募者の数は跳ね上がりました。

しかし、私たちが目にした最も大きな効果は、お客様の来店数の増加だったのです。新車部門と中古車部門の両方で販売台数が増えました。そして、やって来るお客様たちの態度にも大きな変化が見られました。最も愉快だったのは、販売総数が前年一月比で四一・七%も増えたことでした。自動車業界全体の前年比売上げが四・四%下がるなか、私たちはほぼ一・五倍の売上げ増を達成したのです。もちろん、この成功の理由はいろいろ考えられます。たとえば、管理者の交代とか、店舗が新しくなったとかです。しかし、求人広告で我が社の車への需要に対処するために人手が必要だと訴えるたびに、その月の販売台数がいつも大きく増えるのは確かです。

著者からひと言――大きな消費者需要への言及は、販売代理店の自動車とトラックに対する客の態度と行動に、強い影響を与えました。これは本章で説明してきたことと合致しています。しかし、この店舗が目撃した大きな効果を理解しやすくする要因で、まだ説明していないことがあります。需要が高まっているという情報は、求人広告に「紛れ込んだ」ものでした。この広告の大成功と合致しているのが、社会的証明の情報を含む情報に、人々がとりわけ説得力を感じやすくなるのは、それが自分を説得するためのものではないと考えているときであるという証拠（Bergquist et al., 2019; Howe et al., 2021）です。もし、この店舗の広告が直接購入を訴えるようなもの（たとえば「うちの車は飛ぶように売れています！　あなたもお見逃しなく！」）だったなら、これほどの効果はなかったはずだと、私は確信しています。

反応に、顕著な変化が生じました。わずか四日後に子どもたちの六七%が、部屋に誰もいないときに自ら進んで格子で囲まれた遊び部屋に犬と一緒に入り、そこで犬を可愛がり撫でまわすようになったのです。さらに一カ月後、研究者たちは子どもの恐怖心を再び検査しましたが、このときも恐怖感は低いままでした。それどころが、子どもたちは、ますます犬と遊ぶのを楽しめるようになっていたのです。

犬を極度に怖がる子どもを扱った第二の研究では、恐怖心の除去を実践するうえで重要な発見がありました。こうした子どもたちの恐怖心を低減させるには、必ずしも他の子どもが犬と遊んでいる現実の場面を見せる必要はなく、映画で見せても同様の効果があると分かったのです。印象的なのは、たくさんの子どもたちが、さまざまな種類の犬と接している場面を見せた場合に、最も効果があったという点です。社会的証明の原理が最もよく機能するのは、多くの人たちの行動が手掛かりになっているときです。説得力を強めるうえで「人の多さ」の果たす役割については、後ほどさらに検討します。[*2]

▼大洪水の後に

社会的証明の力がいかに強いかを示すのに、うってつけの事例があります。うってつけである理由はいくつもあります。まずその事例は、参与観察（調査したい対象が自然な状態で存在している環境へ研究者が入り込んで観察を行う）というあまり用いられない研究方法の、素晴らしい実例を提供してくれます。

また、歴史学者・心理学者・神学者など、さまざまな人たちに興味深い情報を提供してくれます。そして何より重要なのは、他者ではなく当の私たち自身が社会的証拠を自分に対して使い、自分にとって都合の良い話を真実であると思い込む過程が、分かりやすく示されている点です。

それは大昔からよく聞く話で、古代の資料を吟味する必要があります。というのも、過去の歴史は、世界の終わりを訴えるさまざまな宗教運動に彩られているからです。多くのセクトやカルトが、その教えを信じる者の救済と、至福の時が到来する具体的な日付を予言してきました。どの場合でも、救済の時の始まりには、どうにもならない重大な事態（普通は世界の終焉へと至る大激変）が起こるという予言がなされました。もちろん、こうした予言は一つ残らず外れ、いつもこれらの集団のメンバーに激しい動揺をもたらしてきました。

歴史は、予言が外れたと分かった直後から、彼らが謎の行動をとることを示しています。カルト信者たちは幻滅して集団を解散するのではなく、しばしば信仰を強めるのです。人々の笑いものになろうとも、街に出て人前で教義を主張し、熱烈に改宗を説きます。信仰の中核がはっきりと覆《くつがえ》された後、その熱意は消失するどころかいっそう強烈になるのです。こうしたことは、二世紀トルコのモンタノス派、十六世紀オランダの再洗礼派、十七世紀イズミルのサバタイ派、十九世紀米国のミラー派に当てはまります。そして、この問題に興味を持った三人の社会科学者は、当時シカゴを拠点に「この世の終わり」を説いていたある教団にも当てはまるのではないかと考えました。この三人の科学者たち、レオン・フェスティンガー、ヘンリー・リーケン、スタンレー・シャクターは、当時ミネソタ大学の同僚であり、シカゴのその集団の噂を聞き、詳しく研究する価値があると考えました。彼らは自ら新しい信者を装ってこの集団に加わり、さらに観察者を何人か雇い、一般の会員の中に紛れ込ませて調査を行いました。その結果、彼らの名著『予言がはずれるとき――この世の破滅を予知した現代のある集団を解明する』【訳注：水野博介訳（1995）勁草書房】には、天変地異が起こると予言された日の前後の出来事が極めて詳細に、かつ直接的に記述されています。

その教団はとても小さく、信者が三十人を超えることはありませんでした。指導者は中年の男女で、研究者たちは結果を公表するにあたり、二人をトーマス・アームストロング博士とマリアン・キーチ夫人という仮名で呼ぶことにしました。アームストロング博士はある大学の学生健康センターに勤務する内科医で、長きにわたり神秘主義や超自然現象、空飛ぶ円盤に興味を持っており、グループの中では、そうしたものの権威として尊敬されていました。しかし、皆から注目され活動の中心となっていたのは、マリアン・キーチ夫人のほうでした。その年の初めキーチ夫人は、彼女が「守護霊たち」と呼ぶ、どこか別の惑星に住む霊的存在からメッセージを受信し始めました。メッセージは夫人が「自動書記」で書き記し、やがて教団の信仰体系の大部分を形作りました。守護霊たちの教えは、ニューエイジ思想の寄せ集めに、伝統的なキリスト教の考え方を多少加えたものでした。あたかも、守護霊たちが以前にカリフォルニア北部を訪れたことがあり、その間に聖書も読んでいたかのような教えでした。

守護霊たちから送られてくるメッセージは、いつもグループ内でその解釈を巡って大変な議論の的となりましたが、やがてそこに新たな重要性が加わりました。極めて差し迫った災害（西半球で始まり、最終的に世界を呑み込んでしまう大洪水）の予言が始まったのです。当然のことながら、予言を知った当初、信者たちは恐れおののきましたが、さらにメッセージが届くにしたがって、彼らと、キーチ夫人を経由して送られてくる訓戒を信じる者は、全員生き残れると確信するようになりました。洪水が起こる前に宇宙人がやって来て、信者たちを空飛ぶ円盤で安全なところ、おそらくはどこか別の惑星に運んでくれるはずでした。信者たちは、救助の細かい点についてはほとんど知らされておらず、ただ救助の際にやり取りするはずの合言葉（「私は家に帽子を忘れてきた」「あなたの質問は何ですか？」「私は私自身の門番だ」）を練習し、衣服からすべての金属を取り除いておけ、とだけ言われていました。衣服から金属を取り除くのは、そうしないと円盤での旅行が「極めて危険になる」からなのだそうです。

三人の研究者たちは、洪水の日に先立つ数週間の準備状況を観察していたときに、信者たちの行動の二つの特徴に強い関心を抱きました。第一は、教団の教えに極めて強くコミットしていることでした。彼らは破滅する運命の地球から脱出することを見越して、逆戻りできない方向へ一歩を踏み出していました。ほとんどの人は、その信念を家族や友人から否定されていましたが、それでも自分の信念を曲げようとしなかったので、しばしば周りの人たちから愛想を尽かされました。さらには、狂人の宣告をしてもらう訴訟を起こすと、隣人や家族から脅された人もいました。アームストロング博士は、下の子ども二人の親権を取り上げる申し立てを姉から起こされました。多くの信者が仕事を辞め、勉学を顧みず、すべての時間をこの運動のために費やしました。どうせすぐ無用のものになってしまうのだからと、自分の持ち物を人にあげたり、捨ててしまったりする人もいました。信者たちは真実が自分たちにあると確信していたので、強大な社会的、経済的、法的圧力にも屈しませんでした。また、そうした圧力に対抗するなかで、ますます教義へのコミットメントを深めていきました。

洪水前の信者たちの行動のもう一つの特徴は、その活動が妙に不活発なことでした。自分たちの信念の正しさを強く確信していたわりには、それを広めようとする行動が驚くほど少なかったのです。当初こそ大災害が起こるという話を公表しましたが、改宗者を求めたり、積極的に布教活動をしたりはしませんでした。警告は発しましたし、それに応えて自らやって来た人に助言はしましたが、それ以上のことをしようとはしなかったのです。

グループが勧誘を好まなかったことは、個人相手の説得をしなかったという点だけでなく、いろいろな面から明らかです。彼らは多くの事柄に関して、秘密を維持するように務めていました。訓戒の余分な写しは焼き捨てられ、合言葉や秘密の合図が作られました。関係者が個人的に録音した内容を、部外者と論ずることは禁じられました（録音内容に関しては大変厳しく秘密が保たれ、昔からの信者でも、内容を書き取ってはいけないことになっていました）。世間の耳目を集めるような活動は避けられました。災害の日が近づくにつれ、ますます多くの新聞・テレビ・ラジオのレポーターが、教団本部のあるキーチ家に集まってきました。しかし、たいていの場合、こうした人たちへの対応は、追い返すか無視するかでした。ほとんどの質問には「ノーコメント」で通しました。

報道関係者たちもいったんは引き下がっていましたが、アームストロング博士が宗教活動を理由に大学の健康センターの職を罷免されると、どっと舞い戻ってきました。ある記者などは、告訴すると脅さなくてはならないほど、しつこくつきまといました。洪水の前夜も、信者から何か情報を得ようとレポーターの一団がうるさく迫ったのですが、結局は追い払われました。後に研究者たちは、グループの人々が洪水の前、自分たちの信念を公にすることや信者の勧誘に関してどのような姿勢で臨んでいたか、その様子を丁寧にまとめています。「大変な注目の的になりながらも、彼らはどうにかして世間の目から逃れようとしていた。改宗者を増やす機会はいくらもあったが、のらりくらりと言い抜けて秘密を守り、見事と言ってもいいほどの無関心な態度をとり続けたのである」。

最終的には、すべてのレポーターと改宗希望者を家から一掃し、信者たちはその晩午前零時に予定されている宇宙船の到着のために、準備を始めました。フェスティンガー、リーケン、シャクターの見た光景は、不条理演劇のようであったに違いありません。他の点ではまともな人たち（何人かの主婦と大学生、それに高校生、出版業者、内科医、金物屋の店員とその母親）が、熱心にこの悲喜劇に参加していました。彼らに指示を出していたのは、守護霊たちと定期的に接触していた二人のメンバーでした。その夜は、マリアン・キーチが書き出したメッセージへの補足を、「ベルタ」という元美容師が行っていました。「造物主」がベルダの口を借りて命令を送ってきたのです。信者たちは、円盤に乗り込む前に言うせりふを、何度も何度も繰り返し唱和していました。「私は私自身の門番だ」。「私は私自身の案内人だ」。彼らは、キャプテン・ビデオ（当時のテレビの宇宙ものの登場人物）と名乗って電話してきた人物のメッセージを、悪ふざけと解すべきか、それとも救済者からの暗号通信と解すべきかについて、真剣に議論しました。

円盤には金属をいっさい持ち込むべからずという訓戒を守り、信者たちの服からはすべての金属部分がはぎ取られていました。靴についたハトメも取り除かれていました。女性はブラジャーをしないか、あるいは金属ワイヤーを取り外したブラジャーを身につけました。男性は、ジッパーをズボンから引きちぎり、ロープをベルト代わりにしました。

研究者の一人は零時まで二十五分というときになって、ズボンからジッパーを外し忘れていたと口走ったために、すべての金属を外すことに関するグループの狂乱ぶりを、身をもって経験する羽目になりました。観察者によれば、「その一言で、皆はほとんどパニック状態に陥った。彼を急いで寝室に連れていき、そこでアームストロング博士が、両手を震わせ、何度も時計に目をやりながら、かみそりの刃でジッパーを切り取り、ワイヤーカッターで留め金をねじり取った」のです。緊急作業が終わると、研究者は居間に連れ戻されました。おそらく、身体からはほんの少し金属が減り、そして顔からは大量に血の気が引いていたことでしょう。

出発予定時刻が近づいてくると、信者たちは静まりかえってその瞬間を待ちかまえるようになりました。幸いにも、経験豊かな科学者たちは、そのときに起きたことを詳しく記しています。

最後の十分間、居間にいたグループはとても緊張していた。ことここに至れば、コートを膝の上に置いたまま、ただじっと座って待つしかなかった。張り詰めた静けさの中で、二つの時計が大きな音で時を刻んでいた。そのうちの一つは、十分ほど進んでいた。その時計が午前零時五分を示したとき、それを見ていた一人が時計は進んでいるんだと大声で言った。他の人たちはそれに応えて、まだ零時にはなっていないと口々に言った。ボブ・イーストマンが、遅いほうの時計が正確だと断言した。その日の午後、自分で時刻を合わせたばかりだったのである。その時計でも、午前零時にはあと四分しかなかった。

この四分の間に完全な沈黙が破られたのは、たった一度だけだった。マントルピースの上に置かれた（遅いほうの）時計が、円盤への案内係が到着する予定時刻まであと一分しか残っていないことを示したとき、キーチ夫人が緊張した高い声で、「計画は万事順調に進んでいます！」と叫んだのだ。時計はとうとう午前零時を告げたが、その一つひとつの音は突き刺さるように響きわたった。信者たちは身動きひとつせずに座っていた。

私たちは何か目に見える反応があることを期待していたのかもしれない。だが、零時を過ぎても何も起こらなかった。大洪水の時刻まで、あと七時間足らずだった。しかし、部屋の中の人々は、ほとんど反応を示さなかった。話し声も物音も、まったく聞こえてこなかった。人々は岩のようにじっと座り、顔は凍りついたように蒼白く、表情を失っていた。少しでも動きを見せたのはマーク・ポスト一人だった。彼はソファーに横たわり目を閉じた。しかし眠りはしなかった。その後も、話しかければそっけなく返事はしたが、それ以外は身動きせずに横になっていた。他の人々に目立った変化はいっさいなかった。とはいえ、後に彼らが実はとても打ちひしがれていたことが明らかになった（中略）。

徐々に、痛々しい失望と混乱の雰囲気が、グループに漂い始めた。彼らは、予言と、それとともに送られてきたメッセージを再検討した。アームストロング博士とキーチ夫人は、自分たちの信念を繰り返し主張した。信者たちは窮地に立たされ、新しい解釈をいくつも捻り出しては、それでは不十分だと言ってその解釈を否定した。午前四時近くになって、キーチ夫人が堪えきれなくなって、激しく泣き始めた。そして涙ながらに、疑問を感じ始めた人がいるのは知っているが、光を必要としている人に光を与えるのが我々の仕事であり、そのためにも、我々は団結していなければならないと訴えた。信者たちも冷静さを失っていた。皆が皆、目に見えて動揺していたし、泣き出さんばかりの人も多かった。四時半頃になっても、予言が外れたという事態をうまく処理する方法は見つからなかった。その頃には、真夜中に来るはずだった円盤が現れなかったことについて、メンバーの多くが開けっぴろげに話すようになっていた。グループは分裂寸前のように見えた（pp. 162-163, 168）。

疑いが次第に大きくなるなかで、信者たちの信念にひび割れが生じ始めたとき、研究者たちは注目すべき出来事を二つ続けて目撃しました。最初の出来事は午前四時四十五分頃に起こりました。マリアン・キーチの手が、天上からの聖なるメッセージを、突然「自動書記」により謄写し始めたのです。大声で読み上げられたメッセージは、その夜の出来事をうまく説明していました。「小さなグループが一晩中まんじりともせず多くの光明を投げかけたので、神は世界を破滅から救ったのです」。巧みな解釈ではありましたが、それだけで完全に満足できるというわけではありませんでした。その証拠に、これを聞いたメンバーの一人がすっくと立ち上がって帽子とコートを取ると、そのまま出ていったきり二度と戻ってきませんでした。信者たちの信仰を以前の水準に戻すためには、もう少し何かが必要でした。そしてまさにそのとき、こうした信者の欲求を満足させる第二の出来事が起こりました。ここでも、そこに居合わせた研究者の言葉が、生々しくその状況を語っています。

雰囲気が一変し、人々の行動も大きく変わった。キーチ夫人は、予言が外れた理由を説明するメッセージを読み上げてから数分も経たないうちに、今度は、その説明を公表せよというメッセージを受信した。夫人は受話器に手を伸ばし、新聞社の電話番号を回し始めた。電話がつながるのを待っている間に、そばにいた誰かが尋ねた。「マリアン、自分で新聞社に電話するのは初めて？」。彼女はすぐに応えた。「そうよ。今までは新聞社に話すことなんて何もなかったんだけれど、今は急いでそうしなきゃならないと思っているの」。皆もいたたまれない感じがしていたので、彼女の考えには同感だったはずである。キーチ夫人が電話を終えた途端、今度は他のメンバーが代わるがわる新聞社や通信社、ラジオ局、雑誌社に電話をかけまくり、洪水が起こらなかった理由を説明した。その説明を急いで声高に広めようとする信者たちの気持ちはとても強く、これまでまったく秘密にしてきたことを公衆の前に曝《さら》け出した。ほんの数時間前までは新聞記者を嫌い、彼らに注目されることを苦痛に感じていたのに、今では注目を貪欲に求めるようになったのである（p. 170）。

長く貫いてきた秘密主義の方針が一変しただけでなく、改宗しそうな人に対するメンバーの態度も、大きく変わりました。それまで家にやって来る入信希望者は、たいてい無視されるか、追い返されるか、あるいはおざなりな対応をされるかだったのですが、予言が外れてからは違いました。彼らは訪ねてくる人をすべて受け入れ、質問にはもれなく答え、こうした人々を一人ひとり改宗させようとしたのです。予言が外れた翌日の晩、九人の高校生がキーチ夫人と話したいと言って訪ねてきました。このときの様子を見れば、メンバーがかつてないほどに新しい入信希望者をもてなそうとしたことが、よく理解できると思います。

彼らが入っていくと、夫人は電話で空飛ぶ円盤について熱心に議論しているところだった。後で分かったのだが、彼女はその相手を宇宙人だと信じていた。彼女はもっと電話で話を続けたかったのだが、同時に新しい来訪者たちも気にかかる様子だった。そして結局、彼らを会話に加わらせ、居間にいる高校生たちと電話の向こうの「宇宙人」を相手に、一時間以上も交互に会話を続けたのだった。彼女は人を改宗させることにとても執着していて、そのためのどんな機会も逃すまいと思っているようだった（p. 178）。

なぜ信者たちは、これほど急激な変化を見せたのでしょう。彼らはたった数時間の間に、啓示を胸にしまい込んだ排他的で無口な集団から、開放的で熱心な布教団体へと変貌と遂げました。また、どうして方針を変えるのに、こんな間の悪い時期を選んだのでしょうか。洪水が起こらなかった以上、信者でない人たちが、グループやその教義を笑いものにしているかもしれないというのに。

決定的な出来事は、「洪水の夜」のある時点で起こりました。予言が外れることが、次第に明らかになってきたときにです。奇妙に思えるかもしれませんが、このときメンバーを布教活動に駆り立てていたのは、以前から持っている確信ではなく、心の中に浸透してきた不確実さでした。宇宙船と洪水の予言が間違っていたなら、その根底にある信念体系全体も間違っているかもしれない、そういうことが分かりかけていたのです。キーチ夫人の居間に集まっていた人たちにとって、その可能性が次第に増していくことは、とても恐ろしく感じられたに違いありません。

グループのメンバーは、自らの信念のためにあまりに多くのものを犠牲にしており、もう後戻りできないところまで来ていたので、その信念が崩れ去っていくのを見ていられませんでした。信念が崩壊した場合の恥辱感、経済的損失、他者の嘲笑はあまりに大きく、とても耐えられそうになかったのです。なんとか自分の信念にすがりついていたい、信者のそうした気持ちはとても強かったはずです。それは、彼らの言葉に痛々しく表れています。三歳の子どもを持つ若い母親は、次のように言いました。

二十一日に洪水が起きるって信じるしかないんです。このために、お金を全部使い果たしてしまったんですから。仕事も辞めたし、電算機の学校も辞めました（中略）。信じるしかありません（p. 168）。

宇宙人の到来が空振りに終わった四時間後、アームストロング博士は研究者の一人にこう言いました。

もう後戻りはできません。私はほとんどすべてのものを捨て去りました。あらゆるつながりを絶ち、世間との橋を燃やしてしまいました。世界に背を向けたのです。疑うような余裕はありません。信じるしかないんです。それに、他に真理などありません（p. 168）。

朝が近づくにつれ、アームストロング博士とその信奉者たちが、どれだけの苦境に陥っていたかを想像してみてください。あまりに強く自分の信念にコミットしていたため、真実が他にあるというのは耐えられないことでした。とはいえ、その信念は、物理的な現実から情け容赦のないダメージを被ったばかりでした。円盤は到来しませんでした。宇宙人もやって来ませんでした。洪水も起きませんでした。予言されたことは何一つ起こらなかったのです。物理的証明によって唯一の真実だと受け入れていた信念が否定されてしまった以上、彼らが窮地から抜け出す方法は一つしか残されていませんでした。信念の正当性を支持する別の証明、すなわち、社会的証明を打ち立てることです。

このことから、なぜ信者たちが突然、秘密主義の集団から熱心な伝道者のグループに変わったのかが分かります。また、その変化がなぜ奇妙なタイミングで、つまり信念が直接否定されて、世間の人が彼らの信念を到底信じなくなったまさにそのときになって生じたかも分かります。秘密の公開や信者を増やす努力は、最後に残された頼みの綱でした。だからこそ、信者でない人々の軽蔑や嘲笑を受ける危険を冒してまでも、そうする必要があったのです。もし啓示を広めることができれば、もしまだ啓示を知らない人々にその内容を伝えることができれば、もし懐疑的な人々を説得できれば、そしてもしそれによって新たな改宗者を獲得できれば、間違っていた可能性に曝されているとはいえ、今なお大切な自分たちの信念がより正しくなるのです。どんな考えでも、それを正しいと思う人が多ければ多いほど、人はその考えを正しいと見ることになる。社会的証明の原理はそう言っています。ですから、グループが行わなければならないことは、はっきりしていました。物理的証拠は変えようがない以上、社会的証拠を変えるしかありません。確信させせよ、されば汝も確信せん。[*3]

効果を最適化する条件

本書で扱う影響力の武器すべてに、その効果が強くなるいくつかの条件があります。もし、こうした武器から身を守りたいなら、それが最もよく働く条件を知ることが重要となります。そうすれば、どのようなときに自分が最も影響を受けやすいかを理解できるからです。社会的証明の場合、最適の条件は主に次の三つです。どうするのが一番良いかはっきりしないとき（不確実性）、何をするのが一番良いかに関する証拠が多くの他者からもたらされるとき（人の多さ）、そして、証拠が自分と似た人々からもたらされるとき（類似性）です。

▼不確実性――苦しい状況の中で同調が育つ

先ほど、社会的証明の原理がシカゴの信者たちに対して最も効果的に働いたときの話が、少し出てきました。改宗者、つまり元からいた信者たちの考えが正しいと認めてくれる新しい信者を求める気持ちに火がついたのは、自分たちの確信がぐらついたときでした。一般に、自分自身に確信が持てないとき、状況の意味が不明確あるいは曖昧なとき、そして不確かさが蔓延しているときに、私たちは他者の行動を受け入れやすくなります。他者の行動が、その場の正しい振る舞いは何かということに関する不確実性を、減らしてくれるからです。

不確かさが生まれる条件の一つは、状況に対する馴染みのなさです。そうした状況に置かれると、人は特に、その場にいる他の人たちのやり方に従いやすくなります。本章の冒頭で紹介した北京のレストランの話を思い出してください。あの研究では、一番人気だと伝えることで、特定のメニューの注文数が増えました。一番人気とされたメニューの注文数は、老若男女を問わずあらゆる客層で増えましたが、人気をもとに注文を決めることが特に多かったのは、あまり食べに来たことがなく、したがってその店に馴染みのない人たちでした。これまでの経験に頼れなかった客たちは、社会的証明に頼る傾向が最も顕著でした。

この単純な洞察のおかげで大金持ちになった人の例を見てみましょう。その人物は名前をシルバン・

●読者からのレポート4・2――デンマークの大学生より

ガールフレンドに会いにロンドンへ行ったとき、乗っていた地下鉄が定刻になっても駅から発車せず、原因について何のアナウンスも流れない、ということがありました。向かいのホームの電車もやはり動きません。そのうち、奇妙なことが起こりました。何人かの客が電車を降り、向かいに停まっている電車に乗り換えたのです。それをきっかけにして、他の人たちも我も我もと移動を始め、とうとう皆が（私を含め、約二百人が）向かいの電車に移ってしまいました。それからさらに数分が過ぎ、さらに不思議なことが起こりました。何人かがまた電車を降りて、元々乗っていた電車に戻り、それをきっかけにさっきとは逆向きの大移動が起きました。相変わらず何のアナウンスも流れないままだというのに、皆が元の電車に戻ったのです（私もやはり移動しました）。

当然、後になってから、かなりみっともない真似をしたと思いました。頭が空っぽの七面鳥みたいに、社会的証明から集合的な衝動が生まれるたび、それに従ってしまったのですから。

著者からひと言――馴染みのなさに加えて、ある状況に、何が正しいかを示す客観的手掛かりが見当たらないと、不確実さの感覚が生じます。たとえば、このレポートの事例では、状況を伝えるアナウンスが何も流れませんでした。その結果、社会的証明が場を支配し、行為の先導役を果たしたというわけです（非常に滑稽な行為ではありましたが）。「クリック・実行《ラン》（行ったり来たり）」というわけです。

ゴールドマンと言います。一九三四年、彼は小さな食料雑貨店をいくつか買収した後、店の客が買い物をやめるのは、手に持った買い物カゴが重くなりすぎたときだと気がつきました。その気づきがきっかけとなって発明されたのが、ショッピングカートです。初期のショッピングカートは、車輪と重たい金属のカゴが二つ付いた折りたたみ椅子といった形をしていました。これがあまりにも馴染みのない見た目だったため、当初、進んで使おうとする買物客は一人もいませんでした。店内のいくつか目立つ場所にたっぷりと配備し、使い方と利点を説明した看板も立てましたが、やはり誰も使いませんでした。ゴールドマンはすっかり落ち込み、諦め気分になりましたが、買物客から訝《いぶか》しい気持ちを取り除くアイデアを、もう一つだけ試してみることにしました。それは社会的証明の原理を土台とする方法でした。女性を何人かサクラとして雇い、ショッピングカートを押して店内を回らせたのです。その結果、ほどなくして本物の買物客も真似するようになりました。やがてショッピングカートは全米を席巻し、発明者のゴールドマンは資産四億ドル以上の大金持ちとして生涯を終えました。*4

不確かさを解消しようとするとき、私たちは些細な、しかし重要な事実を見落としがちです。すなわち、特に曖昧な状況では、他の人たちもおそらく社会的証拠を探っているのです。周囲の人たちが何をしているのかを知ろうとする傾向を皆が持つことにより、集合的無知と呼ばれる非常に興味深い現象が生じてきます。そして、この現象を十分に理解すれば、ある不可解な状況（大勢の人がその場に居合わせながら、誰一人として、助けを切に求めている人に援助の手を差し伸べようとしない）が生じる理由を説明しやすくなります。

居合わせた人たちが助けの手を差し伸べることなくただ傍観していた事例の古典的な（そしてジャーナリズムや政治、科学の領域で最大の論争を生んだ）報告を最初に掲載したのは、『ニューヨーク・タイムズ』紙でした。キティ・ジェノヴィーズという二十代後半の女性が、深夜暴漢に襲われ殺害されましたが、現場周辺で暮らす三十八人の目撃者たちは、アパートの窓から見ていただけでまったく助けようとしませんでした。この事件のニュースから全国規模の論争が起こり、緊急事態を目撃した人がどういうときに支援を行い、どういうときにはそうしないのかを調べる一連の科学的研究が実施されました。後に、目撃者たちが何もしなかったという話の細部は（そもそも本当に何もしなかったのかということも含めて）、この事件を報じたマスコミの粗雑な手法を暴いた研究者たちによって、間違いが証明されています。とはいえ、同様の事例が発生し続けているので、傍観者が緊急事態に介入するのはどんなときかという問いは、依然として重要です。答えの一つと関わってくるのが、集合的無知の効果です。集合的無知が悲劇的な結果を招きうることは、次に示すシカゴ発の『ＵＰＩニュース』にも鮮烈に現れています。

土曜日の警察発表によると、市の最も人気のある観光名所の近くで、白昼、女子大生が殴打されたうえ、絞殺された。

金曜日、藪《やぶ》で遊んでいた十二歳の少年が、美術会館の壁に沿った深い植え込みで、リー・アレクシス・ウィルソン（二十三歳）の全裸死体を見つけた。

警察では、被害者が美術会館の南広場にある噴水付近で、座っていたか立っていたかしていたときに襲われたと見ている。この後、暴漢は彼女を藪まで引きずっていったらしい。警察によれば、被害者は性的暴行を受けたようだ。

警察は、多くの人がその脇を通ったはずであると言っている。実際、ある男性は、午後二時頃に叫び声を聞いたが、他の誰も気にしていないようだったので、自分もそれ以上調べようとしなかった、と警察に話している。（強調は引用者）

多くの場合、緊急事態というのは、それが緊急事態だとはっきり分かるわけではありません。道に倒れている男性は、心臓発作を起こしたのかもしれませんし、酔っぱらって眠りこけているだけなのかもしれません。隣の部屋が騒がしいのは、警察を呼ばなければならないような暴行が行われているからなのかもしれませんし、特別派手にやり合っている夫婦喧嘩なのかもしれません。夫婦喧嘩だとしたら、割って入るべきではないですし、かえって嫌な顔をされるでしょう。何が起きているのかは分からないものです。このような不確実さがあるときには、周囲を見まわして他の人々の行動の中に手掛かりを求めるのが、自然な傾向です。私たちは社会的証明によって、つまり他の目撃者がどう反応しているかによって、その出来事が緊急事態であるのかそうでないのかを判断できます。

ただし、ここに一つ落とし穴があります。その出来事を見ている他の人たちもやはり社会的証拠を探して、自分の感じている不確実さを減らそうとしている場合が多いのです。私たちは落ち着いて取り乱さない人間だと人から見られたいと思っていますから、社会的証拠を探す場合でも、平然としたふうで何気なくチラッと周りの人を見がちです。したがって、人々の目に入るのは、少しも慌てず、何らアクションを起こさないでいる他の人々の姿になりがちです。その結果、社会的証明の原理により、無情にもその出来事は緊急事態ではないと解釈されてしまいます。

■科学的要約

社会科学者は、どういうときに居合わせた人が緊急事態での援助を行うか、よく知っています。第一に、不確実さが取り除かれ、居合わせた人が緊急を要する事態だと確信すれば、ほとんどの場合で援助が行われます。こうした状況で、直接手を貸したり助けを呼びにいく人の数は、実に頼もしい水準でした。たとえば、フロリダで行われた四つの実験では、補修係が事故に遭う場面がしつらえられました。彼が怪我をして助けを求めているのが明らかだった二つの実験では、それを見た人全員から援助を受けました。他の二つの実験では、補修係を助けるためには、感電する危険のある電気コードに触れなければならなかったのですが、それでも援助の手を差し伸べた人の割合は九〇％に上りました。しかし、目撃している状況が緊急事態なのかどうかに確信が持てないとき（現実では多くの場合がそうです）には、状況が大きく変わります。

■あなた自身が犠牲者にならないために

現代の生活の危険性を、科学的観点から説明できても、それで危険性そのものがなくなるわけではありません。幸いなことに、傍観者の介入過程に関する現在の知見は、私たちに真の希望を与えてくれます。この科学的な知識で武装していれば、緊急事態に陥ったときに、他者から援助を受けられる可能性が著しく高まります。肝心な点は、人が集団になると援助をしなくなるのは、不親切だからではなく確信がないからなのだときちんと理解することです。人が救いの手を伸ばさないのは、緊急事態が本当に起こっているのか、行動する責任が自分にあるのかどうか、確信がないからです。緊急事態だとはっきりしている状況で、手を貸さなくてはいけないと確信すれば、人はすぐさま反応します。

単に不確実であるという状態が当面の敵なのだと理解すれば、緊急事態に陥っても、この不確実性を減らして自分を守ることができるようになります。たとえば、野外コンサートに行って夏の午後を過ごして

図4・1　助けは必要？

この写真のように、緊急援助の必要があるのかどうかはっきりしない場合、本当に助けを必要としている人であっても、周りに人が多いと援助を受けられない可能性が高い。ここで考えてほしいのだが、写真の状況であなたが通りがかった二人目の人間だとして、前方の人が緊急の援助は必要ないとみなして素通りしたことに、どれくらいの影響を受けるだろうか。

Jan Halaska, Photo Researchers, Inc.

いると想像してください。コンサートが終わり人々が帰り始めたとき、あなたは腕に少し痺《しび》れを感じますが、大したことはないだろうと、気にも留めません。しかし、人の流れに沿って、少し離れたところにある駐車場の方に歩いていくとき、痺れの範囲が手先や顔の片側にまで広がっていくのを感じます。どうしたらよいか分からなくなって、とにかく少し休もうと木に寄りかかって腰を下ろします。すぐにあなたは、自分の身体の具合が急激に悪くなっていることに気づきます。

座ってみても、具合はちっともよくなりません。それどころか、筋肉がますます動かしづらくなっており、口と舌を動かしてしゃべるのも難しくなっています。立ち上がろうとしますが、それもできません。恐ろしい考えが頭の中を駆け巡ります。「大変だ、発作が起きたんだ！」。大勢がそばを通り過ぎていきますが、こちらに注意を向ける人はいません。ごくまれに、あなたが変な様子で木にもたれてへたりこんでいることや、表情がおかしいことに気づく人もいますが、そうした人も周囲の人の反応を確かめ、誰も何の関心も示していないことを見て取ると、問題はないのだろうと納得して歩き去ってしまうため、恐怖に震えるあなたはたった一人で取り残されてしまいます。

このような苦境に陥ったとしたら、援助が受けられそうもない状況を打開するため何ができるでしょうか。身体の機能は低下し続けていますから、ぐずぐずしてはいられません。助けを呼ばないうちにしゃべれなくなったり、動けなくなったり、あるいは意識を失ってしまったら、援助を受ける見込みも回復する見込みも相当薄くなってしまいます。とにかく早く助けを求める必要があります。どういうやり方で助けを求めるのが最も効果的でしょうか。うめいたり、うなったり、叫んだりしても、おそらく役に立たないでしょう。通行人の注意をいくらかは引きつけられるかもしれませんが、本当に緊急事態が発生したことを彼らに確信させるだけの情報を、提供できていないからです。

ただ叫ぶだけでは通行人から援助を得られそうにないなら、内容をもっと具体的に伝えるべきなのです。そう、注意を引きつけようとするだけでは駄目です。援助が必要だとはっきり訴えなければいけません。あなたが直面している状況を、緊急事態ではないと判断させるわけにはいかないのです。「助けてください」という言葉を使って、緊急の援助が必要だと分からせましょう。勘違いかもしれないと思ってはいけません。みっともないという気持ちは捨ててください。発作だと思ったら、大騒ぎしすぎかもしれないなどと心配している暇はありません。大声を出したところで、ほんの一時《いっとき》、恥ずかしい思いをするだけですが、そうしなければ死んでしまうか、一生麻痺を抱えることになりかねないのです。

大声で助けを呼ぶことですら、一番効果的な手段ではありません。大声で助けを呼べば、居合わせた人たちの、本当に緊急を要する事態なのだろうかという疑念を減らせはしますが、それでも他の重要な疑問がいくつも不確かなまま残ってしまうからです。どのような援助が必要なのだろうか、私が援助をするべきなのだろうか、もっと適任の人がいるのではないだろうか、もう誰かが専門家の助けを借りようと動いているのではないだろうか、そうするのは私の責任なのだろうか。傍観者たちがぽかんとあなたを見つめながらこうした疑問に思いを巡らせている間にも、あなたの生死を分ける時間がどんどん過ぎ去っていくのです。

ですから、もしあなたが助けを求める立場なら、緊急の援助が必要であることを居合わせた人たちに気づかせるだけでは、明らかに不十分です。どのように助ければいいか、誰がそれをすべきかということについての不確かさも、取り除かなくてはなりません。そうするための最も効率的で、信頼できる方法とは、どのようなものでしょうか。研究結果に基づいてアドバイスをするなら、群衆から一人を選びなさい、ということになります。そしてその人だけを見つめ、話しかけ、まっすぐに指をさし、他の人は無視するのです。「あなた、そう、そこのブルーのジャケットを着ている方です。助けてください。救急車を呼んでください」。こう言うだけで、援助を妨害したり遅らせたりするかもしれないあらゆる不確かさを、取り除けるでしょう。その一言が、ブルーのジャケットを着ている人物に、「救助者」の役割を担わせることになるのです。そのとき彼は、緊急の援助が必要だと理解します。彼は、援助をする責任が他の誰かにではなく、自分自身にあるのだと理解します。そして彼は、援助の仕方もはっきりと理解します。その結果、効果的な援助を素早く得られるはずだと、あらゆる科学的証拠が示しています。

●読者からのレポート4・3――ポーランドのヴロツワフに住む女性より

ある日、照明で明るく照らされた交差点を渡っていると、工事でできた溝に誰かが落ちたように見えました。でも、溝はきちんと囲われていたので、本当に人が落ちたのか確信が持てませんでした。気のせいかもしれないと思ったのです。一年前の私であれば、近くにいた人のほうがよく見えていたはずだと思って、そのまま通り過ぎていたでしょう。しかし、このときはあなたの本を読んだ後でした。それで、私は立ち止まって引き返し、人が落ちたのかどうか確認しました。気のせいではありませんでした。男の人がその溝に落ちて、倒れていたのです。かなり深い溝だったので、近くを歩いていた人たちもまったく気づかなかったようでした。何とかしようとしていると、通りがかった二人の男性が足を止めて、落ちた男性を一緒に引きあげてくれました。

今日の新聞によると、今年の冬、ポーランドではこの三週間で百二十人が凍死したそうです。もしかするとあの男性は百二十一番目の凍死者になっていたかもしれません。あの晩、気温は氷点下二十一度だったのですから。

彼は生きていることを、あなたの本に感謝すべきでしょうね。

著者からひと言――何年か前、交差点でかなりひどい自動車事故に巻き込まれたことがあります。私も相手のドライバーも怪我をしました。相手は意識を失って、ハンドルに突っ伏していました。私は血を流しながら、よろよろと車外に出ました。信号が変わると、待っていた車はゆっくりと私たちの脇を通り過ぎようとしはじめました。ドライバーたちは、こちらのほうをぽかんと見ていましたが、車を止めようとはしなかったのです。ポーランドの女性が読んだという本の内容なら、私も知っていました。ですから、すべきことは分かっていました。私は一台の車のドライバーをまっすぐ指さしました。「警察を呼んでくれ」。二番目、三番目のドライバーにも言いました。「車を寄せてくれ。助けが必要なんだ」。彼らの助けは素早かったばかりでなく、伝染するものでもありました。多くのドライバーが自発的に車を止め、もう一人の怪我人の面倒を見始めました。社会的証明の原理が、私たちのために働きだしたのです。コツは、援助の方向にボールを転がしてやることでした。いったんそうしてしまえば、あとは社会的証明の持ち前の推進力が残りの仕事をしてくれるのです。

したがって一般的に言うと、緊急援助が必要な場合の最善のやり方は、あなたの状況と周囲の人たちの責任に関する不確かさを、低減することです。助けの必要性をできるだけ正確に伝えましょう。居合わせた人に自分で結論を出させてはいけません。社会的証明の原理と、そこから生じる集合的無知の効果によって、あなたの置かれている状況が緊急事態ではないと見られてしまうに違いないからです。本書の扱う、相手に要求を呑ませるためのさまざまなテクニックの中でも、これは最初に覚えておかなければならない重要なものです。何と言っても、緊急場面で援助を求めるのに失敗すれば、命を失いかねないのですから。

この広範囲に当てはまる助言とは別に、女性には特異な形式の不確実性を払拭しなくてはならない、女性にだけ降りかかる緊急事態が存在します。公共の場で、男性から身体的攻撃を受けているような場合です。そうした場に居合わせた人たちは当事者二人の関係性を測りかね、痴話喧嘩だったら介入はいらぬお節介かもしれないと考えて、助けにいかないかもしれません。この可能性を検討するため、ある研究者は実験参加者に、公共の場で争う男女の姿を目撃させました。二人の関係性について手掛かりが何もなかったときには、男性の参加者も女性の参加者も、その過半数（七割近く）が二人を恋人同士だろうと考え、見ず知らずの他人同士だと考えた人は四％だけでした。別の実験では、争っている二人の関係を判断する

図4・2　助けを呼ぶためには、正しく叫ばなくてはならない
男女が争う場に遭遇した人の多くは、その二人は恋愛関係にあり、介入は望まれていない、もしくは不適切だと考えてしまう。女性がこの思い込みを打ち倒し援助を得るためには、「あなた誰なんですか？」と叫ぶのが良いだろう。
Tatagatta/Fotolia

手掛かりがありました。女性に「なんであんたなんかと結婚したのか分からない」、もしくは「あなた誰なんですか？」と大声で言わせたのです。研究の結果分かったのは、不安な気分にさせるような傍観者側の反応でした。諍《いさか》いの激しさに差はなかったというのに、夫婦喧嘩だと考えた人たちは、女性を助けにいく見込みが低くなりました。プライベートの問題で口を挟むのは余計な真似で、関係者全員が気まずい思いをすると考えたからです。

つまり、女性が男性（それがどんな男性であれ）との諍いに巻き込まれた場合、ただ大声で助けを求めるだけでは周りの人が動いてくれるとは期待できません。居合わせた人たちはその出来事を家庭内の諍いだと判断しがちで、そう見てしまうと、口を挟むのは社会的に不適切な振る舞いだと考えてしまいます。幸い研究者のデータからは、この問題を乗り越える方法がうかがえます。攻撃してくる相手は見ず知らずの人間だと、大声で周りに伝えるのです（「あなた誰なんですか？」）。そうすれば、援助を受けられる可能性が著しく高まります。[5]

▼人の多さ——見ている人が増えれば、ますます増える

少し前の箇所で、他のすべての影響力の武器と同じように社会的証明の原理にも、その効果が強くなるいくつかの条件があると述べました。すでに見たように、その一つは不確かさです。どう振る舞えば良いのか確信が持てない場合に、普段よりいっそう、他者の行動を参考にして自分の行動を決めるようになるのは間違いありません。それに加えてもう一つ重要な最適化条件があります。人の多さです。ある行為が適切なものに思えるかが、同じ行為をしている他者の数に大きく影響されることに疑いを抱くなら、簡単にできる実験をお勧めします。人通りが多い歩道に立って、空もしくは高いビルの何もない一点を見上げて、一分ばかりじっとしていてください。その間、あなたの周りではほとんど何も起こらないはずです。たいていの人は視線を上げることもなく通り過ぎていき、ほとんど誰も、わざわざ立ち止まってあなたと一緒に上方を見つめたりはしないでしょう。さて、次の日になったら、今度は何人か友達を連れて同じ場所に行き、一緒に空を見上げてみてください。一分としないうちに多くの通行人が立ち止まって、あなた方と一緒に空に向けて首を伸ばすはずです。あなた方のグループに加わっていない通行人にとって、チラッとくらいは見上げなければならないという圧力は、ほとんど抗いがたいものでしょう。あなたの実験の結果がニューヨークで社会心理学者たちの行ったものと近ければ、通行人全体の八〇％が何もない一点

図4・3　より崇高な（そして、さらに崇高な）意味を求めて
人の多さの影響力には悪魔的な強さがある。　© Punch/Rothco

を凝視したはずです。さらにある程度まで（二十人程度まで）は、連れていく友人が多ければ多いほど、一緒に空を見上げる人の数が増えます。

社会的証明を伝える情報は、視覚に訴えるものでなくても人々を誘導することができます。ここでは最も由緒ある芸術形態の一つ、グランドオペラの歴史から、粗雑なやり方で社会的証明の原理を悪用した例を見てみましょう。サクラと呼ばれる手法は、パリのオペラハウスの常連ソートンとポーシェが一八二〇年代に始めたと言われています。二人は単なるオペラの常連というばかりではなく、ビジネスマンでもあり、その商品は「拍手喝采」でした。また、社会的証明をどう用いれば拍手が生まれるかを知っていました。

彼らは「演劇成功請負協会」という組織を作り、観客からの好意的な反応を確実に得たいと望む歌手や興行師に、自分たちとその従業員を貸し出しました。ソートンとポーシェは、大袈裟な反応で観客から本物の反応を引き出すのが非常にうまかったので、まもなくサクラ

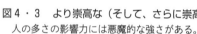

[claque]《クラック》（たいていはリーダーの〈サクラ頭〉と、数人のサクラによって構成されています）はオペラ界全体に定着し、伝統として受け継がれるようになりました。音楽史家のロバート・サビン（1964）は次のように述べています。「一八三〇年までにサクラは大流行の制度となり、まったく世間の目を憚《はばか》ることなく堂々と昼間のうちに集められ、夜になると拍手喝采したのである。（中略）しかし、おそらくソートンもその友人ポーシェも、自分たちの始めた喝采サービスが、オペラの上演時には必ずと言っていいほど広く用いられ、さまざまな応用法が開発されるようになるとは夢にも思わなかっただろう」。

サクラが次第に発展してくると、それを実践する人々は、いろいろなスタイルと強みを売り物にするようになりました。たとえば泣き手には、合図があり次第すぐに泣けるという能力を持った人が選ばれ、叫び手は、実に興奮した声で「もう一度」とか「アンコール」と叫ぶことができました。そして笑い手には、他人の笑いを誘うような笑い声を出せる人が選ばれました。しかし、ソートンとポーシェ、そしてその後継者たちの手法と、現代の諸形式との間にある共通点のうち、私たちの目的にとって最も示唆に富んでいるのは、そのビジネスモデルです。彼らは従業員の数で料金を決めていました。聴衆の中に紛れ込ませるべく送り込むサクラの数が多ければ多いほど、他の多くの人たちがその公演を気に入っているという印象を強くできると知っていたのです。サクラの数によって「クラック、実行《ラン》」が引き起こされることを。

この点については、オペラの常連客以外でもほとんど変わりはありません。現代の政治的行事（たとえば大統領候補によるテレビ討論会）を見る人たちは、聴衆の反応の大きさから強い影響を受ける場合があります。大統領候補討論会で各候補者のパフォーマンスがどう見られるかは、選挙結果に少なからぬ影響を及ぼし、政治学者もその大きな影響力に注目してきました。そのため、多くの研究者が討論会での成功と失敗を生み出す要因を調査しています。要因の一つに挙げられるのが、討論会の会場にいる聴衆の反応が、離れた場所で討論を聞いている人々（たいていはテレビですが、ラジオや配信の場合もあります）に与える影響です。研究者たちは、候補者のパフォーマンスはそのまま提示しつつ、会場の聴衆の反応（拍手、歓声、笑い声）にデジタル加工を加えるという手法を用いて変化させた反応が、離れた場所で話を聞いている人々の各候補者への評価にどう影響するかを、何度も調べています。結果はいつも同じでした。一九八四年のロナルド・レーガンとウォルター・モンデールの討論会、一九九二年のビル・クリントンとジョージ・ブッシュの討論会、そして二〇一六年のドナルド・トランプとヒラリー・クリントンの討論会のいずれも、会場の聴衆からより好意的反応があったと見られた候補が、その場にいなかった聴衆から、討論のパフォーマンス、リーダーとしての資質、好感度といった点で、優勢だったと評価されました。一部の学者は、大統領候補討論会で候補者たちが討論会場の聴衆の中に騒々しい支持者を混ぜておき、その大袈裟な反応で実際以上に会場での支持が大きいという印象を与えようとする傾向に、懸念を抱いています。サクラの習慣はいまだに健在なのです。[*6]

●読者からのレポート4・4――中米のマーケティング管理者より

社会的証明についての章を読んでいて、私は興味深い実例を思い出しました。私の国エクアドルでは、人（伝統的に女性）を雇って、家族や友人の葬儀に参列させることがあります。雇われた人々の仕事は、亡くなった人が埋葬される間、泣き声をあげて、確実により多くの人々が泣き始めるように仕向けることです。つい数年前まで、大勢がこの仕事に従事していました。なかでも有名な人たちは「ジョローナ」と呼ばれました。泣き女という意味です。

著者からひと言——このレポートから、さまざまな時代、そしてさまざまな文化において、人工的に作られた社会的証拠が効果を発揮することが分かります。現代のテレビのシットコムでは、私たちをより長く激しく笑わせようとするサクラや笑い手の出番はもうありません。その代わりに、「ラフ・トラッカー」や「スウィートナー」【訳注：「ラフ・トラッカー」は録音された笑い声（ラフ・トラック）を作る人、「スウィートナー」はネタが滑ったときに笑い声を足したり、笑い声が続きすぎるときに音量を絞ったりする編集作業、「スウィーティング」を行う人のこと】といった音響技術者たちが、スタジオ観覧者たちの笑い声を増幅させて、番組のお笑い要素を真のターゲット（あなたや私のようなテレビ視聴者）に、より面白おかしく感じさせようとしています。残念ながら、私たちはそのトリックにだまされがちです。実験の示すところでは、捏造された陽気さが用いられていると、受け手はより頻繁に、より長く笑うようになり、内容を実際よりも面白いと評価するのです（Provine, 2000）。[*7]

▼「人の多さ」がこれほど効果を発揮する理由

数年前、英国エセックスのショッピングモールは問題を抱えていました。通常のお昼時にフードコートが混みすぎて、客は散々待たされた挙げ句、座るところも見つからないという有様だったのです。なんとかしたいと思った経営陣がある研究者チームに相談した結果、「人の多さ」が人間心理に及ぼす影響力を利用した、単純な解決策が編み出されました。その解決策には、「人の多さ」という社会的証明の最適化条件が非常に強く機能する理由が、三つとも組み込まれてもいました。三つの理由とは、妥当性、実行可能性、社会的受容です。

研究自体は単純なものでした。研究者たちは、フードコートで早めのお昼を楽しもうと呼びかけるポスターを二種類作成しました。一つは、一人で食事をしている人物の画像を使ったポスターでした。もう一つは、同じように一人で食事をしている人が何人か写っている画像を使ったポスターでした。一つ目のポスターを使って、客に早めに昼食を食べるという選択肢を思い出させるというやり方もうまくいきました。お昼前にフードコートを訪れる客の数が二五％増えたのです。しかし、それ以上に成功したのが、二つ目のポスターでした。こちらの場合、午前中にフードコートを訪れる客の数は、七五％も増えたのです。

■妥当性

周りの大多数の助言に従ったり行動に倣《なら》ったりするのは、多くの場合、正しい意思決定への近道だとみなされます。私たちは他の人たちの行動を頼りに正しい選択を見つけ、その正しさを確認します。皆が新しいレストランを褒めているのなら、そこはたぶん、私たちも気に入るようなお店なのです。ほとんどのオンライン・レヴューがある製品を勧めていれば、私たちは購入ボタンを押すときに迷いを感じにくくなります。ショッピングモールのポスターの例では、複数人がお昼前にランチを楽しんでいる写真を見た客が特に、そうするのを良い考えだと思うようになりました。追加研究では、あるブランドの広告で、それを好む消費者のパーセンテージを大きく示したほうが（たとえば「七人中四人」よりも「七人中五人」、「七人中五人」よりも「七人中六人」のほうが）、ブランドに好ましさを覚える人の数が増えました。さらに言うと、こうなる理由は、好ましく思う人のパーセンテージが高ければ高いほど、広告を見た人はそのブランドが正しい選択肢に違いないと考えるためです。

複雑な認知的作業をまったく経ずに、他者の選択に妥当性を認めることもよくあります。そうした過程は、認知的作業よりもずっと自動的なのです。たとえば、ショウジョウバエに複雑な認知能力は備わっていません。しかし、他のメスたちが、研究者によって特定の色（ピンクもしくは緑）に塗られたオスと交尾しているのを見た場合、メスのショウジョウバエは自分も同じ色のオスを交尾の相手に選ぶことがずっと多くなりました（確率で言うと七〇%）。ショウジョウバエだけが認知の指示なしで社会的証明に反応するわけでもありません。ここでは例として、著名な旅行作家ダグ・ランスキーの告白を取り上げてみましょう。英国でロイヤルアスコット開催【訳注：英国王室が六月第三週にアスコット競馬場で主催する競馬開催】を観戦したとき、ランスキーは英国王室一家の姿を見てカメラを構えました。「ピントは女王に合わせた。女王の両脇にはチャールズ皇太子とフィリップ殿下が座っていた。突然こう思った。なんでこんな写真を撮りたいと思うんだ？　英国王室一家の写真が珍しい世の中でもあるまいに。この写真がタブロイド紙に高く売れるとは到底思えなかった。自分はパパラッチでもない。それでも、周りではシャッターの音がウージー短機関銃みたいに鳴り響いていて、自分もその熱狂に加わった。自分を抑えられなかった」。「クリック・実行《ラン》」……カシャ、カシャ、カシャ。

もう少し英国にとどまり、今度は歴史から、「人の多さ」の力がある選択を妥当に思わせ、伝染的効果を起こした啓発的な具体例を見てみましょう。何世紀にもわたって、人々はさまざまな非合理的な馬鹿騒ぎ、熱狂、パニックに呑まれてきました。チャールズ・マッケイは古典的著書、『常軌を逸した集団妄想と群衆の狂気』【訳注：塩野未佳・宮口尚子訳（2004）『狂気とバブル——なぜ人は集団になると愚行に走るのか』パンローリング】で、初版が出版された一八四一年までに起きた事例を数多く取り上げました。ほとんどの事例に共通し、私たちが教訓にすべき特徴は、伝染性です。誰もが同じ行動をとっていると観察者が考えて、本人も同じように行動し、それによって、その行為の正しさをさらに別の観察者たちに証明することになり、今度はその別の観察者が同じように行動するのです。

一七六一年、ロンドンでは、ちょうど一カ月の間を置いてやや大きめの地震が二度起きました。ウィリアム・ベルという兵士は、その偶然から、一カ月後に第三のずっと大きな地震がやって来ると確信し、ロンドンが四月五日に壊滅するという予言を吹聴しました。当初、彼に注意を払う人はほとんどいませんでした。しかし、なかには予言を真に受けた人もいて、その人たちは念のために家族と所有物をロンドン周辺の地区へ移しました。そのごく小規模な避難の光景が刺激となって他の人々もそれに倣い、その結果、翌週には逃げ出す人が激増し、ほとんどパニックにも似た大規模避難の様相を呈しました。ロンドン市民の大多数が近隣の村々へと流れ込み、馬鹿げているほど高い料金を払って、寝泊まりする場所を確保しました。マッケイによれば、そのように怯えきった群衆の中には、「一週間前には予言を聞いてあざけり笑っていた（のに）、他人が荷物をまとめているのを見ると、あわてて荷造りして逃げ」た人も大勢混じっていました。

予言の日が訪れ、何事もなく過ぎると、避難していた人たちはロンドンに戻り、自分たちを騙《だま》したベル氏に怒りをぶつけました。マッケイがはっきり書いているように、彼らの怒りの矛先は間違ったほうを向いていました。最も強い説得要因だったのは、変人のベルではありませんでした。最も強い説得要因は、彼の理屈の妥当性をお互いがお互いに対して証明し合っていた、ロンドン市民自身だったのです。[*8]

●Eボックス4・2

十八世紀の英国の出来事に頼らなくても、根拠のない社会的証明がパニックを煽った例は手に入る。それどころか、インターネット特有の性質のために、今では身の周りにそうした事例が雑草のように生い茂っている。

二〇一九年末から二〇二〇年初頭にかけて、不安を感じさせる噂が拡散された。白いバンに乗った男たちが、性的人身売買や臓器密売目的で女性を誘拐しているというのだ。ソーシャルメディアの大手フェイスブック社のアルゴリズムは、広くシェアされた投稿、つまり話題になっている投稿に重要性を与える仕様のため、ボルチモアで始まったこの噂話の拡散を後押しし、またたく間に全米中、いやそれ以上に噂が広まった。その結果、いくつかの町では、白いバンの所有者が脅迫や嫌がらせを受けたと言われている。共同体の中に噂が回っていたためである。ある労働者は、フェイスブックの投稿で標的にされた後、仕事を失った。別の人物は、誘拐未遂事件を起こしたという嘘を書かれ、それを真に受けた二人の男によって撃ち殺された。当局によれば、白いバンによる女性誘拐事件はただの一つもなかったというのに、こうなったのである。

それにもかかわらず、たとえばバルチモア市長バーナード・ヤングはこの話を本気にし、テレビカメラの前から市内の女性に向け、脅すような警告を発した。「白いバンの近くには駐車しないでください。万が一、誘拐されそうになったときに備えて、携帯電話をいつも持ち歩くようにしてください」。ヤング市長はどんな根拠があってこんな脅し文句を述べたのだろうか。根拠は市警察からもたらされたものではなかったのである。根拠について、彼はこう言った。「フェイスブックで大勢が言っていました」。

著者からひと言――興味深いのは、噂を妥当だと考える土台に根拠なき恐怖心があり、頻繁に閲覧されるソーシャルメディアフィードのアルゴリズムによって、感染力が与えられたというところです。「真実」が物理的証明なしに確立してしまいました、社会的証明のみによって。それだけで十分だったのです。よくあることですが、このことを指摘する昔ながらの決まり文句があります。「もし誰かから、あんた尻尾が生えてるぞと言われたら、あなたは馬鹿馬鹿しいと笑って取り合わない。しかし、そう言ってくる人間が三人いたら、あなたはお尻を確認する」。

■実行可能性

大勢が何かをしているのを見た人が思うのは、そうするのがきっと正しいのだろう、ということだけではありません。たぶん自分にもできるだろうとも思います。英国のショッピング・モールで行われた研究で、他の人たちが早めのランチをとっているポスターを見た客は、おそらく「これならやれそうだ。早めの昼食をとるために、買い物の計画や仕事の時間をやりくりするのは、たぶんそんなに難しくないだろう」と考えたはずです。つまり、認識される妥当性に加えて、「人の多さ」が効果を発揮する二つ目の理由は、それが実行可能性を伝えているという点にあります。大勢にできるのなら、やり遂げるのはきっと難しくないはずです。イタリアの数カ所の都市の住民を対象に行われた研究では、近所の人の多くが家庭でのリサイクルに取り組んでいると信じた場合、自分でもリサイクルに取り組もうという気持ちが強くなりました。理由の一つは、リサイクルに取り組むことを、それまでほど難しいと思わなくなったためでした。

私はかつて素晴らしい同僚たちと一緒に、人々を家庭の省エネに取り組ませる最もよい言い方は何かを調べる研究をしました。その研究では、省エネを呼びかけるメッセージを書いたカードを四種類用意して、そのうちの一つを週に一度ずつ、一カ月間、実験対象となったお宅に届けました。四種類のメッセージのうち三種類には、省エネに取り組む理由としてお馴染みのもの（「省エネは環境に優しい」「省エネに取り組むのは社会的責任を果たすことである」「省エネに取り組めば翌月の電気代がとても安く済む」）を書き、残る一種類のカードには社会的証明を盛り込みました。「地域で暮らしている他の人たちの大多数が、家庭での省エネに取り組んでいる」と（嘘偽りなく）書いたのです。調査期間の最後にエネルギー消費量を記録したところ、社会的証明を使ったメッセージには、それ以外のメッセージと比べて三・五倍もの省エネ効果があったことが分かりました。これほど大きな差が生まれるとは、私も同僚の研究者たちも、実験に協力してくれた人たちも、誰も予想していませんでした。それどころか、実験に参加した住人たちは、社会的証明を使ったメッセージが最も効果がないだろうと予想していたのです。

　この調査結果を電力会社に報告しても、信じてもらえないことが多いのですが、それは彼らに、人間を最も強く動機づける要因は経済的自己利益だという信念が染みついているためです。よく聞くのはこんな台詞です。「ちょっと待ってください。近所の人たちが省エネに取り組んでいると伝えるほうが、電気代を大きく節約できると言うより三倍も効果的だなんて話を、信じろとおっしゃるんですか?」。この当然の疑問に対する返答はいろいろ考えられますが、これを使えばほぼうまく説得できるというものが一つあります。それは、妥当性と同様に社会的証明の情報を非常によく機能させる第二の理由、実行可能性です。省エネを行えばたくさんのお金を節約することもできると伝えた場合、その言葉は、それが確実に実行可能であるという意味にはなっていません。たとえば、家の電気を一カ月間すべて切ったままにして、まっ暗な床の上に丸まっていれば、翌月の電気代をゼロにできるわけですが、合理的に考えてそんなことが可能だとは思えません。「人の多さ」が持つ大きな強みは、達成可能性の不確かさという問題を打ち破れることです。自分と似たほかの大勢が省エネに取り組んでいると知れば、その実行可能性に対する疑いはほとんどなくなります。机上の空論ではないように見えてくるので、その結果、実行できるように思われてくるのです。[*9]

■社会的受容

大勢の中の一人であるとき、私たちは社会的に受け入れられているという気持ちが強まります。その理由は簡単に分かります。もう一度、英国のショッピング・モールの研究に戻りましょう。客が見たのは、一人で来ている買物客がフードコートで早めのお昼を食べているポスターか、複数の客がそうしているポスターかのどちらかでした。最初のポスターの例に倣うのにはリスクがあります。孤独を好む人だとか、変人だとか、自分たちの仲間ではないと見られ、社会的に受容されないかもしれません。二つ目のポスターに倣った場合は、話は正反対になります。その結果、大勢の中にいるという安心感が得られます。この二つの経験の感情的な差はかなり大きなものです。集団内で他の人と合致した意見を持つことと比べて、集団内で人と違った意見を持つことには、心理的な苦痛が伴います。

ある研究では、実験参加者が脳スキャナーにつながれた状態で、自分の意見と相反する情報を他者から受け取りました。その情報の出所は、その人以外の四人の参加者の場合もあれば、四台のコンピューターの場合もありました。参加者は情報がどちらからもたらされたものでも信頼度は変わらないと評価しましたが、情報を受け入れる割合は、人から受け取った情報のほうが高くなりました。二種類の情報源の信頼性を同等だとみなしていたのなら、どうして情報源が人のときのほうが受け入れる割合が高くなったのでしょうか。その答えは、他の人たちの共通見解に異を唱える際に、必ず生じたことにあります。否定的な感情と結びついた脳の部位（扁桃体）が活性化し、研究者が「独立独歩の苦痛」と呼ぶものを示したのです。どうやら他の人たちと意見を異にすると否定的な感情が高まり、それが実験参加者たちを同調へと向かわせたようです。コンピューターと意見を異にしたときに同じ結果にならなかったのは、異を唱えても社会的受容に関して、人間相手のときと同じ結果が生じないためです。集団の力学については、理解の行き届いた格言があります。「うまくやっていきたかったら、和を保たなければならない」。

例として、イェール大学の心理学者アーヴィング・ジャニスの報告（禁煙外来にやって来たヘビースモーカーたちに関するもの）を見てみましょう。二度目のグループミーティングではほとんど全員が、タバコの依存性は非常に強いため、いきなりやめるのは無理だという意見でした。しかしある人が集団の考えに異を唱えました。自分は先週グループに参加したときから一本も吸っていないし、他の人だって同じことができると言いました。それを受けて、それまで彼の仲間だった人たちは結束して彼に反対し、その意見に怒り混じりの攻撃をいくつも加えました。禁煙できると言った人は次の回のミーティングで、他の人の意見を検討してみて、重要な決断をしたと言いました。「また一日二箱吸うことにした。それから、このミーティングが最終回を迎えるまで、もう二度と禁煙を試みようなんて考えないことにした」。他のメンバーは彼が仲間に戻ったことを即座に歓迎し、拍手でその決断を称えました。

この表裏一体のニーズ（社会的受容を育むことと社会的拒絶を避けること）を踏まえれば、なぜカルト集団がメンバーの勧誘と維持にあれほど長けているのか、理解しやすくなります。カルトの典型的な勧誘手法には、狙った相手にまずたっぷりと好意を注ぐというものがあり、これは愛情攻勢と呼ばれています。カルトが新規メンバー（特に寂しさや孤独を感じている人）を引きつけるのに長けている一因がこれです。その後、その好意を失う恐怖が理由となり、メンバーの一部は集団にとどまろうと考えます。カルトから強く勧められて、メンバーはすでに外部の人たちとのつながりを断ち切ってしまっているため、社会的受容を期待できる場所はそこだけなのです[*10]。

▼類似性――ピア・スエージョン

社会的証明の原理が最も力強く働くのは、私たちが自分とよく似た人たちの行動を見ているときです。そうした人たちの行動こそ、自分たちにとって何が正しい行動かの最も頼りになる指針になります。「人の多さ」と同じく自分と似た人たちの行為は、妥当で実行可能であり、それを行えば社会的受容が得られるはずだという確信を強めます。そのため、私たちは他の人よりも自分の仲間《ピア》を手本にしようとしがちです。この現象をピア・スエージョン【訳注：パースエージョン（説得）をもじり、最初の部分をピア（仲間）に変えた造語。仲間の行動に説得されることくらいの意味】と呼びましょう。

たとえば、複数の研究によれば、自分の学力や学校での適応能力について悩みを抱える学生は、彼らと似た大勢の学生が同じ不安を抱えているし、それを乗り越えていると知らされると、症状が大きく改善しました。消費者たちはサングラスを購入するにあたって、他の購入者が自分と似た人たちだと言われると、その人たちと同じメーカーのものを選択する見込みが高くなりました。学校の教室で生徒の攻撃的態度が頻繁に見られる場合、それは強い感染力を持って広がります。しかし、その範囲は仲間の集団内にとどまることがほとんどです。たとえば、ある教室で男子生徒たちが頻繁に攻撃的な態度をとったとしても、女子の攻撃性にはほとんど影響を与えませんし、逆の場合も同様です。会社の社員は同僚がやり方を

図4・4「自由な考えを持つ若者たち」
私たちはしばしば10代の若者を反抗的で独立独歩の人間だと考える。しかし、たいていの場合、それが当てはまるのは、親に対してだけだということを知っておくのは重要だ。自分と似たような他者のなかにいるときの若者たちは、社会的証明が適切だと教えてくれることに唯々諾々と従っているものである。
© Eric Knoll, Tauris Photos

考えたときのほうが、上司がそうしたときよりも、情報共有に熱心に取り組もうとします。内科医が抗生物質や抗精神病薬などの薬を処方しすぎる場合、その行動を完全に変えさせるには、処方箋の量が他の内科医の基準に照らして多すぎると伝える必要がありました。経済学者のロバート・フランクは、環境行動の変容について広範な文献レビューを行った後、「ソーラーパネルを設置するか、電気自動車を購入するか、自らの責任をより意識した食生活を送るか、環境に配慮した政策を支持するかといったことに関して、何にもましてよく当たる指標は、そうした行動をとっている仲間のパーセンテージだ」と述べました。[*11]

近頃のテレビでは、どこにでもいそうな普通の人が商品を推奨するコマーシャルがよく流れていますが、その理由もここにあると思います。広告主は、商品を（最も大きな潜在的市場を形成している）普通の視聴者に売り込むには、他の「普通の」人たちが、それを好んで使っていることを示せばいいと分かっているのです。ジュースであれ、鎮痛剤であれ、自動車であれ、どこにでもいる平均的な人々の絶賛に、人は耳を傾けるものなのです。

　人が他者の行動を真似るかを決定するとき、その他者との類似性が重要であることを示す強力な証拠が、ある大学のキャンパスで行われた募金活動の取り組みについての研究結果に示されています。募金を呼びかける人が、「私もここの学生です」と言って学生たちと似た人間であることを主張し、そうである以上、学生たちもこの同じ目標を後押ししたくなって当然だと暗にほのめかしたときには、そうしなかったときと比べてチャリティーへの寄付が二倍以上も集まりました。この結果は、社会的証明の原理を利用したいと考えているすべての人にとって、重要な検討事項を示しています。人は他の人の行動から自分がどう行動するかを決定しますが、そうした傾向がとりわけ強まるのは、その「他の人」が自分と似ている場合なのです。

　私がこのことを考慮に入れたのは、創業してすぐの時期のオー・パワー社で、主任科学者として三年間働いたときのことでした。同社は電力会社と提携して、利用家庭の電力使用量が近隣の家庭と比べてどのくらいかという情報を提供しています。その情報の重要な特徴は、比較対象をただ近所に住んでいるというだけの住人ではなく、家が近くにあって、その大きさなどが同じくらいの家庭、言い換えるなら、「利用者のお宅とよく似たご家庭」にしている点にあります。利用者たちは自分と似た家庭より電力消費量が多いと知って省エネに取り組んだため、それが主な要因となって驚くべき成果が出ています。最新の集計では、この似た人々との比較によって、二酸化炭素排出量が三百六十億ポンド（約一千六百三十二万トン）以上、電力消費量が二十三兆ワットアワー以上も減っているのです。さらには、この比較を行うことによって、現在、利用者全体で電気料金が年七億ドルも節約されています。

ピア・スエージョンは、大人ばかりではなく子どもにも当てはまります。たとえば、健康問題の研究者たちが明らかにしているところによると、学校で実施される喫煙防止プログラムは、同年齢のリーダー格の生徒を教師役にしたときにしか効果が持続しませんでした。別の研究では、ある子どもが嫌がらずに歯医者に行く場面を映画で見た子どものうち、特にその映画に登場した子どもと同年齢の子どもの場合、歯科検診に対する不安が少なくなることが示されています。この二番目の研究が雑誌に発表されたときは、もう二、三年早くこの研究のことを知っていたらよかったのにと思いました。当時、私は息子のクリスが感じていた別の種類の不安を、なんとか和らげようとしていたのです。

私はアリゾナに住んでいますが、ここには裏庭にプールを備えた家がたくさんあります。残念なことに毎年決まって何人かの子どもが、人のいないプールで溺れて亡くなっています。そこで私は、クリスには幼いうちから泳ぎを教えておこうと決めました。問題は、息子が水を怖がるということではありません。彼は水が大好きでした。しかし、浮き輪なしでは、どうしてもプールに入ろうとしなかったのです。いくらなだめすかして浮き輪を外させようとしても駄目でした。こうして二カ月間を無駄に過ごした後、私が指導している大学院生を一度、水泳の先生に雇いました。救助員と水泳の指導員をした経験があったにもかかわらず、彼も私と同じように失敗してしまいました。浮き輪なしには、息子にほんの一かきさせることすら、できなかったのです。

その頃、息子はいろいろな遊びが盛り込まれた日帰りキャンプに通っていました。なかには大きなプールを使った活動もありましたが、息子は慎重にそれを避けていました。大学院生の件があったすぐ後のことです。私はキャンプに息子を迎えに行き、そこで息子が飛び込み台を駆け抜け、プールの一番深いところに飛び込むのを見て、呆然となりました。慌てふためきながら靴を脱ぎ、息子を助けるべくプールに飛び込もうとしたときに、彼が水面に浮かび上がり、プールサイドのほうまで無事に泳いでいくのが見えました。私は息子のところまで飛んでいきました。

「クリス、泳げるじゃないか」。私は興奮して言いました。「泳げるじゃないか！」。

「うん」。息子の返事はそっけないものでした。「今日習ったんだ」。

「こいつはすごい！　本当にすごい！　でも、どうして今日は浮き輪がなくても平気なんだい？」。

「あのね、僕は三歳で、トミーも三歳。トミーが浮き輪なしで泳げるんだから、僕だってできるってことでしょ」。

私はなんて間抜けだったのでしょう。クリスが自分にできることや、すべきことについての情報を得ようとするなら、もちろん、その相手は身長百八十五センチの大学院生なんかではなく、小さい、い、い、い、いトミーに決まっています。私が息子の水泳の問題を解決することについてもっとよく考えていたら、とっくにトミーという良いお手本を使っていたでしょうし、私自身、悶々とした数カ月を過ごさなくて済んだに違いありません。日帰りキャンプに行ったときに、トミーが泳げることに目を留めて、トミーの両親と話をつけ、息子とトミーを週末にウチのプールで遊ばせておけばよかったのです。そうすればきっと、クリスの浮き輪はその日のうちにお払い箱になっていたことでしょう。*12

●読者からのレポート４・５――アーカンソー州の大学教員より

大学時代、私は毎年夏になると、テネシー、ミシシッピー、サウスカロライナの各州で、聖書の参考図書を訪問販売していました。興味深かったのは、あれこれ試した後に考えついた名前や推薦状を使うというアイデアのおかげで、売上げが大きく伸びたことでした。名前や推薦状を使わせてもらう許可を女性の顧客からもらった場合は、それを女性の見込み客へ使い、男性の場合は男性へ、夫婦の場合は夫婦へ使います。会社から教わったとおり、商品の良い点を強調したセールストークに終始して十五週間仕事をした段階では、売上げは週平均五百五十ドル八十セントと、可もなく不可もない数字でした。

ですが、新しいセールスマネージャーは、商品紹介の口上に、すでに商品を購入している客の名前を織り交ぜるよう私たちを指導しました。たとえば、「スー・ジョンソンさんがこのセットを購入したいと思ったのは、子どもたちに聖書の物語を読んであげたかったからでした」という具合にです。私がこのアプローチに則って仕事をし始めたのは十六週目のことでしたが、十六～十九週目の売上げは週平均八百九十三ドルと、実に六二・一三％も伸びたのです！　ですが話はそれだけではありません。今でもはっきりと覚えていますが、あれは十九週目のことでした。人の名前を使ったおかげで、全体的には売上げが伸びているのに、そのせいで売り損なった場合も何軒かあったということに思い至ったのです。そう思ったきっかけは、ある日、主婦に本の売り込みを行ったことでした。その人は本に興味を持ってくれているように見えましたが、注文しようか決めかねていました。そのとき私は、彼女の友人で、すでに本を買ってくれていたご夫婦の名前を出しました。そうしたら、こう言われました。「メアリーとビルは買ったの……？　そうね、じゃあ私も、買うか決める前に主人と相談しなくっちゃ。二人で決めたほうがよさそうだわ」。

次の日、私はこの出来事を何度も思い返していましたが、そのうち何が起きたのか、すべて分かってきました。主婦に売り込みをかけているときに、すでに商品を買った夫婦の話をしたことで、私はうかつにも、すぐ買わなくてもいい理由（まずは主人と相談しなくちゃ）を、相手に与えていたのです。しかし、彼女と似た主婦が何人も本を買っていたのなら、彼女もそれに倣ったに違いありません。今後主婦に売り込みをかけるときには、他の主婦の名前しか出さない、私はそう決意しました。その翌週、売上げは千五百六ドルまで跳ね上がりました。私はすぐにこの戦略を、亭主や夫婦を相手にするときにも用いるようになりました。つまり、男性に売り込みをかけるときには男性の名前だけを、夫婦に売り込みをかけるときには夫婦の名前だけを使ったのです。その次の（そしてセールス最後の）二十週間、私の売上げは週平均千二百九ドル十五セントでした。最後のほうに売上げが多少落ちたのは、あんまり荒稼ぎをしたので、さらに外に出ていって一生懸命働く意欲を保つのが難しくなってしまったためです。

　ひと言申し添えておくのが適切でしょう。もちろん、売上げを伸ばすのに役立つことは他にもたくさんあり、私はそれらを常に吸収していました。ただ、これらの変化の速度を身をもって体験してしまったので、個人的には、「よく似た他者からの社会的証明」をおいてほかに、私の売上げが一一九・六七％も伸びた理由はないと確信しています。

著者からひと言――この読者（私の個人的な友人です）が、最初にこの驚くべき話を聞かせてくれたのは、私と直接会って話しているときのことでした。そのとき彼はたぶん、私が疑っているのを感じ取ったのだと思います。しばらくして、彼は話を裏付けるために、話に出た四度の夏の間の月別売上げ記録を送ってきました。当時、注意深く記録し、それから何十年も保管していた記録です。そういう人なので、この友人が彼の地元の大学で統計学を教えているのも、驚くには当たらないでしょう。

▼サルは見たとおりに真似をして……死に至る

すでに見たように社会的証明は人の意思決定に多大な影響を及ぼしますが、私にはこの影響の最も顕著な例としてまず、一見無意味な統計が思い浮かびます。誰かの自殺が一面記事で報じられた後、飛行機（自家用飛行機、法人のジェット機、定期旅客機）が驚くべき率で墜落し始めるのです。

たとえば、ある種の自殺が広く報じられた直後には、飛行機の墜落で死亡する人の数が、十一倍にも膨れ上がることが明らかにされているのです！　さらに驚くべきことに、増加するのは飛行機事故の死亡者数だけではありません。自動車事故による死亡者数も同じように急増するのです。

すぐに一つの説明が思い浮かびます。それは、自殺を引き起こすような社会的条件が、同じように事故死の増加の原因になっているのではないかというものです。たとえば、自殺傾向の高い人たちは、社会に緊張を引き起こす出来事（不況、犯罪率の増加、国際的な緊張など）に、自殺という方法で反応するのかもしれません。他の人々は同じ出来事に対して、怒ったりイライラしたり、神経質になったり、取り乱したりというように、別のやり方で反応するかもしれません。こうした人たちが車の運転や飛行機の操縦（あるいは点検）をすることが多くなればなるほど、その乗り物は安全ではなくなり、その結果、車や飛行機の事故が急増することになります。

この「社会的条件」による解釈に従えば、自殺を誘発するある種の社会的要因は同じように事故死をも引き起こすので、自殺者の数と事故死する人の数の間にこれほど強い結びつきが見出されるのだ、ということになります。しかし、別の興味深い統計を見ると、この解釈は正しくないようです。致命的な衝突事故が急増するのは、自殺が広く報道された地域だけなのです。同じような社会的条件が存在する地域でも、新聞がその自殺を取り上げなかった場合には、こうした致命的な事故の急増は見られませんでした。さらに、自殺が新聞で報じられた地域では、その扱いが大きければ大きいほど、その後に起こる衝突が多くなっていました。ですから、何らかの共通の社会的な出来事が、一方では自殺を誘発し、もう一方では致命的な事故を引き起こしているわけではありません。むしろ、自殺報道そのものが、自動車や飛行機の事故を生み出しているのです。

自殺報道とそれに続いて起こる衝突事故との強い関連性を説明するために、「悲嘆」理論が示唆されています。新聞の一面で報道される自殺は、有名で尊敬される公的な人物に関するものが多いので、その死が広く報じられると、おそらく多くの人が嘆きと悲しみにくれることになります。そして、自殺の報道に打ちひしがれた人々は、そのことばかり考えてしまい、車や飛行機の運転や点検にまで気が回らなくなります。その結果、一面に自殺の記事が出た後には、そうした乗り物に関連した死亡事故が急増するというわけです。たしかに悲嘆理論を用いれば、ある自殺が報道される程度と、続いて起こる衝突事故死の数との関連(自殺を知った人の数が多くなるほど、悲嘆する人、不注意な人が増える)は説明できますが、この理論では説明できない驚くべき事実がもう一つあります。一人だけの自殺が報じられた後に増加するのは、一人の事故死の件数だけで、別の人間を巻き込むタイプの自殺が報道された後に増加するのは、複数の死者が出る事故だけなのです。悲嘆だけが原因なら、こうしたパターンが生じるはずはありません。

自殺の記事が自動車や飛行機の事故死に及ぼす影響は、非常に具体的です。一人だけが自殺したという記事は、一人が死亡する事故死を生じさせ、自殺に殺人が加わって複数の人間が死亡したという記事は、複数の人間に死をもたらす事故を引き起こすのです。「社会的条件」も「悲嘆」もこうした事実を説明できないのだとしたら、何をもって説明したらよいのでしょうか。ある社会学者はこの問いの答えを知っていると考えています。その人物は名前をデイヴィッド・フィリップスと言い、彼はこうした現象が「ウェルテル効果」で説明できると確信しています。

ウェルテル効果の内容は、背筋が寒くなると同時にとても興味深いものです。二世紀以上も前、偉大なドイツの文豪ゲーテは、『若きウェルテルの悩み』と題する小説を出版しました。主人公ウェルテルの自殺を扱ったこの本は、驚異的な影響を及ぼしました。その本によってゲーテが一躍有名になったばかりでなく、ヨーロッパ中でウェルテルを真似た自殺が相次いだのです。その影響がとてつもなく大きかったため、いくつかの国の当局者はこの本を発禁処分にしました。

フィリップスの研究は、このウェルテル効果が現代にも存在していることを突き止めています。彼の研究によって、新聞の一面で自殺が広く報じられた地域では、その直後に自殺率が劇的に増加していることが明らかになりました。問題を抱えた人が他人の自殺の記事を読んだ場合、そのうちの何人かはそれを模倣して自殺する。これがフィリップスの主張です。これは、社会的証明の原理のぞっとするような例証と言えるでしょう。つまり、これらの人々は、同じように問題を抱える人がどのように行動したかに基づいて、自分がどうすべきか決めているのです。

フィリップスは現代のウェルテル効果の証拠を手に入れようと、米国の自殺統計を二十年分調べました。そして一面に自殺の記事が出た後二カ月間は、自殺者の数が普段より平均で五十八人増えることを見出しました。ある意味で自殺を報じた記事の一本一本が、そんな記事さえなければ生き続けていたはずの人たちを五十八人ずつ殺したのです。さらに彼は、自殺が自殺を誘発するということの傾向が見られるのは、主に最初の自殺を広く報じた地域であることも示しました。フィリップスによれば、最初の自殺が広く報道されるほど、その後に自殺する人の数が増加しました（図４・５参照）。その後の研究では、このパターンが新聞記事だけに当てはまるものではないことが示されています。二〇一七年三月三十一日、ネットフリックスは連続ドラマ『13の理由』の配信を開始しました。このドラマでは、ある女子高生が自殺し、その理由を説明した十三本のテープを遺します。配信開始からの一カ月間に、十代の自殺者の数は二八・九％も増加しました。これは研究者たちが分析した過去五年間のどの月よりも多い数字であり、研究者たちはこの増加を「社会的条件」では説明できないと結論づけました。

読者の方々は、ウェルテル効果を取り巻く事実と、航空機事故や自動車事故死に対する自殺記事の影響を取り巻く事実が、薄気味悪いほどよく似ていると思われるかもしれません。フィリップスもこうした類似に気がついています。実際彼は、自殺が一面記事として報道された直後に起きる死亡者の急増はすべて同じもの、つまり自殺を模倣した自殺として説明できると主張しています。他人の自殺を知ると、残念ながら大勢の人たちが、自分にとっても自殺が適切な行動だと考えてしまいます。そして、そのなかの何人かがためらいなく直接行動に移り、自殺率を急増させてしまうというのです。

しかし、もっと間接的な死に方を選ぶ人もいます。彼らはさまざまな理由（自分の評判を守りたい、家族を辱めたり悲しませたりしたくない、扶養家族に多額の保険金を受け取らせてやりたい）によって、自殺だと見られたくありません。できれば事故で死んだと思ってもらいたいのです。そのため、本当は意図的でありながら、それを隠して自分で操縦したり運転したりしている（場合によってはただ同乗している

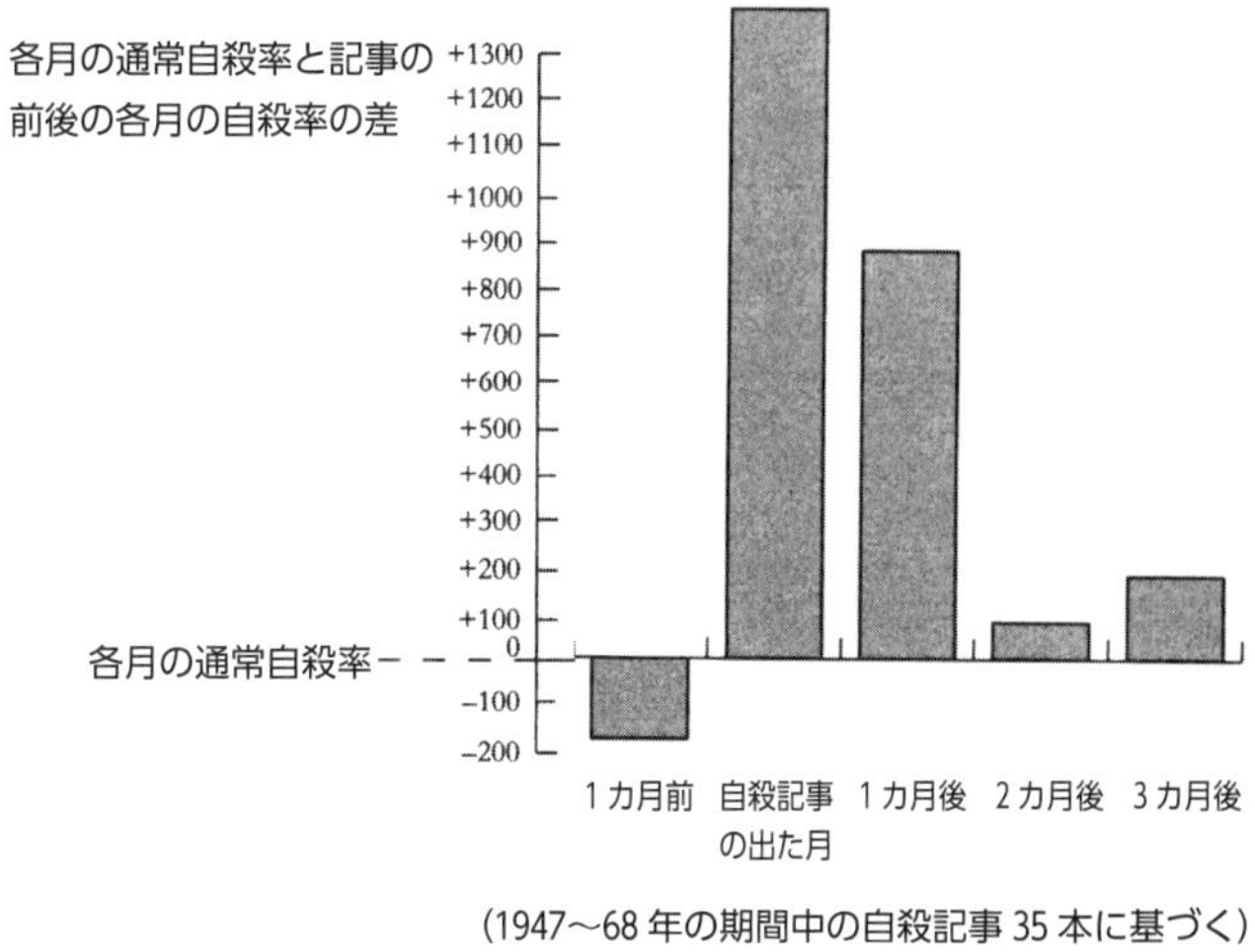

(1947〜68年の期間中の自殺記事35本に基づく)

図4・5　自殺記事の前月、当該月、それ以降の月における自殺者数の変動

——この図に示された事実は重大な倫理的問題を生じさせる。自殺記事の後の自殺は、余分な死だからである。自殺率は、はじめに急増した後、通常のレベル以下になることはなく、せいぜいそれに近いレベルまで戻るだけだ。自殺記事がかなりの人の死を引き起こす可能性が高い以上、この種の統計を知れば、新聞の編集者も自殺をセンセーショナルな記事に仕立てようとはしなくなるだろう。データからは、新聞の編集者だけでなく、テレビのキャスターも、自分たちが報道する自殺の効果について関心を寄せるべきであることが分かる。ニュースレポートであれ、特集記事であれ、フィクション映画であれ、自殺の記事はすぐに多くの自殺を引き起こすが、なかでも特に犠牲者となりやすいのは、感じやすく、人の真似をしがちな、十代の若者たちである（Bollen & Phillips, 1982; Gould & Shaffer, 1986; Phillips & Cartensen, 1986, 1988; Schmidtke & Hafner, 1988）。

だけの）飛行機、あるいは自動車の事故を引き起こすのです。これは、あまりにも簡単に実行できます。商業用航空機のパイロットであれば、離陸の際の決定的な時点で機首を下げることができますし、管制塔からの指示に反して、すでに他の航空機が使用している滑走路に着陸するなどという不可解な行動もとれます。車の運転手なら、突然ハンドルを切って立木や対向車線に突っ込むこともできます。自動車や法人のジェット機の同乗者なら、操縦者や運転手の邪魔をして、大惨事を引き起こすこともできます。自家用機のパイロットなら、無線で入る警告をすべて無視して、他の航空機に突っ込むことができます。したがって、フィリップスによれば、一面に自殺記事が掲載された後に生じる衝突事故死の驚くべき増加は、ウェルテル効果が密かに働いた結果である可能性が高いのです。

これはとても優れた洞察だと私は思います。第一に、すべてのデータを大変見事に説明しています。こうした惨事が本当に模倣自殺の隠れた事例だとするならば、自殺の記事の後に事故が増加するのもうなずけます。事故が最も増えるのは、自殺の記事が広く報道された後であり、それは報道の結果、それだけ多くの人が自殺のことを知るようになったからだという理屈も筋が通っています。また、衝突事故が有意に増加するのは、自殺の記事が報道された地域のみである、というのも不思議ではなくなります。そして、一人の自殺は一人の衝突死のみを引き起こし、複数の人が亡くなった自殺は複数の犠牲者が出る衝突のみを引き起こすということさえ、納得がいきます。模倣が鍵なのです。

さらに、フィリップスの洞察には第二の優れた側面があります。すでに知られている事実を説明するばかりではなく、以前は明らかにされていなかった新しい事実を、いくつか予測できるという点です。たとえば、自殺報道の後にあまりにも頻繁に衝突事故が起こることが、偶然の行為ではなく模倣行為の結果だとするならば、そうした衝突事故では死亡率がいっそう高くなるはずです。つまり、自殺しようと思っている人なら、可能な限り致命的な衝撃を（ブレーキのかわりにアクセルを踏むとか、機首を上げる代わりに下げるとかして）自分に与えようと思うでしょう。そうすれば、素早く確実に死に至るからです。この予測を確かめるためにフィリップスが記録を調べたところ、新聞の一面に自殺の記事が出た一週間後に起きた商業用航空機の墜落事故は、自殺の記事が出る一週間前に起きた事故と比べて、死者の数が三倍以上も多くなることが分かりました。同様に、自殺の記事が出た後の自動車事故の効率性を示す証拠も見つかっています。新聞の一面で自殺が報道された後に起こった事故で亡くなった人は、死亡するまでの時間が通常の四分の一しか、かかっていなかったのです。

フィリップスの考えからは、さらにもう一つ興味深い予測を立てることができます。自殺記事の後の事故の増加が本当に模倣自殺によるものなら、そうした人は、自分に似た人物の自殺を真似するだろうというものです。社会的証明の原理によれば、私たちは他者の振る舞いに関する情報を利用して、どのように行動するのが適切かを決定します。そして、すでに検討した諸研究から分かるように、私たちがこのような形で最も強く影響されるのは、自分に似た他者の行動、つまりピア・スエージョンからなのです。

そこで、フィリップスは、もしこの現象の背後に社会的証明の原理が働いているなら、広く報道された自殺者とその後に事故を起こした人との間に、明白な類似性があるはずだと推論しました。この可能性を検証するためには、車一台だけで起きた衝突事故で、搭乗者がドライバー一人だったものの記録を調べればよいとフィリップスは気づいたので、自殺した人物の年齢と、その自殺が報道された直後に車に一人で乗っていて死亡したドライバーの年齢とを比較してみました。ここでも、予測は驚くほど当たっていました。新聞が若い人物の自殺を詳しく書き立てると、その後で自動車を立木や柱や盛土に衝突させて亡くなったのは、若いドライバーたちでした。しかし、ニュースが高齢者の自殺を報じた後には、高齢者のドライバーたちがそうした衝突で亡くなっていたのです。

この最後の統計は、私にとって決定的でした。完全に納得すると同時に大変驚きました。明らかにピア・スエージョンには非常に強い影響力があり、その力は、生きるか死ぬかという根本的な決定にまで関与しているのです。フィリップスの知見は、自殺報道には自殺した人と類似した人々の自殺を促す、すなわち、記事を読むことで、自殺という考えがより合理的に思えるようになってしまう、という悲惨な傾向があることを示しています。本当に恐ろしいのは、データから明らかなように、多くの無関係な人がそうした事故の巻き添えになって亡くなっているということです（図4・6参照）。

ここで事例を一つ取り上げましょう。ある地方ニュースが、地元の十代の若者が走行中の列車に飛び込んで亡くなったと報じ、ひどい結果を引き起こしました。それからの半年間で、彼を手本とした同じ学校の生徒たちが一人、二人、三人と同じ方法で亡くなったのです。その次の自殺は、未然に防がれました。自殺しようとした高校生の母親が、息子が家にいないことに気づき、もしやと考えたからです。彼女は息子の自殺を防ぐために、どこへ行けばいいか分かっていました。そこで大急ぎで、他の子たちが亡くなった踏切へと向かったのです。

私たちが出会う社会的証明の最も厄介な一面は、模倣犯罪でしょう。一九七〇年代に関心の的になったのは、あたかも空気感染するウイルスのように世界中に広がった航空機のハイジャックでした。一九八〇年代、私たちの関心は、製品への異物混入事件に移りました。有名なのは、家庭用鎮痛剤タイレノールに

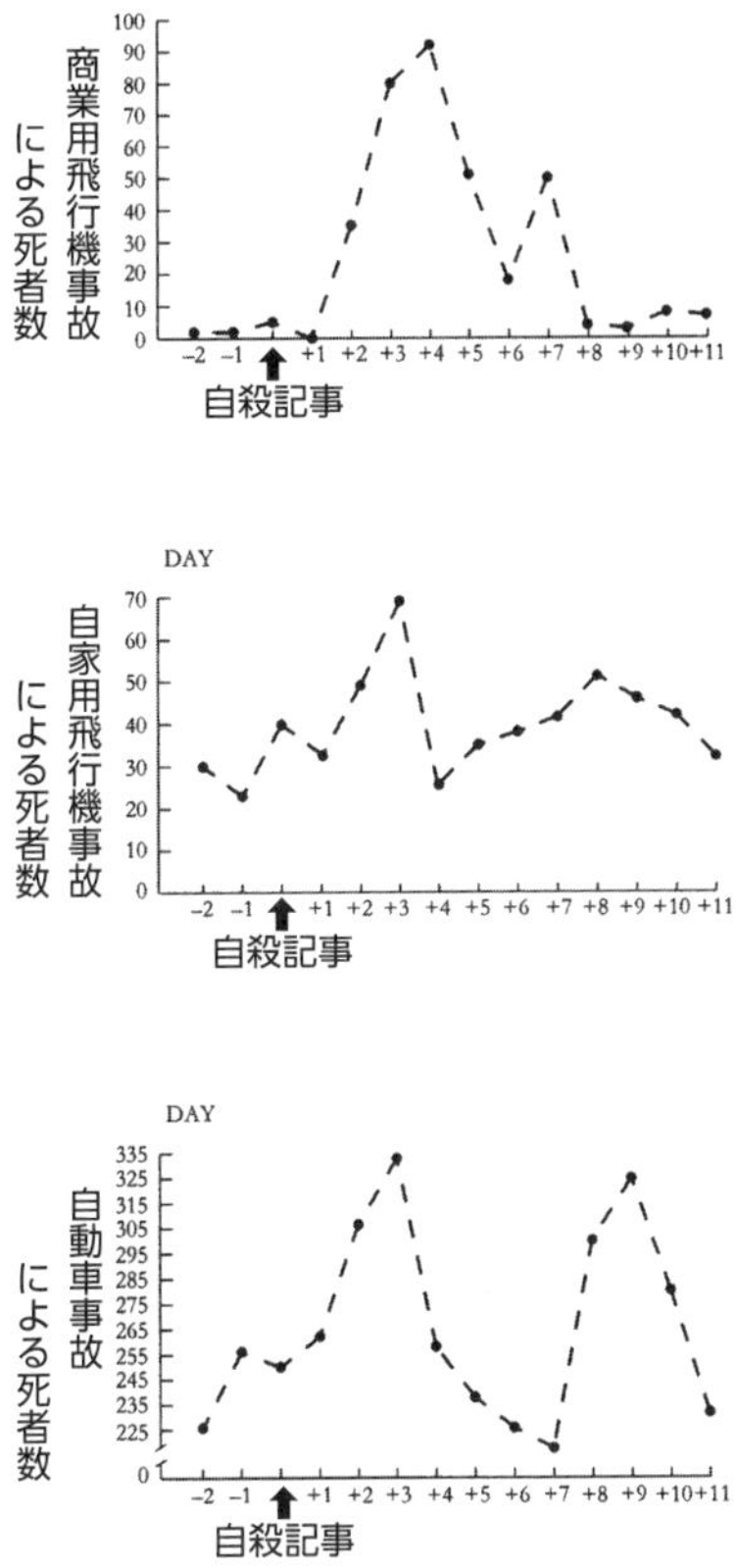

図４・６　自殺記事の当日およびその前後の日における事故死の数の変動

――これらのグラフから明らかなように、最も危険なのは自殺記事が出た後３日目から４日目である。その後数日間減少した後、約一週間が過ぎた頃にもう一度ピークがやって来る。この効果は11日目までに消失する。さまざまなタイプのデータで認められるこうしたパターンは、密かな自殺について注目すべき事柄を示している。模倣的な自己破壊を事故に偽装しようとする場合、おそらくは勇気を奮い起こしたり、事故の計画を立てたり、あるいは身の周りの整理をしたりするためだろうが、実行までに数日を要するのだ。このパターンの驚くべき規則性の原因が何であれ、旅行者は自殺記事の出た後、３日目から４日目に最も危険にさらされ、そして数日後、最初ほどではないものの再び危険にさらされる。したがって、こうした時期に旅行する場合は特に注意が必要である。

シアン化合物が混入された事件や、ガーバー社のベビーフードにガラス片が混入された事件などです。FBIの法医学専門家によると、このように国中で広く報道される事件が一つ起こるたびに、平均で三十件、同種の事件が発生するそうです。最近では、大量殺人の連鎖におののくようになりました。こうした事件は、最初は社会人の職場で起こっていましたが、信じられないことに学校でも発生するようになりました。

たとえば、コロラド州リトルトンで二人の高校生が流血の惨事を起こした直後から、警察は同じく問題を抱えた生徒たちが関与した脅迫事件や犯罪計画、未遂事件に、頻繁に対応しなければならなくなりました。そして残念ながら、そうした企てのうち二つが「成功」してしまいました。リトルトンの銃乱射事件から十日と経たないうちに、カナダのアルバータ州テーバーでは十四歳の少年が、ジョージア州コンヤーズでは十五歳の少年がそれぞれ銃乱射事件を起こし、二件合計で八人のクラスメートを殺傷したのです。バージニア工科大学で身の毛もよだつ恐ろしい銃乱射事件（犯人の学生は直後に自殺）が起きた次の週には、他人を巻き込んだ自殺事件の発生を伝えるローカルニュースの数が、米国全土で増加しました。この時期、ヒューストンだけでもそうした事件が三件発生しています。教訓的なのは、バージニア工科大学での銃乱射事件の後、次に同様の規模を持った重大事件が発生したのは、高校ではなく北イリノイ大学だったという点です。さらに最近では、銃乱射事件は、劇場やナイトクラブといったエンターテインメントの会場にまで広がっています。

このような重大事件については、その原因を明確にしておかなければなりません。すべての事件に共通する何らかの要因を、あぶり出す必要があります。職場で起こる殺人事件の場合、郵便局の作業室が犯行現場になりやすいという指摘がされました。そのため、米国の郵便局の職場環境が「耐えがたい緊張」状態にあることが元凶だと非難が集まり、「ゴーイング・ポスタル」【訳注：「ポスタル」は「郵便（局）の」という意味の形容詞。ゴー・ポスタルは「突然怒って暴れ出す」といった意味の熟語】という、ストレスの多い職場での暴力行為を表す新しいフレーズが生まれたほどでした。学校で起こる大量殺人に関して、評論家は事件に奇妙な共通点があると言いました。事件のあった学校はどこも、熱気で爆発寸前のような都心部ではなく、郊外のコミュニティにあったのです。このときメディアが語り始めたのは、やはり米国の小さな町や郊外で育つことの「耐えがたい緊張」でした。こうした説明によれば、郵便局における労働や郊外の小さな町での生活がストレスとなって蓄積され、そこで働いたり暮らしたりする人々に爆発的な反応を起こさせるというのです。類似した社会的条件が類似的な反応をもたらす。実に簡単明瞭です。

しかし、死者数の異常なパターンを理解しようとしたときに、「類似した社会条件」という要因についてはすでに検討を終えています。ある環境で自殺が頻発したとき、そこには何か共通する社会条件が存在するという可能性について、フィリップスがどう考えたかを思い出してください。自殺に関して「類似した社会条件」という要因は、納得できる理由にはなりませんでした。殺人事件が頻繁に起こることについても、やはり十分な理由とはなりえないと思います。もう一度現実によく目を向けて、別の説明が可能かどうか考えてみましょう。郵便局で働くことや郊外で生活することが、「耐えがたいストレス」でしょうか。炭鉱で働くことや、ギャングが牛耳るスラム街で暮らすことと比べても、耐えがたいものだというのでしょうか。そんなはずはありません。確かに、大量殺人が起こった場所には、緊張を強いる要素がそれなりにあるのでしょう。しかし、同様の事件が起きていない他の多くの場所と比べて、より厳しい環境と

図4・7　「やり遂げられなかった模倣者」
1999年5月20日、始業5分前の学校で、15歳のトーマス（あだ名は“TJ”）・ソロモンは、クラスメートたちに発砲した。6人を撃ったところで、勇敢な教師に取り押さえられた。事件の背後にある原因を理解しようと思うなら、1年間も続いていた同様の事件（最初はアーカンソー州ジョーンズボロ、そしてオレゴン州スプリングフィールド、コロラド州リトルトンと続き、ほんの2日前にカナダのアルバータ州テーバーでも発生していた）の報道が、彼に及ぼした影響に気づく必要がある。なぜ、苛立ちを抱えた学生たちが、急に学校で殺人行為に及んでしまうのかという質問に、トーマス・ソロモンの友人だった学生はこう答えた。「TJ みたいなやつは、いつもそういうニュースを見たり聞いたりしてるんだ。だからそれが、新しい解決策に思えるんじゃないかな」(Cohen, 1999)。
AP Photo/John Bazemore

いうわけではない（ですし、むしろ緊張の少ない場合も多い）ようです。類似した社会条件が原因だというのは、妥当な説明にはなりません。

では、何が原因なのでしょうか。私は社会的証明の原理に基づく説明が正しいのではないかと考えています。自分に確信が持てないときは特に、人は類似した他者の指し示すところに従う、という主張です。不満を持つ郵便局員に誰よりも似ているのは、同じように不満を持つ郵便局員です。小さな町に住む問題を抱えた十代の若者に誰よりも似ているのは、同じように小さな町に住む、問題を抱えた十代の若者です。残念ながら現代生活では、常に多くの人が精神的な苦痛を抱えて生きています。そして、人がその苦痛にどう対処するかを決めるのには多くの要因が関わりますが、そうした要因の一つが、自分と同じような他者がその苦痛にどう対処しているかなのです。フィリップスのデータで見たように、広く報道された自殺は、類似した他者、つまり人の真似をする人たちの模倣自殺を誘発します。これは広く報じられた大量殺人事件にも当てはまると、私は考えます。

自殺報道の場合と同様、メディア関係者は、殺人事件の派手な報道がさらに類似の事件を引き起こす可能性を、真剣に考える必要があります。そうした報道は、ただ人々を釘付けにし、興奮させ、報ずる価値があるというだけではありません。同時に、極めて有害でもあるのです。多くの研究が示しているように、そうした報道には見た人に真似をさせる性質があるからです。

▼サルが住む島

フィリップスが行った研究は、ピア・スエージョンの恐るべき影響力を私たちに教えてくれます。一度そうした力の巨大さが分かると理解できるようになるのが、おそらく現代における最も極端な集団的追従、ガイアナのジョーンズタウンで起きた集団自殺事件です。まず、この事件の重要な特徴をいくつか見てみることにしましょう。

人民寺院は宗教集団のような組織で、以前はサンフランシスコに拠点があり、その街の貧しい人々が参加していました。一九七七年に、集団内で並ぶ者なき政治的、社会的、精神的な指導者ジム・ジョーンズ師は、大半のメンバーを引き連れて、南米ガイアナにあるジャングルの開拓地に移住しました。ガイアナにおける人民寺院の活動はあまり知られていませんでしたが、一九七八年十一月十八日、カリフォルニア州選出の下院議員で教団の調査のためにガイアナに入っていたレオ・J・ライアンと、彼が率いる査察団の三人のメンバー、それに教団からの脱会者一名が、飛行機でジョーンズタウンを離れようとした際に殺害されるという事件が起き、人民寺院の状況が初めて明らかになりました。ジョーンズは自分が殺人事件に連座して逮捕され、人民寺院は解散に追い込まれると確信しました。そこで、どうせなら自分のやり方で人民寺院を終わらせようとしたのです。彼は自分の周りに全信者を集め、集団自殺という形で皆が死を迎えるよう要請しました。

最初にこれに応えたのは若い女性でした。彼女は静かに、そして有名になったブドウの香りのする毒の桶に、静かに近づいて行きました。まず自分の子どもに一口与え、次に自分もそれを一口飲むと、地面に座りました。この親子は、けいれんを起こしながら四分足らずで息絶えました。他の人々も順番にこれに続きました。ジョーンズタウンから逃亡した者も何人かはいましたし、それ以外にも数名が毒を飲むことに抵抗を示したと報告されています。しかし、生き残った人たちの証言によると、九百十人のうちの大多数は整然と自ら進んで死んでいったのです。

この事件のニュースは世界に衝撃を与えました。放送メディアと新聞は、矢継ぎ早にレポート、最新情報、解説を報道しました。何日もの間、世間の話題はこの事件一色でした。「死者は何人ぐらいになったんだろうか」「逃げてきた男は、みんな催眠術をかけられたみたいに毒を飲んでいたと言っている」「一体、連中は南米で何をしていたんだろう」「信じがたい話だ。何が原因なんだろう」。

「何が原因なんだろう」これが重要な問題です。この驚くほど従順な行為を、一体どう説明すればいいのでしょうか。さまざまな説明が試みられてきました。そのうちのいくつかは、ジム・ジョーンズのカリスマ性（彼は独特のやり方によって救世主のように愛され、父親のように信頼され、皇帝のようにかしずかれていました）に着目したものでした。他の説明では、人民寺院に惹きつけられるような人の特徴が指摘されました。彼らの多くは貧しく、教育も満足に受けておらず、自分の代わりにすべての決定を下してくれる場所を守るためなら、思考や行動の自由を進んで放棄してしまうような人たちだったというのです。また、人民寺院の宗教めいた性格を強調し、そういう集団では指導者に対する疑いのない信心が最優先されるのだ、という説明もありました。

もちろん、ジョーンズタウンのこうした特徴は、どれもそこで起こったことを説明するのに有効なのですが、私はそれだけでは不十分だと考えます。そもそも、何かにすがろうとする人が集まり、カリスマ的な人物によって導かれている宗教団体というのは、この世に星の数ほどあります。また、過去において、こうした状況を生み出す材料が不足したことは一度もありません。それにもかかわらず、この種の集団がジョーンズタウンに少しでも似た事件を起こしたという話は、どこを探してもまずありません。何か別の重要な決定因があったに違いないのです。

一つのとりわけ意義深い問いが、この謎を解く手掛かりを与えてくれます。「もし居住地がサンフランシスコのままだったら、人々はジョーンズ師の自殺命令に従っただろうか」。推測の範囲でしか答えられない問いではありますが、人民寺院に非常に詳しい専門家が、確信を持ってそれに答えました。当時カリフォルニア大学ロサンゼルス校の精神医学と生物行動科学の学部長で、神経精神医学科の主任も務めていたルイス・ジョリオン・ウエスト博士は、宗教集団に関する専門家であり、ジョーンズタウンでの集団自殺の八年前から人民寺院を観察していました。事件直後、彼がインタビューに答えるのを聞いて、私はその示唆に富んだ発言にとても驚きました。「カリフォルニアだったら決して起こらなかった事件だと思います。ところが、人民寺院の人々は、非友好的な国のジャングルという条件下で、他の世界とはまったく切り離されて暮らしていたのです」。

悲劇について多くの人が述べたコメントの陰に隠れてしまいましたが、社会的証明について私たちが持っている知識に照らして考えれば、このウエストの見解は、従順な自殺を理解するうえで極めて重要だと私には思われます。おそらくあの日、信者を盲目的に服従させるうえで、最も意義深かった活動を教団の全歴史から一つだけ挙げるとするなら、事件の一年前に、住人にも習慣にも馴染みのないジャングルの地へ、寺院を移したことでしょう。もし、ジム・ジョーンズが噂どおりの邪悪な人間だとしたら、そのような移住が信者たちに強大な心理的影響を及ぼすと、十分に認識していたはずです。突然、彼らはそれまで聞いたこともなかったような場所に連れて行かれたのです。南米、特にガイアナの熱帯雨林は、それまで暮らしていたサンフランシスコと似ても似つきませんでした。彼らが放り込まれた環境は、物理的にも社会的にも、彼らにとっては恐ろしく、不確かな場所だと思えたに違いありません。

不確かさというのは、社会的証明の原理の相棒です。すでに見てきたように、人は不確かな状況にいると、他者の行動を自分の行動の指針とします。ガイアナという異国の地にいたため、寺院のメンバーには、他者の行動を手本とする下地がすっかりできあがっていました。また、これも前述しましたが、人が最も疑問を感じずに真似をしてしまう相手は、自分と似た他人です。ジョーンズ師の移住計画は、この点で恐ろしいほどに見事でした。ガイアナのような国では、自分たちの仲間以外、ジョーンズタウンの居住者に似た他者などいなかったのです。

共同体のメンバーにとって何が正しいかを決めるのは、ほとんどの場合、共同体の他のメンバーが（ジョーンズから大きな影響を受けて）行ったり、信じたりしていることでした。こうした点から考えると、彼らが極めて秩序正しく、パニックも起こさず、心静かに毒の桶の前に進み出て死んでいった理由が、いくらか理解しやすくなるように思われます。彼らはジョーンズに催眠術をかけられていたわけではありません。部分的には彼の影響もあるのですが、それ以上にピア・スエージョンが強く作用して、自殺が正しい行為だと確信してしまったのです。自殺の命令を初めて聞いたとき、彼らは不確かさを感じ、どう反応するのが適切なのか判断するために、周囲の人々の動きをうかがったに違いありません。

ここで特に注目すべきは、彼らがそのとき二つの印象的な社会的証拠を発見し、そのどちらもが同じ方向性を示していたということです。一つは、最初に進んで毒をあおった一部の同胞です。強力なリーダーが支配する集団には、常にそのような狂信的なまでに従順な人たちが、何人かいるものです。人民寺院事件では、特に彼らが皆の手本となるように前もって命じられていたのか、それとも彼らが単に、ジョーンズの言うことなら誰よりも先に進んで受け入れてしまう人たちだったのかは分かりません。いずれにせよ、こうした人々の行動が及ぼす心理的影響は絶大だったはずです。自分と類似した人の自殺がニュースで報じられるだけで、見知らぬその人の行為に影響されて自殺する人がいるなら、ジョーンズタウンのような場所で、自分との類似点がたっぷりある顔見知りによって、そのような行為がためらいもなく実行に移された場合、その影響力がどれだけ強いか想像してみてください。

二つ目の社会的証拠を提供したのは、群衆の反応それ自体でした。状況から考えて、そこで生じていたのは大規模な集合的無知の現象だったのではないかと、私は考えています。ジョーンズタウンの住人それぞれが周囲の人の行為を見て状況を把握しようとし、その結果、他の人も同様に反応を示すことなく状況の把握に努めていたため生じたある種の平静さから、じっと順番を待つことが正しい行動だと「学習」してしまったのです。そうした間違った解釈に基づく、しかし非常に説得力に富んだ社会的証拠から考えれば、熱帯のガイアナで事務的な死を待っていた恐ろしく冷静沈着な集団の姿こそ、まさしく予想される結果です。

私自身の考えでは、ジョーンズタウンでの出来事を分析しようとした多くの試みは、ジム・ジョーンズの個人的資質に注目しすぎていました。もちろん彼はまれに見る精力的な人物でしたが、彼の発した力は、並外れた個人の資質よりもむしろ基本的な心理学の原理への理解に由来していると思います。リーダーとして見た場合、彼が本当に優れていた点は、一個人のリーダーシップの限界を知っていたところです。いかなるリーダーでも、一人の力だけで集団のメンバー全員を常に従わせることはできません。しかし、強力なリーダーであれば、集団のかなりの割合の人を従わせることが可能です。そして、集団のかなりの数のメンバーが納得したという生の情報が、それ自体、他のメンバーを納得させるのです。したがって、最も影響力のあるリーダーというのは、集団の状況をどう整えれば社会的証明の原理が自分に有利に働くようになるかを、知っている人なのです。

ジョーンズが見事だったと思われるのは、まさにこの点です。人民寺院の共同体を、サンフランシスコの都会から赤道に近い南米の僻地に移すという決定は、実に優れた一手でした。そこは、不確かさと極度の類似性という条件がそろっていたので、他のどこよりも、社会的証明の原理を自分のために操作することが容易な場所だったのです。千人の共同社会というのは、一人の人間が個の力で常に支配するには大きすぎますが、そこでなら共同社会を、信者の集団からただの群れに変えることが可能でした。そして、屠殺場の管理者が昔から気づいていたように、群れの心理を操るのは容易なことです。何頭かを自分の望む方向に向けておきさえすれば、群れの残りは、先頭の動物というよりもすぐ周りにいる仲間に反応して、おとなしく、そして機械的に従います。おそらく、ジョーンズ師の驚くべき力を最もよく理解できるのは、彼個人の芝居がかったスタイルにではなく、ピア・スエージョンの力に対する彼の深い理解に目を向けたときでしょう。

これに比べれば少しもぞっとするような話ではありませんが、別の証拠から、自分と似た人たちが住んでいる場所に、注目すべき力が備わっていることが示されています。いくつかの全国共通《ナショナル》ブランドの市場占有率に影響を与える要因を分析した結果、時の経過は各ブランドの実績に、驚くほど影響を与えていませんでした（三年間で五％未満）。一方、地理は大きく影響していました。市場占有率に最も大きな影響（八〇％）を与えた原因は、地域という要因だったのです。人々がどのブランドを選ぶかは、自分と似た人たち、つまり周りの人たちの選択に合わせて変化しました。地域ごとの差が非常に大きかったため、研究者たちは「全国共通《ナショナル》ブランド」というコンセプトとその重要性に、疑問を呈しました。マーケティング部門の責任者なら、今後はもっと地方ごとにターゲットを絞った戦略を検討したいと思うかもしれませんが、研究の示すところでは、人の考え、価値観、性格特性といったものには、地域ごとの特色があります。おそらくその理由は、伝染効果なのでしょう。*13

大きな間違い

私の住むアリゾナ州は「グランド・キャニオンの州」を自称しています。名前の由来は州北端の有名な観光名所です。逆さまになった山脈とでも呼ぶしかないその景色には、畏敬の念を抱かずにはいられません。州内には他にも自然の驚異がいろいろ存在しています。そうした名所の一つ、化石の森国立公園では、二億二千五百万年前の三畳紀後期に形成された珪化木、岩のかけら、水晶など、たくさんの地質学上の驚異を見ることができます。三畳紀後期の環境条件（水の流れが、枯れ木と一緒に二酸化ケイ素を含んだ火山性の沈殿物を運んでいました）が重なって、枯れ木を埋《うず》め、内部組織を水晶と酸化鉄に置き換え、壮観で色鮮やかな珪化木を生み出したのです。

この公園の自然環境は強固でもあり、脆弱でもあります。重さ数トンもある頑丈な石の構築物が有名な一方、訪問者による違反行為（林床の珪化木や水晶に手を触れたり、位置を動かしたり、盗んだり）が非常に頻繁に起きていることでも有名です。手で触れたり、位置を動かしたりするくらいのことを、とやかく言わなくてもと思うかもしれませんが、公園勤務の研究者たちにとっては頭痛の種なのです。彼らは古代における木々の分布移動パターンを研究し、珪化木の堆積していた場所を正確に特定しようとしているからです。とはいえ、この公園にとって現在も進行中の重大な脅威であり、最も強い懸念を抱かせているのは盗難です。その対策で、公園の運営側は公園入り口に巨大な看板を設置して、訪問者に化石を持ち去らないよう注意を促しています。

だいぶ前のことですが、私の元教え子が婚約者と化石の森公園を覗いてみることにしました。彼によると婚約者はとても誠実な人で、クリップ一つ、輪ゴム一つでも、借りたものは必ず返すタイプでした。しかし、二人が公園の入り口で「持ち去り禁止」という巨大看板を読んだとき、看板の言葉にある何かが彼女を刺激し、元教え子がぎょっとするような、まったく彼女らしくない反応を引き起こしました。看板にはこう書いてありました。

「貴重な遺産が毎日破壊されています。一人一人が取っていく珪化木はわずかでも、合わせると一年間で十四トンにもなるのです」

すぐに、几帳面で誠実な婚約者が小声で言いました。「私たちも取っておいたほうがいいわよ」。

看板に書かれた言葉の何が原因で、誠実な女性が、自然の宝物の略奪をもくろむ環境犯罪者になってしまったのでしょう?!　本章を読まれた読者なら、答えを求めて遠くを見るまでもないでしょう。原因はひどく目的から外れてしまった社会的証明の力にありました。言葉の選び方に、公共サービスの広報がやりがちな間違い、ある大きな間違いがあったのです。彼らは望ましくない行為をやめさせようとして、それが遺憾なほど頻繁に起きていると嘆いてしまうのです。たとえば、「国民総生産」というタイトルの昔からある印刷広告では、米国林野局のマスコットキャラクター、ウッジー・アウルがこう言いました。「今年、米国人が生み出すゴミと汚染は、空前の規模になるでしょう」。アリゾナ州では、運輸局が毎週、道路脇から回収したゴミを高速道路沿いに積み上げて「ゴミの塔」を築き、誰の目にも留まるようにしました。アリゾナ州最大手の新聞社は、「ゴミだらけのアリゾナ」というタイトルで六週間の連載を行い、「近所で最もゴミが散乱している場所」の写真を募集しました。

こうした間違いは、環境対策プログラムにだけ見られるものではありません。さまざまな啓発キャンペーンが強調するのは、たとえば「アルコールや薬物に手を染める人の数は非常に多い」「十代の自殺率は憂慮すべき高さだ」「投票に行かない人が多すぎる」といったことです。こうした主張が真実であり、善意から発せられているとしても、発信する側は非常に重要な点を見落としています。「あの、望ましくないことを行っている大勢の人たちを、見てください」という嘆きには、効果を台無しにするメッセージが潜んでいます。それは「見てください。あんなに大勢の人がそれを*や*っ*て*い*ま*すよ」というメッセージです。一般に広まっている問題の性質を大衆に警告しようとするときに、公共サービスの広報担当者たちは、社会的証明の作用を通じて状況を悪化させているのかもしれません。

この可能性を探るために、同僚たちと私は、化石の森国立公園（そこでは平均すると、一日の訪問者の二・九五％が化石の盗みに手を染めています）で実験を行いました。私たちは公園内の盗難が多発している数カ所それぞれに、二種類用意した看板のどちらかを設置しました。調べたかったのは、大勢の人が公園で盗みを働いていると伝える看板と、ほとんどの人は盗みを働いていないと伝える看板それぞれの、盗難予防効果の強さでした。前者の看板は、公園入り口の看板のメッセージと同じく来園者に木を持ち帰らないよう訴え、三人の泥棒が盗みを働いている場面を描いていました。この場合、盗難発生率は三倍近く増え、七・九二％になりました。後者の看板でも木を持ち帰らないようにと訴えましたが、逆効果になる社会的証明のメッセージは用いず、一人で盗みを働いている泥棒を描くことによって、公園から木を盗む

図４・８　撮るか、盗るか

化石の森国立公園の来園者たちが珪化木の写真を撮っているところだが、なかには珪化木を盗《と》っていく者もいる。

Courtesy of US Forest Service

人はほとんどいないと伝えました。この看板は、盗難を（よくあることではなく）あまり起こらないこととして描いていましたが、その結果、窃盗の発生率を一・六七％まで引き下げました。

有害な行為をやめさせようとして、それが頻繁に行われているのを嘆くという手法から意図しない悪い結果が生じることは、他の諸研究でも報告されています。自らの摂食障害について数名の女性が語る教育プログラムに参加した後、参加者たちは摂食障害の症状をますます強く示すようになりました。ニュージャージーのティーンエイジャーを対象とした自殺防止プログラムで、自殺する若者の数が不安になるほど多いと伝えたところ、参加者の間では自殺が自分の問題の解決策になるかもしれないと考える傾向が強まりました。飲酒防止プログラム（参加者が仲間から繰り返し酒を飲むように勧められ、それを断るという役どころを演じる）に参加した後、中学生たちは、同年代の飲酒が思っていたよりもありふれたことだと考えるようになりました。要するに、説得を目的とした情報発信では、望ましくない振る舞いを当たり前のことのように思わせかねない情報の使用は、避けるべきなのです。

望ましくない行動の広がりを非難する傾向がもたらしかねない誤解は、他にもあります。問題となっている行動が、実はまったく広まっていなかったという場合も少なくないのです。広まっている気がするようになるのは、単にそうした望ましくない行動が起きているという、鮮明で熱のこもった発信がなされたためなのです。化石の森国立公園の珪化木盗難を例に考えてみましょう。ほとんどの場合、珪化木のかけらを公園から持ち帰る人は、ごくわずか（三％未満）です。それでも、公園の入場者数は年間六十万人以上のため、盗難件数は全体としてかなりの数になります。したがって、公園入り口の看板が、大量の化石が来園者によって持ち去られていると述べているのは正しかったわけです。そうだとしても、来園者の意識を盗難が破壊的な規則正しさで発生しているという事実にのみ集中させたことで、公園の運営者たちは二重の間違いを犯していたのかもしれません。盗難が蔓延していると（間違って）暗に示すことにより、社会的証明の力を公園の目標に抗う形で働かせてしまっただけでなく、（望ましい行動をとる訪問者たちが大多数であると伝えなかったために）目標を後押しできる嘘偽りのない社会的証明の力を利用する機会を逃しもしたのですから。これは大きな間違いです。[*14]

▼社会的証明という（未来への）近道

社会的証明に関する間違いはもう一種類あり、私自身もよくやっていました。私がこの原理について行った講演で、聴衆の数人から重要な質問を次々と受けたときもそうでした。質問はこんな具合でした。

「利用できる社会的証明が何もなかったらどうすればよいですか？　たとえば、私がほとんど知られていない起業したばかりの会社を経営していたり、その時点まで市場占有率や売上げや人気の面で話題になるほどの印象を残していないような製品を作っていたら？　そういった場合、私は何をするべきでしょうか」。私はいつもこんなふうに答えてきました。「そうですね、絶対にやってはいけないのは、社会的証明の欠如について嘘をつくことです。そんなことはせずに、うまく働いてくれそうな別の原理を使いましょう。権威ですとか、好意ですとか。希少性を利用するのも良いかもしれません」。

しかし、最近の研究が示すところによれば、社会的証明が存在しないなら社会的証明に関する証拠を使ってはいけない、という私のアドバイスは間違いです。情報の送り手が頼りにできるのは、すでにある社会的証明の証拠だけではありません。未来の社会的証明の証拠に頼っても、少なくとも同じくらいの好結果が望めます。

研究者たちは、人間の認知に生じるある重大な歪みを突き止めています。私たちは何らかの変化が流れ《トレンド》として現れると、それが同じ方向にさらに進みそうだと予想します。記録に残っている金融投資の上げ相場も、不動産バブルも、すべてこの単純な推定を燃料として生じたものです。価値の増加が続くのを見た人は、それがさらにエスカレートする未来を予測します。ギャンブラーは数回勝ちが続くと、良い流れが来ているから次の勝負でも勝てるだろうと想像します。私のようなアマチュア・ゴルファーは、この現象の証拠になるかもしれません。それまで二回続けてスコアが良くなっているのに気がつくと、あらゆる確率論やこれまでの経験を無視して、次にラウンドするときはスコアがもっと良くなるだろうと期待してしまうのです。実際、人々はかなり広い範囲の行動（その中には水の節約、肉をまったく食べないという選択、謝礼なしの調査への回答といった、ごく限られた人たちだけが行っているものも含まれています）について、今後も同じ変化の流れが続いていくだろうと信じています。

前節で論じた大きな間違いのときと同じく、こうした望ましい活動を行っているのはごく一部の人だけだと言われた場合、人はそれを自分でもやろうと思いにくくなります。しかし、その「ごく一部の人」の数がだんだん増えていると言われると、積極的に時流に乗り、自分でもその行動をとり始めるのです。例として、私が非常に精通しているある研究（なぜ精通しているかと言えば、研究者チームの一員だったからです）を取り上げましょう。私たちは大学生に、ある実験への参加を求めました。その実験では、参加者を三つのグループに分け、第一グループには、自分たちと同じ大学生のうち、ごく一部だけが自宅での節水に取り組んでいる、という情報を読ませました。第二グループには、節水に取り組んでいるのはごく一部の大学生だけだけれども、その数は過去二年間増え続けている、という情報を読ませました。最後の第三グループ（対照群）には、節水に関する情報を一切与えませんでした。

この段階で、これら三つの条件が、参加者の水の使い方にどう影響するかを密かに調べる準備が整いました。私たちは参加者全員に、新しい歯磨きブランドの消費者選好調査に参加してもらい、実験室の流しで歯を磨いた後、商品評価をするよう求めました。参加者たちは知りませんでしたが、流しにはメーターが設置されており、彼らが新しい歯磨きを試している間に使った水の量を測定していました。

結果は明瞭でした。対照群（自分たちと同じ大学生の節水行動について何も教わっていない人たち）と比べて、節水に取り組んでいる仲間はごく限られているという情報を読んだ第一グループの参加者たちは、水の使用量がずっと多くなりました。それどころか、全体で見ても一番使用量が多かったのです。彼らはこんなふうに考えたのかもしれません。ごく限られた人だけが節水に取り組んでいるというなら、大多数は水の無駄遣いを気にしていないということだ。そのため、彼らは多数派の例に倣ったのです。一方で、このパターンがひっくり返ったのが、節水に取り組んでいるのはごく一部だがその数は徐々に増えている、という情報を読んだ第二グループの参加者たちでした。彼らは歯を磨いている間の水の使用量が、最も少なくなりました。

この結果は、人は多数派に従うことを好むという、私たちが今まで見てきた研究とは矛盾しているように思われます。これをどう理解すればよいのでしょうか。この結果が示しているのは、ある傾向《トレンド》が見てとれるとき、社会的証明はもはやそれほど力を発揮しない、ということなのでしょうか。答えはイエスでもあり、ノーでもあります。すでに存在している社会的証明はもはや勝利を収めていないとしても、別の社会的証明が勝利しているのかもしれません。なぜなら、私たちはトレンドが同じ方向へ進み続けると考えるので、そこから読み取っているのは、他の人のこれまでの行動と現在の行動だけではありません。他の人たちの今後の行動についても読み取っているのです。したがって、トレンドは、特殊で強力な形態の社会的証明を伝えることができます。それは未来に関する社会的証明です。私たちの研究で実験参加者たちに、これからの六年間に彼らの仲間のどれくらいが自宅での節水に取り組むようになるか予想させてみたところ、第二グループの人たちだけが節水する人が増えると予想しました。それどころか、第二グループの参加者の多くが、六年後には節水に取り組む人が過半数を占めるだろうと予測したのです。

こうした結果を根拠に、現在人気の広がりに欠ける新商品を売りたいという人に対して、私はもう以前と同じアドバイスはしていません。社会的証明の原理ではなく何か別の原理を利用しましょうと言うかわりに、今後そう遠くない時期までに、売りたいものの人気が高まりそうだという嘘偽りのない証拠がありますかと尋ねています。そして、答えがイエスなら、その事実を中心に据えたメッセージを発信するように勧めています。受け手が予想するように、そうした証拠は真の価値と今後の人気を示していると考えられるからです。もし、今後そう遠くない時期までで言えば答えはノーだと言うなら、提供するものについて考え直し、大きな変更を加えるか、すっかり手を引くよう求めます[*15]。

防衛法

本章では、レストランのメニューに小さな変更を加える話から始め、その後、成果をあげた聖書販売戦略の紹介、殺人や自殺の記事へと話を移し、これらをすべて社会的証明の原理によって説明してきました。こうした広範囲にわたる行動に忍び込んでくる影響力の武器に対して、私たちはどのようにして身を守ればよいのでしょうか。難しいのは、たいていの場合、私たちは社会的証明が提供してくれる情報に対して、防衛態勢を取りたくないという現実があることです。どう振る舞うべきかを示す証拠というのは、たいてい正しく価値があるものです。それがあるおかげで、私たちは賛否両論を詳細に吟味することなしに、自信を持って星の数ほどある決定をしていくことができます。この意味で、社会的証明の原理は、多くの飛行機に装備されているような素晴らしい自動操縦装置を、私たちに提供してくれているのです。

しかし、自動操縦には時として現実的な問題が生じます。装置に入力された飛行情報が間違っていれば、問題が必ず起こります。そうした場合、飛行コースから外れてしまいます。誤りの大きさ次第では、厳しい結果が待ち受けることもあります。しかし、社会的証明の原理によって与えられる自動操縦は、敵というよりは味方であることが多いので、簡単に放棄するわけにはいきません。そこで、古典的な問題に突き当たることになります。私たちの幸福にとっては両刃の剣であるこの装置を、どのように使いこなしたらいいのでしょうか。

幸いなことに、このジレンマから逃れる方法が一つあります。自動操縦が支障をきたすのは、主として不正確なデータが装置に入力された場合なのですから、こうした事態に対処する最良の防衛法は、どういうときにデータが誤るのかを知ることです。社会的証明という自動操縦装置が、不正確な情報をもとに作動する状況に対して敏感になれば、その必要があるときは手動に切り替えて、自分で操縦桿を握ることができるのです。

▼自動的な行動に気をつける

誤ったデータが原因で、社会的証明の原理が役に立たなくなってしまう状況が二つあります。一つは、社会的証拠が意図的に歪められて提供される場合です。こうした状況を作り出すのは常に、それを悪用しようとする者たちです。彼らは、私たちにやらせたい行動を皆が行っているという印象（現実はどうかなど、知ったことではありません）を生み出そうとします。テレビのお笑い番組で使われる編集された笑い声も捏造されたデータの一種ですが、世の中にはもっと多くの詐術が横行しており、そのほとんどは見抜くことが可能です。

自動操縦は任意にスイッチを入れたり切ったりできるので、社会的証明の原理が教える針路を信頼して進んでいるときでも、間違ったデータが使われていることには気がつきます。そして気づいたならいったん自分で操縦桿を握り、誤った情報に修正を施し、自動操縦を再びセットすればいいだけです。社会的証拠の捏造に用心してさえいれば、うまく身を守れます。たとえば、第1章のEボックスを思い出してください。ネットの商品レビューがやらせである場合には、それがやらせである目印となる特徴がいくつかあります。詳細の欠落、一人称代名詞の多用、名詞よりも動詞が多い、などです。

私たちが身を守るために使える情報源は他にもあります。たとえば、二〇一九年に米連邦取引委員会法は、化粧品会社サンデー・ライリー・スキンケアを首尾よく告発しました。重役たちが社員に圧力をかけて、自社製品に好意的なレビューを投稿させていたのです。この事件はさまざまなメディアが大きく報じました。こうしたやらせの製品レビューに関するニュース記事には日頃から注意しておくのが良いでしょう。

もう一つ例を示しましょう。少し前に私は、街頭で普通の人が登場するコマーシャルの急増に注目しました。そうしたコマーシャルでは、多くの普通の人たちが、たいていは録画されているとは知らずに、何かの製品について熱心に話す姿が描かれます。その愉快な例は図4・9を参照ください。社会的証明の原理から予測されるように、「あなたや私のような普通の人々」からのこうした推薦は、非常に効果的な広告になります。そこには常に、比較的些細な種類の歪みが存在します。私たちが聞くのは、その製品を気に入っている人の話だけなのです。その結果、その製品を皆が支持しているかのような、不正確なイメージを受け取ってしまいます。

もっと不快で倫理にもとる種類の細工さえ、使われることがあります。コマーシャルの制作者たちはし

ある日テレビを見ていると、コマーシャルになった。アナウンサーが出てきて、湾岸戦争の動きでも伝えるかのような声で、こう言った。「さてこれから、アンジェラ・ランズベリーさん【訳註：Angela Lansbury。米国で活動する女優。『ジェシカおばさんの事件簿』などに出演】が、バファリンに関する消費者の方々からの質問にお答えします」。

普通の人間なら「はあ？」という反応が自然だろう。「アンジェラ・ランズベリーとバファリンに何の関係があるの？」と思うはずだ。このコマーシャルは、カメラが街に出ていって通行人を呼び止めるというスタイルで行われ、登場する人は皆、アンジェラ・ランズベリーにバファリンのことを質問するのである。たいていは「ランズベリーさん、バファリンはよく効く薬だから買ったほうがいいですか？」というような内容だ。

登場する消費者は皆、とても真剣な様子だ。まるで何カ月も飲まず食わずで放浪したかのように手を震わせ、こう言う。「バファリンについて質問があるんです！　どうしてもアンジェラ・ランズベリーに聞きたいんですよ！」。

我々がここで見る映像もまた、米国が長い間見て見ぬふりを続けるうちに深刻化してしまった問題、「火星からの消費者の侵入」の一例である。彼らは見た目こそ人間のようだが、行動は人間からかけ離れている。この国は乗っ取られようとしているのだ。

図４・９　ごく普通の火星人、路上に現る

Knight Ridder News Service

ばしば、本物の証言を手に入れる手間を省くようになっています。役者を雇って、「打ち合わせなしでインタビューに答える普通の人」を演じさせているのです。ソニー・ピクチャーズエンタテインメント社が、社員に同社映画『パトリオット』の熱烈なファンを演じさせたコマーシャルを、ネットワークテレビで流していたことが発覚しました。ファンを演じた社員の上司は、俳優を雇ったり社員を使ったりして推薦の言葉を述べさせるという詐欺的手法は「業界の常套手段」であり、やっているのはソニー・ピクチャーズだけではないし、エンターテインメント業界だけですらないと弁明しました。この種の偽造は他にもあります。たとえば、アルバイトを雇って映画館や店の前に行列を作り、高い関心を集めているように見せかけるのです。利益を増すために製品への人気の捏造に頼った事例は、アップル社のiPhoneがポーランドで初めて発売されたときにもありました。アップルの広告を担当していた会社は、iPhoneに有利に働く社会的証明の偽造を認めました。どうやったのでしょうか。広報担当者によれば、発売開始当日、「私たちは国内に二十あるアップル・ストアの前に（雇ったアルバイトを）並ばせて、関心を引いたのです」。

私の場合、影響を与えようとするこの種の試みに出くわすと必ず心の中の警報が鳴り、気をつけろ！　気をつけろ！　それは誤った社会的証明かもしれないぞ。いったん自動操縦を解除しろ、という明瞭な指示を与えてくれます。解除はとても簡単にできます。偏った社会的証拠を警戒するように意識するだけです。だまそうとする人々のいかさま行為に気づくまでは普通に進んでいき、気がついたときは攻撃に転じるのです。

そして、攻撃にかかるときは激しくいくべきです。誤った情報を無視するというのも確かに必要な防衛戦術ですが、ここで言っているのはそれ以上のことです。積極的な反撃の話をしているのです。可能なときはいつでも、不正な社会的証拠を作り出した責任者を苦しめてやる必要があります。「リハーサルなしのインタビュー」だと誤解させるようなコマーシャルや、サクラで作った行列と関係している製品を買うのは、やめるべきです。さらに、そうした商品の製造元のウェブサイトにコメントを投稿し、私たちの反応を説明し、その製品の非常に欺瞞的なコマーシャルを作り出した広告代理店やマーケティング会社とは、縁を切るように勧めるべきです。

私たちは自分がどう振る舞うかを決めるのに、いつも他者の行動を当てにしているわけではありません。賛否両論を子細に検討する必要がある重要な状況や、自分の専門分野においては、特にそうです。しかし多くの場面では、他者の行動が妥当な情報源として頼りにできることを望んでいます。そのような場面で、誰かが証拠に手を加えたためにその情報が信頼できないと分かったら、私たちは躊躇せずに仕返しすべきです。私はそのような場合、だまされたという不快感以上の思いに駆り立てられます。現代生活ではあまりにも多くの決定をしなければなりません。この重荷をなんとか軽くしようとする頼みの綱を悪用する人がいて、彼らのせいで私がどうしようもない窮地に追いやられてしまうと考えると、強い憤りを覚えます。彼らがそうしようと試みるとき、激しく反撃することによって、私は本当の意味での正義を感じることができるのです。もしあなたが、私と、そして私と似た大勢の人たちと同じ考えをお持ちなら、あなたも反撃するべきです。

▼よく見渡すこと

社会的証明が故意に歪められる場合だけでなく、社会的証明の原理が私たちを一様に間違った方向へと導いてしまう場合もあります。悪気のない自然な過ちが雪だるま式に多くの社会的証明を生み出し、それが私たちを誤った決定に駆り立てるのです。緊急事態の場面に居合わせた人たちが、心配することはないと思ってしまう集合的無知の現象は、この過程の一例です。

しかし、私が最もよい例だと思っているのは、だいぶ前にシンガポールで起きた出来事です。ある地方銀行の顧客が、さしたる理由もなく我先にと預金を引き出し始めました。なぜ、この至極健全だった銀行で取り付け騒ぎが起きたのかは、何年もの間謎のままでしたが、研究者が当事者たちにインタビューを行った結果、ようやくその原因が明らかになりました。騒ぎの当日、予告なしにバス会社のストライキが決行されたため、その銀行の前のバス停には普段は見られないような大きな人だかりができていました。通りすがりにそれを見た人々は、倒産しそうな銀行から皆が預金を下ろそうとしているのだと勘違いし、自分も預金を引き出さなければと大慌てで列に並びました。そして、それを見た別の通行人がまた並ぶ、という具合で大騒ぎに発展したのです。始業時間になってドアを開けてからいくらもしないうちに、銀行は本当に倒産してしまうのを防ぐために、ドアを閉めざるを得ませんでした。

この説明は、私たちの社会的証明に対する反応に、いくつかの洞察を与えてくれます。第一に、多くの人が同じことをしていると、彼らが何か私たちの知らないことを知っているに違いないと思ってしまうようです。特に自分に確信がないときは、群衆の集合的知識を過度に信用してしまいます。第二に、群衆の示す行動は誤りであることが非常に多いのです。なぜなら、彼らの行動は何らかの優れた情報に基づいているわけではなく、彼ら自身もまた、社会的証明の原理に反応しているだけだからです。

ここに一つの教訓があります。社会的証明のような自動操縦装置を、完全に信頼してはいけないということです。この装置に間違った情報を忍び込ませるような、悪意のある人がいなかったとしても、装置自体が故障してしまうこともあります。したがって、ときどき装置を点検し、状況の中にある他の証拠（客観的な事実、これまでの経験、自分自身の判断）にそぐわない反応をしていないかどうか、確かめなくてはいけません。

幸いなことに、こうした用心をするのには、それほど多くの労力も時間も必要ありません。ちょっと周りを見渡すだけで済みます。そしてこのささやかな予防措置は、やっておくだけの価値が十分にあります。社会的証明をやみくもに信頼していると、ときとして恐ろしい結果になります。たとえば、航空安全の研究家たちによる優れた分析が突き止めたところでは、多くのパイロットが見当違いの決定を下し、天候が悪化した後に飛行機を着陸させようとして事故を起こすのは、着陸を中止したほうがよいと告げているいくつもの物理的な証拠に、十分な注意を払っていなかったためでした。彼らは、積み上がった社会的証拠（先に着陸待ちの列に並んでいた飛行機がすべて無事に着陸したこと）を、重視しすぎていたのです。

パイロットが他機の列についていく場合、計器や窓の外を一度は確認すべきです。同じように、群衆という証拠に自分が釘付けになっているときには、周囲を定期的に見渡す必要があります。この簡単な安全確認を行わないと、誤った社会的証明に引きずられ、不運なパイロットやシンガポールの銀行と同じ運命をたどることになりかねません。[*16] クラッシュ（墜落、破綻）です。

●読者からのレポート4・6——競馬場の元従業員より

競馬場で働いていたとき、社会的証拠を捏造して、自分の利益を増やす方法があることに気がつきました。オッズ（掛け率）を上げてより多くの配当金を得るために、他の客が勝ち目のない出走馬に賭けるように導くのです。

競馬のオッズは、賭けられたお金によって決まります。賭けられる額が多いほど、その馬のオッズは下がります。競馬場は、レースや賭けの戦略についてほとんど知識を持ち合わせていない人が、たくさんやって来ます。そのため、特に出走する馬のことをよく知らない場合など、単純に人気馬に賭けてしまうことが多いのです。電光掲示板に最新のオッズが刻々と表示されるので、客はそのときの人気馬がどれなのか、手に取るように分かります。ハイローラー（一度に大金を賭ける人）がオッズを変えるために使うやり方は、本当に単純なものです。まず、勝ちそうだと思う馬を心の中で決めます。次に、高いオッズ（たとえば十五倍）の、勝つ見込みがほとんどない馬を選びます。売場の窓口が開いたとき、その人は勝ち目のないほうの馬に百ドル賭けます。すると、オッズが二倍程度の人気馬が、一時的に生まれることになります。

このとき、社会的証明の力が働き始めます。どの馬に賭けようか迷っている人は、すでに投票を終えた人がどの馬に賭けたかを調べるために電光掲示板に目を向け、人気の馬に自分も賭けるのです。そうすると、その結果を掲示板で見た客がまたその人気馬に賭けることになり、いわゆる雪だるま効果が起こります。そこでハイローラーは売場に戻って、本当に勝ちそうだと思っている馬に大金を賭けます。この時点では「新しい人気馬」が登場したことによって、その馬のオッズはずっと高くなっています。もしこの人が勝ったなら、最初の百ドルの投資は、その何倍にもなって戻ってくることになります。

私自身もこうした場面を目の当たりにしたことがあります。ある人がレース前に十倍のオッズがついた馬に百ドル賭け、人気馬を早々と作り出したのです。すると、先に賭けた人たちは何か情報をつかんでいるに違いないという噂が、競馬場で拡がり始めました。そして、もうおわかりのように、その後、誰もが（私自身も含めて）この馬に賭けたのです。結局その馬はビリになり、多くの人がたくさんのお金を失いました。でも、誰かは儲けたのです。誰なのかは分かりませんが、すべてのお金を手にした人がいるのです。その人は社会的証明の原理を理解していたと言えるでしょう。

著者からひと言——社会的証明の原理が最も強く働くのは、ある状況において不慣れで不確かな気持ちを持っていて、どう行動するのがベストかを知るために、自分以外の人にその証拠を求めなければならない人たちです。そのことが、この例にもはっきりと現れています。また、この事例では、その傾向がどう利用されるのかもはっきりと見てとれます。

まとめ

◎社会的証明の原理によると、人がある状況で何を信じるべきか、どのように振る舞うべきかを決めるときに重視するのが、他の人々がそこで何を信じているか、どのように行動しているかである。他人を模倣しようとする強い作用は子どもにも大人にも見られ、また、購買における意思決定、寄付行為、恐怖心の低減など、多様な行動領域で認められる。他の多くの人（多ければ多いほどよい）が応じた、あるいは応じていると告げることによって、その要請に応じるように促すことができる。したがって、ある商品が人気の品だと指摘するだけで、その商品の人気は高まる。

◎社会的証明は、三つの条件下において最も強い影響力を持つ。一つは不確かさである。人は、自分の決定に確信を持てないとき、あるいは状況が曖昧なとき、他の人たちの行動に注意を向け、それを正しいものとして受け入れようとする。たとえば、状況が曖昧だと、明確な緊急時と較べて、援助に関する傍観者の決定に他の傍観者の行動が大きく影響を与えるようになる。

◎社会的証明が強い力を発揮する第二の条件は、「人の多さ」である。他の人に倣《なら》おうとする気持ちは、「他の人」の数の多さに比例して強くなる。私たちはある行動を複数の人が行っているのを見ると真似しようという気になるが、それはその行動が、より①正しい／妥当であり、②実行可能であり、③社会的に受け入れられているように見えるからである。

◎社会的証明の情報を最適化する第三の条件は、類似性である。人は自分と似た他者、とりわけ仲間《ピア》の考えや行動に従う。この現象はピア・スエージョンと呼ぶことができる。類似した他者の行動が人の行動に強い影響力を持つことを示す証拠は、社会学者デイヴィッド・フィリップスが収集した自殺統計の中にはっきりと現れている。こうした統計は、自殺の記事が大きく報じられた後で、その自殺者と同じく悩みを抱えている人が自殺することを示している。ガイアナのジョーンズタウンでの集団自殺の分析からは、集団のリーダーであったジム・ジョーンズ師が、ジョーンズタウンの大部分の人々から動物の群れのような自殺反応を引き出すために、不確かさと類似性の両方の要因を使ったことが示唆されている。

◎社会的証明に関して多くの情報の送り手が犯す大きな間違いは、望ましくない行動（飲酒運転、十代の自殺など）をやめさせようとして、それがなされる頻度について嘆くことである。彼らは見落としているが、「あの、望ましくないことを行っている大勢の人たちを見てください」という嘆きには、「見てください、あんなに大勢の人がそれをやっていいますよ」という、効果を台無しにするメッセージが潜んでいる。その結果、社会的証明の原理を通じて、ときに状況がますます悪くなる。

◎伝えたいアイデア、大義、製品が広い支持を得ていないため、すでにある社会的証明を利用できない場合でも、支持が広がりつつあると嘘偽りなく説明することで、未来の社会的証明を利用できることがある。これは受け手が、支持の広がりという動きが今後も続くと予想するためである。

◎誤った社会的証明に影響されないために推奨される対策は、以下のとおり。①類似した他者の行動についての偽りの証拠に対する敏感さを養う。②自分の行動を決定する際には、類似した他者の行動だけを決定の基礎にしない。

第5章

権威

――導かれる服従

専門家に従いなさい。
（ウェルギリウス）

つい先日、韓国のジャーナリストから、「なぜ今、行動科学はこれほど注目されているのでしょうか？」という質問を受けました。理由はいくつもありますが、そのうちの一つは世界中の政府、企業、司法、医療、教育に関する諸機関と非営利団体にある、行動科学調査部門の活動と関係しています。最新データによれば、ここ十年足らずでそうした調査チームが約六百も増えており、現実世界のさまざまな問題の解決に行動科学の諸原理がどう使えるかを研究しています。先頭を切って誕生した英国政府の行動インサイトチーム（ＢＩＴ）では、特に多くの研究がなされています。

たとえば、どうすれば価値ある大義への寄付、特に大金を出せるだけの金銭的余裕のある個人からの寄付が増えるかを調べるために、ＢＩＴの研究者たちはさまざまな手法を比較しました。それぞれの手法によって、投資銀行の行員が給料一日分の金額をチャリティーに差し出そうとする割合を比べたのです。ある大手国際銀行のロンドン支店の行員たちは、同行が二つのチャリティー団体（「ヘルプ・ア・キャピタル・チャイルド」と「英国髄膜炎研究会」）のために行っている募金キャンペーンに、給料一日分を寄付してほしいという要請を受けました。第一グループ（対照群）は、金銭的なコミットメントを求める標準的な手紙を受け取りました。応じたのは五％でした。第二グループは、キャンペーンを応援している評判の良い有名人が頼みにやって来ました。好意を土台とするこの戦術に応じた人は七％でした。第三グループは、返報性を土台とするアピールを受けました。銀行に入った途端、ボランティアからまずお菓子の袋詰めを渡され、その後でキャンペーンへの参加を頼まれたのです。承諾率は一一％になりました。第四グループへの訴えには、権威の原理が組み込まれました。銀行にとってのキャンペーンの重要性と、選ばれたチャリティー団体の社会的価値とを説く、同行ＣＥＯからの手紙が届いたのです。このグループの承諾率は一二％になりました。第五グループには、返報性と権威の二つの影響力の原理が組み合わされました。ボランティアからお菓子を渡されたうえに、ＣＥＯから行員個人に宛てた手紙が届いたのです。承諾率は一七％を記録しました。

　はっきりしているのは、ＣＥＯの手紙が、単体で用いたときであれ、別の影響力の原理と組み合わせたときであれ、寄付への決断に大きな効果を発揮したということです。そうなったのは、手紙を受け取る側にとって、送り主が二種類の権威を持っていたからでした。第一に、彼は権威ある地位を占めています。受け手の組織内での立場を左右できるボスであり、その手紙は受け手個人に宛てられたものだったわけですから、その要請に従ったかどうかが分かってしまうはずです。加えて、ＣＥＯはある意味でその話題の権威でもありました。銀行にとってのキャンペーンの価値と、対象となるチャリティー団体固有の価値に関する、自らの知識を示していたからです。要請を行う側にこうした権威の特徴の組み合わせが備わっているときには、承諾が増えると考えられます。それどころか、この組み合わせによって行動科学の歴史上、最も驚くべき反応パターンの一つが説明できるのです。[*1]

こんな場面を思い浮かべてください。地元紙をパラパラとめくっていると、近くの大学の心理学研究室で実施されている「記憶の実験」への参加者募集広告が目に入りました。面白そうな実験だったので、あなたは研究責任者のスタンレー・ミルグラム教授に連絡し、一時間ほどかかる実験への参加を申込みます。研究室に着くと、あなたは二人の男性に会います。一人は実験を担当している研究者です。彼はグレーの実験服を着ており、クリップボードを手にしているので、すぐにそうと分かります。もう一人はあなたと同じ実験参加者で、あらゆる面で平均的な格好をしています。

挨拶をして簡単な会話を交わした後、研究者が実験の説明に入ります。「この実験は、罰が学習と記憶に及ぼす影響を明らかにするために行います。参加者の一人には、対《つい》になった単語で構成された長いリストを、暗唱できるまで覚えてもらいます【訳註：心理学では、こうした学習課題を対《つい》連合学習と呼んでいる。ミルグラムの実験における「学習者」は、事前に「青い―箱、よい――、野生の――……」というように、形容詞と名詞から構成される対になった言葉を提示されて、それらを覚えさせられる（後述のように「学習者」は実験協力者（サクラ）なので、実際には記憶しているわけではない）。その後、「教師」から対の一方の言葉（たとえば「青い」）を提示されて、他方の言葉を「空、インク、箱、ランプ」という四つの選択肢の中から選び、答えるという状況に置かれることになる】。この人は〈学習者〉と呼ばれます。もう一人の参加者は〈教師〉と呼ばれ、〈学習者〉の記憶をテストし、〈学習者〉が間違えたときには罰として電気ショックを与えます。電気ショックは〈学習者〉が間違えるたびに、少しずつ強くしていきます」。

当然、こうした説明に、あなたはちょっと心配になります。もう一人の人と一緒にくじを引いた結果、あなたが「学習者」を担当することになり、不安はさらに高まります。研究に参加して痛い思いをすることになるとは予想していなかったので、辞退しようかという考えが頭をよぎります。しかしすぐに、こう思い直します。やめるのはいつでもできるし、それにその電気ショックがどれほど強いのかも分からないじゃないか。

対《つい》にされた単語のリストを覚える時間を与えられた後、研究者があなたを椅子に固定し、腕に電極を取り付けます。「教師」はそれを見ています。あなたは電気ショックについて先ほどよりも心配になってきたので、それがどのくらい強いものか尋ねてみます。研究者の答えは安心できるものではありません。「強い痛みを感じるかもしれませんが、身体に〈跡が残る〉ほどではありません」。そう言って、研究者と「教師」はあなたを一人残して隣室へ移ります。「教師」はそこからインターホンを通じてあなたに問題を出し、あなたが答えを間違うたびに、電気ショックを与えます。

テストが始まってすぐ、あなたは「教師」の進める手順を理解します。「教師」は問題を出し、インターホン越しにあなたの答えを待ちます。あなたが間違えると、与える電気ショックの強さを知らせ、電気ショック・レバーを引きます。困ったことに、電圧の強さはあなたが間違うたび、十五ボルトずつ上がっていきます。

はじめのうち、テストは順調に進んでいきます。ショックは不快ですが、耐えられないほど強くはありません。しかし、誤答数が増えていくにつれて電圧はますます上昇し、そのせいでテストに集中できなく

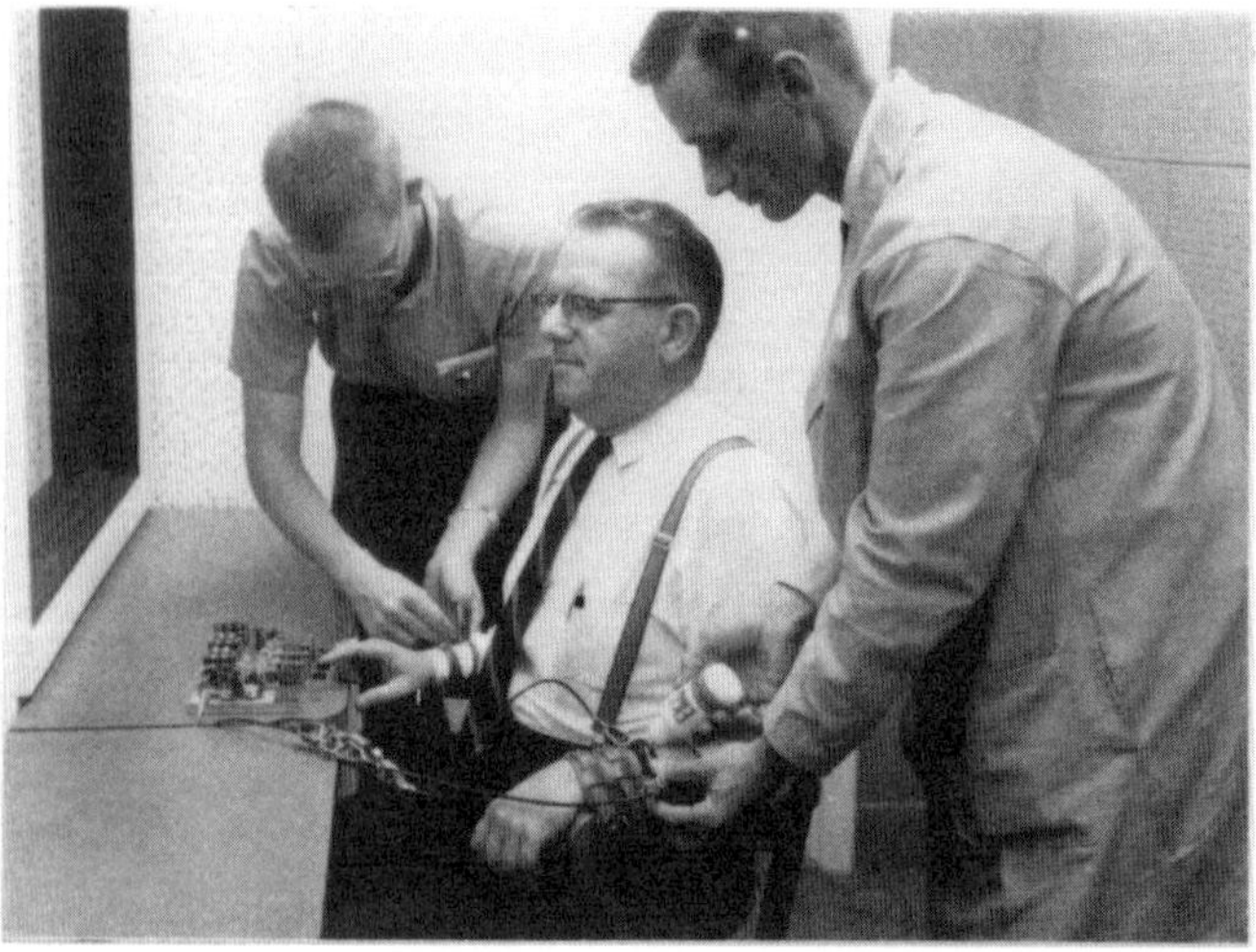

図5・1　ミルグラムの実験

写真は、グレーの実験服を着た実験者と、「教師」になる本当の被験者とが、「学習者」（「犠牲者」）を椅子に固定し、電極を取り付けているところ。

© Stanley Milgram, 1968; distributed by the Pennsylvania State University Media Sales

なってきます。そうなると、さらに誤答が増え、より強いショックを与えられることになります。電圧が七十五ボルト、九十ボルト、ついには百五ボルトにまで達し、痛みのために思わず声が出ます。百二十ボルトのショックを受けたとき、あなたはインターホンに向かって、ショックが冗談抜きできつくなってきたと言います。もう一段階強いショックを受けてうめき声を上げ、もうこれ以上の苦痛には耐えられないと判断します。「教師」から百五十ボルトのショックを与えられた後、あなたはインターホンに向かって叫びます。「もうたくさんだ。ここから出してくれ。お願いだから出してくれ！」

「教師」と研究者が解放しに来てくれるだろうという期待に反して、「教師」

は淡々と次の問題に移ります。それに驚き困惑して、あなたは最初に思い浮かんだ答えをもぞもぞと口にします。もちろんこれも間違いで、「教師」は百六十五ボルトのショックを与えます。あなたは実験を中止して部屋から出してくれるよう、「教師」に向かって叫びます。しかし彼はさらに次の問題を出すだけです。そして、あなたが怒りを込めて答えた回答も間違っていたため、彼は切り裂くような痛みのあるショックをあなたに与えます。もはやこんな状態には我慢できません。ショックは非常に強く、のたうち回って金切り声を上げてしまうほどです。あなたは壁を蹴り、解放してくれと要求します。「教師」に助けてくれと頼みます。しかし、今までと変わらずテストは続き、恐ろしいショックが与えられます。百九十五ボルト、二百十ボルト、二百二十五ボルト、二百四十ボルト、二百五十五ボルト、二百七十ボルト、二百八十五ボルト、そして三百ボルト。あなたはもう問題に正しく答えるのは無理だと判断し、これ以上は回答しないと「教師」に叫びます。しかし、状況は何一つ変わりません。「教師」は、答えないことも間違いだと判断して、もう一段階強いショックを与えます。苦しい体験はいつまでも続き、ついには気絶してしまいそうな状態になります。もはや叫ぶことも、もがくこともできません。恐ろしい電気ショックをただ受け続けるだけです。おそらく、何も反応しなければ、「教師」だって実験をやめるだろうと、あなたは思います。実験を続ける理由は何もないのだからと。しかし、「教師」は執拗に出題し続け、忌まわしい電気ショックの電圧レベルを告げ（今や四百ボルトを超えています）、レバーを引きます。こいつはどういう人間なんだろう。あなたは混乱した頭の中で思います。なぜ私を助けてくれないのだろう。なぜ実験をやめてくれないのだろう。

権威の持つ影響力の強さ

ほとんどの読者が、まるで悪夢のような話だと思ったことでしょう。しかし、このシナリオがどれほど悪夢めいているかを真に理解するために、知っておくべきことがまだあります。それは、この話がほぼ実話だということです。ミルグラムという心理学者が、実際にこのような実験を行いました。実験で「教師」役を務めた参加者は、壁を叩き、金切り声を上げて懇願する「学習者」に対して、強い危険な電気ショックを与え続けました。ただし、このシナリオの実験手続きには一つ、現実とは違っている点があります。実際には電気は流れていませんでした。苦しみの中で情けと解放を求めて叫び続けた「学習者」は、実は実験参加者ではなく役者で、ショックを受けている演技をしていただけでした。ミルグラムの研究の真の目的は、罰が学習や記憶に及ぼす効果とは何ら関係がなかったのです。実験の目的はまったく別の疑問、「何の罪もない他者に苦痛を与えるよう、権威のある人物から指示された場合、普通の人はどの程度の苦痛まで与えようとするだろうか」の解明でした。

実験の結果は、私たちをとても不安な気持ちにさせます。例の「悪夢」とほとんど同じ状況において、たいていの場合、「教師」は研究者からの指示に逆らうことなく、可能な限り強い苦痛を「学習者」に与えました。約三分の二の参加者は、犠牲者（学習者）の懇願に一切耳を貸さず、自分の前に並んだ三十本の電気ショック・レバーを次々に引き、研究者が実験終了を告げる最後の一本（四百五十ボルト）まで引き続けたのです。さらに不安をかき立てることに、この研究に参加した四十人の参加者のほぼ全員が、「教師」としての自分の仕事を途中で投げ出しはしませんでした。犠牲者が最初に解放を要求したときも、その後で解放を懇願するようになっても、さらにショックに対する犠牲者の反応が、ミルグラムの言葉を借りれば「とても辛そうな叫び声」になったときでさえも、「教師」としての仕事を続けたのです。

ミルグラムをはじめ、研究プロジェクトに参加した誰もが、この結果に驚きました。実は実験を始める前に、ミルグラムは実験の行われたイェール大学の教員や大学院生、心理学専攻の学生に実験の手続きを読ませ、最後（四百五十ボルト）の電気ショックまで与える参加者がどれくらいいるか、予測させていました。回答は一〜二％の範囲に集中していました。三十九人の精神科医からなる別のグループは、最後まで続けるのは千人に一人と予測しました。つまり、実験で明らかになったような行動パターンを事前に予測できた人は、誰もいなかったのです。

こうした驚くべき行動パターンを、どう説明したらよいのでしょうか。数人が論じているように、参加者が全員男性だったことが原因かもしれません。男性は女性と比べて、攻撃性が高いことが知られています。そのような高い電圧のショックが引き起こしかねない危害を、参加者が理解していなかったのかもしれません。あるいは参加者全員が、苦痛を与える機会を楽しむような、道徳性に欠けた人々だったのかもしれません。しかし、これらの可能性それぞれに反証が存在します。まず、その後の実験によって、逆らうことなく最後まで犠牲者に電気ショックを与える傾向に、参加者の性別は関係ないことが明らかになりました。女性の「教師」も、ミルグラムの最初の実験の男性参加者と、まったく同じように行動したのです。

別の実験では、犠牲者の身体的な危険性に参加者が気づいていなかったのではないか、という説明に検討が加えられました。この実験で犠牲者は、自分には心臓疾患があり、電気ショックで心臓がおかしくなってきたと「教師」に告げるように、研究者から指示を受けていました。そこで、彼は実験の途中でこう言いました。「もうこれで終わりにしてください。ここから出してください。心臓疾患があるって言いましたよね。何だかちょっとおかしいんです。これ以上続けるのは嫌だ。出してくれ」。しかし、結果は同じでした。六五％もの参加者が忠実に自分の義務を遂行し、最後の四百五十ボルトまで、すべてのレバーを引いたのです。

　最後に、ミルグラムの実験参加者たちは、一般市民の代表とはとても言えないような心の歪んだサディスティックな人の集まりだったという説明も、満足のいかないものであることが判明しました。新聞広告に応募してミルグラムの「記憶」実験に参加した人たちは、年齢、職業、学歴に関して、私たちの社会における標準的な層を代表していました。さらに、後で実施された一連の性格テストの結果から、これらの人たちは心理学的に見てまったく正常であり、精神障害の徴候は微塵も認められませんでした。実際、彼らはあなたや私と同じような人たちでした。あるいは、ミルグラムが好んでそう表現していたように、彼らは、あなたや私なのです。もし彼が正しくて、そのぞっとするような結果が私たちにとって他人事でないなら、まだ説明のついていないこの疑問は、嫌になるほど身近な問題になってしまいます。なぜ、私たちは、こんな真似ができるのでしょうか。

　ミルグラムはその答えを知っていると確信していました。彼が言うには、それは私たちの心に深く根ざした、権威に対する義務感と関係があります。あの実験場面で参加者（「教師」）は、実験をやめるべきかどうか、心も身体も大混乱をきたしていました。しかし、ボス（実験用の白衣を着た研究者）は、参加者に自らの義務を遂行するよう促し、また必要とあらば命令しました。ミルグラムによれば、このボスの意向に参加者が反抗できなかったところに、真の問題があるのです。

権威に対する服従という、ミルグラムの説明を支持する証拠は強力なものです。第一に、研究者からの続行命令がなければ、参加者がすぐにも実験を中止したであろうことは明白です。彼らは自分のしていることが嫌でたまらず、犠牲者（「学習者」）の苦しむ姿を見るのが辛かったのです。研究者にやめさせてくれと懇願しました。研究者に拒まれ作業を続けましたが、その間も手を震わせ、汗をかき、首を振り、抗議の言葉を漏らし、犠牲者を解放してほしいという懇願を繰り返したのです。自分の爪を身体に食い込ませ、血が出るほど唇を噛み締め、両手で頭を抱え込んでいました。なかには、自分でコントロールできない神経質な笑いの発作に、見舞われる人もいました。ミルグラムの最初の実験を観察していた人は、ある参加者の様子を次のように描写しています。

立派な、そして落ち着いた様子のビジネスマンが、ほほえみながら自信を持って実験室に入って来た。だが彼は、二十分も経たないうちに身体をこわばらせ、吃《ども》りながら話す頼りない人になりさがり、今にも精神のたがが外れそうになっていた。ずっと耳たぶを引っ張り続け、両手を組んで落ち着かない様子で動かしていた。実験がさらに進んだある時点で、拳を額に押し当てて呟いた。「もう勘弁してくれ。やめさせてくれ」。それでも実験者の言葉の一つ一つに返事をし、最後まで従った。

こうした観察に加えてミルグラムは、権威への服従という解釈を支持する、いっそう強力な証拠を提出しています。その後の実験で、彼は研究者と犠牲者（「学習者」）の役回りを入れ換えました。研究者が実験の中止を命じ、犠牲者が勇敢にも「教師」に実験の続行を強く求めるようにしたのです。その結果は非常に明白でした。さらに強いショックを与えるように要求するのが、仲間の実験参加者（犠牲者）だけだった場合、参加者（「教師」）全員がそれを拒否したのです。これと似た別の実験でも、まったく同じ結果が認められました。その実験では、研究者と仲間の実験参加者の役割を入れ替えて、研究者が椅子に縛りつけられ、仲間の実験参加者が、研究者の抗議にもかかわらず「教師」に実験の続行を命令しました。この場合も、誰一人として、次の電気ショック・レバーに手を触れようとはしませんでした。

ミルグラムの研究の参加者が、どれほど従順に権威の命令に従っていたかは、さらに別の実験でも示されています。そのときには、「教師」は二人の研究者と一緒に実験を行い、その二人から互いに矛盾する命令を受けることになりました。犠牲者が解放してくれと叫んだとき、研究者の一人は実験の中止を、もう一人は続行を命じました。この互いに矛盾した命令は、この研究プロジェクトにおける唯一の笑い話めいたエピソードを生みました。悲喜劇的な困惑の中で、参加者は二人の研究者を交互に見ながら、なんとか命令を一つにまとめるように懇願しました。「ちょ、ちょっと待ってくださいよ。どうしたらいいんですか。一人はやめろと言うし、一人は続けろって言う。いったいどっちなんですか」。研究者たちが言い争いをやめないでいると、参加者は一生懸命、どちらがより有力なボスであるかを判断しようとしました。いずれか一人を「最高」権威者と見定めてその人物に従う、というやり方もうまくいかないのが分かると、どの参加者も最終的には自分の本能に従って、電気ショックを与えるのをやめました。他の実験にも同じことが言えますが、もし参加者の動機の中に、サディズムや神経症的な攻撃性が何らかの形で含まれているならば、このような結果は得られなかったはずです。

　ミルグラムには、蓄積されたデータから、ぞっとするような現象を示す証拠が繰り返し現れているように見えました。「人は権威者の命令にはとにかく従おうとするということが、この研究の主たる知見である」。これは別の形態の権威、つまり政府の、一般国民からぞっとするほど高いレベルの服従を引き出す力について心配している人々にとっては、気のふさぐ結果です。さらにこの結果から、権威の影響力が、いかに強力に私たちの行動をコントロールしているかが分かります。ミルグラムの実験参加者が与えられた課題に身悶えし、冷汗をかきながら苦しんでいるのを目の当たりにして、彼らをそのようにさせてしまう力の存在を誰が疑うでしょうか。

　それでもまだ疑問が残っている人には、S・ブライアン・ウィルソンの話が分かりやすいでしょう。一九八七年九月一日、ウィルソンはニカラグアへの軍装備品の輸送に抗議して、二人の仲間とともにカリフォルニア州コンコードの海軍兵器庫から延びる線路に身を横たえました。彼らは、自分たちの行為が、当日の列車の運行を止めることになるだろうと確信していました。というのも、彼らは三日前に、自分たちの意図を海軍と鉄道会社に通告していたからです。しかし、列車を止めるなと命令されていた運転士は、約二百メートル前方に三人の姿が見えていたにもかかわらず、スピードを落とすことさえしませんでした。他の二人はどうにかその場から逃げ出しましたが、ウィルソンは逃げ遅れ、両足の膝から下を切断されてしまいました。事故現場では海軍の衛生兵が彼の手当をすることも、海軍の救急車で病院へ搬送することも拒否したので、その場にいた人たち（そこにはウィルソンの妻子もいました）は、自分たちで止血をするしかありませんでした。民間の救急車がやっと到着したときには、すでに四十五分が経過していました。

驚くべきことに、ベトナム戦争に四年間従軍したウィルソンは、自分の被った災難について、運転士や衛生兵を責めはしませんでした。そのかわり、服従への圧力によって彼らの行動を強制したシステムに、異を唱えたのです。「彼らは俺がベトナムでやったのと、同じことをやっていたにすぎないんだ。正気でない政策に基づいた命令に従ったまでさ。彼らは被害者なんだよ」。運転士たちは、彼ら自身もまた被害者であるという解釈をする点ではウィルソンと同じでしたが、度量の大きさという点では、だいぶ違っていました。そして、この事件の最も驚くべき部分に話は進みます。列車の運転士が損害賠償を求めて、なんとウィルソンを訴えたのです。ウィルソン氏のせいで命令遂行時に彼の足を切断するしかなくなり、そのために「屈辱感、精神的苦痛、身体的ストレス」という損害を被ったというのです。感心にも米国の司法制度は、即座にこの訴えを退けました。[2]

盲目的な服従の持つ魅力と危険性

人間をある行動に駆り立てるような強力な動機を目の当たりにすると、その動機にはそれなりの存在理由があるはずだと考えるのが自然です。権威への服従という動機の場合には、人間社会の組織について少し考えるだけで、たくさんの理由が浮かんできます。幾重にも重なり、そして広く行き渡っている権威のシステムは、社会に多大な利益をもたらしてきました。それらが存在したからこそ、資源の生産、貿易、国土防衛、領土拡大、社会統制のための洗練された仕組みを発展させることができたのです。その反対の極にあるのが無政府状態です。それは文化を持っている集団に対して何の利益ももたらさず、社会哲学者トマス・ホッブズが、人生を「孤独で、貧しく、汚く、残酷で、はかない」ものにしてしまうと断言した状態です。したがって、私たちはこの世に生まれて以来、適切な権威に従うのは正しく、従わないのは間違いだと教育されています。このメッセージは、子どもの頃には家でのしつけや、小学校で習う唱歌、物語、童謡の中に盛り込まれ、成人になってから遭遇する法律、軍隊、政治の各システムの中にも受け継がれています。正当な権威に服従し忠誠を尽くすという考えは、それぞれのシステムにおける価値観と非常によく合致しています。

宗教的な教えも同じように貢献しています。たとえば、聖書で一番最初に描かれているのは、究極の権威に従わなかったためにアダムとイヴ、そして全人類が楽園を失ってしまった顚末です。このたとえ話が分かりにくければ、もう少し旧約聖書を読んでいった先に、聖書の中で最もミルグラムの実験に近いエピソードが描かれています。そこでは、神から（何の説明もなく）命令されたがゆえに、幼い息子の心臓に短剣を突き刺そうとしたアブラハムの心情が、丁寧に描写されています。この物語から、ある行為が正しいかどうかは、外見上の非常識さや有害性、不公正、あるいは常識的な道徳的基準ではなく、より高い権威の命令によってのみ決まるということを、私たちは学ぶのです。アブラハムの苦痛に満ちた試練は服従のテストであり、彼は（おそらく幼い頃にアブラハムから教訓を得ていたはずの、ミルグラムの参加者たちと同じように）合格しました。

アブラハムやミルグラムの参加者の話は、私たちの文化における服従の力と価値について、多くのことを教えてくれます。しかしながら、別の意味ではこれらの話は誤解を招くかもしれません。権威者の命令に従うべきか否かについて、私たちがそこまで悩むことは滅多にありません。それどころかたいていの場合は、ほとんど何も考えずに「クリック・実行《ラン》」方式で服従してしまいます。権威と認められた人からの情報は、ある状況でどのように行動すべきかを決定するための、思考の近道を提供してくれるからです。

結局のところミルグラムが示唆するように、権威者の命令に従うことは、常に私たちに現実的な利益をもたらしてくれるのです。幼い時期において、こうした人々（親や教師）は私たちより多くのことを知っており、彼らの忠告に従えば自分のためになると、私たちは学習します。それは、一つには彼らが私たちより多くの知識を持っているからであり、もう一つには、彼らが私たちの賞罰を決められるからです。成人になっても、従う相手が経営者や裁判官、政府のリーダーに替わりこそしますが、同じような理由で服従は利益をもたらします。権威ある地位にいる人はそれだけ情報や権力を握っているわけですから、正当に確立された権威者の意向に従うのは、理屈に合っています。理屈に合いすぎているせいで、私たちはしばしば、まったく理屈に合わないような場合であっても、思わず権威者に従ってしまうのです。

もちろん、このパラドックスは影響力の武器すべてに当てはまります。今論じている例の場合なら、権威者に服従すれば報われる場合が多いと知った途端、私たちはたちまち、自動的な服従の利便性に頼るようになります。そうした盲目的な服従の恩恵でもあり、呪いでもあるのが、その機械的な性質です。考える必要がないので、考えなくなります。盲目的な服従は多くの場合、私たちに適切な行動をとらせてくれますが、私たちは考えているのではなく単に反応しているだけなので、明らかに不適切な行動をとってしまう場合も出てきます。

私たちの生活の一場面から、権威者の圧力が明白で、強力な例を挙げてみましょう。それは医療です。

健康は私たちにとって非常に重要なものです。そのため、この領域において膨大な知識と影響力を持つ医師は、尊敬されるべき権威を持つ地位についています。さらに、医療組織は明らかに、権力と特権が階層化された構造になっています。種々の医療従事者はこの構造の中で、自分の仕事がどの階層にあるかをよくわきまえています。医学博士がトップにいることも、よく理解しています。おそらく、ある症例に対する医師の判断は、その医師より高い地位にいる医師でもなければ、覆《くつがえ》すことができません。その結果、医師の命令に対する自動的な服従という伝統が、医療従事者の間で長く培われてきました。

ここに、困った問題の生じる可能性があります。医師が明らかな間違いを犯したときでも、階層構造のなかでその医師より地位の低い人が医師の判断を疑問に思うことはありません。一度、正当な権威者が命令を下すと、部下はその状況において考えることを停止し、単に反応するだけになってしまうからです。この種の「クリック・実行《ラン》」反応が複雑な病院の環境の中に入り込めば、間違いが起こるのは避けられません。実際、議会に医療政策について助言している米国医学研究所によれば、入院患者は少なくとも一日一度は投薬ミスの危険にさらされていると考えられるのです。他の統計が示す数字も、やはりぞっとするものです。医療ミスを原因とする米国の年間死者数はあらゆる種類の事故死の合計より多く、また世界全体で見れば、一次診療と外来を受診した患者の四〇％が、毎年医療ミスの被害を受けているというのです。

患者が被る医療ミスはさまざまな理由で生じます。しかし、テンプル大学の薬学教授マイケル・コーエンとニール・デイヴィスは『投薬ミス——その原因と対策』という本の中で、そうしたミスの多くは患者を担当している「ボス」、つまり担当医に対する盲目的な服従に原因があると述べています。コーエンによれば、「いかなるケースでも、患者や看護師、薬剤師、担当医以外の医師たちは、処方箋に疑問を持つことはない」のです。例として、コーエンとデイヴィスがあるインタビューで報告した、「直腸の耳痛《じつう》」という古典的な事例を取り上げてみましょう。ある医師が感染症で痛みを訴えている患者の右耳に、点耳薬を差すように指示しました。その医師は処方箋にはっきり「Right ear」（右耳）と書かず、Rightを略して「place in R ear」と書きました【訳註：担当医師は「右耳に投与」というつもりでこう書いたが、略されたRとearをつなげて「お尻（Rear）に投与」と読むこともできる】。処方箋を受け取った担当の看護師は、点耳薬を指示された通りの滴数だけ患者の肛門に差したのです。

耳痛のために直腸を治療するのが理屈に合わないことは明らかです。しかし、患者も看護師も異議を唱えませんでした。この話から学ぶべき重要な教訓は、正当な権威者が発言している状況では、多くの場合、それ以外の状況なら当然のことが不適切になるという点にあります。私たちは状況を全体としてとらえるのではなく、その状況の一部分だけに注目し、反応してしまっているのです。*3

こうした考えなしのやり方で行動しているとき、承諾誘導の専門家がそれを利用しようとしているのは間違いありません。医療の分野に目を戻せば、広告主たちは頻繁に俳優を雇って、私たちの文化において尊敬されるにふさわしい医師を演じさせ、自社製品の効能を説かせていることに気がつきます。私がよく挙げる例は、ヴィックス・フォーミュラ・44咳止めシロップのテレビコマーシャルです。出演俳優のクリス・ロビンソンは、一九八〇年代にお昼の人気ドラマ『ジェネラル・ホスピタル』で、リック・ウェバー医師という主要登場人物を演じていました。コマーシャル冒頭でロビンソンは、「私は医者ではありませんがテレビで医者を演じています」と言い、それから若いお母さんへの助言として、ヴィックス・フォーミュラ・44の効能を伝えます。コマーシャルは大成功し、ヴィックス・フォーミュラ・44は売上げを大きく伸ばしました。

なぜ、このCMに大きな影響力があったのでしょうか。いったいなぜ、私たちは俳優クリス・ロビンソンが語る咳止め薬の効能を鵜呑みにしたりするのでしょうか。それは、彼を起用した広告会社には分かっ

●読者からのレポート5・1——テキサス在住の大学教授より

私はペンシルバニア州ウォレンのイタリア人地区で育ちました。ときどき、家族や知人に会うために故郷に帰ります。最近はどこでもそうですが、家の近くもイタリア特産品を扱う小さな専門店はなくなり、代わりに大きなスーパーマーケットができています。先日、実家に帰ったとき、母からトマトの缶詰を買ってくるように言われ、スーパーマーケットに行ったのですが、お目当てだった「ファーマノ」(Furmano)のダイスカットのトマト缶詰は、ほとんど売り切れていました。ですが、ほとんど空になった棚のすぐ下の棚を探してみたところ、ぎっしりと山積みにされた「ファーマン」(Furman)というトマト缶詰を発見しました。そのとき缶のラベルをよく見て気づいたのですが、ファーマノという会社の正式名はファーマン(Furman【訳註：一九二一年に設立された米国の食品会社で、一九六二年にブランド名をFurmanoに変更した】)だったのです。この会社は自社製品の一部にだけ、社名の最後に「O《オー》」を付け加えて出荷していたのです。おそらくイタリア料理の食材を売る際には、名前が母音で終わっていると、権威あるブランドのように見られるからでしょう。

著者からひと言——このレポートを送ってくれた男性は、最後に「O《オー》」を付けることは、その店の客に影響を及ぼす際に、二重の役割を果たしているともコメントしています。つまり、「O《オー》」の字を加えることによって、イタリア人地区でメーカーに権威を与えているだけでなく、そのメーカーと客が類似しているように見せることで、好意の原理も利用しているのです。

図5・2　「私は医者ではありませんが、テレビで医者を演じています」的な広告
俳優が医師を演じている写真は、頭痛、アレルギー、風邪など、日々の健康問題と関わるさまざまな薬の広告で頻繁に使われている。内科医の装身具（白衣、聴診器など）をいろいろ使った描写は、広告が俳優を医者だと明言していない限り許されている。
© *iStockphoto*

ていたとおり、彼が視聴者の心の中でリック・ウェバー医師（高い評価を受けたテレビ番組で、彼が長期間演じた役柄）と結びついていたからです。客観的には、単に医師を演じただけの俳優と分かっている人物のコメントに影響されるのは筋が通りませんが、実際には権威を感じたときに生じる考えなしの反応があるので、ロビンソンのおかげで咳止めシロップが売れたのです。

そのコマーシャルの有効性を示す証拠もあります。一九八六年にクリス・ロビンソンが脱税で捕まった際、ヴィックス社はコマーシャルを打ち切るのではなく、出演者をお昼の人気テレビドラマ、『オール・マイ・チルドレン』で内科医を演じた別の俳優（ピーター・バーグマン）に切り替えただけでした。出演者の交替以外、コマーシャルに目立った変更は何もなかったのです。注目すべきは、有罪判決を受けたというのに、クリス・ロビンソンが外部通勤プログラム【訳注：受刑者に刑務所から出勤して働くことを許す作業プログラム】のもと、『ジェネラル・ホスピタル』への出演を続けられたところです。懲役刑を受けている俳優の場合にはまず許されない扱いが、なぜ彼には認められたのでしょうか。おそらくその理由は、彼がテレビで医者を演じていたことにあります。

中身ではなくうわべ

ヴィックス・フォーミュラ・44のコマーシャルを初めて見たときから、私にとって最も興味深い点は、本当の権威を一切使わずに権威の力を利用できているところでした。うわべだけで十分だったのです。ここから、私たちが権威者に対して考えずに行ってしまう反応について、重要なことが分かります。「クリック・実行《ラン》」モードにあるとき、私たちはしばしば権威の実体と同じくらい、その権威を表すシンボルにも影響されやすくなっているのです。

シンボルのいくつかは、私たちの承諾を確実に引き出すことができます。そのため、それらのシンボルは、実体の乏しい丸め込みのプロたちによって利用されています。たとえば、詐欺師は権威を示す肩書きや服装、装飾品で自分を包み込みます。彼らは、上品に着飾って素晴らしい車から降り、「カモ」となりそうな人を相手に医師、裁判官、大学教授、あるいは理事だと自己紹介するのが、何よりも好きです。そのように自分を飾ると、他の人からの承諾が格段に得られやすくなることを知っているのです。これら三種類の権威のシンボル（肩書き、服装、装飾品）にはそれぞれ固有の性質があるので、順に一つずつ見ていくことにしましょう。

▼肩書き

肩書きは獲得するのが非常に難しくもあり、同時に易しくもある権威のシンボルです。普通は肩書きを得るためには、何年も仕事を続けて業績を積む必要があります。しかし、こうした努力を一切しない人でも、ラベル付けするだけで承諾を自動的に得ることができます。これまで見てきたように、テレビコマーシャルに出ている俳優や詐欺師たちは、それを常にうまくやっています。

最近、私はある友人（東部にある有名大学の教授です）と話をしました。彼は、肩書きがその持ち主の本質よりも強く私たちの行動に影響していることを、はっきりと示す例を教えてくれました。その友人はよく旅行に出かけますが、バーやレストラン、空港で、見知らぬ人とちょっとした会話を楽しむそうです。多くの経験から、彼はこうした会話の最中は、教授の肩書きを決して明かすべきでないと学びました。そうした途端、会話の流れが変わってしまうのだそうです。それまで自分から進んで話をし、愉快な会話相手だった人が突然、お上品で、うなずくばかりの、退屈な相手に変わるのです。それまでは、友人が意見を言えば丁々発止のやり取りが生まれていたのに、もはや相手はあらたまってしまい、正しい文法と言葉遣いで話を合わせてくれるだけです。友人はこの現象に苛立ちを覚え、また多少困惑した（「だって、教授だろうとなんだろうと、私は彼らがそれまで三十分も一緒に話していたのと同じ人間なんだよ」というのが友人の弁です）ため、今ではこうした場合にいつも職業を偽ることにしているそうです。

普通、肩書きを偽るというのは承諾誘導の使い手がするように、実際には持っていない肩書きを持っているように見せかけるものですが、友人はこれとまったく逆のことをしているわけです。ただ、いずれの場合も、そのような偽りが示しているのは権威のシンボルが行動に及ぼす影響力の強さです。ところで、友人はどちらかというと背が低いのですが、もし彼が次の事実を知っていたなら、果たしてかたくなに自分の肩書きを隠し通そうとしたか疑問に思います。実は、肩書きによって見知らぬ人を自分の言いなりにさせられるだけでなく、自分の背丈を実際より高く見せることもできるのです。権威の有無が、大きさの知覚に及ぼす影響を調べた研究では、高名な肩書きを持っていると身長が実際よりも高く知覚されることが分かりました。たとえば、オーストラリアの大学生五クラスを対象にして行われた実験では、ある人物が英国のケンブリッジ大学から来た人だと紹介されました。ただし、ケンブリッジでの彼の地位は、クラスごとにわざと変えて伝えられました。一つ目のクラスでは学生として紹介され、二番目のクラスでは実験助手、その他のクラスではそれぞれ、講師、准教授、教授として紹介されました。彼が部屋を出て行った後、各クラスの学生は彼の身長を推測するように言われました。その結果、地位が上がるごとに同じ人物の身長が、平均一・五センチメートルずつ高く知覚されることが明らかになりました。ですから、「教授」として紹介されたときには「学生」として紹介された場合より、六センチメートルも高く知覚されていたことになります。他の研究では、選挙で勝利した政治家は、選挙前よりも背が高くなったように、有権者の目には見えることや、大学生にある課題の「責任者」という高い地位の役割を割り振ると、(「助手」という地位を割り振ったときと比べて)自分の背の高さを実際よりも高めに考えることが分かっています。

　人は大きさと地位を関連づけるものなので、大きさに地位の代理をさせて何らかの利益を得ることができます。個体の地位が優位性に基づいて決められている動物の社会では、個体の身体の大きさが、集団内での地位を決定する重要な要因となります。同種のライバル同士で戦うとき、勝つのはたいてい大きくて力のあるほうです。しかし、そのような肉体的な争いが集団に有害な影響を与えるのを避けるために、多くの種が戦い以外の対決方法を取り入れています。ライバル同士、互いに相手に対する派手な攻撃性を示して向かい合いますが、このとき常に自分の身体を大きく見せるトリックが使われます。多くの哺乳類が背を丸めて毛を逆立てます。魚はひれを広げ、水で自分の身体を膨らまします。鳥は翼を広げて羽ばたきます。たいてい、こうして大きく見せかけるだけで、芝居がかった戦士の一方が、競り合っていた地位を自分よりも大きくて強そうな相手に明け渡して、その場から退散してしまいます。

毛、ひれ、そして翼。身体の中でも最もきゃしゃな部分が、存在感と重量感の印象を与えるのに使われるというのは、興味深い話ではないでしょうか。この現象から学べることが二つあります。一つは、特に大きさと地位との結びつきに関わっています。つまり、自分を大きく見せて、地位が高いような印象を与えられる人なら、大きさと地位との結びつきをうまく利用できるということです。だからこそ、詐欺師は身長が人並か、やや高いくらいであっても、たいてい底上げした靴を履いているのです。もう一つの教訓はより全般的なもので、権力や権威というものが、しばしば非常に脆《もろ》い材料で飾られているということです。肩書きの分野に戻って、一つの例を見てみましょう。その例は、私が知っている中でも、いくつかの点で最も恐ろしい実験結果を示しています。

中西部の三つの病院に勤務する医師と看護師から構成される研究グループは、看護師が医師の命令に対してどの程度まで機械的に服従してしまうかという問題に関心を抱きました。彼らには、高度の訓練を積んだ技術水準の高い看護師でさえ、自分の訓練の成果や技術を十分に生かして、医師の判断をチェックしているとは思えませんでした。医師からの指示に、唯々諾々と従っているだけのように見えたのです。

先ほど、この機械的な服従によって直腸に耳の薬を滴下してしまった事例を紹介しましたが、中西部の研究者たちは、さらに一歩踏み込んで研究を進めました。まず、彼らはそのような事例がまれにしか生じないものなのか、それとも広く行き渡っている現象なのかを調べました。次に、深刻な医療ミスにつながる状況（認可されていない薬を必要以上に入院患者に投与してしまう）を作って、問題を検討しました。最後に、当該の状況から権威を持った人物を物理的に外し、その代わりに看護師にとって聞き覚えのない声が、電話越しに権威であることの最も脆い証拠（自己申告された「医師」という肩書き）を示して指示を与えた場合、何が起きるのかを明らかにしようとしました。

実験では、外科、内科、小児科、精神科病棟を担当している二十二のナースステーションに、研究者の一人が同じ内容の電話をかけました。まず、電話に出た看護師に対して病院の医師を名乗り、特定の病室の患者にある薬（アストロゲン）を二十ミリグラム投与するように指示しました。この指示を受けた看護師には、指示がおかしいと思うべき理由が四つもありました。①処方が電話でなされました。これは病院の規定に対する明らかな違反行為です。②薬自体が認可されていませんでした。アストロゲンは未認可の薬で、病院の在庫リストにも載っていませんでした。③処方された服用量は危険なほど多いことが明らかでした。この薬の容器には、「一日の最大服用量」が十ミリグラムであるとはっきり書かれており、これは電話の声が指示した量の半分です。④看護師は、電話で指示をしてきた男性と会ったこともなく、病院の中でその人物を見かけたことさえありませんでした。それにもかかわらず、九五％の事例において、看護師は病棟の薬品棚に直行して指示された量のアストロゲンを手に入れ、それを投与するために患者の病室に行こうとしました。この時点で、密かに成り行きを観察していた研究者が看護師を制止し、実験の趣旨を説明しました。

本当に恐ろしい結果です。九五％の正看護師が、このような明らかに間違った指示に、何の躊躇もなく従ったのです。この事実は、いつか病院の患者になるかもしれない私たちを不安にさせます。中西部の研究は、無害な点耳薬の投与のような些細なミスだけではなく、重大かつ危険な間違いも起きていることをはっきりと示しています。

不安に満ちた実験結果を解釈して、研究者たちは次のような教訓に満ちた結論を下すに至りました。

この実験に対応する現実の場面には、理論上、医師と看護師が有する二種類の専門知識が存在し、それぞれが患者にとって有益となるように、あるいは少なくとも患者に害をなさないように、決められた手続きに従って作業を行うための役割を果たすことになっている。しかし、今回の実験で明らかになったのは、これら二種類の専門知識の一方は、実際的な目的のための機能を完全に失っているということである。

医師から命令を受けた途端、看護師は自分の「専門知識」を放り捨てて、「クリック・実行《ラン》」方式の反応に移ってしまったようです。何をすべきか判断するにあたって、自分の豊富な医学的訓練や知識をまったく利用しませんでした。そうするかわりに、職場では正当な権威に対する服従が常に最も好ましく効率的な行動だったので、自動的服従に身を任せるという間違いを犯してしまったのです。しかも看護師たちには本当の権威ではなく最も簡単に偽造できるシンボル、つまり単なる肩書きに反応してしまうほど、自動的服従が身についていたのです。[*4]

●Eボックス5・1

あるセキュリティシステム・ハッカーの集団が、米国の地方銀行と信用組合のコンピューターネットワークに繰り返し攻撃を行った。その数は五年間で千件近くに及んだ。成功率は驚くべき高さだった。九百六十三件で、彼らはまんまとセキュリティシステムを突破し、内部機密文書、ローン申請の書類、顧客情報といった情報を持ち去った。銀行は洗練された技術的ソフトウェアで防御を固め、ネットワークへの侵入を未然に防ごうとしていたというのに、ハッカー集団はどうやって九六％もの成功率を達成したのだろうか。その答えはハッカーたちの用いた手法と同じくらい基本的なものである。彼らは銀行の先進的なデジタル・セキュリティシステムを、さらに先進的なデジタル技術で突破したわけではなかった。それどころか、デジタル技術など一切使わなかった。彼らが利用したのは人間心理、具体的には権威の原理だった。

ハッカーたちに犯罪的な意図はなかった（彼らは各地の銀行に雇われて、セキュリティシステムの突破を試みたのだ）ため、どうやってこれほどの結果を出したのかは分かっている。彼らは防火検査員、政府の安全監視員、害虫駆除業者などの装身具（制服、記章、ロゴマーク）で身を包んでいたため、予約なしで施設への入場を許され、立ち入り禁止区画へ案内され、立ち会いなしで作業を行えた。ただし、その「作業」というのは、銀行員が思っていたものとは違っていた。部屋に置かれたコンピューターから、取り扱いに慎重を要するプログラムとデータをダウンロードすることだったのである。ときには何枚ものデータディスク、ノートパソコン、さらには大型のコンピューターサーバーまで持ち出すこともあった。このプロジェクトを報じた新聞記事（Robinson, 2008）で、ハッカー集団のリーダー、ジム・スティックリーは啓発的な教訓を述べている。「（この結果は）物議を醸すでしょう。インターネットの普及で警備の内容が変わり、意識を向ける先も資金を投じる先もコンピューターネットワークのセキュリティや、ハッカー対策になりました。ある意味、みんな基本を忘れているんですよ」。承諾の分野において、権威への服従ほど基本的なものはほとんどない。

著者からひと言――銀行施設への入場を許される権威には、防火検査員、政府の安全監視員などの権威筋とみなされる人たちだけでなく、害虫駆除の専門家のような、ある種の権威だとみなされる人たちもいました。どちらのタイプの権威も効力を発揮したというところが、示唆に富んでいます。

▼服　装

機械的な服従の引き金となる権威のシンボルの二つ目は、服装です。肩書きよりは、まだ実体を伴っていますが、この権威のマントもやはりあらゆる点で偽造可能です。警察の詐欺師ファイルには、素早い変装の手口を使った詐欺師の記録が溢れています。彼らはカメレオンよろしく、病院の白、教会の黒、陸軍の緑、警察の青など、その場面で自分が最も有利になるような色の服で身を包みます。権威のありそうな服装がその中身を保証するわけではないと被害者が気づいたときには、もう後の祭りというわけです。

社会心理学者レオナード・ビックマンによる一連の研究は、権威の装いを身に纏《まと》った人物からの要求に抵抗することが、いかに難しいかを明らかにしています。ビッグマンの実験の基本的な手続きは、通りすがりの人にちょっと変わったお願いをするというものです。たとえば、捨てられた紙袋を拾うとか、バス停の標識の裏手に立つとかです。そのうち半分の依頼では、依頼者（若い男性）は普通のカジュアルな服を着ていました。残り半数の場合には、警備員の制服を着ていました。どんな頼みであっても、警備員の服を着ているほうが、より多くの人に聞いてもらえました。依頼者が女性であっても、結果は同じでした。

特に参考になるのは、そのなかの一つの実験です。その実験では、依頼者が通行人を呼び止め、十五メートル先にあるパーキングメーターのそばに立っている男性を指差しました。依頼者は、普通の服を着ているときも警備員の制服を着ているときも、通行人に同じことを言いました。「あそこのメーターのそばに立っている男の人が見えますよね。彼は駐車時間を超過してしまったのですが、あいにく小銭を持ち合わせていないのです。彼に十セント硬貨をあげてくれませんか」。この後、依頼者は角を曲がって歩き去り、通行人がメーターの所に着く頃には、自分の姿が見えなくなるようにしました。しかし、依頼者がいなくなった後でさえも、制服の威力は持続しました。警備員の服を着ているときには、ほとんどすべての通行人が命令に従いました。一方、普通の服のときにそうした人は、半分もいませんでした。

実験の後、ビッグマンは注目すべき事実を見出しました。この実験で依頼者が普通の服を着ているときの服従率を、彼の学生たちはかなり正確に推測していました（推測した値が五〇％、実際は四二％）が、依頼者が制服姿のときの服従率は、かなり低く見積もっていたのです（推測した値が六三％、実際は九二％）。

制服ほどあからさまではないものの、私たちの文化には他にも伝統的に権威者の地位を示すと見られ、やはり効果を上げている装いがあります。仕立ての良いスーツです。これも、見知らぬ人から強烈な服従心を引き出すことができます。テキサスで行われた実験では、研究者がある三十一歳の男性に、交通法規を破るように頼みました。いろいろな状況で、信号を無視して道路を横断させたのです。そのうちの半分の状況では、ビシッとしたビジネススーツにネクタイという格好をさせました。残りの場合には作業服を着せました。研究者たちは少し離れた場所から、信号待ちをしている人のうち何人が男性の後について道路を渡ってしまうかを数えました。スーツを着ているときについていく人の数は、作業服のときと比べて、三・五倍にもなりました。

●読者からのレポート5・2――フロリダの内科医より

医師の肩書きに著しい重みが加わるのは、白衣という眼に見える文脈があるときです。はじめのうち、私は白衣を着るのが嫌で仕方ありませんでしたが、この仕事を続けるうちに、白衣が権威をもたらすのだと理解するようになりました。私はこれまで何度か勤務する病院を変えましたが、そのたびに、出勤初日から必ず白衣を着るようにしてきました。それだけで物事が順調に進むからです。面白いことに、医師たちはこのことをよく知っており、上下関係を表すルールまで作っています。医学部の学生にあてがわれるのは裾の短い白衣で、研修医はそれより長めの白衣を着ます。そして勤務医は一番裾の長い白衣を身につけています。看護師がこの階層制度をちゃんと理解している病院では、看護師は「裾の長い白衣」から出た指示に、ほとんど疑問を持ちません。一方で、一緒に働く相手が「裾の短い白衣」だと、病院職員は診断や治療の提案に公然と、ときには無礼なほど率直に異を唱えるのです。

著者からひと言――この「読者からのレポート」には、非常に重要な論点が含まれています。階層制度のある組織では、権威のある者が敬意を持って扱われるだけでなく、権威のない者がしばしば失礼な扱いを受けます。この読者からのレポートで見たように、また次節で見るように、ある人物が示すさまざまな権威のシンボルは、その人物の扱い方を他者に教える信号となり得るのです。

注目すべきは、これらの研究で影響力のあることが示された権威を表す二種類の服装（警備員の制服とスーツ）を、詐欺師が「銀行検査官方式」と呼ばれる詐欺の手口で、うまく組み合わせて使っていることです。誰もが被害に遭いかねませんが、特に狙われやすいのは一人暮らしの高齢者です。上品なスーツを着た男が、狙われた人物の家のドアの前に現れたとき、詐欺は始まります。詐欺師の服装はどれ一つとってみても、彼が礼儀正しく、相当な地位にいることを物語っています。白のワイシャツには糊が利いています。ウィングチップの靴は黒光りしています。スーツは流行のものではなくクラシックな感じで、襟の幅はぴったり七・五センチメートル。七月だというのに、その生地は重みのあるしっかりしたもの（色はビジネスに似つかわしいブルーやグレー、あるいはブラック）で、とても落ち着いています。

彼は狙いをつけた相手（おそらくは未亡人で、一日か二日前に、銀行帰りを尾行していたのです）に説明します。「私は銀行検査官なのですが、あなたの銀行の台帳を会計検査していた途中で、おかしな点があることに気がつきました。犯人の目星はついています。そこの銀行員が、どうもいくつかの預金口座の処理報告を、定期的に改ざんしているようなのです。あなたの口座も改ざんされてしまった疑いがあるのですが、証拠をつかむまで確実なことは言えません。そこで、ご協力をお願いするためにうかがったというわけです。申し訳ありませんが、預金をいったん全部引き出していただけないでしょうか。そうすれば、検査官チームと信頼できる銀行員たちが、容疑者のデスクを通った後の処理記録を調べられますから」。

たいていの場合、被害者は、「銀行検査官」の身なりや話しぶりが非常にしっかりしているので、ちょっと電話をかけて男の素性を確かめてみようとすら思いません。そのかわりに車で銀行へ行き、預金をすべて引き出します。そして、そのお金を持って家に戻り、例の検査官と一緒に調査結果の報告が入るのを待ちます。報告は、銀行の閉店後に彼女の家に到着する、制服に身を包んだ「銀行警備員」から伝えられます。彼は、「何も問題はなかった。どうやら彼女の口座は改ざんされていなかったらしい」と告げます。検査官はほっとした表情で、彼女に愛想よくお礼を述べます。そして、銀行はもう閉まっているし、翌日わざわざ銀行までご足労いただくのも申し訳ないからと、警備員に彼女のお金を金庫に戻しておくように指示します。警備員は笑顔で握手をして、そのお金を持って立ち去り、検査官もさらに二言三言お礼を述べた後、出て行きます。もちろん、被害者は後になって「警備員」が本当の警備員ではなく、「検査官」も本当の検査官ではないことに気がつきます。彼らは二人組の詐欺師で、本物そっくりに作った制服があれば、人々が催眠術にかかったように「権威」に服従すると知っていたのです。

▼装飾品

制服に備わる働きのほかにも、衣服が象徴的に表すステータスがあります。見事なスタイルの高価な服には、経済的立場と地位の威光が宿っています。相手が高級ブランドのロゴマークのついたシャツやセーターを着ていると、ショッピング・モールの買物客は無償のアンケート調査に協力しやすくなり、マイホーム所有者はやって来た寄付集めの人にお金を渡しやすくなり、企業の採用担当者は応募者の職業適性をより高く評価して、初任給も高く設定しました。それだけではなく、実に大きな差が生まれたのです。アンケート調査の場合、承諾率は七九％上昇し、寄付集めでは寄付する人の数が四〇〇％増しになり、採用時の初任給の金額は一割高くなりました。採用面接の結果がなぜそうなったのかについては、別の一連の研究から理由が分かります。人は高級品の服（たとえそれがTシャツであっても）を着ている人に対して、そうでない服を着ている人よりも有能だと判断します。この判断は自動的に、しかも一秒足らずで行われています。

それと似た効果を持つのが、高価な宝石のような装飾品や自動車です。自動車はステータスシンボルとして、米国では特に重視されます。「アメリカは車に恋をしている」という言葉があるほど、自動車には格別な意味が与えられているからです。サンフランシスコ湾岸地域で行われた実験では、高級車に乗っている人に対して、特別な敬意が払われていることが判明しました。信号が青に変わってもすぐ前にいる車がなかなか発進しない場合、それが新型の高級車であるときには、旧型の大衆車であるときと比べて、ドライバーがクラクションを鳴らすまでの時間が長かったのです。後続車のドライバーは、大衆車のドライバーに対してはほとんど辛抱しませんでした。ほぼすべてのドライバーがクラクションを鳴らしましたし、大半は二度以上鳴らしました。そのうちの二人に至っては、直接リア・バンパーに自分の車をぶつけました。しかし、高級車の威光は大したもので、ドライバーの半数以上がクラクションをまったく鳴らさず、前の車が動き出すまでの十五秒もの間、その後ろでじっと待っていたのです。

後に研究者たちは、大学生たちにそのような状況ではどうすると思うか尋ねました。実験で実際に得られた結果と比較すると、全員が高級車にクラクションを鳴らすまでの時間を短く見積もっていました。男子学生はとりわけ不正確で、相手が高級車なら大衆車の場合よりも早くクラクションを鳴らすだろうと考えていました。もちろん、これは実験で得られた結果とは逆です。このパターンが、権威の圧力に関する他の研究と類似していることに注意してください。ミルグラムの研究、中西部の病院における看護師の研究、そして警備員の制服実験のときと同じく、その学生たちも自分や他の人が権威者からの影響にどのように反応するかを、正確に予測することはできませんでした。いずれの場合においても、そうした影響の効果は、実際よりはるかに小さく評価されていました。権威が持つこうした性質こそ、それが承諾誘導の道具として、非常に優れている理由なのかもしれません。権威は私たちに有無を言わせず作用するだけでなく、私たちに気づかれることなく作用するのです。[*5]

●読者からのレポート5・3——ミシガン州の金融アドバイザーより

私の仕事で難しいのは、顧客に、以前からの金融上の目標や長く続けている戦略を、条件の変化（彼らの個人的状況や景気など）に応じて、良いほうに変えさせることです。『影響力の武器』の権威の章を読んだ後、私は自分の意見だけを用いて顧客へのアドバイスを行うのではなく、各分野の金融の専門家が述べた意見も織り交ぜるようにしました。多くの場合その専門家というのは、我が社のチーフエコノミストでした（弊社は全国に何百もの支店を構える仲介業大手なのです）。ですが、ときには、ブルームズバーグやＣＮＢＣのような金融専門チャンネルに出演している専門家の意見や、そうした話題に関する論説記事を発表した著者の意見を使うこともありました。このやり方はうまくいき、それ以前と比べて同意してもらえる率が一五〜二〇％高くなりました。ただ、正直に言うと、権威の章を読んだときには、もっと良い結果が出るものと思っていました。私は何か間違っていて、そこを修正したらもっと良い結果が出るのでしょうか？

著者からひと言——このレポートは珍しいタイプのものです。いくつかの理由から、私は個人的な助言を求められてもほとんど返答しません。それが大学生の影響力関係の課題の手助けであっても、自分勝手な配偶者の浮気を「すっかり」やめるよう説得したいという相談であってもです。しかし、この読者の求めには応じてみようと思います。そうする主な理由は、他の読者の多くにも参考になる、二つの論点と関わっているからです。第一に、この読者が説得しようとする相手のように、人が特定の目標やアプローチに長くコミットしてきた場合、それを少しでも変えさせるのは困難です。ですから一五〜二〇％も承諾率が上昇したというのは、かなりの好結果だと私は感じます。この点については、第7章「コミットメントと一貫性」でさらに取り上げます。第二に、専門家のアドバイスの影響力を強めるために、お勧めできる手法はあります。数を増やしてください。受け手は、何人かの専門家から同じアドバイスを受けると、そのうちの誰か一人だけから同じことを言われた場合よりも、その内容を信じ、それに従います (Mannes et al., 2014)。ですから、多くの専門家の意見を集めて裏付けとして示せば、専門家一人の意見を裏付けとして示しただけよりも、うまくいく可能性が高まります。

確かな権威

ここまで見てきたように、権威ある地位を占めていると思われたり、何らかの意味で権威だとみなされたりすることは、承諾率を上げます。しかし、前者のタイプの権威（単に責任者であること）は、独特の難しさを抱えています。概して、人は何かをやれと命じられるのが好きではありません。そのため、前者のタイプの権威は、反発や恨みを買うこともしばしばです。だからこそ、ほとんどのビジネススクールでは、将来の経営者たちに「命令と支配」型のアプローチでリーダーシップを発揮するのは避けるよう教え、自発的な協力を促すようなアプローチを勧めています。自発的協力を促すという点で、後者のタイプの権威（ある話題に詳しいと見られること）は、非常に重宝します。喫緊の課題に関する知識が自分よりも豊富な人物の勧めになら、人はたいてい不満なしに、ときには喜んで従うからです。

モダンアートの専門家、ミシェル・ストラウスの語ったエピソードが、専門家に倣うという強い傾向を分かりやすく示しています。彼はあるオークションで、有名な表現主義の画家、エゴン・シーレの絵を巡る入札競争に陥りました。その絵の元々の評価額は二十〜二十五万ドルでしたが、有名なシーレの専門家と競り合いになり、入札の金額は気づけば元の評価額をはるかに超えていました。ストラウスは相手が、何か自分の知らないことを知っているのだろうと考えていました。結局、金額が六十二万ドルまで吊り上がったとき、ストラウスは撤退しました。後で件の専門家に絵のことを尋ねてみると、あれほど高い金額まで競ったのは単に、モダンアートの専門家であるストラウスなら、何か自分の知らないことを知っているのではないかと思ったからだったと打ち明けました。では、何らかの意味で権威だとみなされるための手法と、その結果について、詳しく見ていきましょう。

▼専門知識

そうした権威の中でも特に説得力に富むものが、研究の結果から分かっています。確かな権威です。受け手から見た場合、確かな権威には二つのはっきりとした特徴が備わっています。専門知識と信頼性です。専門知識がどれほど大きな影響力を発揮するかについてはすでに見たので、この点を広く論じなくてもよいでしょう。それでも、この確かさの第一の柱をしっかりと評価するために、有益な証拠をもう少し見てみましょう。たとえば、専門知識はそれを持つ人に、ハロー効果を与えるようです。セラピストのオ

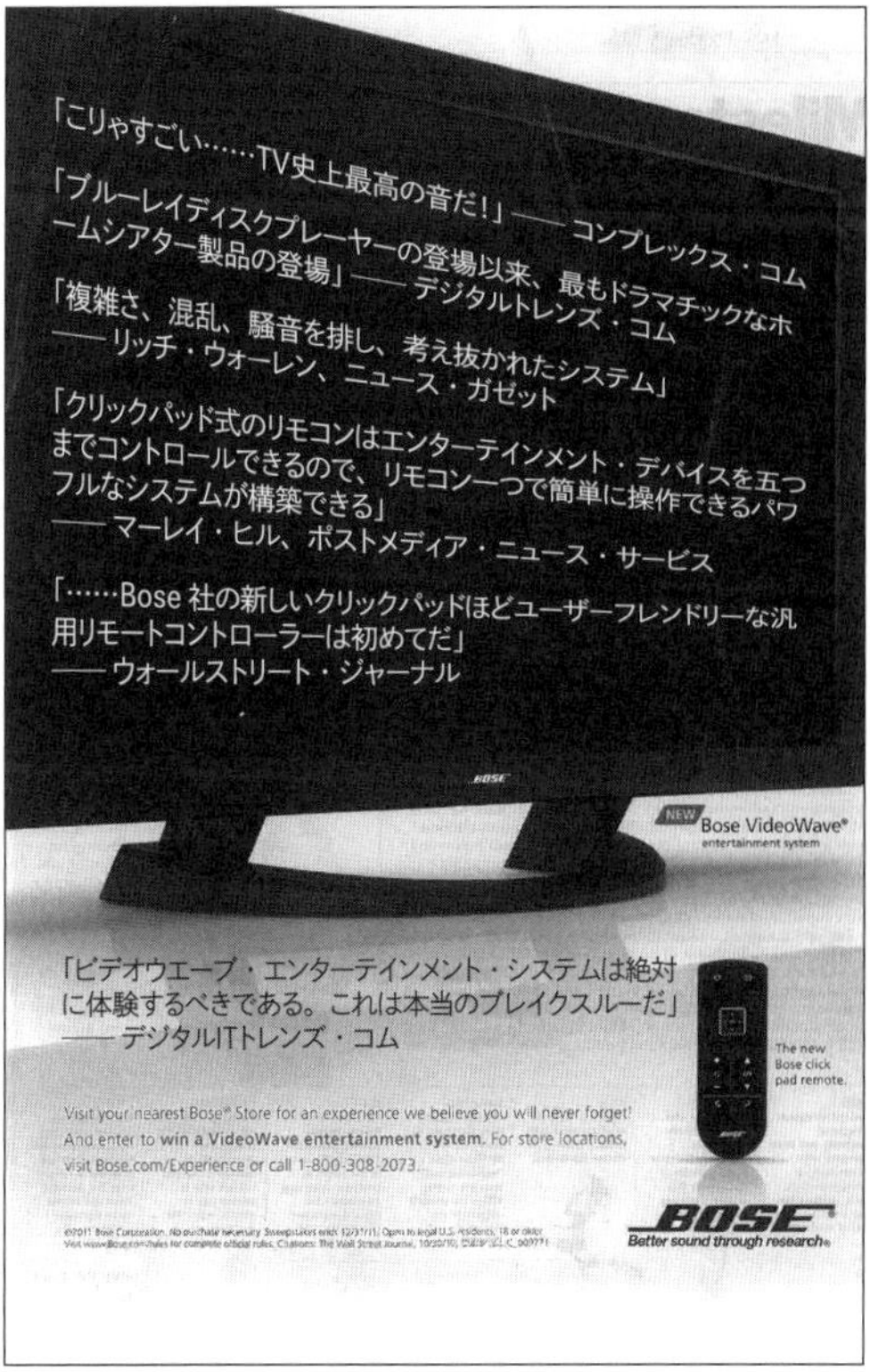

図5・3　信頼性の外注

この広告に説得力を与えている要因は、次の二つだけである。①その話題の権威たちが、その権威によって自分の知識の正当性を主張していること、②その権威たちは企業に対して第三者の立場であり、その立場によって彼らのコメントに信頼性が生まれていること。

Courtesy of Bose Corporation USA

フィスの壁に大学の卒業証書や資格認定証が何枚か飾ってあると、そのセラピストの技量だけでなく、親切さ、友好度、クライエントへの関心の高さといった項目の評価まで良くなります。また、新聞の論説面に専門家の書いた記事がたった一本載っただけでも、それを読んだ人の意見に永続的かつ大きな影響を及ぼします。ある一連の研究では、この場合、その専門家の意見に賛成する一般読者の数が、二割増加しました。しかも、これは性別、年齢、政治的傾向を問わず、あらゆる読者に当てはまりました。

▼信頼性

私たちは、権威に対して専門的な情報を求めるだけでなく、信頼できる情報源であることも求めています。彼らが自らの専門的助言を、誠実かつ公平なやり方で提供している（つまり、現実を正確に描こうとしているのであって、自己利益のために情報提供を行っているわけではない）と、信じたいのです。

私は影響力のスキルを教えるプログラムにたくさん参加してきましたが、いつも強調されるのは、信頼できる人物だと思われるのが影響力を高めるのに有効な手段であり、そう思われるためには時間が必要だということでした。最初の論点は研究によって裏付けられていますが、さまざまな研究結果が示すところでは、二つ目の論点に関して、見逃すことのできない例外が存在します。巧妙な戦略を用いれば、即座に信頼を勝ち取れるということが明らかになっているのです。人情としては、ある提案やアイデアの非常に都合の良い特徴をすべて最初のうちに紹介し、短所は残らずプレゼンテーションの最後になるまで（あるいは最後になっても）触れずに済ませたいと思うでしょうが、そうするのではなく、早い段階で弱点に言及すれば、より誠実だと見られます。この順序で話す利点は、すでに信頼できると見られているため、主張の主な長所に話を進めたときに受け手がそれを信じやすくなることです。なぜかと言えば、その長所が信頼できる情報源、つまり肯定的側面だけでなく否定的側面に触れるのも厭わないことで誠実さを示した人物によって、語られているからです。

この手法の有効性は、次に掲げるような場面で確認されています。①法的場面——弁護士が自分に不利な点を訴訟の相手側弁護士から指摘される前に認めると、信用できると見られやすくなり、勝訴率が増します。②政治的キャンペーン——最初に対立候補について何か肯定的な発言（たとえば、「対立候補の公約は、まったくの善意からなされていると確信しています。しかし……」）をした候補者は、有権者からの信頼度が高まり、投票を考えてもらえる可能性が増します。そして、③広告メッセージ——広告が短所を打ち明けてから長所を強調すると、しばしば売上げが大きく伸びます。ドミノ・ピザは二〇〇九年の「ニュー・ドミノ・ピザ」キャンペーンで、同社のピザが昔はまずかったと認めた後、売上げがうなぎ上りになり、その結果、株価も急上昇しました。

この戦略が特に功を奏するのは、受け手がすでにその短所に気づいている場合です。その場合、メッセージの送り手がその短所に言及しても、追加されるダメージはほとんどありません。新しい情報は、メッセージの送り手が誠実な人間であるという大切な新情報以外、何もないからです。採用面接の場面なら、「私にこの分野の経験はありません。でも、教わったことの覚えは早いほうです」と、履歴書を見ている面接官に言うのがお勧めです。情報システムの販売員なら、海千山千の交渉相手には、「うちの導入コストは業界最安値ではありません。けれども、効率性に秀でたシステムなので、その分の出費はすぐ帳消しにできます」と言うことが考えられます。

ウォーレン・バフェットは、パートナーのチャーリー・マンガーとともに投資会社バークシャーハサウェイの指揮を執って、驚くべきレベルの成長と利益を生み出しており、現代最高の金融投資家だと広く認められています。バフェットは、自分の専門性が認められていることに満足するのではなく、確かさを構成するもう一つの要素、信頼性の持ち主であることを、現在の株主と株主候補たちに繰り返し伝えています。毎年の業績報告書の最初のほう（たいていは本文の一ページ目か二ページ目）で、彼は前年に自分が犯したミスや会社が直面した問題を説明し、それらが今後の業績にどう影響するかを検討します。問題を隠したり、矮小化したり、取り繕ったりする（こうしたことは、他社の年次報告書ではよく行われているように思われます）のではなく、バフェットは、①社内の諸問題をきちんと認識していること、②それを開示する意志が十分にあることをはっきり示します。この手法には、その後バフェットがバークシャーハサウェイの並外れた強みの説明に入ったときに、読者がその内容をそれまで以上に信頼する気になっているという利点があります。その情報を伝えているのが、確実に信頼できる人物だからです。

おそらく、欠点を認めることによって自分の透明性を示したいという、バフェットのこだわりが最もはっきり現れたのが、二〇一六年の年次報告書です。その年、同社の株価の伸び率はS&P500の伸び率の二倍を記録するほど業績好調で、報告するような投資の失敗は何もありませんでした。バフェットは自らの隠し立てのなさと誠実さを、株主にしっかりと印象づけておくために何をしたのでしょうか。報告書本文の二ページ目で、彼は過去の投資の失敗について次のように語ったのです。「特にひどい間違いは、一九九三年にデクスター・シューー社を四億三千四百万ドルで買収したことです。同社の価値はすぐゼロになりました」。その直後、バフェットはその大失敗から学んだことを説明しました。当時の彼はデクスター社の将来的価値を読み誤っただけでなく、支払いをバークシャーハサウェイの株式で行うという間違いも犯していました。そして、二度とそんな間違いは犯さないと、株主たちに約束したのです。「今日《こんにち》では、バークシャー株を新規発行するくらいなら、結腸内視鏡検査だって喜んで受けるつもりです」。私が思うに、バフェットに分かっているのは、投資家として目を瞠《みは》るほどの成功を収める術だけではありません。彼は目を瞠るほどの成功を収める投資家であることを、印象的なやり方で伝える術も分かっているのです。*6

●Eボックス5・2

オンライン・レビューの説得力も、信頼性の認識に左右される。ノースウェスタン大学のシュピーゲル・リサーチ・センター（同センターはマーケティング・コミュニケーションの効果に関する情報を提供している）が公開した記事（https://spiegel.medill.northwestern.edu/online-reviews/）は、オンライン・レビューが消費者の意思決定に及ぼす力についてまとめている。その中で、信頼性の認識と直接関係しているのは、次に挙げる三点である。

○**星五つは嘘っぽい**——ある製品につく星の数が多ければ多いほど購入の可能性は高くなるが、それにも限度がある。平均評価が最適値である四・二〜四・七の範囲を超えて高くなると、それを見た人は評価が怪しいと思うようになり、購入意欲が減退する。

○**否定的なレビューがあると信用される**——完璧に近い評価が並んでいると信頼性が損なわれるという、シュピーゲル・リサーチ・センターの主張とも重なる話だが、否定的なレビューがあると製品評価への信頼性が高まる。実際、ウェブサイトに否定的なレビューがいくつか入っていると、購入率は六七％も上昇する。

○身元の確かな購入者はレビュアーとして値千金――身元の確かな購入者、つまりサクラではなく、以前にオンライン購入をしていると確認された人物は、より信頼が置けるとみなされる。したがって、そうした人々がサイトにいると、売上げは大きく伸びる。

著者からひと言――シュピーゲル・リサーチ・センターの知見に加えて別の研究者チーム（Reich & Maglio, 2020）が、ウォーレン・バフェットの「以前に犯した間違いに言及する」手法をオンライン・レビューに用いる有効性を裏付けました。レビュアーが失敗だった購入体験を打ち明けると、そのレビュアーが勧める製品を買おうという気になる人が増えます。

見落とさないでほしい大切な点は、私がここで何を勧めていない、ないかということです。私はマーケターや販売員が話の始めに、「まず、私や弊社、そして弊社製品やサービスについての欠点から、お話させていただきます」と述べることを勧めているわけではありません。勧めているのは次の二つです。①もし認めるべき欠点が存在し、それをメッセージの比較的最初のほうで伝えたなら、そうしたことによって得られる信頼が、訴えの残りの部分に良い影響を与えます。②説得を行う際には、一番の利点や長所を出すのに最適な場所があり、それを押さえれば、欠点を無効にしたり覆い尽くすことができます。その場所とは、メッセージの欠点を認めたすぐ後です。送り手への信用が高まっているので、非常に好ましい要素が深く理解され、そして完全に受け入れられます。

防衛法

権威に対する私たちの防衛法の一つは、こっそりと侵入してくる権威の要素を排除することです。私たちは普通、自分たちの行動に及ぼす権威（とそのシンボル）の強力な効果を誤って認識していますから、服従している状況で働く権威の力に対して、あまり気を配っていません。したがって、この問題に対する基本的な防衛法は、権威が持つ力を十分に意識することです。それに気づくとともに、権威のシンボルは簡単に捏造できると理解していれば、誰かが権威を使って私たちに影響を与えようとしている状況に対しても、うまくガードを固めて対処できるでしょう。

一見単純な話に思えるはずです。実際、ある意味では単純です。権威の影響力の作用を適切に理解すれば、その力に抵抗しやすくなります。しかし、ここには影響力の武器すべてにつきものの、道理に合わない複雑さが存在しています。つまり、私たちは権威に対して、まったくといってよいほど抵抗しようと思わないのです。一般に、権威のある人物は、自分の話している事柄に関する知識を持っています。医師、裁判官、企業経営者といった人たちは、豊富な知識と判断力によって現在の地位を獲得しており、たいていの場合、彼らの指示には素晴らしい助言が含まれているのです。

権威者はしばしば専門家でもあります。ほとんどの場合、専門家すなわち権威の判断に耳を貸さずに、知識の乏しい自分の判断に頼るのは、賢いことではありません。しかし同時に、横断歩道や病院での実験で見たように、あらゆる場面で権威者の指示を信頼するのも愚かな結果を招きます。大切なのは、過度の緊張や警戒をせずに権威者の指示に従うべきときと、そうすべきでないときの区別がつけられるようになることです。確かな権威を構成する二つの要素（専門知識と信頼性）を頼りにしつつ、次に取り上げる二つの質問を自分にすれば、権威の指示に従うべきかどうかの判断がつけやすくなります。

▼本当の権威

権威者が影響を及ぼしていると思われる状況に遭遇した場合、最初に発すべき質問は、「この権威者は本当に専門家だろうか」というものです。こう問いかけることで、私たちの注意は二つの重要な情報に向きます。権威者の資格、そしてその資格と当該の問題との関連性です。この簡単な方法で権威の「証拠」に目を向けることによって、自動的な服従という落とし穴から逃れることができます。

大きな成功を収めたヴィックス・フォーミュラ・44のコマーシャルを、この観点からもう一度考えてみましょう。人々が彼と医学博士という役柄との結びつきに反応するのではなく、出演している俳優の権威者としての本当の地位に注目したならば、このコマーシャルが売上げを伸ばして、あれほど長く放送されることはなかっただろうと私は確信しています。当然、テレビドラマに登場する医師は、医師としての訓練を受けていませんし、医学的知識もありません。彼にあったのは、「医学博士」という医師の肩書きです。明らかに、それは無意味な肩書きであり、ドラマを通して私たちが頭の中で彼と結びつけただけのものです。誰もがこのことを知っていましたが、面白いことに、話の流れに従っているときは特に注意を向けていないと、自明なことをしばしば見落としてしまうのです。

だからこそ、「この権威者は本当に専門家なのだろうか」という質問に価値があるのです。こう自問すれば、意味がないかもしれないシンボルに向かいがちな注意を自然と逸らして、権威の本当の資格について考えられるようになります。さらに、この問いかけによって、当該の問題と関係のある権威者とそうでない権威者を、区別せざるを得なくなります。権威からの圧力と現代の忙しい生活とが結びついた状況では、この区別が忘れられがちです。信号無視をしたスーツ姿の人物の後に従って、車道に飛び出していったテキサスの歩行者たちがよい例です。服装が示していたように、その男性が実業界では権威ある人物だったとしても、道路の横断に関して、彼の後を追って車の流れの中に入っていった人たちより、権威があったとは考えにくいはずです。

それでも、まるで「権威」というラベルが、「関連性のある権威」と「関連性のない権威」との間にある違いを呑み込んでしまったかのように、歩行者たちは彼の後に続きました。歩行者がその状況において、前を行く人物が本当の専門家であるのか、つまり行動から見て、他の人より優れた知識を持っている人なのかと自問していたならば、結果はまったく違っていたでしょう。同じことは、ヴィックスのテレビコマーシャルに出てくる「医師」たちにも当てはまります。彼らに専門知識がないわけではありません。難しい業界で多くの業績をあげ、長い経験を積んでいます。しかし、その技術と知識は俳優としてのものであり、医師としてのものではありませんでした。あの有名なコマーシャルを見たときに出演俳優の本当の資格に注目すれば、彼の信頼性は、ヴィックス・フォーミュラ・44を素晴らしい咳止め薬だと主張する他の俳優たちと少しも変わらないと、すぐに気づいたでしょう。

ある研究プロジェクトで私と同僚たちは、コマーシャルの出演者が持つ本当の資格に注意を向けるよう実験参加者を指導すれば、かなり時間が経った後でも、目にしたコマーシャルをきちんと評価できるようになることを実証しました。参加者たちは効果確認の際に、関係のある資格を何も持っていない人物を起用したコマーシャル（俳優のアーノルド・シュワルツェネッガーがある種のインターネット技術を推奨するものや、ゲームショーの司会者アレックス・トレベックが牛乳の健康的な性質を褒めるものなど）に説得力を感じにくくなっていただけでなく、関係のある資格を持つ人物の出演しているコマーシャル（痛みを研究する機関で所長を務める医学博士が鎮痛剤を勧めるものや、あるＣＥＯが何年も前から加入しているビジネス保険のおかげで、何度も助かったという経験を語るものなど）に、説得力をより感じるようにもなっていたのです。

ここから何が分かるでしょうか。それは、偽の権威を用いたまぎらわしいアピールから身を守るためには、「この権威者は本当に専門家なのだろうか」と、常に自問すべきだということです。自分は権威のシンボルだけでだまされるほど愚かではないと考えてはいけません。権威のシンボルは誰にでも影響を及ぼします。私たちの研究では、この自動的な過程に対する弱さを認識していた参加者だけが、発信者の関連分野における専門知識を問うことで、自動的な過程を打ち破ることができました。そして、だまされなかったのは、その人たちだけでした。

▼ウラのある誠実さ

私たちが当該の問題と関連を持った専門家であると判断した権威者に会ったとしましょう。この場合、権威者の影響力に従ってしまう前に、二番目の簡単な質問、「この専門家はどの程度誠実なのだろうか」を発するべきです。権威者は、たとえその問題に最も詳しいとしても、自分の知識を正直に提示するとは限りません。したがって、その状況における彼らの誠実さを考慮に入れる必要があります。そしてほとんどの場合、私たちはそうしています。私たちを納得させることによって利益を得る専門家よりも、第三者的立場にいるように思われる専門家から、私たちはより強く影響を受けます。研究によると、こうした傾向は世界中で認められており、小学二年生の幼い子どもにも見られます。私たちの承諾からその専門家がどのような利益を得られるかを考えることによって、不適当で自動的な影響力から身を守る盾が一つ増えます。ある領域の知識が豊富な権威者であっても、彼らの言葉が誠実に事実を述べていると私たちが確信しない限り、納得させることはできません。

権威者の信頼性について自問するときに留意すべきは、承諾誘導の技術の使い手が、自らの誠実さを私たちに納得させようとしてよく用いる、ちょっとした戦術の存在です。つまり、彼らは自分の利益に少し反したことを言うのです。このやり方はうまく使うと、彼らの正直さを「証明する」ささやかな、しかし効果的な手段になります。おそらく彼らは、自分の立場や製品に関する小さな欠点について話すでしょう。しかし、その欠点というのは必ず、もっと重要な利点によって簡単に相殺されてしまうような副次的なものです。エイビス【訳註：米国のレンタカー会社】の「私たちはナンバー・ツーです。でも奮闘努力していますす」や、ロレアルの「高級です。しかし、あなたにはその価値がある」という標語は、その具体例です。この戦術を使う承諾誘導の専門家は、些細な欠点を認めて自らの誠実さを印象づけ、それによって重要な論点を強調するときに、相手からより強い信頼を勝ち取れるようにしています。

大切なのは、こうした話の組み立て方が、誠実さの表れなのか不誠実さの表れなのかを見分けることです。情報の送り手が、メッセージの早い段階で欠点や過去の間違いを明かし、それによって示した信頼性からメリットを得ること自体に、責めるべき点は何もありません。酸っぱいレモンを甘いレモネードにしたいなら、これも一つの方法です。思い出してほしいのですが、非常に良心的で誠実な人物、ウォーレン・バフェットは、年間報告書の冒頭部分でこれとまったく同じことをやっています。彼は読者に対していつも自らの誠実さを率直に示していますが、私にはそれがだましの策略だとは思えません。むしろ、信頼できる情報発信者は、素早く、正直な自己開示を通じて、裏付けのある信頼の合図を送れるほど、社会的知性に富んでいることの表れだと考えます。

私たちが気をつけなければならないのは、この話の組み立て方が、だましのテクニックとして使われることです。私は承諾に関連する場所だとは誰も思わない場所（レストラン）で、この手法が不誠実なやり方で非常に効果的に用いられているのを、見たことがあります。賃金がひどく安いため、レストランのウェイターがチップでそれを補わなければならないのは、周知の事実です。良いサービスが必須であることは別にして、最も成績の良いウェイターやウェイトレスは、チップを増やすための策略をいくつか知っています。また、客の勘定書の額が高いほど、受け取れるチップの額が高くなることも知っています。そこで、ウェイターは客の勘定書の値段を高くすること、そして、合計金額に対するチップの割合を高くすることを念頭に置きながら、常に承諾を引き出そうと行動します。

昔、彼らのやり方が学べるのではないかと思って、私はいくつかの高級レストランのウェイターの仕事に応募しました。しかし経験がなかったので、やっと採用されたレストランでも、ウェイターの下で後片付けや皿洗いをする仕事しかやらせてもらえませんでした。けれども、それがウェイターの行動を観察し分析するには、かえって好都合だったのです。ほどなく私は、従業員なら誰でも知っていることを理解するようになりました。その店で最も稼いでいるウェイターはヴィンセントで、彼が担当するとどういうわけか客はたくさんの料理を注文し、たくさんのチップを払うのです。週単位で見ると、他のウェイターの稼ぎは彼の足下にも及びませんでした。

私はヴィンセントのやり方を観察するため、自分の仕事の範囲内で、彼の担当するテーブルの周辺をうろうろし始めました。すぐに気づいたのは、彼のやり方にはいくつもの種類があり、状況に応じてそれを使い分けているということでした。家族連れを相手にするときは、いささか道化じみて見えるほど元気よく接し、大人だけでなく子どもたちにもあれこれ話しかけました。若い二人連れがデートでやって来たときには、堅苦しくいささか偉そうに接し、男性が料理をたくさん頼み、チップを弾むように仕向けようとしていました。年配の夫婦連れの場合にも堅苦しく振る舞いましたが、偉そうな表情は見せずに、二人に対して丁重に接しました。常連客が一人で食事をしているときには、友達のような物腰でよく話しかけ、温かくもてなしました。

ヴィンセントは八～十二人くらいの団体客が来ると、自分の利益に反するように見せかけるテクニックを用いました。それは才気あふれる手法でした。最初の人（たいていは女性です）が注文しようとするのをきっかけに、作戦が開始されます。彼女が何を選ぼうとも、ヴィンセントはまったく同じ反応をします。額に皺《しわ》を寄せ、ペンを持つ手を注文票の上で止めたまま、肩越しに支配人を一瞥《いちべつ》した後、何か陰謀を企てるかのように前かがみになって、テーブルの全員に聞こえるように、「その料理なんですが、今夜はいつもほどお勧めできません。その代わりに○○や△△をお勧めします」と言います（この時点でヴィンセントは、客が選んでいたものよりほんの少し安い料理を二つ勧めます）。「今夜は両方ともすごくおいしいんです」。

この策略一つで、ヴィンセントは影響力の重要な原理を複数発動させます。第一に、たとえ彼の提案を受け入れなかった人でも、自分が注文をするときに役立つ貴重な情報を、ヴィンセントが提供してくれたと感じます。それに対して皆が感謝し、その結果、チップの額を決めるときに返報性のルールが働くことになります。

また、ヴィンセントはこの策略を使って、チップの割合を引き上げるだけでなく、団体客全体の注文量を増やすのに好都合な立場を手に入れもします。そのレストランで今何がおいしいかを知っている、権威者だと認められるのです。今日は何がおいしくて何がおいしくないか、ヴィンセントは明らかに熟知しています。そして、これこそが彼自身の利益に反することをしていると見せかけるテクニックの効能なのですが、最初に注文された料理よりも少しだけ安い料理を勧めるのだから、信頼できる情報提供者に違いないとみなされます。自分自身の懐を肥やそうとしているのではなく、客のことを心から思っているように見えるのです。

豊富な知識と誠実さを兼ね備えているわけですから、彼はどこから見てもとても信頼の置ける人ということになります。その利点をヴィンセントはすかさず利用します。団体客が料理の注文を終えると、彼はこう言います。「かしこまりました。それから、お客様のお食事に合う銘柄のワインをお勧めするか、あるいはこちらで選ばせていただいてもよろしいでしょうか」。私は毎晩のように、こうした場面を目撃しましたが、客の反応はいつも同じでした。微笑みながらうなずき、たいていの場合、同意するのです。

遠目にも、客の表情から彼らの気持ちが読み取れました。「もちろんです」と客は言っているようでした。「あなたはここで何がおいしいかを知っていますし、明らかに私たちの味方です。どれを頼めばいいか教えてください」。満足気な表情で、ヴィンセントは（彼は実際、ワインのことをよく知っていました）何本かの素晴らしい、そして値の張る銘柄を答えました。デザートを決めるときにも、同じように説得力があります。彼がいなければデザートを食べないか、友人と分け合うかしたはずの客たちも、ベイクド・アラスカ【訳註：スポンジケーキの上にアイスクリームをのせ、さらに全体にメレンゲをかぶせてオーブンで焼き目をつけたデザート】とチョコレートのムースについて、嬉々として説明するヴィンセントにそそのかされ、一人一品以上注文してしてしまうのです。つまるところ、誠実であると分かった専門家ほど、信頼できる人はいないというわけです。

返報性と信頼できる権威という二つの要因を組み合わせて一つの優雅な策略に仕立てることによって、

●読者からのレポート5・4――有名企業の元CEOより

私はあるビジネススクールで、やる気あるCEO向けの講座を開設し、失敗をキャリアアップへ通ずる道として受け入れる方法を教えています。元生徒の一人はそこで学んだことを深く胸に刻み、履歴書の目立つ位置に、あるドット・コム・カンパニーの倒産に自分がどう関わったかを書くようになりました。その経験から何を学んだかを、詳しく説明しているのです。それまで、彼はその失敗を隠そうとしていましたが、そんなことをしても、真の仕事上の成功は得られませんでした。しかし失敗の経験を書くようになって以来、彼は人のうらやむような地位に何度も選ばれています。

著者からひと言――失敗に対する当然の責任を引き受けるというこの戦略がうまくいくのは、個人だけではありません。これは組織自体にとっても、うまくいく戦略であるようです。年間報告書で芳しくない業績の責任を引き受けた企業は、そうしない企業よりも、一年後の株価が高いという研究結果が報告されています（Lee et al., 2004）。

ヴィンセントはチップの割合と勘定書の金額を大きく増やしました。この策略で彼が得た収入は実際、かなりのものでした。ただし、彼の利益の多くが、自分の利益には関心がないように見せるところから生じている点に注意してください。自分の経済的利益に反して話をしているように見せたことが大いに効を奏して、彼の利益を高めたのです。[*7]

まとめ

◎服従に関するミルグラムの研究から分かるのは、権威からの要求には、服従を促す強い圧力が存在するということである。権威者から命令されると、正常で心理的に健康な多くの人たちが、自分の意に反していても逆らうことなく、極度に危険なレベルの痛みを他者に与えた。正当な権威者に従おうとする傾向の力は、そのような服従が正しいという考えを社会のメンバーに植えつけようとする体系的な社会化の訓練から生じている。さらに、本当の権威者は、高いレベルの知識、知恵、権力を持っているのが普通なので、そうした人の命令に従うことは適応的な行為である場合が多い。このような理由から、権威者に対する服従は、ある種の意思決定の近道として思考が伴わない形で生じてしまうことがある。

◎権威者に対して自動的に反応する場合、その実体にではなく、権威の単なるシンボルに反応してしまう傾向がある。この点に関して効果的な三種類のシンボルは、肩書き、服装、そして自動車などの装飾品である。いくつかの研究によれば、これら三つのシンボルのうち、どれか一つでも一流のものを持っている人は、（それ以外に正当な資格が何もなくても）より多くの相手に言うことを聞かせることができた。さらに、どの事例においても、言うことを聞いた人たちは、自分の行動に及ぼす権威者の影響力の効果を過小評価していた。

◎権威の影響力の源は、権威ある地位を占めているとみなされる、もしくは何らかの意味で権威だとみなされることにある。しかし、前者のタイプの権威（単に責任者であること）には、独特の難しさがある。人に何かをやれと命じることは、しばしば反発や恨みを買う。後者のタイプの権威（ある話題に詳しいとみなされること）なら、この問題を避けられる。喫緊の課題に関する知識を自分より持っている人物の勧めであれば、人はたいてい喜んで従うからである。

◎何らかの意味で権威だとみなされることから生じる説得効果が最も大きくなるのは、確かな権威でもあると判断されたときである。つまり、専門家である（関係のある話題に関する知識を有する）とともに、信頼できる（誠実に自分の知識を提供する）人物でもあると見られるときである。信頼を勝ち取るために、情報の送り手は、自分の主張の（たいていは些細な）欠点を認めることがある。その欠点はその後、補ってあまりある長所を提示することによって、払拭することができる。

◎権威者の影響力による有害な効果から自分自身を守るために、使える質問が二つある。「この権威者は本当に専門家だろうか」と、「この専門家はどの程度誠実なのだろうか」である。最初の質問は、私たちの注意を権威のシンボルから逸らし、権威者の資格を示す証拠へと向ける。二番目の質問は、その状況における専門家の知識だけでなく、彼らの誠実さも考慮すべきだと私たちに教えてくれる。二番目のチェック項目に関しては、信頼を増すために使われる策略があることに注意しなくてはならない。最初に専門家は、自分自身にとって少し不利な情報を私たちに提供する。そうすることによって自分を誠実そうに見せかけ、その後に提供するすべての情報が、信頼できるものであるように思い込ませるのである。

第6章

希少性

――わずかなものについての法則

何かを愛するには、それを失う可能性を実感すればよい。

（G・K・チェスタトン）

私の友人サンディは、非常に成功した婚姻争議解決弁護人（俗に言う離婚弁護士）です。しばしば彼女は、余計な時間、労力、費用のかかる裁判なしで離婚の条件を取り決めたいという当事者たちの調停役を務めています。サンディが調停を始める前に、当事者双方は（それぞれの代理人とともに）別々の部屋に連れていかれます。両者が同じ物理的空間を占めていると、顔を真っ赤にして血管を浮き上がらせた罵り合いが始まりかねないからです。どちらの側もすでに希望を書面にしてサンディに提出済みなので、後は彼女が二つの部屋を行き来しながら、双方が署名できる最終条件を整えるための妥協点を探ります。彼女によれば、このとき必要になるのは、離婚に関する法律知識よりも人間心理への理解なのだそうです。そのため彼女は、心理学者である私になら、多くの交渉の最後の最後になって出現する膠着状態を打開する妙案があるのではないかと考えました。そうした膠着状態に入ってしまうと、当事者夫婦の意地の張り合いがどこまでもエスカレートし、調停の努力すべてが無駄に終わり、結局裁判になってしまうこともしばしばなのです。

膠着状態の原因になる問題は、子どもの親権と訪問権の同意条件（もしくは、子どもと同じくらい獰猛《どうもう》なセントバーナードを巡る争いの同意条件）のような大きなものから、休暇を過ごすために結んだタイムシェア契約の相手方負担分をいくらで買い取るかなどの比較的些細なものまで、多種多様です。問題が何であれ、その最後の一点に関しては当事者双方が自分の考えに固執し、少しでも意味のある妥協をしようとはせず、話がそれ以上進まなくなります。そうしたとき、普段当事者に何と言っているのか私はサンディに尋ねました。彼女の答えは、問題に関する最終提案を片方から受け取り、もう片方に持っていって紹介した後、「この提案に同意いただければすべて決着です」と言うというものでした。私は問題の所在が分かったと思い、使う言葉の順番を少し変えて「すべて決着です。後はこの提案に同意していただくだけです」としてはどうかと提案しました。

何カ月か過ぎた後、あるパーティーでサンディが満面の笑みを浮かべて近づいて来て、あの変更はびっくりするほどうまくいっていると言いました。「毎回うまくいくんです」と言われて、疑いの気持ちが起きた私は言いました。「まさか。毎回ってことはないでしょう」。彼女は私の腕に手を添えて言いました。「ボブ、毎回です」。

今でも成功率一〇〇％というのは眉唾だと思っていますが（私たちは行動科学の話をしているのであって、魔法の話をしているわけではないのですから）、勧めた変更が効果を発揮したと聞いて嬉しかったのは確かです。ただ、正直に言えば、驚きはありませんでした。私がその提案をしたのは、二つの知識があったからでした。一つ目は、関連した行動科学の論文への知識です。たとえば、フロリダ州立大学の学生を対象とした研究を知っていました。その研究で、学生たちは大学のカフェテリアについてのアンケート調査を受けたとき、たいていの大学生と同じように、そこで出される料理の質に不満があると答えました。しかし、九日後に行った二回目の調査では、意見を変えていたのです。何かが起こって、カフェテリアの料理に対する評価が急に良くなったのです。興味深いことに、彼らが意見を変えた理由は、料理の質とは何の関係もありませんでした。料理はまったく変わっていなかったのです。二回目の調査の日に、学生たちは、火事のため、今後二週間はカフェテリアで食事ができないことを知らされていたのです。

関連のある知識の二つ目は、サンディから相談を受けた頃に地元のテレビ局の番組で目にしたものでした。映っていたのは今やすっかりお馴染みの景色です。アップル社の新世代iPhoneを他の人よりも早く手に入れるために、購入希望者が長蛇の列をなしていたのです。なかには寝袋に入って夜を明かす人もいました。誰もが店舗の開店と同時に飛び込んで、貴重な携帯電話を入手しようとしていました。iPhone5の店頭販売開始当日の朝、私の地元のあるテレビ局がリポーターを派遣して、この騒ぎを取材しました。リポーターは列の二十三番目にいた女性に近づき、長い待ち時間の過ごし方について尋ねました。具体的には、列に並んでいる間に他の人との交流はあったかと尋ねたのです。女性は、かなりの時間をかけてiPhone5の新機能や、お互いのことについて話したと答えました。そしてこう言いました。列に並んだときは二十五番目だったが、夜間に二十三番目にいた女性と会話をし、その女性が彼女の二千八百ドルするルイ・ヴィトンのショルダーバッグを褒めたので、その機を逃さず次のような提案を行

図6・1　無事入手の喜び

この男性は新世代 iPhone を手に入れ、歓喜の雄叫びをあげている。彼はこのために、アップルストアの開店待ちの列の先頭で、夜通し待ち続けていたのである。

Norbert von der Groeben/The Image Works

い取引をまとめたのだと。提案というのは、「順番を替わってくれたら、このバッグをあげる」というものでした。当然、驚いたリポーターは、満足げなその女性の説明が終わるとおずおずと尋ねました。「でも……でも……どうして？」。戻ってきたのは印象的な答えでした。「だって」と二十三番になった女性は言いました。「この店は入荷数が少ないって聞いたから。手に入れる機会を失うリスクを負いたくなかったの」。

覚えていますが、この答えを聞いて私は姿勢を正しました。それが、長年積み上げられてきた諸研究の結果と、完全に合致していたからです。危険や不確実性のある状況下では特に、人は何か価値のあるものを得るための選択よりも、それを失うことを避けるような選択をしたいという気持ちが強くなります。欲しくてたまらない携帯電話の入手に関する不確実性と、入手できないという危険を認識し、二十三番になった女性は諸研究を裏付けるような損な取引を持ちかけ、購入希望者の殺到している携帯電話が手に入らなくなる事態を避けたのです。「損失回避」という一般概念（人は価値のあるものが手に入るという予想よりも、喪失するという予想によって強く動かされる）は、ノーベル賞受賞者であるダニエル・カーネマンのプロスペクト理論の眼目であり、この理論はさまざまな国と分野（たとえばビジネス、軍隊、プロスポーツ）で実施されてきた諸研究によって、概ね支持されています。たとえば、ビジネスの世界で、経営者が意思決定の際に重視しているのは、利益よりも損失の可能性であるという研究結果が出ました。同じことはプロスポーツの世界にも当てはまります。利益を得る可能性がある状況よりも損失の出る可能性がある状況のほうが、意思決定にかかる時間が長くなります。そのため、ＰＧＦツアーでゴルファーたちは、パーを失わないようにする（ボギーを避ける）ときのほうが、パーよりも一打得をする（バーディー

●読者からのレポート6・1――ニューヨーク州北部在住の女性より

ある年、クリスマスの買い物をしていて、自分用に欲しいと思う黒いドレスを見つけました。でも、他の人たちへのプレゼントを買わなければならなかったので、そのドレスを買うお金はありませんでした。それで、取り置きをお願いできないかとお店に聞いてみました。月曜日に学校が終わったら母と一緒に来て、見てもらうからと。しかし、それは無理ですと言われました。

家に帰ってその話を母にしました。そのドレスが気に入ったなら、あるとき払いでドレス代を貸してあげるわよ、と母は言いました。月曜日の放課後もう一度そのお店へ行くと、ドレスはありませんでした。誰かが買ってしまっていたのです。クリスマスの朝まで知らなかったのですが、実は私が学校に行っている間に母がそのお店に行って、私の説明したドレスを買っていたのです。それはもう何年も前のクリスマスの話なのですが、今でもそのドレスは、嬉しかったクリスマスプレゼントの一つとして、はっきり覚えています。あのドレスはもう手に入らないのだと思った後、それは私にとって、手に入れたい価値ある宝物になったからです。

著者からひと言――どうして損失という考えは、人間の行動にそれほど強い影響を及ぼすのでしょうか。これは問うに値する疑問です。ある優れた理論は、進化の観点から、獲得より損失に重きが置かれる理由を説明しています。生きていくだけで精一杯な状態にいるなら、資源が増えるのは確かに有益なことでしょう。しかし、その同じ資源が減ることは、困ったことどころか、命取りになりかねない大問題です。それゆえ、損失の可能性に対して特に敏感であることは、自然の摂理に適ったことなのです（Haselton & Nettle, 2006）。

を狙う）ときよりも、パットに時間と労力をかけました。

これら二つの知識、つまり、①損失回避についての科学的研究を知っていたことと、②ｉＰｈｏｎｅを求めて並ぶ人々の列で働く損失回避の力の強さをテレビで見たばかりだったことの、どの部分がサンディへの具体的な提案を思いつかせたか、お分かりでしょうか。私が提案した言葉の順番では、まず望んでいるもの（「決着」）を依頼者に所有させます。そして、もし妥協しないなら、彼らはそれを失うことになるのです。サンディの元々の言い方では、これが逆になっていました。「この提案に同意いただければ、すべて決着です」という言い方では、望む「決着」は、これから手に入るかもしれないものでしかありません。自分が何を知っているか分かっていたので、使う言葉の順番を変えるように提案するのは簡単なことでした。

損失を嫌がることは希少性の原理の中心的な特徴ではありますが、この原理に埋め込まれた要因の一つにすぎません。ですから、この原理の全体をさらに詳しく見ていきましょう。

希少性——少ないものがベスト、失うことはワースト

ほとんどすべての人が、何らかの形で希少性の原理に支配されています。野球カードから骨董品まであらゆるものの収集家は、希少性の原理によって品物の価値が決まることをよく知っています。一般に、ある品物の数が少ないか、少なくなりつつあるなら、それだけその品には価値があることになります。実際、望ましい品物の数が少ないか、手に入らない状態のとき、消費者はもはやその品物の価値への認識に基づいて適正価格を判断したりはしません。そのかわりに、その品物の希少性に基づいて適正価格を判断するようになります。自動車メーカーがニューモデルの生産台数を制限すると、購入希望者の間ではその

モデルの価値が高まります。収集市場における希少性の重要性がとりわけよく分かるのは、「貴重なミス」という現象です。不鮮明な切手、二度打ちされた硬貨などの欠陥品が、ときとして最高の価値を持ちます。ジョージ・ワシントンの肖像が三つ目になっている切手は、解剖学的な正確さにも、人を惹きつけるような美しさにも欠けますが、人々はこぞってそれを探し求めます。ここに、教訓的なアイロニーがあります。普通は廃棄される理由となる欠点が、希少性と結びついたときには、価値を生む美点となるのです。

私は、手に入りにくくなると、その機会がより貴重なものに思えてくる、という希少性の原理について学べば学ぶほど、それが私のさまざまな行動に影響を及ぼしていると、ますます気づくようになりました。私は電話がかかってくると、誰かとの楽しい会話を中断して出ることで知られています。そのような場合、電話の主は、目の前の相手にはない特徴（もう話をするチャンスがないかもしれない）で、私を惹きつけるのです。受話器を取らなかったら二度とかかってこないかもしれないし、その電話がもたらす情報を、永久に失ってしまうかもしれません。たいていの電話よりも目の前の会話のほうがよほど楽しく、また重要でもある、などということはこの際どうでもよいのです。電話のベルを一回聞き流すたび、その電話に出られる可能性は少なくなっていきます。そのような理由で、どうしても電話に出ることを優先したくなってしまうのです。

すでに見たように、人はあるものが失われてしまうと考えるときのほうが、同じくらいの価値のものが手に入ることを考えるときよりも、強く刺激されるようです。たとえば、大学生に自分の恋愛関係に関して悲観的な想像をさせると、楽観的な想像をさせたときよりもはるかに強い反応が見られました。これは学業成績についても同様でした。英国で行われた実験では、新しい電力会社に乗り替えると電気代がお得

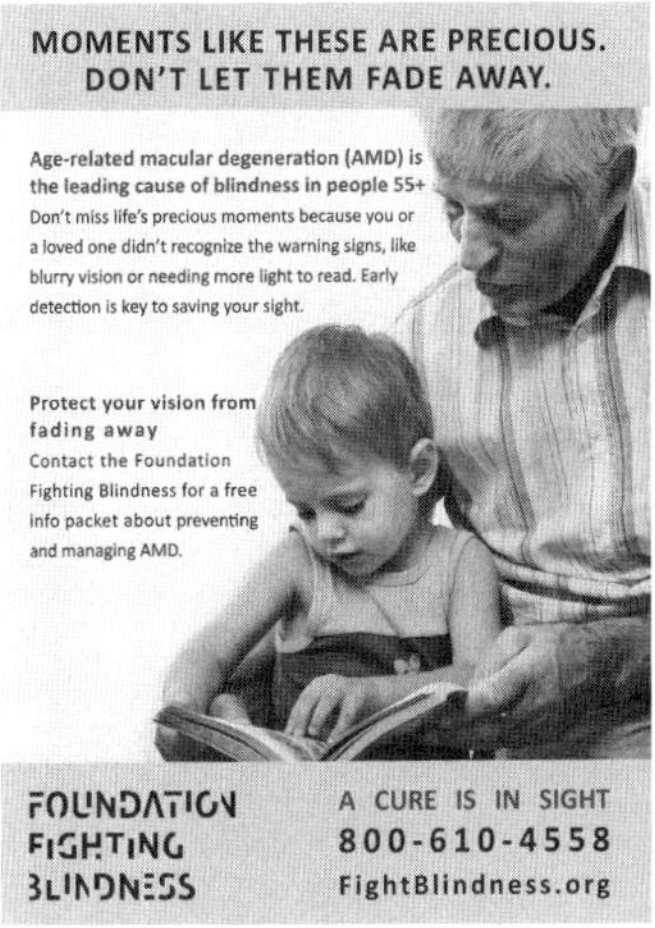

図6・2　（視力の）喪失を防ごう

この広告（加齢黄斑変性の研究に資金を提供するという善行をなしているチャリティー基金のもの）の制作者が賢明なのは、この病気への対処の仕方を無料で提供すること（返報性）と、失われるべきでない瞬間を描くこと（損失回避）によって、寄付を躊躇している人々の思いやりの気持ちを刺激しようとしているところである。

Courtesy of Foundation Fighting Blindness

になりますと伝えたときよりも、乗り替えないと電気代で損をしますと伝えたときのほうが、供給会社の変更を希望する人が四五％多くなりました。何らかの課題を与えた場合に人々がズルをするのは、得をしようとするときよりも、損をしないようにしようとするときでした。これは金銭が絡んでいる場合に限った話ではありません。ある研究では、所属チーム内での地位低下を避けようとしてズルをする人は、同じだけの地位向上を狙ってズルをする人より、八二％も多くいました。得と比べて損は、注意（凝視）、生理的興奮（心拍数と瞳孔散大）、脳の活性化（皮質刺激）に大きな影響を及ぼします。

危険性や不確実性の高い状況では、何かを失うかもしれないという脅威は、人間の意思決定にとりわけ強力な役割を果たします。健康について研究しているアレクサンダー・ロスマンとピーター・サロベイは、この洞察を医療領域に応用しています。私たちは隠れた疾病を見つけるための検査（乳房X線撮影、HIVスクリーニング、癌の自己診断など）を受けるように、しばしば促されます。これらの検査には、疾病が見つかるかもしれない危険性と、それが治癒するかどうか分からないという不確実性が含まれているので、潜在的な損失を強調するメッセージがとても効果的です。たとえば、若い女性に乳癌の自己診断検査をするように勧めるパンフレットは、何が得られるかよりも、何を失うかという点から描写されていたほうが成功します。損失の可能性を考えているときのほうが、獲得の可能性を考えているときよりも、正しい意思決定の戦略を阻むことが難しくなるということから考えれば、そもそも人の脳自体が、私たちを損失から守るために進化してきたのかもしれません。[*1]

▼数量の制限

物事の価値を決める際、希少性の原理がこれほど強力に働いているのなら、承諾誘導の専門家たちも当然、彼らなりに同じような操作を行おうとするでしょう。おそらく、希少性の原理が最もあからさまに使われているのは、ある製品が供給不足でいつまで残っているか保証できないと消費者に知らせる、「数量限定」戦術だと思います。驚くほど成功を収めている国外旅行とホテルの予約サイトのブッキング・コムが、数量限定の特別価格で利用できるホテルの部屋の残室数情報を初めてウェブサイトに載せたとき、予約申し込みの数が爆発的に増えました。その勢いはあまりにも凄まじく、同社のカスタマーサービスチームが技術部門に連絡し、「システムエラーが起きたに違いない」という報告を入れたほどでした。しかし、システムに異常はありませんでした。増加を引き起こしたのは、閲覧者を購入者に変貌させた数量限定の力だったのです。私がさまざまな組織に潜入して、承諾誘導の研究を行っていたときにも、多くの状況で繰り返し数量限定戦術が使われているのを見ました。「このエンジンを搭載したオープンカーは、国内に五台と残っていません。もう生産していませんから、買うなら今しかありません」「この分譲地の中に角地はもう二区画しか残っていませんが、これがその一つなんです。もう一つはうっとうしい西向きで夏が厳

●読者からのレポート6・2——アリゾナ州フェニックス在住の女性より

私は「ブックマンズ」という転売中古販売店で、希少性の原理を何度も用いています。そのお店では、古本や中古のCD、おもちゃを、売ったり交換したりしています。私は九〇年代にテレビで放映していたリチャード・スカーリー原作の子ども向け番組のキャラクター人形を、何体か持っていました。それをまとめてブックマンズに持っていきました。でも、一つも買い取ってもらえませんでした。そこで、私は人形を一度に一体だけ持ち込むことにしました。そうしたら、毎回買い取ってもらえました。もう手元には一体もありません。希少性の原理です！

実は父も、イーベイに野球チームのショットグラスを出品する際、同じことをしました。父はグラスを二十四個、三十五ドルで買いました。それを一つずつ、イーベイで売ったのです。最初の一つが三十五ドルで売れたので、この時点で元は取れました。それからしばらく間を空けて次のグラスを出品し、これは二十六ドルで売れました。その次のグラスはさらに間を空けてから出品し、五十一ドルで売れました。その後、欲を出してすぐに次の出品をしましたが、二十二ドルにしかなりませんでした。この経験から父は教訓を得ました。父の元にはまだグラスがいくつか残っています。希少性が回復するまで取っておくつもりなのです。

著者からひと言——売りたい品物がたくさんある場合に、一度に一つずつ提供するという知恵には、豊富さは希少性と反対のものであるがゆえに、ある品物を大量に提示すれば、その品物の知覚される価値が下がる、という認識が備わっています。

しいですから、お気に召さないと思います」「生産が滞っていて、次の入荷がいつになるか分かりません。今日のうちに、もう少しお買い求めいただいたほうがよろしいかもしれません」。

こうした、数に限りがあるという情報は、本当であることも、まったくのでたらめであることもありました。しかし、いずれの場合も、消費者に商品の希少性を信じ込ませ、それによって目の前にある商品の現時点での価値を高めようとする目的があったのです。私は、手を替え品を替えこの単純な策略を駆使する人たちに、不承不承ながら称賛の念が生じてしまうのを認めざるを得ません。最も感心させられたのは、この基本的なアプローチを論理的に行き着くところまで推し進め、商品を最も希少性が高い時点（もはや手に入らないと思い込ませた状況）で売りさばく、という手法でした。その戦術を完璧に使いこなしていたのが、私の調べたある家電量販店です。その店では在庫品の三〇～五〇％を常に特売に出していました。たとえば、あるカップルが、特売品にある程度の興味を持ったとしましょう。興味があることを示す手掛かりは至るところにあります。普通の客以上にその商品を試したり、脇にあるパンフレットをめくってみたり、商品を前にして話し合ったりしています。そんな様子のカップルを目にすると、店員が近づいてきてこう言います。「このモデルにご興味をお持ちだとお見受けしました。申し訳ございませんが、実はほんの二十分ほど前に、別のお客様にお売りしてしまったのです。確かそれが、最後の一つだったと思います」。

客は間違いなく失望します。もう手に入らないとなると、その品が急にいっそう魅力的に感じられるものです。たいていの場合、カップルの一人が、店の奥や倉庫あるいはどこか別の場所に、一つくらい残っていないかと尋ねます。すると店員が答えます。「そうですね、あるかもしれません。調べてまいりましょう。お客様のご要望の品はこのモデルで、もし在庫がありましたらこのお値段でお買い求めいただける、ということでよろしいでしょうか」。ここに手腕の見事さがあります。希少性の原理を踏まえて、客から商品を購入するというコミットメントを引き出してもいるのです。客は商品がもう手に入らないかもしれないと思い、それゆえ、このうえなくその商品に魅力を感じています。そして、とても乗せられやすくなっているので、たいてい買うことに同意します。やがて店員が、新たに入荷した分があったという知らせを（必ず）持って戻ってきます。もちろん、手にはペンと売買契約書を持っています。なかには望みの品の在庫が十分あると知って、その品に買うほどの魅力はないと考え直す人が出てくるかもしれませんが、売り買いのやり取りは、たいていの人にとって後戻りが難しいところまで進んでしまっています。先ほど買う決心をして、それを口頭で店員に伝えた事実はそのままなのです。客は必ず買います。

私はビジネスの研修会で希少性の原理について話すとき、残りの数に関する偽情報を流すような策略を避けることが重要だと、強調しています。そうすると、よくこんな質問が出ます。「もし、提供しているものの中に品薄になっているものがなかったら、どうしたらいいんですか。市場の需要を完全に満たしている状態だったら？　どうすれば、私たちは希少性の力を利用できるのですか」。その答えは、希少性が品物の数量だけでなく、性質や要素にも宿ると認識することです。まず、自社製品やサービスの特徴でユニークなもの、つまり非常に珍しく、他のところから買おうと思っても、同じ金額では（もしくはまったく）手に入らないものを特定します。次に、その特徴とそれに付随するメリット（見逃せば失われてしまうもの）を中心に、正直な売り込みを行います。そういった単一の特徴がなくても、きっと諸特徴のユニークな（競合相手と重複しない）組み合わせは備わっているはずです。その場合、諸特徴のユニークな組み合わせの希少性を、正直に売り込むことができます。

▼時間の制限

アリゾナ州メサ市は、私が住んでいる州都フェニックスの郊外にあります。おそらくメサの最も際立った特徴は、世界第一位のソルトレークシティーに次いでモルモン教徒の数が多いことと、街の中心部の手入れの行き届いた場所に、巨大なモルモン教会堂があることでしょう。私は遠くからその景観や建物を眺めて感心していましたが、教会堂の中に入ってみたいと思うほどの興味は持っていませんでした。さて、ある日のことです。私は新聞で、教会内部に信者以外立入禁止の特別区域がある、という記事を読みました。改宗する可能性がある人ですら、見学は許されていません。ただ、規則には一つ例外がありました。教会堂が新築された直後の数日間は、信者でなくても、普段は立入禁止の区域も含め、内部全体を見て回ることが許されるのです。

新聞記事によると、最近メサの教会堂が改装され、その修理は教会の基準から見て十分に「新築」とみなされるほど、大がかりなものでした。そのため、信者でなくても数日間に限って、教会堂内部の普段は信者以外立入禁止になっている区域が見学できるというのです。この記事が私に与えた影響をよく覚えています。即座に見学に行こうと決心したのです。しかし、友人のガスに電話をかけ、一緒に行かないかと誘ったところで、急に私にそんな気を起こさせたものに気がつきました。

誘いを断った後で、ガスは、どうして私がそんなに行きたがっているのか不思議だと言いました。確かにそのとおりで、私はそれまで教会堂を訪れる気になったことはありませんし、調べてみたいと思うようなモルモン教に関する疑問も持っていませんでした。もとより、教会建築に興味などなく、そこへ行ったところで、この土地の他の教会で目にするもの以上に壮観で感動的なものに出会えるとは、思っていなかったのです。話をするうち、教会堂へ行きたい特別な理由は、一つしかないことが明らかになりました。それは、すぐに行かなければその禁じられた区域を見る機会はもう二度とない、ということです。それ自体には本来ほとんど魅力を感じていなかったものが、ただ、それを見られる可能性が急速になくなりつつあるというだけで、明らかにより魅力的になっていたのです。

●Eボックス6・1

二人の研究者がネットショッピングサイト体験に関する素晴らしい調査を行い、六千七百以上のA／Bテスト（同じネットショッピングサイトで、特定の特徴一つがある場合とない場合の有効性の違いを調べるテスト）の結果をまとめた（Browne & Swarbrick-Jones, 2017）。調査項目となった二十九個の特徴は、純粋に技術的なもの（検索機能の有無、トップへ戻るボタンの有無、既定の設定の有無など）もあれば、動機づけに関わるもの（無料配送の有無、商品への印づけの有無、行動喚起の有無など）もあった。調査の最後で、研究者たちはこう結論した。「我々の分析で高評価を得た特徴はすべて、行動心理学を基準にしたものである」。本書の読者には嬉しい話だが、私たちがここまで論じてきた影響力の原理すべてが、最も効果的な特徴のトップ6の中に含まれているのだ。

希少性――残り在庫数の少なさの強調。
社会的証明――一番人気の流行アイテムの説明。
緊急性――時間制限の使用。多くの場合、カウントダウン・タイマーの使用を伴う。

特別割引――訪問者のサイト滞在時間を延ばすための割り引きの提供。

権威／専門知識――訪問者に利用可能な別の製品を伝える。

好意――歓迎メッセージなど。

著者からひと言――興味深いのは、トップ3に入った特徴のうち二つが、希少性を示すやり方として昔から（ネットショッピングが生まれるよりもずっと前から）お馴染みの、数量や期間に限りがあるというアピールであることです。ここでもまた、影響力の原理が使われるプラットフォームは大きく変わったにせよ、諸原理が人間の反応に与える影響は変わっていないということが分かります。また、これも役立つ話ですが、希少性を用いた二つの手法の順位の違い（一位と三位）は、一般的に言って数量限定アピールは期間限定アピールよりも効果的である、という結果の出た別の研究（Aggarwal et al., 2011）と合致しています。後ほど、競争に関して論じる節で、そうなる理由を見ていきます。

ある品物を手に入れられる残り時間がなくなりつつあると、ますますそれが欲しくなるという傾向を利用した販売戦術が、「最終期限」戦術です。この戦術では、承諾誘導の専門家が提供している物の販売期間に、公式の時間制限を設けます。そのせいで、気がつけば、たいして欲しくもない物を買ってしまっていることはしょっちゅうです。販売促進のプロは、客に対して最終期限を設定し、それを公にするという形でこの傾向をうまく利用し、以前は誰も興味を示さなかった物に興味を覚えさせます。この方法が最もよく使われるのは、映画の宣伝です。実際、つい先日もある劇場主が一意専心し、たった五語のコピーを三度繰り返すことで希少性の原理を活用していました。それは「独占・特別・公開・終了・間近！」というものでした。

この戦術の中でも、客と対面して圧力をかける商売人たちにとりわけ好まれているのが、究極的な最終期限を設けて、今すぐ決断を迫るという手法です。彼らはしょっちゅう、今すぐ買う決心をしなければ後でもっと高い値段で買わざるを得なくなるか、二度と買えなくなるだろうと、客に言います。ヘルスクラブの会員になりそうな人や自動車を買う見込みのある人には、販売員は、提示価格は今この場だけでのもので、店を出たら最後、もうこの額は適用されなくなると伝えるかもしれません。子どもの肖像写真を扱っているある大手企業は、親たちに、「保管しておく場所が限られているので、お買い求めいただけなかったお子さまの写真は、二十四時間以内に処分させていただくことになっております」と言って、できるだけ多くのポーズの写真と焼き増しを買うように促しています。戸別訪問で雑誌の注文を取る人は、この地域を回っているのは今日だけで、この機会を逃すと自分たちはもう来ることはないし、雑誌を一括購入する機会もなくなるだろうと言うかもしれません。

私が紛れ込んでいたある家庭用電気掃除機の販売店は、「他にもたくさんの方にお会いしなくてはなりませんので、一家庭につき一度しかうかがうことができません。会社の方針で、お客さまが後でご購入の決心をされても、もう一度おうかがいしてお売りすることはできないのです」と言うように、研修で販売員を指導していました。もちろん、これは馬鹿げた話です。会社やその代理店は商品を売るのが仕事ですから、もう一度来てほしいと客が言えば、喜んで飛んで行くに決まっています。この会社の販売マネージャーが研修生たちに強調していたように、「再訪問できない」と主張する真の目的は、販売スケジュールの負担を軽くすることとは関係ありません。それは、「後では手に入らないという脅しをかけて信じ込ませ、今欲しくさせることによって、取引についてあれこれ考える時間を与えない」ためのものなのです。[*2]

詐欺に遭う

ピーター・カー（『ニューヨーク・タイムズ』）

ニューヨーク発――ダニエル・ガルバンは、どうして自分の全財産が消えてしまったのか思い出すことができない。

電話から販売員のなめらかな声が聞こえてきたのは覚えている。石油と銀の将来性に望みを託し、大金持ちになることを夢見たのも覚えている。しかし今日に至るまで、この八十一歳の引退した熟練工は、どうやって詐欺師が一万八千ドルを手放すよう、自分を説得したのかわからないのである。

「俺は老後の生活を楽にしたいと思っただけなんだ」と、フロリダ州ホルダーに住むガルバンは言う。「でも、真実に気づいたときには、飯も喉を通らなかったし、夜も眠れなかった。十四キログラムも痩せてしまったよ。自分があんなことをするなんていまだに信じられない」。

ガルバンは、警察が「ボイラールーム・オペレーション」と呼んでいる手口の被害者だ。それは、何十人もの販売員が小さな部屋に詰め込まれ、毎日何千人もの客に電話をかけて、早口で喋りまくるという計略である。

米国上院分科会が行った調査の報告書が去年出版されたが、それによると、こうした会社は、疑うことを知らない人々から毎年何百万ドルもの額をだまし取っている。

ニューヨーク州検事総長で、過去四年間に、こうしたボイラールーム・オペレーション関連事件を十件以上も担当してきたロバート・エイブラムスは、次のように言っている。「彼らはウォール街の住所を使って好印象を与え、嘘とごまかしを駆使して、魅力的に見えるさまざまな計画に金を投資させようとします。被害者たちは、しばしば口車に乗せられ、生涯かけて貯めてきたお金を残

図6・3　せかされて飛びつく

――希少性の原理が2回目と3回目の電話でどのように使われ、ガルバン氏に「あまり深く考えることなしに、すぐ買うように仕向けた」のかに注目してほしい。「クリック、（急いで）実行《ラン》」。

らず注ぎ込んでしまうのです」。

ニューヨーク州副検事総長で、投資家保護部門責任者でもあるオレステス・J・ミハリーによれば、その手の会社は三段階の手順を踏むことが多いそうだ。まず、「オープニング・コール」が始まる。販売員は、信用できそうな住所にオフィスを構える、信用できそうな名前の会社の者だと自己紹介をする。この段階ではただ、会社の資料を受け取っていただきたい、と頼むだけである。

二回目の電話では、セールスの口調が入ってくる。まず、莫大な利益を生む投資の話をし、その儲け話に今から投資することはできないと言う。三回目の電話では、売買に加わるチャンスを与え、大いにせかす。

「買い手の目の前にニンジンをぶらさげておいて、サッと取り払ってしまう、そういう手です」とミハリー。「あまり深く考えることなしに、すぐにそれを買うように仕向けるのが狙いなのです」。ときに販売員は、息を弾ませながら三度目の電話をかけて、「たった今、立会場から戻ってきたところなんです」と客に話すこともあるのだそうだ。

そのような戦術によって、ガルバンは全財産を手放す気になってしまったのである。見知らぬ者から繰り返し電話がかかってきて、銀を買うためにニューヨークに千七百六十五ドル送金するように説得されたのだとガルバンは話した。販売員はその後も何度もガルバンに電話をかけ、うまく丸め込んで六千ドル以上を原油のために送金させた。ガルバンは、その後さらに九千七百四十ドルを送金したが、その後は梨のつぶてだった。

「もう絶望さ」。ガルバンは当時を振り返って言った。「俺は欲深かったわけじゃない。ちょっとでもましな生活ができればと思っただけなんだ」。だが結局、お金は戻ってこなかった。

心理的リアクタンス

そういうわけで、証拠は歴然としています。承諾誘導の技術の使い手たちは影響力の武器の一つとして、希少性を頻繁に、幅広く、組織的に、そしてさまざまな形で利用しています。影響力の武器がこのように用いられる場合はいつも、使用される原理が強力な力で人間の行動を方向づけていると見て間違いありません。希少性の原理の場合、その力の源は主に二つあります。一つはお馴染みのものです。他の影響力の武器と同じく、希少性の原理は、私たちがてっとり早い方法に魅力を覚えるという弱点につけこみます。この弱点はいわば賢明さゆえの弱点です。たいていの場合、手に入れにくい物は、簡単に手に入る物より良いものだということを私たちは知っています。だからこそ、入手しにくさを手掛かりにして、ある商品の高い品質（私たちはそれを見逃したくありません）を迅速かつ正確に判断できるのです。したがって、希少性の原理が威力を持つ理由の一つは、それに従っていれば通常、効率的かつ正確な判断が下せるという点にあります。

これに加えて、希少性の原理にはもう一つ、他の原理にはない力の源があります。機会の減少に伴って、私たちは自由を失います。そして人は、すでに持っている自由を失うことがどうにも我慢なりません。さらに言えば、これは重要な自由について、特に当てはまります。すでにある重要な特権を保持しようとするこの欲求こそ、自らの自由の減少に対する人々の反応を説明するため心理学者ジャック・ブレームが提唱した、心理的リアクタンス理論の中核となるものです。この理論によれば、自由な選択が制限されたり脅かされたりすると、自由を回復しようとする欲求から、私たちはその自由（と、それに結びつく物やサービス）を以前より強く求めるようになります。したがって、希少性の増大、あるいは何か別の理由によって、ある対象にそれまでよりも接しにくくなったときも、その状態に反発（リアクト）し、以前よりもその対象が欲しくなり、より熱心に入手しようとするようになります。

　理論の核心は至極単純に見えますが、それは社会環境の隅々まで、さまざまな形で入り込んでいます。若者の愛の園から武装革命の混乱、市場の動向まで、私たちの行動のかなりの部分が心理的リアクタンスの観点から説明できます。しかし、こうしたことを吟味する前に、いったい何歳頃から自由の制限に対して戦おうとする気になるかを、知っておいたほうがよいでしょう。

▼幼いリアクタンス——おもちゃと深い愛情

　児童心理学者は、二歳（親たちが難しい時期だとみなし、「恐るべき二歳児」として広く知られている年齢です）の段階で、こうした傾向が生じると考えてきました。たいていの親は、この時期の子どもに、つむじまがりの行動が見られると言います。二歳児は外界からの圧力に反抗する名人のようです。こうしろと言うと正反対のことをします。あるおもちゃを与えると別のおもちゃを欲しがります。無理矢理に抱き上げようものなら、むずがって下ろしてくれと泣き叫びます。無理矢理に抱っこをやめようとすれば、爪を立ててしがみつこうともがきます。

　バージニアで平均年齢が満二歳の男の子たちを対象に行われた研究は、恐るべき二歳児のスタイルを見事にとらえています。母親に付き添われた男の子が、同じ程度に魅力的なおもちゃが二つある部屋に入っていきます。おもちゃは常に、一つが透明なプレキシガラス（耐久性のあるアクリル酸樹脂）の障壁のすぐ手前に、もう一つが障壁の向こう側に置かれていました。ある条件では、プレキシガラスの板の高さはわずか三十センチメートルで、実際には障壁とはなっておらず、男の子が手を伸ばせば簡単に向こう側のおもちゃに触れることができました。別の条件では、プレキシガラスは六十センチメートルの高さがあり、この障壁を迂回しない限りおもちゃに近づくことができないようになっていました。研究者たちは、このような状況で、よちよち歩きの子どもたちがそれぞれのおもちゃに触れるまでにかかる時間を見ようとしたのです。結果は明白でした。障壁が低く、その向こうにあるおもちゃにも簡単に触れられる場合は、子どもたちがどちらか一方のおもちゃを特に好むという傾向はありませんでした。平均すると、障壁の手前にあるおもちゃも、向こう側にあるおもちゃも、触れるまでの時間は同じくらいでした。しかし、障壁が十分に高く障害になっている場合、男の子たちは障壁の向こう側にあるおもちゃに一直線に向かいました。障壁の向こう側にあるおもちゃに触れるまでにかかった時間は、障壁の手前のおもちゃに触れるまでにかかった時間の三分の一でした。全体的に見ると、この研究の対象となった男の子たちは、自由を制限するものに対してすぐさま反抗するという、恐るべき二歳児の典型的な反応を示したのです。

どうして二歳になると、心理的リアクタンスが現れるのでしょうか。この時期にたいていの子どもは決定的な変化を経験します。二歳になる頃、子どもは初めて自分自身を個人として認識するようになります。社会環境の単なる延長としてではなく、識別できる一個の分離された存在として、自分を見るようになるのです。こうした自律性の概念が発達するにつれて、自由の概念も発達してきます。独立した存在というのは、選択の自由を持っているものです。自分をそのような存在であるとはじめて認識した子どもは、選択の幅を十分に広げようとするでしょう。

ですから、二歳の子どもが私たちの意に反してことごとく反抗しても、それに驚いたり思い悩んだりするべきではありません。彼らは自分が独立した存在であるという爽快な自己認識を、初めて獲得するに至ったのです。今や彼らはその小さな心の中で、選択、権利、支配に関するいくつもの重要な疑問を持ち、その答えを見つけなくてはなりません。あらゆる自由を求め、そしてあらゆる制限に抵抗して闘う傾向は、情報を希求するゆえのことと考えれば理解しやすいかもしれません。自らの自由（と同時に親たちの忍耐）の限界を厳密に調べることによって、子どもは、自分の世界のどの部分が支配を受け、どの部分が自分で支配できるのかを発見しているのです。後で見るように、このような状況では、首尾一貫した情報を与えるのが賢明な親と言えます。

恐るべき二歳児は、心理的リアクタンスを最も顕著に示す年代なのかもしれませんが、行動の自由に加えられる制限に対して強く反発する傾向は、私たちの生涯を通して見られます。しかし、こうした傾向がとりわけ反抗的な形で現れる時期がもう一つあります。十三〜十九歳の時期です。この時期の反発の強さたるや、昔から「どうしても何かをやらなきゃいけない場合には三つ選択肢がある。①自分でやる。②大金を払って人にやってもらう。③ティーンエイジャーにそれをやっちゃいけないと言う」というジョークが語り継がれているほどです。二歳のときと同じように、この時期も個としての感覚が現れるという点に特徴があります。ティーンエイジャーにとってこうした個としての感覚の出現は、何かにつけ親の支配を受ける子どもの役割から脱却し、あらゆる権利と義務を伴う大人の役割を目指そうとすることを意味しています。驚くにはあたりませんが、思春期の若者は義務よりも、彼らが若い大人として持っていると感じている権利のほうを強く意識します。そして、これも驚くにはあたりませんが、この時期にそれまでと変わらず親の権威を押しつけるのは、しばしば逆効果を招きます。彼らは親の支配に反発し、巧妙に策を弄したり、正面きって闘ったりするでしょう。

若者の行為に親が圧力を加えた結果、かえって悪影響をもたらしてしまうことの最も鮮やかな具体例は、「ロミオとジュリエット効果」として知られている現象です。ご存じのとおり、ロミオ・モンタギューとジュリエット・キャピュレットは、家同士の不和のために愛を裂かれてしまったシェイクスピア劇の悲運な主人公です。彼らを一緒にさせまいとする親たちのあらゆる企てに逆らって、このティーンエイジャーたち（シェイクスピアの研究者たちはロミオの年齢を十五歳前後、ジュリエットの年齢を十三歳前後と考えています）は、自由意志を行使する究極的な手段、すなわち心中という悲劇的行為によって、永遠の愛を勝ち取りました。

このカップルの感情と行動の激しさは、劇の観客に常に驚きと謎を提供してきました。どうして、こんなに若い二人の間に、愛の炎があれほど急速に燃え上がったのでしょうか。ロマンチストなら、あれこそ希有《けう》で完璧な愛であると言うかもしれません。しかし行動科学者は、親たちの干渉とそれが生み出した心理的リアクタンスの存在を指摘するでしょう。おそらくロミオとジュリエットの情熱は、はじめから双方の親たちが作り出すさまざまな障壁を乗り越えるほど、強かったわけではないのです。むしろ、情熱の炎をあれほど激しくしたのは、こうした障壁だったのかもしれません。もし二人の若者の判断にすべてが任されていたなら、燃え上がった愛情も、せいぜい幼い愛の一瞬の炎で終わっていたのではないでしょうか。

この物語は想像の産物ですから、このような疑問はもちろん仮説の域を出ないもので、その答えも推測にすぎません。しかし、現代のロミオとジュリエットについてなら、同じような疑問により強い確信を持って答えることができます。親の干渉に悩むカップルは、親への反発から二人の関係により強くコミットし、より深く愛し合うようになるのでしょうか。コロラドに住む十代のカップル百四十組について調査した研究によれば、それこそまさに実際に起こることでした。親たちの干渉からカップルの間に問題が生じる（二人がお互いをより批判的に見るようになったり、相手の行動で気に入らないものの数が非常に増えたりする）場合もありましたが、そうした干渉はお互いの愛情を強め、結婚したいと思わせる原因にもなったことを、研究者たちは見出しました。研究の対象となった期間に、親の干渉が強まった場合は愛情も強まり、干渉が弱まった場合はロマンチックな感情も冷めていったのです。

●読者からのレポート６・３――バージニア州ブラックスバーグの女性より

去年のクリスマスに、私は二十七歳の男性と出会いました。当時、私は十九歳でした。彼が本当に私のタイプというわけではなかったのですが、交際するようになりました。たぶん、年上の男性とデートするのは一種のステータス、という気持ちもあったと思います。でも、彼のことを本当に好きになったのは、うちの家族が彼の年齢のことでとやかく言うようになってからでした。家族が二人のことについてうるさく干渉すればするほど、私は彼を恋するようになりました。彼とは五カ月しか続きませんでしたが、もし両親が何も言わなかったら、一カ月ももたなかったと思います。

著者からひと言――ロミオとジュリエットが世を去ってから長い年月が経ちましたが、「ロミオとジュリエット効果」は健在で、バージニア州ブラックスバーグのような場所にも、顔を出すようです。

▼大人が示すリアクタンス——銃と洗剤

二歳と十代の時期には、心理的リアクタンスがあらゆる場面に顔を出し、いつも荒々しく力強い形をとります。それ以外の年齢では、リアクタンスのエネルギーは静かに蓄えられ覆いをかけられており、時折、間欠泉のように噴き出すだけです。それでも、そうしたリアクタンスの噴出はさまざまな興味深い形をとるので、人間行動の研究者のみならず、議員や政策担当者の関心を引いています。たとえば、スーパーマーケットの買物客に政府の物価統制に賛同する嘆願書への署名を求めたとき、最も賛同を得やすかったのは、政府の役人が嘆願書の配布に反対したと伝えたときでした。また、ルール違反者を罰する権限を持つ役人がそれを行使しやすいのは違反者の誕生日でしたが、特にそうなる場合が多いのは、違反者が誕生日を理由に慈悲を乞うた場合でした。なぜでしょうか。それは役人が、違反者の誕生日という状況によって、自分の権限行使の自由を制限されていると感じたためでした。典型的な心理的リアクタンスの反応です。

さらに、ジョージア州ケネソーでの珍しい例があります。この町では成年に達している住人すべてに銃と弾薬の所有を義務づけ、違反者には六カ月の禁固と二百ドルの罰金を科すという法律を制定しました。ケネソーの銃法は、どこを取っても心理的リアクタンスの対象となる特徴を備えていました。その法律が制限した自由（銃を持たない自由）は、大部分の米国人が当然持っていると考える、重要な、そして昔からある自由でした。しかも、その法律がケネソーの議会で可決されるまでに、市民は意見表明のチャンスをほとんど与えられませんでした。リアクタンス理論によれば、このような状況下では、この町で暮らす五千四百名の成人のほとんどはこの法律に従わないと予想されます。しかし、新聞報道によれば、法律が通過して三、四週間経った頃、ケネソーでは小火器の売上げが爆発的に伸びていたのです。

リアクタンスの原理とは一見矛盾するこうした現象を、どう理解したらよいのでしょうか。ケネソーで銃を購入しているのはどんな人なのかをもう少し詳しく調べてみれば、その答えが得られます。ケネソーの銃砲店オーナーたちへのインタビューによると、銃を買ったのは町の住人ではなく、宣伝につられて初めての銃をケネソーで買おうとやって来た、外部の人々だったのです。ある新聞記事で、まるで「銃砲のスーパーマーケット」だと称された店の経営者ドナ・グリーンは、状況をこうまとめています。「商売は上々です。でも、買っていくのはほとんど外の人です。この町で法律に従うために銃を買ったのはほんの二、三人でした」。つまり、法案成立後、ケネソーでは銃が盛んに購入されましたが、買ったのは法の対象となった地域の人々ではなかったのです。住人は全然従ってはいませんでした。問題となっている自由が法律によって制限されなかった人たちしか、その法に沿った行動をとる気にはならなかったのです。

その十年前、同じような状況が、ケネソーの南数百マイルにあるフロリダ州デイド郡（マイアミ）でも生じました。そのときは、環境保全のために、リン酸を含む洗濯洗剤やクリーニング洗剤の使用を（そして、所有も！）禁じる条例が制定されました。この条例の社会的影響を調べた研究によると、マイアミの住民には、二つの反応が並行して生じていました。一つは、マイアミの住民の多くが不法持込という手段に訴えました。しばしば、近所の住人同士あるいは友人同士が、大規模な「石鹼キャラバン」を結成し、リン酸洗剤の買い出しのために近隣の郡へと繰り出したのです。買いだめはまたたく間に広がり、しばしば買いだめをする人の特徴となる強迫観念が高まるなか、人々は二十年分のリン酸洗剤を買い込んだと自慢しました。

法律に対する二つ目の反応は、不法持込や買いだめをした人の意図的な反抗と比べると、ささやかでもっと一般的なものでした。もはや手に入らないものを手に入れたいという気持ちに駆り立てられて、マイアミの消費者の大部分は、以前にも増してリン酸洗剤を良い製品だとみなすようになったのです。デイド郡の法律が適用されないタンパの住民に比べて、マイアミ市民は、リン酸洗剤を手に優しく、冷水でも汚れがよく落ち、白さが戻り、しみ抜き効果が強いと評価しました。法律の成立後には、リン酸洗剤は簡単に注ぐことができるとさえ、考えるようになっていたのです。

この種の反応は、確立されていた自由を失った人に特徴的に見られるものであり、それを認識することは、心理的リアクタンスと希少性の原理が私たちにどのように作用しているかを理解するうえで、非常に重要です。ある品物が手に入りにくくなると、それを所有する自由が制限されたせいで、その品がますます欲しくなります。しかし、心理的リアクタンスが原因でそれを欲しがっているとは、ほとんど認識しません。分かっているのは、ただそれが欲しいということだけなのです。そうした気持ちを正当化するために、私たちはその対象に肯定的な性質を与え始めます。デイド郡のリン酸洗剤禁止法の場合、品物の利点とそれを欲しがる気持ちの間に因果関係を考えるのは、誤った推測です（そしてこれは、利用可能性に新たな制限が加えられた他のケースの場合も同様です）。禁止された後も、リン酸洗剤の汚れを落とす力や漂白効果、注ぎやすさは変わっていません。消費者のほうが、こんなに欲しがっているのだからきっとそうに違いないと、思い込んでいるだけなのです。

▼検閲

禁じられたものが欲しくなり、その結果、それがより価値あるものに思えてくる傾向は、洗濯洗剤などの商品に限ったものではありません。情報に対する制限にも同じことが言えます。情報を獲得し、保存し、管理する能力が、その人の富と権力を大きく左右する現代においては、情報へのアクセスを検閲したり制限したりしようとする企てに対して、私たちがどう反応するのかを理解することが重要です。検閲の対象になりうる題材（メディアによる暴力、ポルノグラフィー、急進的な政治演説など）を見たときの私たちの反応については、多くのデータがありますが、このような題材への検閲に対してどう反応するのかを示す証拠は、驚くほど少ないのが現状です。しかし、幸運なことに、検閲に関してなされた数少ない研究の結果は、概ね一致しています。ほとんど例外なく、ある情報の入手を禁じられると、私たちはその情報を強く求めるようになり、禁じられる前よりもその情報を好ましく思うようになるのです。

検閲された情報がその受け手にもたらす効果について興味深いのは、受け手が以前よりもその情報を求めるようになる、ということではありません。それは当然と言えます。そうではなく、情報の受け手が情報を受け取ってもいないうちから、その情報を信じるようになるという点です。たとえば、ノースカロライナ大学の学生たちは、キャンパス内の男女共用学生寮建設に反対する演説が禁じられると知って、建設計画にますます反対するようになりました。つまり、学生たちは演説を聞いていないのに、その意見への賛成の度合いを強めたのです。こうしたことから、心配な可能性が出てきます。群を抜いて賢い人なら、ある問題に関する自らの立場が弱かったり人気がなかったりした場合に、自分の主張が制限されるように取り計らって、私たちが賛同するように仕向けるかもしれないのです。

皮肉なことですが、このような人たち（たとえば、非主流派の政治団体のメンバー）にとって最も効果的な戦略は、人気のない自分たちの見解を宣伝するのではなく、自分たちの考えが公的に検閲を受けるように仕向け、その後、検閲を受けた話を宣伝するというやり方なのかもしれません。米国憲法の起草者たちが、広範な言論の自由を認めた憲法修正第一条を書いたとき、おそらく彼らは断固たる自由民権論者であると同時に、洗練された社会心理学者でもあるような振る舞いをしていたと言えます。つまり、言論の自由に対する制限を禁止することによって、新しい政治的意見が出てきても、その意見が非理性的な心理的リアクタンスによって支持を得てしまう可能性を、最小にしておこうとしたのかもしれないのです。

もちろん、制限を受けやすいのは政治的意見だけではありません。性に関係するものへのアクセスも、頻繁に制限されています。成人向けの書店や映画館に対してときどき行われる警察の手入れほどには目立ちませんが、親や市民団体は、性教育や性衛生学のテキストから学校図書館の蔵書に至るまで、教育資料の中に含まれる性的な内容を検閲しようとする圧力を常にかけています。それに賛成する人も反対する人も善意からそうした主張を行っているのだと思いますが、こうした問題には、道徳、芸術、学校に対する親の統制、憲法で保証される言論の自由などさまざまな問題が絡んできますから、一筋縄ではいきません。

しかし、純粋に心理学的な観点から言えば、厳格な検閲に賛成する人は、パデュー大学の学生に対して行われた研究の結果を十分に検討してみるべきでしょう。その研究では、学生たちにある小説の広告を見せました。半数の学生には「成人向け。二十歳以下購入厳禁」という文を含む広告コピーを読ませ、残りの半数には、そのような年齢制限の入っていないコピーを読ませました。その後、その本に対してどのような気持ちを持っているかと学生に質問してみると、私たちがこれまで見てきた禁止の効果と同じ二つの反応が見出されました。すなわち、その本に年齢制限があると知った者は、制限がないと考えていた者よりもその本を読みたいと思い、また、その本が面白そうだと感じていたのです。

性に関する教材を学校の履修課程から公式に追放したい人々は、その目的は社会、とりわけ若者たちの目を、エロティシズムに向けさせないようにするところにあると公言してきました。しかし、パデュー大学で行われた研究や、制限を課すことの効果に関するその他の研究に照らして考えると、公式の検閲という手段は、その目的と相反する効果しか及ぼさないのではないかという気がします。諸研究が示唆するところを信じるなら、検閲は、性的な素材に対する生徒の欲求をかき立て、その結果、自分はそうしたものが好きな人間なのだと、彼らに思わせてしまいがちなのです。

公的な検閲という言葉を聞くと、政治的もしくは性的にあからさまなものへの禁止と考えがちですが、それとは別に、よく行われているにもかかわらずそれが事後に行われるため、私たちが同じものだとみなしていない公的な検閲がもう一つあります。陪審員裁判では、提出された証拠や証言のいくつかを裁判長が不採択と裁定し、陪審員たちにそれらを無視するように勧告することがあります。見方によってはその裁判官を検閲官とみなせるかもしれませんが、検閲の形態は風変わりです。禁じられるのは、陪審員たちにその情報を提供することではなく（そうするにはもう手遅れです）、陪審員がその情報を使うことなのです。裁判官からの指示は、どの程度効果を持つのでしょうか。裁判官による不採択の宣言は、手に入るあらゆる情報を考慮する権利があると思っている陪審員に心理的リアクタンスを生じさせ、かえってその証拠が使われるようになるのではないでしょうか。研究によれば、まさしくそのようなことが頻繁に起きているのです。

制限された情報を重視するという傾向を理解すれば、希少性の原理の適用範囲を、物質的なものを越えた領域にまで拡大できます。この原理は、メッセージ、コミュニケーション、知識に対しても当てはまるのです。こう考えると、情報の希少性さえ高ければ、それが検閲を受けたものでなくても価値を置くようになることが分かります。希少性の原理が教えるところでは、私たちは、他では手に入らない情報だと思うだけで、その情報に説得力があると考えるようになるのです。私の知る限り、独占的な情報には説得力があるという考えを最も強力に支持しているのは、私の研究室の学生が行った実験です。その学生は成功したビジネスマンでもあり、牛肉輸入会社を経営していました。当時、マーケティングに関してもっと高度な教育を受けるために、大学に戻ってきていたのです。ある日、私たちは研究室で情報の希少性と独占性について話し合ったのですが、その後、彼は自分の販売スタッフを使って、ある研究を行う決心をしました。

いつもどおりに販売員が会社の顧客（スーパーマーケットや小売店の仕入係）に電話をかけ、三つのうちのいずれかの方法で注文を取りました。第一のグループには、注文を受ける前に標準的な販売プレゼンテーションを聞かせました。第二のグループには、標準的な販売プレゼンテーションに加えて、これから先の数カ月間は輸入牛肉の供給が減りそうだという情報を与えました。第三のグループには、同じように標準的な販売プレゼンテーションに加えて牛肉の供給が減るという情報を与え、さらに、このニュースは一般に知られていない情報、つまり会社独自の情報網から入手した独占的な情報であると告げました。したがって、この最後の販売プレゼンテーションを受けた客たちは、商品の入手可能性だけでなく、それに関するニュースも制限されていることを知ったのです。牛肉が希少なだけでなく、牛肉が希少だという情報も希少である……二つの希少性が同時に彼らを襲ったというわけです。

実験の結果はすぐ明らかになりました。会社の販売員たちが社長（つまり私の学生）に、今受けている注文すべてに応じるだけの在庫がないので、牛肉をもっと買い付けてほしいと促し始めたのです。将来牛肉の供給が減るという情報も聞いた客は、標準的な販売プレゼンテーションだけを受けた客の二倍以上も買い入れました。しかし、最も販売の増加が著しかったのは、「独占的な」情報によって、牛肉の供給が減りつつあることを聞かされた客たちでした。彼らは標準的な販売プレゼンテーションしか受けなかった客の、六倍もの量を購入しました。明らかに、希少性の情報に関するニュースそれ自体も希少なものであるという事実が、そのニュースの説得力をとりわけ高めることになったのです。[*3]

▼リアクタンスを弱める

人々がある情報に接した際、その情報を説得の試みの一環とみなすと、受け入れる気持ちが即座に弱くなります。そうなる理由の一つは、彼らがリアクタンスを経験するからです。つまりその説得の訴えが自己決定の自由を損なおうとする試みに感じられるのです。ですから、誰かに何らかの変更を求めるために説得をしようとする人は、このリアクタンス反応との戦いに勝利しなくてはなりません。ときに彼らは、どれだけ嫌でもその変更を行うのは正しいのだという証拠を示すことによって、リアクタンス反応をねじ伏せようとします。そうしたときに彼らが説得の一環として用いるかもしれないのが、受け手は説得者の過去の厚意に対する恩義を感じるべき（返報性）という情報や、相手は同意するに値する好人物である

（好意）という情報、他の大勢がその変更を行っている（社会的証明）という情報、専門家が勧めていた（権威）という情報、あるいは変更を行う機会がなくなりつつある（希少性）という情報などです。

また、リアクタンスに打ち勝つための第二の方法もあります。そのやり方は、より強い動機を用いてリアクタンスをねじ伏せるのではなく、リアクタンスの力を弱めることによって戦いに勝利します。よい例は、提案する変更の難点に、早い段階で触れるような情報の伝え方です。こうすると、情報の送り手の信頼性が増すばかりでなく、受け手に変更の長所と短所の両方の情報を与えるので、受け手は特定の方向に誘導されているという気持ちが弱まります。

ある影響戦術は、説得のターゲットとなっている場面で、選択の自由を奪われていると受け手に感じさせないことを目的として開発されました。「でも、あなたの自由です」テクニックと呼ばれるその戦術では、要請の受け手の「ノー」と言う自由を強調します。別々に実施された四十二の実験では、「でも、却下する／拒否する／嫌と言うのはあなたの自由です」という言葉や、同じ意味の言い回し（「もちろん、お好きなようにしてください」など）を要請に付け足すと、承諾率が目に見えて上昇しました。しかも、この手法はさまざまな要請（津波被害義援金への協力、対面、電話、メールでの調査への無償参加、バス代の肩代わり、訪問販売員からの食品購入、さらには一カ月間に出た家庭ゴミの分類と記録）で有効でした。この自由を再確立させる言葉の効果はかなりのもので、こうしたフレーズの入っていない標準的な要請と比べて、二倍以上の成功率となる場合もしばしばでした。[*4]

最適の条件

他の効果的な影響力の武器と同じように、希少性の原理にも、他の場合より強く効果を発揮できる条件があります。したがって、私たちが身を守るうえで現実的かつ重要な課題は、どんなときに希少性が最も強い影響を与えるのかを知ることです。これについては、ステファン・ウォーチェルとその同僚たちが考案した実験から多くを学ぶことができます。ウォーチェルの研究チームが用いた基本手続きは単純なものでした。消費者嗜好研究の参加者に、瓶の中からクッキーを取り出し、それを味見して質を評価してもらうのです。そのとき、参加者の半数には十枚のチョコチップ・クッキーが入った瓶から一枚取り出してもらい、残りの半分には二枚しか入っていない瓶から一枚を取り出してもらいました。希少性の原理から予想できるように、クッキーが二枚しか残っていないうちの一枚だった場合のほうが、好意的な評価を受けました。残り少ないところから取り出したクッキーは、たくさんある中から取り出したまったく同じクッキーよりも、「また食べたいと思う」「商品として魅力的」「高級感がある」と評価されたのです。

コカ・コーラ社は、『タイム』誌が「マーケティングの世界における過去十年で最悪の失敗」と呼んだ一九八五年の歴史的大失敗に手を染めた時点でこの発見を知っていたらよかったのに、と思ったのではないでしょうか。同年四月二十三日、同社は従来製法のコークを市場から撤退させ、「ニュー・コーク」に切り替えるという決断を下しました。その日のうちに、ニュー・コークはコーク愛好者の間に大騒ぎを引き起こしました。ある報道記事は次のように伝えています。「コカ・コーラ社はその決定がもたらす純然たる失望と怒りを予見しそこなった。全米の都市でコークを愛飲してきた何万もの人が、ニュー・コークの味をこき下ろし、自分たちのオールド・コークを取り戻そうと、一つになって立ち上がった」。

従来製法のコークがなくなることが引き起こした、この激怒と切望の入り混じった感情の例で私が気に入っているのは、ゲイ・マリンズというシアトルに住む引退した投資家のエピソードです。彼が全国的な知名度を手に入れたのは、ニュー・コークに反対して、全米オールド・コーラ愛飲家協会という組織を立ち上げたためでした。同協会には大勢の会員が参加し、あらゆる社会的、法的、政治的手段を使って従来の製法のコークを市場に取り戻すべく、休むことなく活動を展開しました。たとえば、マリンズ氏はオールド・コークのレシピ公開を求める集団訴訟を起こすと言って、コカ・コーラ社に脅しをかけました。また、反ニュー・コークのバッジやTシャツを何千と配布しました。さらに、人々が電話で怒りを吐き出したり、気持ちを聞いてもらったりできるように、ホットラインを設置しました。そして、自分が二度のブラインドテストで、オールド・コークよりもニュー・コークのほうが好みだと回答していたことは、氏にとって問題になりませんでした。面白い話ではないでしょうか。マリンズ氏の好みに合っているものは、彼が手に入れられなくなった物よりも、彼にとって価値がなかったのです。

注目すべきは、顧客の要求に屈してオリジナルのコークを市場に戻した後でさえ、同社の役員たちが一連の出来事から受けたショックが抜けず、いささか当惑していたという点です。当時コカ・コーラ社の社長だったドナルド・キーオはこう述べました。「これぞ、米国人の不思議さ、愛すべき米国人の謎です。愛情や誇りや愛国心同様、それを測ることはできません」。私はこの言葉に賛同できません。第一に、希少性の原理で表される心理を理解していれば、この現象は謎でも何でもありません。特にその品が（コカ・

コーラが米国で常にそうであったように）ある人の個人史や習慣に深く根づいている場合、その人はそれが手に入らなくなったときに、ますます欲しくなります。第二に、その衝動は測ることができます。それどころか、私が思うに、コカ・コーラ社は製法を変えるという悪名高い決定を下す前の市場調査で、すでにその衝動を測ったことがあったのです。ただ、彼らにはそれが見えていませんでした。影響力の原理を、探偵のようなやり方で探してはいなかったからです。

コカ・コーラ社の社内で財布を握っている人たちは、決して市場調査にお金を出し渋っているわけではありません。新製品投入に際して正確な市場分析を確実に行うためなら、何十万ドル、いやそれ以上の金額であっても惜しみません。それはニュー・コークへの切り替えを決めるときも同じでした。同社は一九八一〜八四年にかけて、二十五の都市で約二十万人を対象に、新旧のコークを念入りに試飲テストにかけています。試飲テストはブラインドテストの形式で実施され、その結果は、はっきりとニュー・コークのほうがオールド・コークより好まれる（五五％対四五％）ことを示していました。また、一部のテストでは、無表示ではないサンプルが使われました（この場合、参加者は事前に、どちらがオールドでどちらがニューなのかを知らされていました）。そしてその条件下では、ニュー・コークを好んだ人がさらに六％増加しました。

皆さんはこう思うかもしれません。「これは妙だ。だったら、どうして実際にコカ・コーラ社がニュー・コークを発売したときに、人々はあんなにはっきりとオールド・コークを支持したんだろう？」。この謎を解く唯一の方法は、謎に希少性の原理を当てはめることです。試飲テストの段階では、買おうとしても手に入らなかったのはニュー・コークのほうでした。そのため、サンプルが新旧どちらのコークなのかが分かっているテストでは、他では手に入らないほうが特に強く好まれました。しかし、後に同社が旧製法を新製法に切り替えると、今度はオールド・コークが手に入らなくなったため、そちらが好まれるようになったわけです。

私が言いたいのはこういうことです。二種類のテスト結果を比べたときに、どちらのサンプルがニュー・コークのものか教えた場合のほうが、ニュー・コークの支持者が六％多かったわけですが、コカ・コーラ社はその意味を読み違えたのです。おそらく同社はこう考えたのでしょう。「よし、そうか。要するに、新しいものが手に入ると分かったら、それを欲しいと思う気持ちが強まるんだ」。ところが、実際に六％の増加が意味していたのは、手に入らないと分かったらそれがますます欲しくなる、ということだったのです。

こうした結果のパターンは、希少性の原理の妥当性をはっきりと裏付けてはいますが、何か新しい知見を私たちにもたらすわけではありません。手に入りにくいものは望ましく価値があるように思えるということを、再度知らせてくれるだけです。実は、本節の始めで取り上げたクッキー研究のほうには、注目に値する発見が他に二つありました。ここからは、それらを一つずつ見ていくことにしましょう。

▼新たに生じる希少性——貴重になったクッキーと市民の争い

注目すべき発見の一つ目は、実験の基本的手続きにおける小さな条件変化に関係していました。実験参加者の中には、常に同じ希少性の条件下のクッキーを評価するのではなく、最初に十枚のクッキーが入った瓶を与えられ、その後二枚入った瓶に交換された人々がいました。つまり、参加者の一部は、一口かじってみる前に、たくさんあったクッキーの数が減ってしまうのを目のあたりにしたことになります。しかし、他の参加者は、元々瓶にはクッキーが二枚しか残っていなかったので、供給の少なさをはじめから承知していました。こうした手続きによって、研究者たちは希少性の種類に関する疑問（私たちがより価値を感じるのは、新たに手に入りにくくなったものなのか、それとも元々手に入りにくいものなのか）に、答えようとしたわけです。クッキーの実験ではその答えは明らかでした。たくさんあったのに少なくなってしまった場合のほうが、最初から少なかった場合よりも、クッキーに対する反応は明らかに好意的でした。

新たに経験する希少性のほうが強い力を持つという考えは、クッキーの研究以外にも当てはまります。たとえば社会科学者たちは、そのような希少性こそが、政治的な混乱と暴力の主要な原因であると結論づけています。おそらくこれに関して最も卓越した議論を展開したのは、ジェームズ・C・デイヴィスでしょう。彼によると、革命が最も起こりやすくなるのは、改善しつつあった経済的・社会的状況が急激に悪化の方向に転じたときなのだそうです。したがって、特に革命を起こしやすいのは、ずっと虐《しいた》げられてきた人々（自分の貧困を自然の秩序の一部と考えるようになっている人々）ではありません。革命の担い手となりやすいのは、より良い生活の味をいささかなりとも経験した人々なのです。彼らが経験し、当然のものとするようになった経済的・社会的改善が突然手に入りにくくなったときに、彼らは以前にも増してそれを欲するようになり、ときには武力蜂起してそれを確保しようとします。たとえば独立戦争時代、新大陸への入植者たちは、西洋社会における最高の生活水準と最低の税率を享受していました。歴史学者のトーマス・フレミングによると、英国がこの広く行きわたった繁栄を（課税によって）切り崩そうとしたとき、米国人は反旗を翻したのです。

デイヴィスは、十九世紀にロードアイランドで起きたドアーの反乱、南北戦争、一九六〇年代の都市部の黒人暴動など、国内の騒動はもちろん、フランス、ロシア、エジプトの革命も含め、広範囲にわたる、革命、反乱、内乱の中から、自分の新しい学説を支持する説得力に富む証拠を集めました。いずれの場合も、暴動に突入する前に、生活水準が次第に上昇する中でそれが逆転するという状況が見られました。

一九六〇年代半ばに米国の諸都市で見られた人種間闘争は、分かりやすい例です。当時、「なぜ、今になって」という疑問を耳にすることは珍しくありませんでした。三百年にわたる歴史の大部分を奴隷として過ごし、その後の年月も貧窮に屈していた米国の黒人が、なぜ社会的に進歩した六〇年代という時期を選んで暴動を起こしたのか理解できなかったのです。デイヴィスが指摘するように、第二次世界大戦が勃発してからの二十年間は、黒人たちに目覚ましい政治的・経済的発展がもたらされた時期でした。一九四〇年には、黒人は居住、移動、教育などの領域において厳重な法的規制を受けており、そのうえ教育歴が同じであったとしても、たいていの場合、黒人家庭の収入は白人家庭の半分ちょっとしかありませんでした。それから十五年で、多くのことが変わりました。連邦法によって、学校、公共区域、居住地域、職場環境において、黒人を差別しようとする公式・非公式の試みは受け入れられないものとして打破されました。経済水準も上がり、黒人の一家当りの収入は、同じ教育歴を有する白人の五六%から八〇%にまで増加しました。

社会条件に関するデイヴィスの分析によれば、その後こうした急激な進歩を妨害する出来事がいくつも生じ、それまで支配的だった楽天的気分に水を差したのです。まず、社会を変えるのは、政治や法律を変えるよりもはるかに難しいということがはっきりしました。一九四〇年代、五〇年代にいくつもの進歩的な法律が制定されはしましたが、黒人たちは家の周りや職場、学校で、自分たちが依然として差別されていると感じていました。したがって、政治の場ワシントンでの勝利が、生活空間での敗北を感じさせるようになったのです。たとえば、一九五四年に最高裁がすべての公立学校で人種融合教育を行う決定を下してからの四年間で、黒人を標的とした暴力事件（黒人の子どもと両親に対する直接的脅迫、爆弾事件、放火）が、五百三十件も起きました。目的は学校の人種融合を阻止することでした。こうした暴力が、黒人の進歩に別の種類の挫折感を刻み込みました。第二次世界大戦のはるか以前には、リンチ事件が恐ろしく頻繁に発生していた時代がありましたが、それ以来初めて、家族の基本的な安全に関する心配が、黒人の間で高まったのです。新たに生じた暴力は、教育の問題だけにとどまりませんでした。当時の平和的な公民権運動は、しばしば敵意に満ちた群衆、さらには警察によって妨害されたのです。

もう一つ、別のタイプの停滞も生じました。家庭収入です。一九六二年には、黒人一家の収入は、同じ教育歴を有する白人の一家の七四％にまで後退してしまったのです。デイヴィスの意見によれば、この七四％という数字が最も強く示唆していたのは、戦前の状態から財産が長期的には増加しているということではなく、輝ける一九五〇年代半ばからの急激な後退でした。その中で一九六三年にバーミングハムの暴動が起こり、それに続いて多くの暴力的なデモが頻発し、ワッツ、ニューアーク、デトロイトの大動乱へとつながっていったのです。

革命に見られる顕著な歴史的パターンどおり、米国の黒人たちは進歩が始まる前よりも、長らく続いていた進歩が足踏みしたときに、より反体制的になったのです。このパターンは、政府に価値ある教訓を与えています。自由ということに関して言えば、それをしばらくの間だけ与えることは、まったく与えないより危険なのです。昔から抑圧されてきた集団の政治的・経済的地位を改善しようとする政府にとっての問題は、そうすることによって、その集団に以前はまったくなかった自由を確立させる点にあります。そして、この確立された自由が万が一にも脅かされるようなことになれば、深刻な結果を招くでしょう。

この基本的な原理が文化の垣根を越えて存在している証拠として、黒人暴動から二十年後にかつてのソビエト連邦で起こった出来事を見てみましょう。何十年にもわたる圧政の後、ミハイル・ゴルバチョフがグラスノスチ（情報公開）とペレストロイカ（改革）を政策の両輪として、ソビエトの民衆に新しい自由、権利、そして選択を与え始めました。一部の政治家、軍人、国家保安委員会の役人たちは、この国の方向性に危機感を抱き、クーデターを起こしてゴルバチョフを自宅に軟禁し、一九九一年八月十九日、自分たちは権力を奪取し古い秩序を回復するように動いている、という声明を発表しました。黙って支配されることに慣れきっているソビエトの民衆は、これまで同様おとなしく従うだろう。世界中のほとんどの人がそう予想しました。『タイム』誌の編集者ランス・モローも、当時の自分の反応について次のように述懐しています。「最初、このクーデターは典型的行動様式を確認するように思えた。ニュースは暗い衝撃を伝え、すぐその後に憂鬱な諦めの気持ちが湧いてきた。ああ、そうだとも。ロシア人は本来の彼らに、彼ら自身の歴史に戻っていくに違いない。ゴルバチョフもグラスノスチも迷妄だったのだ。今や我々は、定められたいつもどおりの状態に戻るのだ」。

しかし、今回は、いつもどおりになるはずがなかったのです。一つには、ゴルバチョフの統治は、大衆にわずかの自由も与えなかった帝政ロシアの皇帝たちやスターリン、それに戦後の圧政的な支配者たちと

図6・4　申し訳ないが、戦車は結構だ

モスクワ市民は、陰謀家たちが新たに打ち立てられた自由を無効にするために、ソビエト連邦大統領ミハイル・ゴルバチョフから政権の座を奪ったというニュースに憤慨して、戦車に対峙し、クーデターに抗い、そして勝利を収めた。

Boris Yurchenko, Associated Press

は異なっていました。彼はいくらかの権利と選択を、大衆に認めていました。そして、このように認められた自由が脅威にさらされたとき、人々は激しい怒りを表明したのです。暫定政権の声明が出た数時間後には、何千という群衆が街頭に集まり、バリケードを築き、武装した軍隊と対峙し、戦車を取り囲み、夜間外出禁止令を平然と無視していました。この民衆蜂起は非常に迅速かつ大規模で、グラスノスチによる前進からのいかなる後退にも反対する点において、一致団結していました。そのため、わずか三日間の動乱の後、驚いた役人たちは抵抗をやめ、権力を放棄して、ゴルバチョフ大統領に寛大な処置を願い出ました。この失脚した陰謀者たちが歴史学や心理学の研究者であったのなら、彼らのクーデターさえ呑み込んでしまった民衆による抵抗の大津波に、驚きはしなかったでしょう。どちらの学問領域からも、変わらぬ

●読者からのレポート6・4——ニューヨークの投資マネージャーより

私は最近『ウォールストリート・ジャーナル』で、希少性の原理と、人は何かを剝奪されるとそれが何であれ欲しくなる、という傾向を例証する記事を読みました。それは、プロクター・アンド・ギャンブル（Ｐ＆Ｇ）社が、ニューヨーク州北部で実施した実験の様子を伝える記事でした。Ｐ＆Ｇは自社製品と交換できるクーポン券を廃止し、かわりに製品の通常価格を下げたのです。これが、消費者の大きな反発（不買運動、抗議、苦情の殺到）を招きました。しかし、Ｐ＆Ｇのデータでは、クーポンは全体のわずか二％しか使用されておらず、クーポン廃止実験期間中、客は平均して同社製品をそれ以前と同じだけ購入し、しかも不便が減ったと感じていたのです。記事によれば、この激しい反発は、Ｐ＆Ｇが認識していなかったことに起因していたのです。つまり、「多くの人にとって、クーポンは事実上、奪い得ない権利」だったのです。何かが剝奪されようとするとき、たとえそれをまったく使ったことがなくても、人々がいかに強く反発するか、これは本当に驚くべきことです。

著者からひと言——Ｐ＆Ｇの幹部たちは、消費者が示したこの一見不合理な反応に当惑したかもしれませんが、知らないうちにそうなる下地を作っていたのです。割引クーポンは一世紀以上にわたり、米国の日常風景の一部でした。なかでもＰ＆Ｇは、何十年も積極的に製品を「クーポン化」し、それによってクーポンを、消費者に期待する権利があるものとして確立したのです。そして、人々が最も熾烈な戦いを繰り広げるのはいつも、長らく確立されてきた権利を守ろうとするときなのです。

教訓を学ぶことができていたはずです。ひとたび認められた自由は、戦いなくして手放されることは絶対にないのです。

この教訓は国家の問題だけでなく、親子の関係にも当てはまります。気まぐれに特権を与えたり約束事を押しつけたりする親は、我知らず子どもたちに自由を与えているので、反抗を招く結果となるのです。たまにしか間食を禁じない親は、子どもたちがお菓子を食べる自由を作り出しているのかもしれません。一度こうなってしまうと、間食禁止のルールを後から強制するのは、非常に困難で危険をはらみます。子どもからすれば、一度も所有したことのない権利ではなく、すでに持っている権利を失うことになるからです。政治的自由や、（ここでの議論に特に関連が深い）チョコチップ・クッキーの例で見てきたように、人は前から希少であったものよりも、新たに手に入りにくくなったものを望ましいとみなします。ですから、一貫性のない強制やしつけをする親の子どもは、たいてい反抗的に育つという研究結果があるのも、別段驚くことではありません。*5

▼希少なものを求める愚かな競争

さて、クッキーの研究に戻り、希少性に対する私たちの反応について、もう一つ興味深い問題を考えてみましょう。すでに見てきたとおり、この研究の結果からは、少ないクッキーはたくさんあるクッキーよりも高く評価され、また、新たに希少なものになったクッキーは、いっそう高く評価されることが明らかになっています。ここで、新たに希少なものになったクッキーに注目してみると、ある種のクッキーが最も高く評価されていることが分かります。それは、みんなが欲しがったために少なくなったクッキーです。

この実験で新たな希少性を体験した参加者は、クッキーが十枚入った瓶を渡された後、それを二枚しか残っていないクッキーの瓶と取り替えられていたことを、思い出してください。実は、研究者たちは、希少性が生まれる原因を二種類用意していました。一部の参加者には、クッキーが思いもかけず好評で足り

図６・５　競争は広がる

この漫画からも明らかなように、限りある資源を巡る競争に休みはない。

Kirkman & Scott; Creators Syndicate

なくなってしまったので、こちらの瓶のクッキーを別の参加者たちに回さなくてはならなくなったと説明し、残りの参加者には、研究者の単なるミスで最初に間違った瓶を渡してしまったので、少ないほうの瓶に取り替えると説明したのです。その結果、クッキーが社会的需要によって少なくなったと説明された人は、研究者のミスと説明された人たちよりも、明らかにそのクッキーを好意的に評価することが示されました。それどころか、この研究で使用した全クッキーの中でも、社会的需要によって手に入りにくくなったクッキーが、最も望ましいと評価されたのです。

この発見は、限られた資源を求めようとする際、競争がいかに重要な意味を持つかを浮き彫りにしています。ある物の数が少なくなるだけでも、それがいっそう欲しくなるものですが、そこに競争が加わると、欲しいという気持ちはさらに高まるのです。広告制作者たちは、しばしば、この傾向を利用しようとします。私たちは広告を読み、ある品を「みんながとても欲しがっている」ので、「急いで買い求める」必要があると知ります。そして、セールが始まる前に店のドアを押している群衆を見かけ、いくつもの手がスーパーマーケットの商品棚をまたたく間にカラにしてしまうのを、目の当たりにすることになります。このような光景には、通常の社会的証明の原理がもたらす考え以上のものがあります。私たちは、皆が良いと思っているのだから、その品は良い品なのだと考えるだけでなく、そこにいる人たちと直接競争しているのだとも感じるのです。

少ない資源を求めて競争しているという感覚は、人を強力に動機づける性質を持っています。ライバルが現れた途端、冷えた恋人の心にも情熱が渦巻くようになります。そのため、人はときとして戦略的な理由から、自分を慕っている人が他にもいることを恋人にほのめかしたり、あるいはそうした人をでっちあげたりします。販売員はなかなか決断しない客に対して、これと同じような駆け引きを行うように教えられています。たとえば「煮えきらない」客に家を売ろうとしている不動産屋は、しばしばその客に電話をして、別の客がその物件を気に入ったので翌日契約条件について話し合うことになったと知らせます。完全に話をでっちあげる場合には、その新たな買い手はたいてい、金のあるよそ者ということにします。好んで用いられるのは、「税金対策として建物を物色している州外の投資家」と、「この町に移り住むことになった医者夫婦」です。一部の業界で「ちょっとつついて腰を上げさせる」と呼ばれているこの戦略は、圧倒的な効果を持っています。ライバルに負けてしまうという思いから、買い手はためらいを捨てて熱狂的に買い求めようとします。

競合するものを手に入れたいという欲望には、ほとんど物理的な力があります。在庫一掃セールやバーゲンセールの買物客たちは、そのイベントに我を忘れて取り込まれてしまったと言います。競争相手につられて、普段なら見向きもしないような品が欲しくなり、我先にと争うのです。そのような行為は、動物集団に見られる、野蛮で見境なく食らいつく「餌の奪い合い」現象を思い起こさせます。漁師たちはこの

図6・6　競争心は感染しやすい

運動靴の売り尽くしセール後の惨状をかき分けて進む不満げな店員。このセールでは、顧客が「我を忘れて商品をひったくり、ときにはサイズすら見ていない靴を巡って、客同士の取っ組み合いも起きた」と報告されている。

UPI

現象を利用するために、魚の大群に若干の撒き餌をばらまきます。ほどなく、魚は餌を求めてひれをばたつかせ、大口を開けて水の中を泳ぎ回ります。そのとき、漁師たちは時間と金を節約し、餌もつけていない釣り糸を水中に投げ込みます。狂ったようになった魚は、むき出しの金属針であろうが、見境なく凶暴に噛みつくからです。

漁師とデパートが釣り上げようとする対象に激しい競争心を植えつける手段には、非常に似通った点があります。魚を引きつけ漁獲を上げるために、漁師は撒き餌と呼ばれる針につけていない餌をばらまきます。同じような目的でバーゲンセールを行うデパートは、いくつかの目玉商品を大きく宣伝し、特に安い価格で放出します。いずれの場合も、それが餌としての役目をうまく果たせば、熱に浮かされた群衆が形成され、それを奪い取ろうとするのです。なんとかそれを手に入れようと一直線に突進する集団は、すぐに競争を煽る状況に乗せられて、ほとんど見境がなくなります。人間も魚も自分の欲しいものが何だったのかを忘れ、競い合っているものなら何にでも食らいつこうとし始めるのです。餌なしの針をくわえて乾いた甲板の上をのたうちまわるマグロが、デパートのつまらない品々を山ほど抱えて家に帰り一体何が起こったんだろうと呆然としている買物客と、同じ気分を味わっているのかどうかは気になるところです。

限られた資源を求めて競争する熱狂が、マグロやバーゲンセール会場の客のような隙の多い人たちだけに生じると思い込まないように、ここでABC放送でゴールデンタイムの番組編成の責任者をしていた、バリー・ディラー（後にパラマウント・ピクチャーズと、フォックス・テレビジョン・ネットワークの会長を歴任した人物です）による、驚くべき購入判断の背後にあった物語を検討しましょう。彼は、映画『ポセイドン・アドベンチャー』の一回のテレビ放映料として、三百三十万ドルを支払うことに同意しました。この数字は、それまで一回のテレビ放映料として最も高額だった、『パットン大戦車軍団』の二百万ドルを大きく超えている点で特筆されるべきものです。事実、支払い金額があまりにも高額だったため、ABCは『ポセイドン』の放映で百万ドルの赤字を出しました。NBCの特別番組部門責任者だったビル・ストークは、当時、次のように断言しています。「彼らは、同じ額を取り戻すことなどできません。絶対にできるはずがありません」。

ディラーほど抜け目なく経験豊かなビジネスパーソンが、百万ドルもの赤字を出すような取引をどうして行ってしまったのでしょう。答えは、その売買に関して特筆すべき第二の点にあると思われます。実はこのとき初めて、映画作品が競売という形式で、三大ネットワークに提供されたのです。それまで三大ネットワークは、このようなやり方で希少な資源を求めて戦わされたことは、一度もありませんでした。この競売という新機軸は、同作の敏腕プロデューサー、アーウィン・アレンと、20世紀フォックス社副社長ウィリアム・セルフの発案でした。彼らはその結果にきっと満足したことでしょう。目の飛び出るような販売価格を生み出した理由は、その映画自体の飛び抜けた特質ではなく、競売という形式にありました。なぜそう言い切れるのか、これからご説明しましょう。

競売参加者たちの残したいくつかのコメントが、印象的な証拠を提供してくれています。まず勝利者バリー・ディラーのコメントを見てみましょう。彼は自社ネットワークの今後の方針を、言葉の端々に悔しさを滲ませながら、こう定めました。「ＡＢＣは、競売会場に二度と足を踏み入れないことを、今後の方針として決定した」。ディラーの競争相手ロバート・ウッドは、当時ＣＢＳテレビの社長で、競売の間ほとんど自分を見失い、危うく競売相手のＡＢＣやＮＢＣより高値をつけるところでした。その彼の発言はさらに示唆に富んでいます。

私たちは、最初はとても理性的でした。映画が私たちにもたらしてくれる利益に見合った値をつけ、それを入手するためにいくらか上乗せしていこうとしたのです。

しかし、競りが始まると、ＡＢＣがまず二百万ドルという値を出してきました。私も負けじと二百四十万ドルで応酬しました。ＡＢＣが二百八十万ドルを提示し、そこからはみんな頭に血が上ってしまいました。私は我を忘れたようになって値を上げ続けました。とうとう、三百二十万ドルを提示してしまい、そのとき私は〈ああ、なんてことだ。もし落札したら、一体全体どうしたらいいんだろう〉とつぶやきました。最終的にはＡＢＣにその上を行かれたわけですが、正直、ほっとしていました。

実にいい勉強になりました（MacKenzie, 1974, p. 4）。

インタビュアーのボブ・マッケンジーによると、「実にいい勉強になりました」と言ったとき、ウッドは微笑んでいたそうです。ＡＢＣのディラーが「二度と足を踏み入れない」と言ったときは、きっと笑っていなかったはずです。二人とも「ポセイドン大競売」から教訓を得ました。二人そろって笑顔で結果を受け入れることにならなかったのは、片方の人物が百万ドルの授業料を払っていたからです。

幸い私たちは、まったくお金をかけずに、貴重な教訓をここから学べます。笑っていたのが、皆が欲しがるものを手に入れ損なった者だったことに注目してください。一般論として、騒動が収まり、敗者が勝者のように見え、まるで勝者のように語っている（そして勝者が敗者のように語っている）のに気づいた場合、私たちはその騒動を巻き起こした原因に対して、ひときわ注意を向けるべきです。この例で言えば、映画作品という希少な資源を巡る公開競争がそれに当たります。テレビ会社の重役たちが学んだように、希少性と競合性が組み合わさった呪わしい状況に遭遇したときは、いくら注意してもしすぎることはないのです。[*6]

▼際立つ特徴

周りの人たちが希少な資源に価値を置くため、私たちは滅多にない特徴を持つ、特別な人だと見られることを好みます。これが普段よりもいっそう当てはまる場合がいくつかあります。一つは、恋愛をする気分になっているときです。ロマンチックな可能性のある状況では、私たちは（たとえば人並み外れた創造性を示すなどによって）自分を目立たせて、恋人候補の気を惹きたくなります。こうした気分のときは、自分を目立たせることができる場所へ行くことを好みさえします。私が研究者仲間とともに行った研究では、美術館の名前と写真を使用してサンフランシスコ近代美術館への来訪を促す広告を制作し、大学生に見てもらいました。その広告に「他とはひと味違う」というメッセージを盛り込んだとき、広告を見た人たちの美術館に行こうという気持ちが大きく高まりました。しかし、このような結果になるのは、広告を見た人たちがその直前に、恋愛映画の映像クリップを見ていた場合に限られました。恋愛をしたいと思わせるような映像に触れていなかった場合、（他とはひと味違う）美術館を訪れるというアイデアは、魅力的なものになりませんでした。

私たちが自分の独自性を表現したいと強く感じる別の場面は、趣味の問題が関わるときです。日頃、私たちは考えや意見を他の人と合うように変えており、そうするのは間違いを犯さないためです。しかし、服や髪型、香水、食べ物、音楽などの趣味の話になると、違いを示すために大勢から距離を取りたいという動機が強くなります。ただ、趣味の問題についてさえ、集団、特に内集団からの圧力が強いこともあります。ある研究ではそうした集団の成員が、周りに合わせたいという欲求と個性を示したいという欲求とのバランスを、どう取っているのかを調べました。その結果によると、もし自分の内集団の大多数がある商品ブランドを好むなら、私たちもそのブランドを好みやすくなりますが、同時に、商品カラーなどによって目に見える形で独自性を出そうともします。リーダーの立場であれば、この独自性への欲求を考慮して、チームメンバーが作業目標のコア部分には従うようにしつつも、各人各様の従い方ができる余地をしっかり残しておくのがよいでしょう。

また、リーダーは、個性を強める別の要因（獲得済みの独自性のシンボル）から、リーダーがその独自性を悪気なく取り去ってしまった場合に何が起きたかを知り、他山の石とするべきです。二〇〇一年六月十四日、米軍兵士全員が、屋外の活動で黒いベレー帽を着用することになりました。それまで米国陸軍レンジャー部隊（特殊訓練を受けた戦闘部隊の精鋭分遣隊）でしか使われていなかった黒いベレー帽を全員に使わせるというこの変更は、陸軍全体の士気を高める動きの一環であり、指示を出した陸軍参謀総長のエリック・シンセキは、この変更が全軍を一致団結させ、「陸軍の卓越性のシンボル」になると考えていました。しかし、黒いベレー帽をただ渡されただけの何千人という兵士たちの士気が、多少なりとも上がったとする証拠は何もありません。それどころか、その変化について、現役とOBとを問わず、レンジャーたちから不満の声が噴出しました。彼らはベレー帽に備わっていた優秀さの証という含意が奪われたと感じたのです。レンジャーの一人としてミシェル・ハイヤー中尉は、次のように述べました。「これは悪い冗談だ。黒いベレー帽は、レンジャーや特殊部隊の隊員たちが、自分を他から区別するために必死になって求めてきたものだ。それなのに（中略）もはやベレー帽をかぶることに何の意味もなくなる」。

参謀総長の命令は二重に間違っていましたが、そのどちらもが、区別の目印がどう働くかということについて参考になります。黒いベレー帽と結びついた誇りの源は、ベレー帽に備わった優秀さの証という含意でした。その含意がなくなったため、ベレー帽の価値は（シンボルとしての価値さえ）、それを受け取った何千もの人々の自尊心にほとんど効果を及ぼしませんでした。しかし、この特別なベレー帽をすでに手に入れていた人たちは、優秀さの証が失われたことに大きなショックを受け、そこから批判の大波が生まれました。この問題を解決するために、シンセキ大将はどんな手を打ったのでしょうか。ただ指示を撤回して済ますわけにはいきませんでした。あまりにもはっきりと、そしてあまりにも公《おおやけ》に、ベレーが陸軍全体の士気と団結心にもたらす価値を表明していました。それに、将軍が撤回を強いられるというのは、ほとんどの場合、体裁が悪いものです。

シンセキ大将の解決策は傑出したものでした。彼はレンジャーに黒以外からベレー帽の色を選択させ、それまでと同様に精鋭部隊の一員であることを示せるようにしたのです。レンジャーが選んだのは黄褐色でした。それはレンジャーのベレー帽独自の色となりました（そして、彼らは今でもそれを誇らしげにかぶっています）。これは素晴らしい対応でした。当初の目論見どおり、シンセキは黒いベレーを陸軍の大多数に与え、その大部分がこの魅力を引き立てる新しいスタイルを気に入りました。加えて、その大きな変化の中で、レンジャーたちは自らの特殊性を維持できました。どちらにとっても素晴らしい対応です。*7

防衛法

希少性の圧力に対して適切な警戒心を抱くのは簡単ですが、その警戒心に従って行動するのは、はるかに難しいことです。希少性に対する私たちの典型的な反応が思考力を妨げてしまう、という点にまず問題があります。欲しいと思っているものが手に入りにくくなっていくのを目の当たりにすると、身体が興奮してきます。特に、直接競争に巻きこまれているような場合、頭に血が上り、視野は狭まり、感情が激しく湧き出てきます。このような感情の流れが強まるにつれ、認識の理性的な側面は後退します。興奮してくると、どうすべきかを落ち着いて考えるのは難しくなります。CBSテレビの社長ロバート・ウッドは自分が『ポセイドン』で大冒険をした後、次のように述べています。「そのことだけで頭が一杯になり、それが時間とともにどんどんひどくなっていくんです。論理なんて、すぐに吹き飛んでしまいました」。

ここが難しいところです。希少性の圧力の原因とその機能を知るだけでは、その圧力から身を守るのに十分でないかもしれません。なぜなら、知るというのは認知的な行為ですが、認知的活動は希少性の圧力に対する情動的反応によって抑制されてしまうからです。実はこれこそ、希少性の戦術が非常に効果的な理由かもしれません。この戦術がうまく用いられると、愚かな行為に対する最初の防衛ライン（状況の周到な分析）は働きにくくなります。

興奮して頭が曇ってしまうせいで、希少性の原理に関する知識があっても、適切に慎重な行動がとれないのだとしたら、私たちはどうすればよいのでしょうか。私がお勧めするのは、キレのある柔術の技のごとく、興奮そのものを重要な合図として使うことです。そうやって、相手の強みを自分の利点に変えてしまうわけです。すべての状況を完璧に把握しようとせずに、ただ身体の中の感情の流れに耳を澄ませ、そこから警告を読み取ってください。丸め込まれそうな状況で、興奮の高まりを合図にすることを覚えれば、「希少性の原理が使われているかもしれない、用心しなくてはいけない」と、自然と警戒できるようになります。

しかし、自分を落ち着かせ用心して進ませる合図として、興奮の高波を利用するという秘策を修得したとして、その次はどうしたらよいのでしょうか。希少性に直面したときに適切な決定を下す助けとなる情報は、他にないのでしょうか。結局のところ、注意深く動かなくてはいけないと認識するだけでは、どの方向に動くべきかということまでは分かりません。思慮深い決定が必要な状況だと分かるだけです。

幸い、希少なものについて思慮深い決定をしなければならない場面で、利用可能な情報があります。これも、チョコチップ・クッキーの研究から得られたものです。この研究では、一見奇妙に思えながら、しかし希少性に関する真実を物語っている事柄が、明らかにされました。つまり、数が少ないほうのクッキーは確かに望ましいと評価されたのですが、たくさんあるクッキーよりおいしいとは評価されなかったのです。希少性は、クッキーを求める気持ちを高めはしても（実験参加者は、「これからもその希少なクッキーが欲しい、それを買うために多くのお金を支払うだろう」と考えていました）、よりおいしいと感じさせはしなかったのです。

ここに重要な知見が潜んでいます。その喜びは、希少な品を体験することではなく、所有することにあるのです。この二つを混同してはいけません。ある物に関して希少性の圧力に直面したときには必ず、なぜその品が欲しいのかという問いとも向き合う必要があります。希少性の高いものを所有することで、社会的、経済的、心理的な利得を得られるからというのが答えなら、それはそれで結構です。希少性の圧力は、自分がそれをどれくらい欲しがっているかの、よい目安を与えてくれるでしょう。希少性が強ければ強いほど、その品により高い価値を感じるはずです。しかし、たいていの場合、ある物が欲しくなるのは、所有する目的だけのためではありません。利用価値があるから欲しくなるのです。食べたり、飲んだり、触れたり、聞いたり、運転したり、あるいは使ったりするために欲しいのです。そのような場合には、希少性の高い物はそれが手に入りにくいからといって、その分おいしかったり、感じが良かったり、音が良かったり、乗り心地が良かったり、動きが良かったりするわけではないということを、決して忘れてはいけません。

私たちはこの単純な事実を、希少性の高い品につきものである望ましさの高まりを経験するときには、忘れてしまいがちです。私の家族から一つ例を出しましょう。弟のリチャードは学生時代、ある承諾誘導の手法を用いて金を稼いで自活していましたが、その手法は、たいていの人が持つこの単純な点を見過ごしてしまう傾向を利用していました。実際、この手法が大変効果的だったので、弟は週末にほんの数時間働くだけで、残りの時間を勉強に充てることができました。

リチャードは車を売っていたのですが、その場所はショールームや中古車販売店ではありませんでした。週末に個人が新聞紙上で売りに出した中古車を数台買い、洗車だけして、次の週末に買った値段に儲けを上乗せした額で、新聞を通して売りに出したのです。これを実行するためには、三つの知識が必要でした。第一に、車についての十分な知識です。これなしでは、協定価格帯の中の最低価格で売りに出されていて、しかも、それより高い価格で合法的に転売できる車を買えません。第二に、新聞広告の書き方についての知識です。車を手に入れた後、たくさんの買い手の関心を刺激する新聞広告を書く必要があります。第三に、希少性の原理に関する知識です。買い手が現れたらそれを用いて、その車が欲しいという気持ちを、おそらくは過剰にかき立てるのです。リチャードは、それら三つの知識をちゃんと持っていました。私たちの目的に合わせて、ここでは第三のものに関する技術だけを検討してみましょう。

彼は、前の週末に買っておいた車の広告を、新聞の日曜版に出します。優れた広告の書き方を知っていたので、日曜の朝には見込みのある買い手からの電話が何本もかかってきました。車を見たいと言って興味を示してくる買い手たちには、来てもらう時刻を約束するのですが、実はこれがすべて同じ時刻なのです。もし、やって来る客が三人なら、その三人すべてに、たとえばその日の午後二時という約束を取りつけます。同じ時刻になるように調整するというささやかな策略が、後で承諾を引き出すための布石になります。これによって、限られた資源を求めて競争する雰囲気が形成されるからです。

　たいていの場合、最初に現れた見込み客は、車をいろいろ調べ始めます。そして、車を購入する際の一般的な手順（汚れや欠陥を指摘し、値引きする気はないかと尋ねる）を踏んでいきます。しかし、二人目の買い手がやって来ると、状況に対する心理は一変します。別の買い手の存在によって、その車を入手できる可能性が突如として制限されてしまうのです。たいていは最初に来ていた客が、うかつにも競争心を燃え上がらせ、「ちょっと待ってくれ、俺のほうが先に来ていたんだ」と、買うかどうかを決める優先権は自分にあると主張します。彼がその権利を主張しなかった場合は、リチャードが代わりを務めます。二人目の買い手に向かってこう言うのです。「申し訳ありません、こちらの男性が先にいらっしゃったものですから、この方が車を見てしまわれるまで、道路の反対側で二、三分お待ちいただけないでしょうか。先の方がいらないと言われたり、決断が下せないときには、あなたにお見せすることにしますから」。

　リチャードには、最初の買い手の顔に興奮の色が広がっていくのが見てとれたそうです。車の長所と短所を悠長に見定めていた客は、急に、今買うかそれとも金輪際買わないか、時間制限に急かされながら決断しなくてはならなくなってしまいます。もし、数分以内にリチャードの提示する値段で買う決心をしなければ、車はもう彼のものにはならず、あの……そう、あそこで待ちかまえている新参者の手に渡ってしまうかもしれません。第二の買い手も、競争心に加えて入手可能性が制限されたことで、同じように興奮していきます。急に望ましいものになった金属の塊をなんとか手に入れようと、傍目《はため》にも分かるほど力み返りながら、そこら辺を歩き回ります。もし最初の人が買わなかったり、すぐに決心がつかなかったとしても、第二の人が喜んでそれに飛びつくというわけです。

この条件だけでは、こちらが望む形の購入決定が即座になされる保証はないとしても、二時に約束の第三の人物がその場に到着すると、仕掛けられた罠の入口が間違いなく閉じられます。リチャードによると、たいていの場合、競争相手が列をなすのは、最初の客にとって耐え難いこととなります。そして、リチャードの言い値に従うか、あるいは不意にその場から立ち去るかして、この圧力から逃れようとします。後者の場合、二番目の買い手は、ホッとした気持ちと、あの……そう、あそこで待ちかまえている新参者への競争心から、チャンスに飛びつきます。

弟の大学教育を助けてくださったこれら買い手の方々は皆、自分の買い物に関して根本的な事実が分かっていませんでした。車を買うように彼らを駆り立てた欲望は、車そのものの長所とはほとんど関係がなかったのです。このことが理解できなかった理由は二つあります。一つは、リチャードが用意した状況が彼らの情動反応を引き起こし、そのせいで理路整然と考えるのが困難になってしまったこと。もう一つは、その結果、その車が欲しいのはそれを利用するためであり、単に所有するためではないのだと、立ち止まって考えられなくなったことです。リチャードが利用した、希少な資源を争って求めようとする際に生じる圧力は、所有したいという欲求にしか影響しません。その圧力は、彼らの本来の目的から見た車の価値に、影響を与えはしないのです。

●読者からのレポート6・5——ポーランドの女性より

数週間前、私はあなたが書いているテクニックに、まんまとやられてしまいました。とてもショックでした。元々私は簡単に説得されるようなタイプではありませんし、それに『影響力の武器』を読んだばかりで、そうした手法にはとても敏感になっていたのに、引っかかってしまったからです。

スーパーマーケットに、ちょっとした試飲コーナーがありました。感じの良い女の子が飲み物を差し出してくれました。飲んでみると悪くありません。それからその飲み物の感想を聞かれました。「おいしい」と答えたら、四缶パックの購入を勧められました（一貫性の原理〈私はおいしいと言った。したがって、それを買うべきだ〉と、返報性のルール〈最初に無料で飲み物をもらった〉が使われていました）。でも、私はそこまでお人好しではないので、購入は断りました。けれども、その販売員は諦めませんでした。「一缶だけでもいかがでしょう？」と言いました（「拒否したら譲歩」法を使ったのです）。でも、私も諦めませんでした。

そうしたら彼女は、その飲み物がブラジルからの輸入品で、今後このスーパーマーケットで手に入るかどうかは分からないと言いました。希少性の原理が働き、私は一缶買いました。家に帰ってそれを飲んだときも、やはり味は悪くなかったのですが、だからといって素晴らしいというほどでもありませんでした。たいていの販売員は、あんなに我慢強くもしつこくもないのが救いです。

著者からひと言——この読者は希少性の原理について知っていました。それでもその力によって、特に欲しいと思っていなかったものを買う羽目になってしまったというのは、興味深い話ではないでしょうか。しっかり身を守るなら、この読者は、数が少なくなったクッキーと同じく、その飲み物が手に入りにくいとしても、その分おいしいわけではないと、思い出せばよかったのです。

私たちが丸め込まれそうになっている状況において、希少性の原理によって自分を見失っていることに気がついたとします。その場合、次の二段階の手順を踏むことが最善の対応になるでしょう。まず、希少性の影響によって生じた情動の高まりを感じたらすぐに、その高まりをいったん立ち止まって考える合図として使います。賢明な承諾をするためには、混乱し、熱に浮かされて反応してはいけません。必要なのは、自分自身を落ち着かせ、理性的なものの見方を取り戻すことです。これができたら、第二段階に移ります。今度はそれが欲しい理由を自問します。手に入れることが主な目的だというのが答えなら、欲しいものの入手可能性を利用して、それを手に入れるためにどれくらいの金額までなら出すつもりがあるかを推し量りましょう。しかし、主にその機能ゆえに欲しい（つまり、運転したり、食べたり飲んだりするためにそれが欲しい）というのが答えなら、考慮の対象となっている品は、手に入りやすかろうと入りにくかろうと、それによって機能の善し悪しが変わるものではないことを思い出さなくてはなりません。簡単に言えば、数が少ない場合であっても、クッキーの味に変わりがなかったことを思い出さなくてはならないのです。[*8]

まとめ

◎希少性の原理によれば、人は機会を失いかけると、その機会をより価値あるものとみなす。この原理を利益のために利用する技術として、「数量限定」や「最終期限」といった承諾誘導の戦術が挙げられる。これを使う人は、今行動しなければ何か価値のあるものを失うことになると、私たちに思わせようとする。そうした恐れが人間の損失回避傾向（同じ価値のものであっても、それを失うと考えるときのほうが、それが手に入ると考えるときよりも強く行動を促す傾向）を刺激するからである。

◎希少性の原理が効果を上げる理由は二つある。一つには、手に入れにくいものはそれだけ貴重なものであることが多いので、ある品や経験を入手できる可能性は、その質を判定する手っ取り早い手掛かりであり、私たちは損失回避の傾向によって、高品質のものを失うことは避けたいと考えるからである。もう一つには、ある品やサービスが手に入りにくくなるとき、私たちは自由を失っているからである。心理的リアクタンス理論によると、この場合、私たちは以前よりも自由（と自由に関連する品やサービス）を欲するという形で、自由の喪失に対して反応する。

◎行動を動機づけるものとして、心理的リアクタンスは、生涯の大部分を通じて現れる。しかし、それが特に顕著になる時期がある。「恐るべき二歳児」と十代である。これらの時期はいずれも、個としての感覚が現れてくるという特徴があり、この感覚が、支配、権利、自由といった問題を際立たせる。その結果、この時期にある者は、制限に対してとりわけ敏感である。

◎希少性の原理は、商品の価値の問題だけではなく、情報の評価のされ方にも適用できる。ある情報へのアクセスが制限されると、人はそれを手に入れたくなり、また、それに賛同するようにもなる。検閲に関する事例の場合、制限を受けたメッセージへの賛同が強まるという効果は、そのメッセージが受け取られる前ですら生じる。また、他では手に入らない（希少な）情報を含んでいるとみなされたときには、メッセージの説得力が増す。

◎希少性の原理が最も強く働くと考えられる条件が二つある。一つは、ある品が新たに希少なものとなった場合である。このとき、希少なものの価値はいっそう高まる。つまり、私たちはすでに制限されているものよりも、新たに制限されるようになったもののほうに、より価値を置く。もう一つは、他人と競い合っている場合である。人が希少性の高い物に最も強く惹きつけられるのは、このときである。

◎希少性の圧力に対して、冷静さを失わずに理性で対抗するのは難しい。それが、思考を困難にしてしまうような情動を引き起こす性質を持っているからである。その対策としては、希少性を含むような状況では、頭にカッと血が上ってしまわないように注意することが良いかもしれない。そうすれば、興奮を静め、なぜそれが欲しいのかという観点からその機会の利点を評価する、という手順を踏むことができるようになる。

第7章

コミットメントと一貫性

——心に棲む小鬼

今日の私を作ったのは昨日、あるいは何日か前の私だ。
（ジェイムズ・ジョイス）

毎年、アマゾン社は企業の総資産ランキングと業績ランキングで、世界一かそれに準ずる位置につけています。それにもかかわらず、同社は毎年、各地の物流拠点で働く従業員（同社の業績を支える人たち）全員に最大五千ドルを提示して退職希望者を募っています。退職を決めた従業員に現金ボーナスを支払うというこの習慣を、多くの観察者が不可解に思ってきました。従業員の入れ替わりには莫大な費用が伴うからです。従業員の入れ替わりにつきものの、数字に現れる負担（求人、採用、研修などの費用）は、その従業員の年俸諸特典の五〇％まで膨らむ場合があります。さらに数字に現れない負担（組織に関する記憶の消失、生産性への支障、残った従業員の士気低下など）まで考慮すれば、コストはさらに上昇します。

アマゾン社はどうやってこの「退職ボーナス」プログラムを、ビジネスの見地から正当化しているのでしょうか。広報担当のメラニー・エッチーズの論点ははっきりしています。「私たちは、ここにいたいという人がアマゾンで働くことを望んでいるだけです。長い目で見れば、いたくない場所にとどまるのは、従業員にとっても弊社にとっても健全ではありません」。つまり、不平不満を抱え、やる気のない従業員に魅力的な脱出ルートを提供することで、そうした従業員のもたらす健康コストの上昇と生産性の低下（どちらも実証されています）による損失を減らすことができるというのが、アマゾン社の考え方なのです。私はその論理を疑いません。しかし、アマゾン社がこの理由だけでこのプログラムを続けているという点については疑っています。他にも重要な理由があると考えるからです。私は行動科学の研究成果に加えて、私の周囲でそれが強く働いた例を見たことがありますし、今も目にするという事実から、その理由が持つ力を知っています。

　ここでは例として、私の家の近所で同棲している、セーラとティムの話を取り上げてみましょう。彼らは出会った後、しばらくの交際期間を経て、とうとう同棲するようになりました。セーラには不満がたくさんありました。セーラはティムとの正式な結婚を望んでいて、彼に少し酒量を減らしてほしいとも感じていました。しかし、ティムは両方とも拒否しました。二人は喧嘩ばかりするようになり、セーラは別れる決心をし、ティムは出ていきました。同じ頃セーラに、昔のボーイフレンドから電話がかかってきました。二人は交際を始め、すぐに婚約しました。ところが、結婚式の日取りも決まり、招待状を発送したところで、ティムから電話がかかってきたのです。ティムは自分の行動を後悔し、もう一度やり直したいと思っていました。セーラが他の人と結婚するつもりだと告げると、ティムは考え直してくれるよう懇願しました。前と同じように一緒に暮らしたいと言うのです。セーラは、あんな生活は二度としたくないと断りました。結婚したっていい、ティムはそう言って迫りましたが、セーラは新しい恋人のほうが好きだと突き放しました。そして、とうとうティムは、考え直してくれるなら酒をやめると言い出したのです。そこまで言うならとセーラは思い、婚約破棄を決めて結婚式をキャンセルし、招待状を取り消し、そしてティムともう一度一緒に暮らし始めました。

一カ月もしないうちに、ティムは、やはり酒をやめる必要はないと思うと言い出しました。もう酒量はコントロールできているからと。その一カ月後には、「結婚はもう少し様子を見てからにするべきだ」と言うようになりました。そして、それから二年が経ちました。ティムとセーラは相も変わらず同棲を続けています。ティムはいまだに大酒飲みで、結婚の計画もありません。ですが、セーラは以前にも増してティムに夢中です。選択を迫られたことによって、私にはティムしかいないことが分かった、とセーラは言っています。つまり、恋人を棄ててティムを選んだ後、その選択の前提となっていたはずの条件が何も満たされなかったにもかかわらず、セーラは以前よりも幸せになったのです。

注目すべきはセーラのコミットメントが強まった原因が、難しい個人的選択を行ってティムを選んだということにある点です。私は、アマゾン社が同社を選ぶという選択を従業員に行わせたがるのにも、同じ理由があると確信しています。離職する誘因を示しつつ去るかとどまるかの選択を行わせるのは、やる気のない従業員を特定し、滑らかな効率的プロセスによって彼らが出て行くのに役立つだけではありません。セーラのように、継続を選択する人々の忠誠心を固め、さらに強めるのにも役立ちます。

なぜ、この後者の結果が「退職ボーナス」プログラムの目的の一部だと強く確信できるのかは、同社の広報担当スポークスパーソン、エッチーズ氏がこの問題について述べていることではなく、同社の創設者ジェフ・ベゾス（ビジネスに関する洞察の鋭さで世界一の富豪になった人物）が何を言っているかに注目すれば分かります。ベゾス氏は株主への手紙の中で、同プログラムの目的は、ただ従業員たちに「少し立ち止まって、自分が本当に求めていることは何かを考える」よう促すことだけだと書きました。また、毎年提案時に渡すメモの見出しが、「どうかこの提案を受け入れないでください」となっていることも指摘していました。したがって、ベゾス氏が従業員に望んでいるのは、離職を考えつつも実行には移さないことであり、実際にそのような結果になっています。例年、離職する人はごくわずかしかいません。私に言わせれば、このプログラムが促そうとしているのは、最終的にとどまるという選択をさせることです。そして、そうさせたいのにはもっともな理由があります。従業員のコミットメントは、従業員の生産性と密接に関係しているのです。

人間心理に対するベゾス氏の深い理解を裏付ける研究はたくさんあります。人は難しい選択を行った後、その選択の妥当性を信じたいと思う気持ちが強まるものなのです。そうした研究の中で、私が気に入っているものを紹介しましょう。二人のカナダ人心理学者が、競馬場にいる人々について興味ある事実を見出しました。彼らは自分が賭けた馬の勝つ可能性について、馬券を買う直前よりも買った直後のほうが、勝率を高く見積もっていたのです。もちろん、その馬が勝つ可能性は、現実にはまったく変わっていません。競馬場も、コースも、馬も同じです。しかし、意思決定を終えた途端、購入者の心の中で正しい選択をしたという確信がとても強くなったのです。同様に、選挙のときに有権者は一票を投じた直後から、自分が投票した候補者をより強く信頼するようになります。また、別の分野の話ですが、自分から人前で省エネや節水に取り組むと宣言した場合、人は資源保護という考えにより熱心になり、それを支持する理由をさらに思いつくようにもなり、それまで以上の熱心さで資源保護を成し遂げようとします。

一般的に、自分の選択に沿った方向への意見の変化の主な理由と関係しているのは、社会的影響力の基本原理の一つです。他の諸原理と同様に、この原理も私たちの心の奥深くに根づき、静かな力で私たちを動かしています。その原理とは、自分がすでにしてしまったことと一貫していたい（そして、一貫していると他者から見てもらいたい）という欲求です。ひとたび決定を下したり、ある立場をとる（コミットする）と、自分の内からも外からも、そのコミットメントと一貫した行動をとるように圧力がかかります。さらには、そのような圧力によって、私たちは自分の決断を正当化しながら行動するようになります。[*1]

流れに沿って進む

心理学者たちは以前から、一貫性の原理が人間の行動にどう影響するのかを研究してきました。それどころか、初期の著名な理論家たちは、一貫性を保ちたいという欲求が、人間の行動を動機づける力の一つであると考えていました。しかしそれは、私たちに以前ならしなかったようなことさえ実行させてしまうほど、強力なのでしょうか。その点に疑問の余地はありません。一貫していたい（一貫していると見てもらいたい）という欲求の強い力に駆り立てられて、私たちはしばしば自分の利益と明らかに反した行動をとってしまいます。

ある研究者が、たまたま居合わせただけの人が犯罪を阻止するために危険を冒すか調べるために、ニューヨークのビーチで偽の置き引き事件を仕組み、何が起こるか観察しました。まず、研究協力者がビーチにいる海水浴客を一人、実験対象者として選び、その人から五フィート離れた位置にビーチマットを敷きます。そして、ポータブルラジオを聞きながら少し寝転んだ後、立ち上がり、ぶらぶらと歩きながらビーチマットから離れていきます。するとまもなく、置き引きを装った研究者がビーチマットに近づき、置いてあるラジオをつかんで急いで立ち去ろうとします。この条件では、男性を呼び止めてわざわざ厄介ごとに関わろうとする人は、ほとんどいませんでした。二十回同じことを繰り返したのですが、呼び止めたのは四人だけでした。しかし、同じ手続きに少しだけ変更を加えてもう二十回繰り返してみると、結果は大幅に変化しました。このときは、研究協力者がビーチマットから離れる際に、「荷物を見ていていただけませんか」と対象者に頼んでいたのです。頼まれた人は全員が同意しました。すると、一貫性の原則に突き動かされて、二十人中十九人がまさに警備員の役を果たしたのです。置き引き役の研究者を追いかけて呼び止め、説明を求めたのです。なかには身体を張って行く手を遮る人や、ラジオを奪い返そうとする人もいました。

なぜ、人がこれほど一貫性を保とうとするのかを理解するには、日常生活の大部分において、一貫していることが望ましくもあり適応的でもあるという事実を認識する必要があります。一貫していないというのは、通常望ましくない性格特性であるとみなされます。信条、発言、行動が一致していない場合、その人は支離滅裂、裏表がある、果ては頭がおかしいのではないかと思われてしまうのです。一方、言行が一致している人は、人格的にも知的にも優れていると考えられるのが普通です。一貫性こそ、論理性、合理性、安定性、そして誠実さの核心をなすものなのです。偉大な英国の科学者マイケル・ファラデーが言ったとされる言葉は、一貫性がときには正しさよりも重視されることを示しています。あるとき、講演を終えたファラデーは聴衆の一人から、あなたは犬猿の仲である学問上の論敵がいつも誤謬を犯していると言いたかったのか、と質問されました。ファラデーはその質問者をにらみつけ、こう答えました。「あいつはそこまで一貫しちゃいない」。

確かに、良い意味で一貫性のある人間であることは、私たちの文化の中で高い価値が置かれていますし、価値が置かれるのも当然です。一貫した態度で物事に対処すれば、たいていはうまくやっていけます。逆に一貫性を持たなければ、私たちの生活は困難で、不安定で、支離滅裂になってしまうでしょう。

▼一貫性を保つことの便利さ

一貫性を保つことが最善となる場合があまりに多いので、私たちはそうするのが賢明でない状況にあってさえ、慣れ親しんだ習慣から自動的に一貫性を保とうとしがちです。考えなしにそうしてしまうと、そのせいで悲惨な状況を招いてしまう場合があります。それにもかかわらず、盲目的な一貫性にさえ、得難い魅力があるのです。

第一に、他のほとんどの自動反応と同じように、それは複雑な現代生活を営むうえで、「思考の近道」を私たちに提供してくれます。ある問題に対して自分の立場をはっきりさせ、強い一貫性を持つと、私たちはとても贅沢な生活が可能になります。つまり、それ以上、その問題について真剣に考える必要がなくなるのです。日々遭遇する情報の嵐を取捨選択し、関連する事実を確認する必要もありません。ある問題の賛否両論を比較検討するために、精神的労力を割く必要もありません。もう困難な決定をする必要もないのです。さまざまな問題に直面したときには、ただ自分の一貫性プログラムをクリック、クリック、クリックするだけで、何を信じ、何を言い、どう行動すべきかが分かります。後は以前の決定と一貫したことを信じ、言い、行動するだけです。

このような贅沢が持つ魅力をあなどってはいけません。それは私たちに、非常に複雑な日常生活を乗り切るための、比較的努力のいらない、便利で効率的な手段を与えてくれるのです。ですから、一貫性を保とうとする自動的反応が抑制しにくい理由は、よく理解できることと思います。一貫性を保ってさえいれば、考え続ける辛さから逃げられるのです。一貫性プログラムを実行しておけば、多くを考える必要がなくなり、楽に生きられます。ジョシュア・レノルズ卿が述べたように、「考えるという本当の労働を避けるためなら、人はどんな手段にも訴える」のです。

▼一貫性にしがみつくことの愚かさ

機械的な一貫性には、もう一つ、もっと手に負えない魅力があります。ときに私たちは、考えるのが辛いからではなく、考えた結果が不快だからという理由で、考えるのを避けることがあります。つまり、理路整然と考えると、望んでいない答えが忌々《いまいま》しいくらいはっきりと出てしまうので、精神的な怠け者になるのです。確かに世の中には、知らないほうがましなくらい嫌なことがあります。自動的な一貫性は、あらかじめプログラムされた思慮を伴わない反応方法なので、嫌なことを知らずに済む安全な隠れ家を提供してくれます。一貫性という堅牢な要塞の壁に閉じこもっていれば、理性の激しい攻撃を受けても傷つかずにいられるのです。

ある晩、私は超越瞑想（ＴＭ）プログラムの入門講座に顔を出しました。そしてそこで、考えることが引き起こす困難な事態から自分を守るために、一貫性の壁の中に隠れてしまう人々の具体例に遭遇しました。講座は二人の熱心な若者が担当しており、プログラムへの新規加入者を勧誘していました。二人はそのプログラムが独特の瞑想を行っており、その瞑想により、実にさまざまな素晴らしいものが手に入ると主張しました。手に入るものは単なる心の安らぎから始まって、プログラムが進んだ（もっとお金のかかる）段階になると、もっと目覚ましい能力（空中浮遊や壁抜けの能力）が身につくという説明でした。

この手の勧誘講座で使われる承諾誘導の手法を観察するために、私はその講座に出席することを決め、こういった話題に興味を持っている友人（統計学と記号論理学を専門としている大学教授）と連れだって出かけました。講座が進行し、ＴＭの背後にある理論の話になったとき、私は友人の論理学者が次第にイライラし始めているのに気がつきました。彼はどんどん不愉快そうな表情になり、椅子に座ったまま絶えず身体を動かしていましたが、とうとう堪忍袋の緒が切れてしまいました。講義が終わり二人の若者が質問を求めたとき、友人は手を挙げ、私たちが今まで聞いてきた議論を丁重な表現ながら確実に粉砕してしまいました。二分足らずのうちに、話に出てきた複雑な議論のどこがどう矛盾し、どう非論理的で、どうしてありえないのか正確に指摘したのです。ぐうの音も出ないほど、二人の若者は動揺しました。何を言えばよいのかわからないといった様子でしばらく沈黙した後、それぞれが弱々しい反論を試みましたが途中で詰まってしまい、互いに打ち合わせをして、ついには同僚の指摘が「さらに研究の必要のある」的確なものであると認めました。

しかし、私にとってもっと興味深かったのは、友人の指摘が他の聴衆に与えた効果のほうでした。質疑応答の後、二人の若者に対してＴＭプログラムの参加費の頭金七十五ドルを支払おうとする人が、列をなしたのです。頭金を受け取りながら、二人は互いに肘をつつき合ったり、肩をすくめたり、ほくそ笑んだりしつつも、とても戸惑っているようでした。赤っ恥をかいたとしか言いようがないほどの大失敗に終わったと思われた講義の後、入門講座はなぜか大成功へと転じ、不可解なほど多くの聴衆が入門を決めていたのです。私には相当奇妙なことに思えましたが、きっと聴衆は私の友人の話の論理を理解できなかったのだろうと考えました。しかし実際のところは、まったく逆だったのです。

講座がお開きとなった後の帰り道、私たちは三人の聴衆から声をかけられました。三人とも、講座終了直後に頭金の七十五ドルを支払った人でした。彼らはなぜ私たちが講座にやって来たのかを、知りたがっていました。私たちは理由を説明し、今度は同じ質問を彼らにしてみました。一人は俳優の卵で、自分の職業でどうしても成功したいと思っており、演技力を身につけるために必要なセルフコントロールを、ＴＭによって高められるかどうかが知りたくて参加していました。必ずできるようになるからと勧誘されたそうです。二人目はひどい不眠症に悩んでいる人で、ＴＭでリラックスできるようになれば、夜ぐっすり眠れるのではないかと期待していました。三人目は、私的な団体のスポークスマンとして働いている人でした。勉強する時間が十分に取れなかったせいで、大学の単位を落としそうになっていました。今回の講座には、ＴＭで睡眠時間の短縮ができるか知りたくて参加していました。それができれば、余った時間を勉強に充てられるからです。面白いことに、勧誘をした人間は問題が正反対であるにもかかわらず、この人と不眠症の人それぞれに対して、超越瞑想の技法を使えば問題を解決できると述べていました。

私はまだ、この人たちが申込みをしたのは、論理学者である我が友人の指摘を理解していなかったからに違いないと思っていたので、友人の指摘した点についていくつか質問を始めました。その結果分かったのは、彼らが友人のコメントをとてもよく、というより完璧に理解していたということでした。そして、友人の説得力こそが、彼らをその場で申込みをする気にさせていたのです。申込みを済ませた一人が、その経緯を最も的確に話してくれました。「今夜はお金を払うつもりなんてなかったんですよ。今、本当に文無しに近い状態ですしね。次回までは様子を見るつもりだったんです。でも、あなたのお友達が話し始めたとき、すぐ申し込んだほうが良いと思ったんです。このまま家に帰ったら、彼の言ったことをまた考え始めてしまって、もう絶対に申込みなんてしないに決まってますから」。

私は突然、事情が呑み込めました。彼らは本当に切実な問題を抱えた人であり、その問題を解決する方法を強く求めていたのです。もし、指導者を信じることができれば、見込みのある解決策をＴＭの中に発見できたことになります。自らの窮状に突き動かされていた彼らは、ＴＭこそ求めていた解答だと信じたくて仕方なかったのです。それなのに、理性の声が、私の友人の姿をとって介入してきました。新しく見つけた解決法の基礎となる理論は信用できない。そういう声が聞こえてきます。

どうしよう！　論理が自分の信念を完全に打ちのめし、再び希望が持てない状態になる前に、すぐ何か手を打たなくてはいけません。急いで、とにかく急いで、理性に対抗する壁を築かなくては。このとき選ばれた要塞が、どんなに馬鹿げたものでも問題はないのです。「早く、考えることから隠れる場所を！これだ、お金を払ってしまおう。ふー、危なかった。これでもう考える必要はない」。決定は下されてしまったので、今後は必要なときに、一貫性プログラムが作動します。「ＴＭ？　きっと役に立つと思うよ。きっと続けるだろうね。もちろんＴＭの効果を信じてる。だって、もう頭金を払ってしまったじゃないか」。そう、これこそ、何も考えずに一貫性を保つことの心地良さです。「少しの間ここで休んでいこう。

いろいろなやり方を探し求めて不安になったり、緊張を強いられたりするよりは、ずっとましだろう」。

▼探す人と隠す人

自動的な一貫性が思考からの待避場所としての役割を果たしているのなら、私たちに考えなしの反応をさせようとする人がそれを悪用しても別段不思議ではありません。悪徳業者は、私たちの考えなしの自動反応から利益を得ているわけですから、彼らにとって自動的に一貫性を保とうとする私たちの傾向は、いわば金脈です。彼らは自分たちの都合の良いときに、とても巧みにお膳立てをして私たちに一貫性プログラムを実行させるので、こちらは「やられた！」と気づくことさえほとんどありません。一貫性を保とうとする私たちの欲求が直接彼らの利益につながるように、私たちとのやり取りを、優れた柔術の技の要領でうまく組み立てるのです。

一部の大手玩具メーカーがまさにこの手法を用いて、売上げの季節変動に伴って生じる問題を解決しています。おもちゃの売上げが最も伸びるのは、もちろんクリスマス休暇の最中とその直前です。玩具メーカーの抱える問題とは、その後二カ月間、おもちゃの売上げが急激に落ち込んでしまうことなのです。客はもうすでにおもちゃのための予算を使い果たしており、子どもがもっと欲しいとねだっても、頑《かたく》なに拒みます。

こうして、玩具メーカーはジレンマを抱えることになります。最も売れる時期の売上げを落とさず、しかもその直後の数カ月間、おもちゃの需要を健全なレベルに維持するにはどうしたらいいのでしょう。もちろん、難しいのは、クリスマスの後に子どもたちがおもちゃをもっと欲しがるようにすることではありません。問題は、どうすれば休暇中にお金を使い果たしてしまった親たちが、もうおもちゃに飽きてしまった子どもたちに別のおもちゃを買ってあげようという気分になるかです。このような起こりそうもない行動を引き起こすことは可能なのでしょうか。ある会社は広告キャンペーンを大幅に増やしました。別の会社はこの期間に値下げをしてみました。しかし、このような正攻法はいずれも成功しませんでした。どちらの作戦もコストがかかるばかりで、期待したほどの売上げはなかったのです。親たちはそもそも、おもちゃを買おうという気分ではないのです。宣伝も値下げも、親たちの重い腰を上げさせるだけの効果はありませんでした。

しかし、一部の大手玩具メーカーは、うまい解決策を見つけたようです。それは非常に巧妙な手法で、一貫性を保とうとする欲求の強い力についてよく研究されており、普段どおりの宣伝費だけで行えます。私が玩具メーカーのやり口に初めて気づいたのは、一度だまされ、お人好しなことにさらにもう一度だまされてからでした。

ある年の一月、私は街の一番大きなおもちゃ屋にいました。一カ月前、息子のためにそこであまりに多くのプレゼントを買ってしまったので、当分はどこのおもちゃ屋にも入るまいと誓っていました。それなのに、私はまたしてもその魔境に足を踏み入れてしまっただけでなく、息子のために別の高価なおもちゃ(電動の大きなロードレースセット)をまさに買わんとしていたのです。そのとき、以前近所に住んでいた人と鉢合わせしました。彼も同じおもちゃを息子に買おうとしていたのです。彼が引っ越して以来、私たちは滅多に顔を合わせなくなりました。実際、前回会ったのは一年前、やはりこの店でクリスマスの後に高価なプレゼント(そのときは、歩き回り、話をするロボットで、結局は壊れてしまいました)を息子に買っていたときでした。私たちは一年に一度、同じときに、同じ場所で、同じことをしていて顔を合わせるという、奇妙な偶然を笑い合いました。その日の遅く、私はこの偶然を、かつて玩具業界で働いていた（ということは後で分かったのですが）友人に話しました。

「そりゃ偶然じゃないよ」。彼はわけ知り顔で言いました。

「どういう意味だ、偶然じゃないってのは」。

「それじゃ、今年買ったっていうロードレースセットについて、いくつか質問させてくれ。まず、クリスマスにそれを買ってやるって、息子さんと約束しなかったかい？」

「ああ、したよ。クリストファーは土曜の朝にやっているアニメ番組で繰り返し流れるコマーシャルを見て、クリスマスにはこれが欲しいって言ったんだ。僕もちょっと見て、楽しそうだったから、いいよと言った」。

「ワンストライク」と彼は言いました。「じゃあ、次の質問。それを買いに行ったとき、どの店でも売り切れだったんじゃないか？」

「また当たりだ。確かにどこも売り切れだったよ！　注文はしているがいつ入荷するか分からないって店員に言われてね。それで、クリストファーには、ロードレースセットの代わりになるおもちゃを買ってやらなくちゃいけなくなったんだ。だけど、どうしてそんなことが分かるんだい？」

「ツーストライク」と彼は言いました。「最後の質問だ。去年ロボットを買うときにも、そんなことがなかったかい？」

「ちょっと待ってくれ……そうだ、君の言うとおり、ちょうど同じことがあった。信じられないな。どうして分かるんだ?」

「言っておくけど、超能力なんかじゃないよ。大手玩具メーカー数社がどうやって一月、二月に売上げを増やすか、たまたま知っているだけさ。まず、クリスマスの前から特定のおもちゃの魅力的なコマーシャルをテレビで流し始める。子どもたちは当然それが欲しくなる。そこで、それを親にクリスマスプレゼントとして買ってもらう約束を取りつける。さて、ここからがメーカーの計画のよくできたところだ。メーカーは子どもたちが両親に約束させたおもちゃを、店には少ししか卸さない。大半の親はそのおもちゃが売り切れているので、同じくらい魅力的なおもちゃを代わりに買わざるを得なくなる。もちろんメーカーは店に、こうした代用品を必ずたっぷりと卸しておく。クリスマスが終わったら、玩具メーカーはもう一度、例の特別なおもちゃのコマーシャルを流し始める。そうなると、子どもたちは前以上にそのおもちゃが欲しくなる。親のところに走っていき、こう言ってぐずるわけだ。『約束したじゃない。買ってくれるって約束したじゃない』。そうすると、大人たちは自分の言葉を裏切りたくないから、重い足を引きずりながら店に買いに行くわけさ」。

「それじゃ」、次第にはらわたが煮えくり返ってくるのを感じながら、私は言いました。「一年も会っていなかった親同士が顔を合わせたのは、二人とも同じ作戦にまんまと引っかかったからなのかい?」

「そうだよ。おい、どこに行こうっていうんだ?」

「ロードレースセットを返してくる」。私は怒りのあまり、怒鳴ってしまいそうでした。

「待てよ、ちょっと考えてみろ。今朝、どうしてそのおもちゃを買ったんだ?」

「クリストファーをがっかりさせたくなかったし、約束は守らなければいけないということを教えるためにさ」。

「だろ。その状況に何か変わりがあるかい？　今おもちゃを返したとして、息子さんはその理由を理解できないだろう。約束を破られたって思うだけじゃないか。それでもいいのかい？」

「いや」。私は溜め息をつきました。「それは困る。君が言いたいのはこうなんだろ。この二年間、玩具メーカーは僕から二倍の利益を上げていて、おまけに僕はそんなことには全然気づかずにいた。気づいた今でも自分の言葉に縛られている。だから、〈スリーストライク〉だって言いたいんだろ」。

彼は頷きました。「そう、バッターアウトだ」。

それ以来、このクリスマスシーズンに私が体験したのと同じように、親たちがおもちゃを買うためにばたばたする姿を数多く見てきました。お目当てはビニーベイビーズ、くすぐりエルモ、ファービー人形、Xbox、Wii、ズーズーペット、『アナと雪の女王』のエルサの人形、プレイステーション5などです。しかし、歴史的に見て、このパターンに最も当てはまるのは、やはりキャベツ畑人形でしょう。一九八〇年代半ばのクリスマスシーズンに、大々的に宣伝された二十五ドルの人形ですが、品薄で店頭にはほとんど並びませんでした。その結果、手に入らない人形を宣伝したことが不正広告にあたるとして、人形メーカーに対して罰金が科せられました。また、取り乱した大人たちが中古品を扱う店に押しかけて人形を奪い合い、オークションでは子どもに約束してしまった人形に七百ドルという高値が付きました。そして、人形はクリスマスシーズンを過ぎても売れ続け、年間十五億ドルの売上げを記録したのです。一九九八年のクリスマスシーズン、誰もが欲しがったにもかかわらず最も手に入りにくかったのは、人形メーカー大手ハズブロ社のファービー人形でした。ファービーが手に入らない不満を抱えた親たちから、子どもになんと言ったらいいのかと問われ、ハズブロ社の広報担当の女性は、何十年もの間、玩具メーカーに利益をもたらしてきた約束の言葉をアドバイスしました。「頑張ってみる。もし今買えなくても、そのうちきっと買ってあげるから[*2]」。

コミットメントが鍵

一貫性が強力な力を発揮して人の行動を方向づけていることに気がつくと、すぐに重要かつ現実的な疑問が浮かんできます。そもそもこの力はどのように発動するのでしょう。何が強力な一貫性プログラムを「実行《ラン》」させる「クリック」になるのでしょうか。社会心理学者は答えを知っていると考えています。コミットメントです。たとえば、私があなたにコミットメント（立場を明確にさせたり、公言させたりする）させることができたとしたら、あなたの自動的な一貫性を、そのコミットメントと一致させるお膳立てが整ったことになります。一度、自分の立場を明確にすると、行動をその立場と一貫させようとする強い力が自然と生じます。

すでに見てきたように、コミットメントと一貫性の関係を理解しているのは、社会心理学者だけではありません。承諾誘導の専門家たちはほとんどすべての業界で、私たちを狙ったコミットメント戦略を採用しています。そうした戦略の一つ一つは、私たちに何らかの行動をとらせたり、何かを言わせたりするのを目的としています。自分の行動や言葉によって私たちに一貫性の圧力がかかり、やがては要求を呑まざるを得なくなるのです。コミットメントを作り出そうとする手口には、あからさまで分かりやすいものから、非常に巧妙に要求を通そうとする手口まで、さまざまな形があります。あからさまなものの例として、ここではアルバカーキの自動車ディーラーで、中古車販売マネージャーをしているジャック・スタンコのやり方を検討してみましょう。彼はサンフランシスコで主催した「中古車販売」という講演会で、販売促進を強く望んでいる百人の販売業者に、次のようなアドバイスを贈っています。「お客を契約書の前に座らせなさい。お客にOKと書かせなさい。お客をコントロールするのです。価格が適正なら、今すぐ車を買う気があるかどうか答えさせなさい。大事なのは、彼らの意志をはっきりさせることです」。この分野の専門家であるスタンコ氏は、客を説得する肝はコミットメントさせることにあると考えています。そして、それを使って「お客をコントロールする」のです。

もっと巧妙な手でコミットメントを引き出すやり方も、同じように効き目があります。たとえば、応援している慈善事業への寄付集めのために、その地域で戸別訪問してくれる人を増やしたいとしましょう。この場合、社会心理学者スティーブン・J・シャーマンが使った方法を学ぶのが賢明なやり方です。彼は自分が行っている調査の一環として、まずインディアナ州ブルーミントンの住民に電話をかけ、米国癌協会のために寄付を集める三時間ほどのボランティアへの参加を依頼されたらどうしますか、という質問をしました。もちろん、調査者から心の冷たい人間だとは思われたくないでしょうし、自分自身でもそう思いたくないでしょうから、多くの人が引き受けると答えました。そして、この些細なコミットメントを引き出す手続きを踏んだことにより、数日後、米国癌協会が実際に電話でボランティアの依頼をしたところ、ボランティアへの参加者はそのような手続きをしなかった場合の八倍にもなったのです。

同様の戦略を使って、市民に電話をかけ、投票日には投票に行くつもりがあるかを尋ねた調査では、質問に答えた人たちの投票率がかなり高くなりました。法廷においても、予備尋問の際に貴重なコミットメントを引き出し、それによって将来の一貫した行動を引き出そうとしているようです。陪審員選抜に関しては右に出る者がいないと言われる陪審コンサルタント、ジョーエレン・ディミトリアスは、陪審員候補者の選抜を行うときに、よく考え抜かれた質問を一つします。「もし、私の依頼人の無実を信じているのがあなた一人だったとしても、あなたの意見を変えようとする残りの陪審員の圧力に、耐えることができますか?」。自尊心を持った陪審候補なら、こんな質問に「いいえ」などと言えるでしょうか。そして、一度約束をしてしまったら、自尊心を持った陪審員がどうしてその約束を反故にしたりできるでしょう。

さらに巧妙なコミットメントテクニックを考え出したのが、寄付依頼の電話をかける人たちです。何らかの慈善活動に寄付を依頼してくる人が、最近、まずあなたの気分や体調を尋ねてくることにお気づきでしょうか。「○○様こんにちは、今夜のご気分はいかかですか?」とか「お元気ですか?」と言うのです。こうした挨拶の意図は、単に友好的に見せるためだけではありません。このような礼儀正しくかつ中身のない挨拶は、礼儀正しくかつ中身のない返答、「うまくいってます」「大変いいです」「ありがとう、元気にやっています」などを引き出そうとしているのです。うまくいっているという返事をあなたが口にした途端、電話してきた人の仕事、つまりあなたを追い詰め、まったくうまくいっていない人々に対して援助させることが、とても簡単になります。「それはよかったです。本日お電話を差し上げたのは、不幸にも○○で被害を受けた人たちを支援する募金に、ご協力いただけないかと思いまして……」。

たとえそれが挨拶の決まり文句であっても、元気でうまくやっていると答えた人は、恵まれた環境にあると自分で認めたために、けちな人間だと見られるのに気まずさを感じる、というのがこの作戦の背後にある理論です。にわかには信じがたいかもしれないので、消費行動の研究者ダニエル・ハワードがこの理論を検証するために行った研究の結果を見てみましょう。彼はテキサス州ダラスの住民に電話をかけ、飢餓救援協会の者がお宅までクッキーを売りに行ってもかまわないかと尋ねました。このクッキー販売の収益は、貧しい人たちへの食事の提供に使われると伝えました。これだけのことしか言わなかった場合、このお願いの仕方（研究では標準要請アプローチと呼ばれています）では、一八％の同意しか引き出せませんでした。しかし、依頼者が「お元気にお過ごしですか？」と話を始め、少し間を取って相手が返事をするのを待ってから、標準要請アプローチを行った場合には、いくつか注目に価することが起こったのです。第一に、電話を受けた百二十人のほとんど（百八人）が、おきまりの好意的な挨拶（「上々です」「まあまあです」など）を返しました。第二に、そうした挨拶から話を始めた人の三二％が、クッキーの訪問販売に同意しました。これは標準要請アプローチの約二倍にあたる成功率です。第三に、一貫性の法則から予想されるように、訪問販売に同意した人のほとんどすべて（八九％）が、訪問を受けたときには実際にクッキーを購入しました。

比較的些細な口頭のコミットメントから行動に大きな違いが生まれる場面は、まだ他にもあります。たとえば性的背信です。心理学者は、恋愛関係における裏切り行為は大喧嘩のもとであり、しばしば怒り、苦痛、そして関係の終焉を引き起こすと警告しています。また、こうした破滅的場面の発生予防に役立つ行為も特定しています。その行為とは祈りです。といっても、祈り一般のことではなく、特定の祈り方が必要です。恋愛関係にある人が相手の幸せを毎日一定の時間祈るなら、その人はその習慣を続けている間、浮気をしにくくなります。浮気が、相手の幸せに対して毎日能動的に行っているコミットメントと矛

●読者からのレポート7・1――テキサスのセールストレーナーより

あなたの本から得た最大の教訓は、コミットメントに関するものです。数年前、私はあるコールセンターで、保険販売の訓練を担当していました。しかし、問題は私たちが保険を実際に「販売する」ことができないという点でした。できるのは、見積もりを出して、電話の相手に最寄りの営業所を案内することだけだったのです。困ったのは、予約だけ取っておいて、実際には営業所に行かない人が何人もいたことでした。

私は訓練期間を終えたばかりの新人グループを選び、他の営業が使っている勧誘手法に修正を加えました。その方法とは、他の営業とまったく同じ「決まりきった」商品案内だったのですが、電話の最後におまけの質問をするよう指示したのです。客が予約を取ったときに、ただ電話を切るのではなく、こう言わせたのです。「最後にちょっとお尋ねしたいのですが、当社の保険をお選びになった理由をお教えいただけますか？」。

当初の目論見では、ただ顧客情報を集めたかっただけでした。しかし、この質問をさせた新人たちは、他の新人営業よりも二割近く売上げを伸ばしたのです。商品紹介時にこの新しい質問を営業全員にさせるようになると、この道何年というベテランでさえ、一〇％以上売上げを伸ばすようになりました。以前はどうしてこのやり方がうまくいくのか、完全には分かっていませんでした。

著者からひと言――このやり方を採用したのは偶然だったのかもしれませんが、この人の作戦は非常に優れています。このやり方は、ただ顧客に自分の選択を言明させているだけではないからです。なぜそれを選ぶのかという理由を、はっきり言わせています。そして、第1章で見たように、人はときとして、理由があるからという理由だけで行動するものなのです（Bastardi & Shafir, 2000; Langer, 1989）。

この方法の有効性は、アトランタに拠点を置く私の知り合いの話とも一致しています。彼は、自分を雇うべき理由をすべて伝えようという標準的なアドバイスに従っていましたが、何度も採用面接に落ちていました。結果を変えるために、彼は一貫性の原理を用い始めました。どんな質問にもできる限りしっかりと答えるつもりであると面接担当者に請け合った後、こう言い添えるようにしたのです。「ですが、始める前に、こちらの質問にひとつお答え願えないでしょうか。私の経歴のどのあたりが、そちらのご興味を引いたのかということなんです」。こう尋ねた結果、採用担当者自身が彼や彼の持つ資格について肯定的な面を語ったことで、彼がアピールを行う前に、彼を雇う理由にコミットすることになりました。この手法を使うようになってから、彼は以前より良い仕事に、三回連続で採用されているそうです。

盾するからです。[*3]

▼自ら進んで行う監禁

どうしてコミットメントに効果があるのかという疑問には、多くの答えがあります。さまざまな要因が、将来の行動を束縛するコミットメントの力に影響を及ぼすのです。ここでは、承諾を引き出すために考案されたある大規模なプログラムを検討し、コミットメントの効果を具体的に見ていきましょう。このプログラムで特筆すべき点は、半世紀以上も前の、まだ科学的研究がこうした要因を見つけていなかった時代に、それらを組織的に取り入れていたところです。

朝鮮戦争の間、多くの米軍捕虜が、中国共産党の管理する捕虜収容所にいました。戦争初期の段階から、中国の捕虜の扱い方は、同盟国である北朝鮮の暴力的な制裁を好むやり方とは、著しく異なっていることが明らかになっていました。中国共産党は、残忍さを慎重に避け、「寛容政策」と名付けた方策を採用していましたが、実際のところそれは捕虜に対する計画的かつ洗練された心理攻撃でした。

戦後、米国の心理学者たちは何があったのかを明らかにするため、帰還した捕虜たちに徹底した質問を行いました。その背景には、中国のプログラムがある面においては不可思議なほど成功していたという事実がありました。中国当局は、米国人捕虜たちが互いに密告し合うように仕向けるのがとても上手でした（そうした行動は、第二次世界大戦における米国人捕虜の間では起こらなかったことです）。このため、特に脱走計画はすぐに発覚してしまい、ほとんどいつも失敗に終わりました。朝鮮で行われた中国の教化プログラムに関する、米国の代表的な研究者エドガー・シャインはこう書いています。「密告者には米一袋が与えられることになっていたので、脱走が実行されたとしてもたいていは簡単に連れ戻されてしまった」。実際、中国の収容所にいた米国人捕虜はほぼ全員、何らかの形で敵に協力したと言われています。

捕虜収容所のプログラムを検討した結果、判明したのは中国当局がもっぱらコミットメントと一貫性の圧力に頼っていたということです。もちろん、中国当局が最初に直面した課題は、米国人から何でもいいので協力と呼べるものを引き出すことでした。捕虜たちは、名前、階級、認識番号以外は何も喋らないように訓練されていました。どうすれば肉体的な暴力を使わずに捕虜たちに軍事情報を喋らせ、捕虜仲間の情報を密告させ、公然と母国を非難させることができるでしょうか。中国当局の出した答えは至極単純でした。「小さいことから始めて、そこから築き上げよ」。

たとえば、捕虜たちはしばしば、非常に穏やかで一見取るに足りないような反米的、あるいは親共産主義的な意見（たとえば「米国は完全ではない」や、「共産主義国では失業問題は存在しない」など）を述べるように求められました。しかし、ひとたびこうした小さな要求に従ってしまうと、次にはそれと関連した、もっと本質的な要求にも応じなければならない羽目に陥ります。中国側の尋問者相手に米国は完全ではないと認めると、どういう点でそう思うのかを指摘するよう求められます。それを説明すると、今度は「米国の問題点」リストを作成し、そこにサインするよう求められます。次は、捕虜仲間との討論の場で、そのリストを読み上げるように言われます。「いいじゃないか。だってこれは、君が思っていることなんだろう？」と。さらにその後、自分の書いたリストを元にして、それらの問題点をもっと詳しく論じた作文を書くように求められるのです。

中国当局はその作文と作者の名前を、彼がいる捕虜収容所だけでなく北朝鮮にある他の捕虜収容所にも、さらに韓国に駐屯している米軍にも送られている反米ラジオ放送の中で紹介します。突然、彼は自分が利敵行為を行う「協力者」になってしまったと気がつきます。作文を書いたときに脅迫も強制もなかったのは分かっているので、多くの場合、そうした状況に陥った人は、実際に行った行動や「協力者」という新しいレッテルと一貫するように自己イメージを変えてしまい、もっと協力的な行動をとるようになりさえするのです。シャインは次のように言っています。「協力を完全に拒絶できたのは、ほんの一握りの人だけだった。大多数の人々は、本人たちにとっては些細な、そして中国側からすればうまく利用できるような行為を行うことで、しばしば協力をしたのである（中略）。この方法は、尋問の際、自白や自己批判や情報を引き出すのに非常に効果的であった」。

承諾に関心を持つ他の人たちも、このやり方の有効性に気づいています。たとえば、慈善団体は段階的にコミットメントを強めていくことで、より大きな要求を呑ませる方法をよく用います。インタビューに応じるなどの最初の小さなコミットメントが、骨髄や臓器の提供といった行動を引き起こす、「承諾への

図７・１　小さいことから始めて、そこから築きあげよ

豚は泥が好きだ。しかし泥を食べたりはしない。そうさせるためには、段階的なコミットメントが必要になるようだ。 *© Paws. Used by permission.*

はずみ」となりうるのです。

同様に、多くの企業もこの方法をよく用いています。販売員の場合、この戦略は、大きな買い物をさせるにはまず小さな物を売るところから始める、という形を取ります。最初に買わせるのはどれほど安い品であってもかまいません。それを売る目的は、儲けを出すことではなく、コミットメントをさせることにあるからです。そのコミットメントから、自然ともっと大きな買い物へと流れていくことが期待できるのです。『アメリカン・セールスマン』という業界紙に載ったある記事が、それを簡潔にまとめています。

> まずは小さな注文を取り、そこから商品全体へと拡大していくための道を開くというのが、一般的な考え方です（中略）。こんなふうに考えてみてください。ある人が商品を注文したとき、その利益が少なくて買わせるまでにかけた時間や労力と見合わないとしても、その人はもはや見込み客ではありません。立派な顧客なのです(Green, 1965, p. 14)。

最初に小さな要求を呑ませ、その後、関連するもっと大きな要求を通すというやり方には、「段階的要請法《フット・イン・ザ・ドア・テクニック》」という名前がついています。社会科学者がこの方法の有効性に気づいたきっかけは、ジョナサン・フリードマンとスコット・フレイザーが発表した驚くべきデータでした。彼らが報告したのは、研究者がボランティアを自称してカリフォルニアの住宅地を回り、一軒一軒の家主に途方もない依頼を行うという実験の結果でした。家主たちは、家の前庭に公共サービスのための看板を設置させてほしいと頼まれました。看板がどんなものなのかの説明として、一枚の写真を見せられました。写真には、魅力的な家と、とても大きく下手な字で「安全運転をしよう」と書かれた看板が写っていて、素敵な家の外観は看板でほとんど隠れてしまっていました。当然ながら、大多数の住人はその依頼を断りました（承諾率はわずか一七％）が、ある特定のグループだけは極めて好意的な反応を見せました。なんと七六％もの人が、自分の庭の提供を申し出たのです。

　驚くほど多くの人が依頼に応じた主な理由は、その二週間前に彼らが安全運転に対して行った小さなコミットメントにありました。別の「ボランティア」が彼らの家を訪れ、「安全運転をするドライバーになろう」と書かれた七・六二センチ四方の小さなシールを貼ってほしいと頼んでいたのでした。それは、ほとんどすべての人が応じるような取るに足りない頼みでしたが、その効果は絶大でした。二週間前に安全運転に関する些細な頼みを何気なく承諾してしまっていたため、規模がずっと大きくて内容が似ている別の依頼に対しても、やすやすと従う気になったのです。

　フリードマンとフレイザーの研究はさらに続きました。今度は別の住民グループを対象にして、少しだけ手続きを変えた実験を試みました。まず対象者たちに、「カリフォルニアを美しく保とう」という嘆願書への署名を頼みました。政府の効率を上げようとか、妊婦健診を受けようというのと同様、州を美しく保とうという意見に反対する人はいないので、もちろん大多数の人が署名しました。次に二週間ほど間をあけてから、別のボランティアを派遣し、「安全運転をしよう」と書かれた大きな看板を前庭に設置してくれるよう、調査対象の人々に頼みました。ある意味で家主たちの反応は、この研究の中で最も驚くべきものでした。数週間前の小さなコミットメントは、安全運転とはまったく異なった公共事業（州の美化）だったにもかかわらず、約半数の人たちが「安全運転をしよう」と書かれた看板の設置に同意したのです。

最初は、フリードマンとフレイザーもこの結果に困惑しました。州の美化を訴える嘆願書に署名するという小さな行為をすると、なぜ、種類の異なるもっと大きな善意の行動をする気になるのでしょうか。さまざまな予想を検討し棄却した後、フリードマンとフレイザーはこの謎を解く一つの説明に思い当たりました。美化に関する嘆願書に署名することによって、自分自身を見る目が変わった、というものです。看板設置に同意した人たちは自らを、公民道徳に則って行動する公共心豊かな市民だとみなすようになったのです。だからこそ、二週間後に「安全運転をしよう」と書かれた看板の設置という別の公共奉仕を依頼されたとき、新たに作られた自己イメージとの一貫性を保とうとして、依頼に応じたわけです。フリードマンとフレイザーは次のように述べています。

物事に関わり合うことや行為を遂行することについての感情に、変化が起こったらしい。いったん依頼に応じると考え方が変わり、自分のことを、知らぬ人からの頼みに応じ、正しいと信じていることを実行し、もっともな理由がある運動には協力する、そういう類のことをする人間なのだとみなすようになるのだろう。

図7・2　署名すれば相手の思うつぼ

——嘆願書の署名集めをしている団体が、集まった署名をどうしているのか、考えたことはあるだろうか。ほとんどの場合、そうした団体は嘘偽りなく、言っているとおりの目的に使っている。しかし、署名集めの主な目的が、署名した人に団体の立場を支持すると表明させ、その結果、その表明と一貫した将来の協力をさせやすくすることにある場合は、まったく使われないことも少なくない。

心理学教授のスー・フランツは、パリの路上でこの手法が悪用されているのを目撃したという。観光客に近づいていった詐欺師が「聾唖《ろうあ》者支援」の嘆願書への署名を求めた。署名した人たちはその後すぐに寄付を求められ、大勢が、たった今署名の内容を支持したばかりであることとの一貫性を保つために、寄付をした。これは詐欺だったので、寄付金はまったくチャリティーには回らず、詐欺師の懐に入っただけだった。さらに悪いことには、この募金呼びかけ人には仲間がいて、観光客がどこから財布を出すか（ポケットなのかバッグなのか）を観察し、今度はスリの標的とした。

iStock Photo

フリードマンとフレイザーの発見から学ぶべき教訓は、ささやかな依頼に応じる場合にも、十分に注意する必要があるということです。そうした依頼に応じることが、私たちの自己イメージに影響するかもしれません。そうすることによって、似たような種類のもっと大きな依頼に応じやすくなるばかりでなく、最初に応じたささやかな依頼とはほとんど関連のない、さまざまな種類の大きな依頼を受け入れやすくなるかもしれないのです。小さなコミットメントの裏に隠された、この第二の全般的な影響力こそ、私が恐れているものです。

この効果が怖いので、私はたとえ自分が支持していることであっても、嘆願書にはまず署名しません。そのような行為は、私の将来の行動に影響を与えるだけでなく、私の自己イメージを望んでいない方向に変えてしまうかもしれません。さらに、ひとたび自己イメージが変わってしまえば、その新しい自己イメージにつけこもうとする人々が、あらゆる種類の利益を巧妙に引き出してしまうのです。

フリードマンとフレイザーの実験の参加者となった人たちの中に、州の美化運動の署名を求めてきた「ボランティア」の本当の狙いは、その二週間後に安全運転の看板を立てさせることにあったのだと考えた人がいたでしょうか。看板の設置を許可したのは、嘆願書に署名していたからだと考えた人がいたでしょうか。おそらくはいなかったはずです。看板が運ばれてきた後で後悔したとしても、自分自身と自分の忌々《いまいま》しい公共心以外、誰に責任を負わせることができたでしょうか。おそらく、「カリフォルニアを美しく保とう」という嘆願書を持ってきた人のことも、自然に存在する力を利用する社会的柔術の知識のことも、決して頭には浮かばなかったでしょう。[*4]

頭で考えることと心で感じること

人は選択を行うごとに、自己の中心部分、すなわち選択の主体である部分を、それ以前とは少し違ったものに変えているのだ。
（C・S・ルイス／柳生直行訳）

注意してもらいたいのは、段階的要請法の専門家たちは皆、同じことに色めき立っていると考えられる点です。つまり、他者の自己イメージを操作するために小さなコミットメントが利用でき、それを使えば、市民を「公僕」に、見込み客を「顧客」に、捕虜を「協力者」に変えられることにです。ひとたび望むような形に相手の自己イメージを変えることができれば、その人は新しい自己イメージと一貫したあらゆる範囲の要求を、自然と受け入れるようになります。

しかし、すべてのコミットメントが、同じ強さで自己イメージに影響を及ぼすわけではありません。コミットメントが最大の効果を発揮するには、いくつかの条件があります。行動を含むこと、公表されること、努力を要すること、自分の意志で選ぶことです。中国側の主要な目的は、単に捕虜から情報を引き出すことではありませんでした。捕虜を教化し、自分自身や米国の政治システム、戦争における米国の役割、そして共産主義に対する認識を改めさせることにあったのです。朝鮮戦争後に帰還した捕虜の、神経精神医学的な診断を行った評価チームの主任ヘンリー・シーガル博士は、捕虜の間で戦争に関連する信念に、大幅な変化が見られたと報告しています。捕虜の政治的信念は著しく浸食されていたのです。

> 帰還した捕虜の多くは、中国共産党に反感を示していた。しかし、同時に「中国において彼らが成し遂げた優れた仕事」を称賛してもいたのである。「米国ではうまくいかないだろうが、アジアにとっては共産主義は良いものだと思う」と言う者もいた（Segal, 1954, p. 360）。

中国側の本当の狙いは、捕虜の感じ方と考え方を、（少なくとも一時的に）変化させることにあったと考えられます。「転向、忠誠心の低下、態度や信念の変化、軍紀の乱れ、士気の低下、団結心の低下、米国の役割に対する懐疑を指標にして中国当局の達成水準を測るとすれば、その努力は大いに成果を上げたと言える」とシーガルは結論づけています。彼らがどうやってそれだけの成果を上げたのか、もっと詳しく見ていくことにしましょう。

▼行動の持つ魔術的な力

人の本当の感情や信念は、言葉よりも行動によく表われます。他者がどのような人なのかを判断するときには、その人の行動をよく見るものです。そして人は、自分自身がどのような人間かを判断するときにも、同じ証拠（自分自身の行動）を使って判断しています。それは自分の信念や価値や態度、そして非常に重要なことに、自分が次に何をしたいのかということについての主な情報源なのです。多くのオンラインサイトでは訪問者に登録を求め、個人情報を入力するよう促します。しかし、入力フォームが長すぎて、あるいは項目が細かすぎて、登録作業を途中でやめることがあると答えるユーザーは、八六％に上ります。ウェブサイトの開発者は、顧客から得られる情報の量を減らさずにこの壁を乗り越えるために、何をしているのでしょうか。彼らは登録フォームの最初のページで入力する項目の数を減らしています。理由は、ユーザーに登録プロセスを開始して冒頭部が終わった、という感覚を与えたいからです。デザイン・コンサルタントのディエゴ・ポザの言葉を借りれば、「次のページに埋めるべき項目があるかどうか（あるんですけどね）は、どうでもよいことです。コミットメントと一貫性の原理が働いて、ユーザーは最後まで登録を続ける気持ちがずっと強くなっていますから」というわけです。利用可能なデータが彼の正しさを証明しています。最初のページの入力項目数を四つから三つに減らしただけで、登録を最後まで行う人の数は五割増しになります。

　行動が自己イメージや将来の行動にじわじわと影響を及ぼすことは、積極的コミットメントと消極的コミットメントの効果を調べた研究に見ることができます。ある研究では、地方の高校で行うエイズ教育プロジェクトに参加する、大学生ボランティアを募集しました。研究者は、半分のボランティアには、「参加を希望する」と用紙に記入する、積極的コミットメントをさせました。残りの半分には、「参加を希望しない」と用紙に記入をしないという、消極的コミットメントをさせました。それから三、四日して、正式にボランティアへの参加を頼んだとき、やって来た学生の大半（七四％）が積極的に参加表明を行ったグループの学生でした。それだけでなく、積極的にボランティアに参加した人は、参加した理由を自分自身の個人的価値観や好みや性格と関連づけて説明する傾向がありました。つまり、積極的コミットメントは、人が自己イメージを形成するために使う情報を提供し、その自己イメージが将来の行動を決め、その行動が新しい自己イメージをさらに強固にするようです。

中国当局は自己認識を変えるための道筋を、完全に理解していました。そこで、捕虜が中国側の思惑に沿って一貫した行動をするように、収容所での捕虜の扱いに調整を加えました。まもなくこうした対策が実を結び、捕虜たちは自分の行動に合わせて自己イメージを変えていくだろうと、分かっていたのです。

作文は、中国が絶え間なく捕虜に促したコミットメント行動の一つです。捕虜が中国側の主張を黙って聞き、さらには口頭でその意見に同意したとしても、まだ足りなかったのです。捕虜は中国側の主張を書き留めるよう、常に促されました。エドガー・シャインは中国側の標準的な教化戦術を、次のように描写しています。


まず質問を書かせて、次に（親共産主義的な）答えを書かせるというやり方もあった。自主的に書くことを捕虜が拒否した場合には、すでにノートに書かれてある答えを、ただ書き写すように求めた。捕虜にとって、それは害のない譲歩に思えたに違いない。（Schein, 1956, p. 161）

「害のない」譲歩、これがくせ者なのです。すでに見てきたように、ほんの些細なことに思えるコミットメントが、さらなる一貫した行動を生み出す恐れがあるからです。コミットメントの道具として見た場合、意見を書くことにはいくつかの大きな効果があります。第一に、ある行動をしたという物理的な証拠が残ります。一度、捕虜が中国側の望むことを書いてしまえば、そんな真似はしなかったと心の底から思うのは非常に難しくなりました。単に口頭で述べた場合とは異なり、自分がしたことを忘れたり取り消したりできる見込みはありませんでした。できるわけがありません。手元には自筆の原稿が残っているのです。文章という取り消しがきかない形で記録された行動のせいで、捕虜は自分が確かにしてしまったことと一貫性を保つように、信念や自己イメージを変えざるを得なくなりました。第二に、文章になった意見は、他の人々に見せることができます。もちろん、それを読んだ人たちの説得にも使えます。彼らの考えを、書かれた意見の方向に変えさせる道具になるわけです。しかし、コミットメントの目的にとってもっと重要なのは、それを使えば、意見を書いた人間がその内容を心底信じているのだと、他の人々を説得できる点でした。

人には、書かれた意見は書いた人の本心を反映しているとみなす、生来の傾向があります。この傾向の驚くべき点は、文章の作者が自由に意見を書いたわけではないと知っていても、やはりそう考え続けるというところです。こうした傾向を示す科学的な証拠が、心理学者エドワード・ジョーンズとジェームズ・ハリスの研究で見つかっています。彼らはフィデル・カストロに好意的なエッセイを人々に見せ、それを書いた人の本心を推測させました。あるグループには、エッセイの筆者は進んでカストロに好意的な文章を書いたと告げ、別のグループには、この筆者はカストロを賛美するように頼まれて書いているのだと告げました。結果は奇妙なことになりました。エッセイの筆者がカストロに好意的な文章を書くように頼まれたと知っている人たちも、その筆者がカストロに好意を持っていると推測したのです。信念の表明は、それを見た人に「クリック・実行《ラン》」反応を引き起こすようです。それを打ち消す強力な証拠がない限り、文章の受け手は、意見を書いた人が実際にそのような信念を持っていると、自動的に考えてしまうのです。

この二つの効果が、中国に好意的なあるいは米国に批判的な意見を書いた捕虜の自己イメージに与える影響を考えてみてください。それがあるせいで捕虜は自分の行動を忘れられないばかりでなく、周囲の人々から書いた内容を本当に信じているのだと思われがちでした。第4章で見たように、周りの人からどう見られるかということは、私たち自身が自分をどう考えるかに、大きな影響を与えます。ある研究では、あなたは慈悲深い人だと思われていると一週間前に言われた人々は、多発性硬化症協会に対してより多くの寄付をしました。誰かが自分を慈悲深い人間だとみなしているという知識が、その見方と一致した行動をその人たちにとらせることになったわけです。

スウェーデンのスーパーマーケットの青果売場で行われた研究でも、よく似た結果が出ています。この研究では二種類の棚にバナナを並べました。片方には「環境に配慮しながら育てたバナナです」というラベルが貼られ、もう片方にラベルはありませんでした。この条件で環境に配慮したバナナが選ばれる確率は三二％でした。その後、別のラベルが二種類試されました。一つは、環境に配慮したバナナの価格を売り込むもの（「環境に配慮したバナナも、他のバナナと同じお値段で提供しています」）でした。このラベルを使うと、購入率は四六％まで上昇しました。最後のラベルは、買物客に環境に配慮した人物というイメージを与えてバナナを売り込むもの（「環境への配慮を忘れない皆様へ、これが当店の環境に配慮して育てたバナナです」）でした。このラベルを使うと、購入率は五一％まで上がりました。

これまでも有能な政治家たちは、ラベル（決めつけ）が相手のコミットメントを引き出す力を利用して、事が自分に有利に運ぶようにしてきました。最も良い例は、エジプトのサダト元大統領です。彼はよく交渉に先立って、交渉相手やその国民は協調性が高く、公正であることで広く知られていると伝えました。この手のお世辞によって相手の気分を良くしただけではなく、相手の自己イメージと、元大統領が目指す目標の達成に役立つ相手の行動とを、結びつけたのです。交渉のスペシャリスト、ヘンリー・キッシンジャーによれば、サダト元大統領の成功は、まず相手に保つべき高評価を与え、それによって元大統領自身の利益と合致した行動をとらせるという手法の賜物でした。

行動を含むコミットメントをしてしまうと、自己イメージに一貫性を保たせようとする圧力が、自分の内側からも外側からもかかります。自分の内側からは、自己イメージを行動に合わせようとする圧力が生まれます。そして、外側から生じるのはもっと密かな圧力、すなわち他者の認識に合わせて自己イメージを調整しようとする傾向です。

私たちは、（ほとんど選択の余地がなく書いた場合であっても）他の人からは書いた内容を信じていると思われてしまうため、自分が書いた意見に自己イメージを合わせるべきという重圧を感じるようになるのです。朝鮮では、中国側が望むことを直接的な強制なしに捕虜に書かせる、いくつかの巧妙な工夫がなされていました。たとえば、多くの捕虜が何とかして、家族に自分が生きていると知らせたがっているのを、中国側は知っていました。一方で捕虜たちは、手紙が検閲されていて、ほんの少ししか収容所の外に出ていかないと知っていました。自分が書いた手紙をなんとか見逃してもらえるようにするため、一部の捕虜は、平和の訴えや手厚い待遇を受けているという文言、共産主義への共感などを文面に含めるようになりました。そういう手紙なら中国側は世に出ることを望むでしょうから、きっと配達してくれるだろうという希望を抱いたのです。もちろん、中国当局は喜んで協力しました。そういった手紙は中国にとって、非常に都合が良かったからです。第一に、米国の軍人による親共産主義的な意見表明は、世界に向けた共産主義プロパガンダ活動を続けるうえで、大きな効果がありました。第二に、物理的な力を一切使うことなく、多くの人間に共産主義支持の立場を表明させることができたので、捕虜の教化に役立ちました。

同様の手口に、収容所で定期的に開催された政治エッセイコンテストがあります。コンテストの賞品はいつもささやかなもの（タバコ数本とか、わずかばかりの果物）でしたが、捕虜の関心を引くには十分貴重なものでした。たいていは、共産主義を強固に支持する立場のエッセイが最優秀に選ばれましたが、ときには例外もありました。賢明な中国当局は、共産主義の宣伝を書かなければ優勝できないのなら、捕虜の大半はコンテストに参加しないだろうと分かっていました。それだけでなく、将来実を結ぶような共産主義への小さなコミットメントの種を、捕虜たちにどう植え付ければよいかも知っていました。ゆえに、ときには、全体としては米国を支持していながらも、中国の見解を一つか二つは認めているようなエッセイが、優秀作に選ばれました。

このやり方は、中国当局が望んだとおりの効果を上げました。母国に非常に好意的なエッセイを書いても優秀作に選ばれる可能性があると分かったので、捕虜たちは自ら進んでコンテストに参加し続けました。しかし、おそらくは無意識のうちに最優秀作に選ばれる可能性を増やそうとして、彼らは次第に共産主義寄りのエッセイを書くようになっていったのです。中国当局は、共産主義の教義に対して示されるどんな小さな譲歩も見逃さず、そこに一貫性の圧力をかけていく腹づもりでした。自主的なエッセイの中で意見を表明した場合には、それを書いた人から完全なコミットメントを引き出したことになり、そこから協力や転向へと向かわせることができたのです。

他のプロたちも、意見を書くというコミットメントの力を知っています。たとえば、大成功を収めているアムウェイ社には、販売員たちがさらに業績を伸ばすよう促すための方法があります。販売員たちに販売目標を設定させ、その目標を紙に書かせるのです。

始める前の最後の秘訣——目標を設定し、紙に書き留めましょう。

どんな目標でもかまいません。大切なのは、目標を定めること。そうすれば目指すものができます。そして、それを紙に書くことです。書くことには魔術的な力があります。ですから、目標を決め、それを紙に書きましょう。目標を達成したら、さらに別の目標を立て、それを書き留めてください。そうすれば、どんどん進んでいきます。

アムウェイ社の人たちが「書くことには魔術的な力がある」と知っているなら、他の企業も同様でしょう。一部の訪問販売会社は、書かれたコミットメントの魔術を利用して、多くの州で制定されている「クーリングオフ」法に対抗しました。この法律は、ある商品を購入しても、その後数日間は契約を破棄して代金を全額返却してもらえる、と定めています。当初、この法律は、強引な販売法を用いる会社に大打撃を与えました。そういった会社は客に強い圧力をかける販売法に頼り、客が商品を欲しいと思っていなくても、だましたり、脅したりして、契約させることが多かったからです。法律が施行されると、無理に契約させられた客たちは次々に契約を破棄しました。

その後この種の会社は、単純な手口を編み出して、このような契約破棄の割合を大幅に減らすことに成功しました。何をしたかといえば、販売員ではなく客自身に契約書を書かせただけです。それでも、大手百科事典販売会社の販売訓練プログラムによれば、こういう個人的なコミットメントがあるだけで、「お客に契約破棄をさせないための非常に重要な心理的助け」となるのです。アムウェイ社と同様、こういっ

図7・3　書くことは信じること
この広告は、読者にコンテストへの参加を呼びかけ、製品の長所を詳細に語る手書きのメッセージを、提出させようとしている。
Courtesy of Schieffelin & Co.

た組織は、人が自分の意見を紙に書き記すと、何か特別なことが起きると知っていたのです。つまり、書いてしまったことに見合う行動をするようになるということを。

これとは別によく使われる手が、一見裏がないように思える販売促進プランです。少年時代、私はＰ＆Ｇ社やゼネラル・フーズ社といった大企業が、なぜいつも二十五語、五十語、あるいは百語以内の推奨文コンテストを実施しているのか不思議に思っていました。どのコンテストも、似たり寄ったりの内容に見えました。「私はこの製品が好きです。なぜなら……」という書き出しに、ケーキミックスや床ワックスといった課題商品の優れた点を大袈裟に称賛した、短い文章を続けることが求められます。会社は応募作を審査し、優勝者に賞品を贈ります。不思議に思っていたのは、会社にとってこれがどんな利益になるのかという点でした。コンテストは商品を買わなくても参加できる場合がほとんどで、誰にでも参加資格があります。それでも会社は、費用を進んで負担し、次から次へとコンテストを開催するのです。

しかしそれも、もはや不思議ではなくなりました。推薦文コンテストの裏にある目的（できるだけ多くの人に製品を支持させる）は、中国が捕虜収容所で行った政治エッセイコンテストの裏にある目的（中国の共産主義を支持させる）と、まったく同じなのです。どちらでも同じ手順が踏まれています。参加者は滅多に手に入らない景品に釣られて、自主的に推奨文やエッセイを書きます。入選しようと思うなら、課題に選ばれたものを褒めなくてはならないのは分かっています。そこで、称賛すべき点を探し、それを応

●読者からのレポート7・2——大手国際広告代理店のクリエイティブ・ディレクターより

一九九〇年代の終わりに、私はサブウェイの創業者でCEOのフレッド・デルーカに、どうして全店舗のナプキンに「二〇〇一年までに一万店舗を実現します」という文言を入れるように命じているのか、尋ねました。意味がないように思っていたからです。とても間に合いそうにないのは分かっていましたし、顧客からすれば、正直どうでもよい話です。フランチャイズのオーナーたちは、そんな目標があるせいで、他店との競合に頭を痛めていました。フレッドは答えました。「目標を書き出して世界中に知らせれば、引っ込みがつかないからやるしかないだろう」。言うまでもなく、彼は目標を達成するばかりか、それ以上の結果を残しました。

著者からひと言——二〇二一年一月一日時点で、サブウェイの出店予定数は、百十一カ国三万八千店舗になっています。次節で検討するように、目標を書き留め、それを宣言するという手段は、他人にこちらが望むような影響を与えるためだけでなく、自分自身に同様の影響を与えるためにも使えるのです。

募作に盛り込むことになります。その結果が、朝鮮にいた何百という戦争捕虜であり、何十万人という米国内の人々です。彼らは課題に選ばれた物の魅力を証明する文章を書き、その結果、自分で書いたことを信じるようになるという魔術を経験したのです。*5

▼公衆の目

意見を書かせることで、それを書いた本人が本当に変わってしまう理由の一つは、書かれたものが簡単に公表できてしまうという点にあります。朝鮮における捕虜たちの経験は、意見を公表すること（パブリック・コミットメント）でその意見が持続しやすくなるという心理学の重要な原理に、中国当局が精通していたことを示しています。中国当局は、捕虜の書いた親中的な意見を他の捕虜たちに見せようと常に心がけていました。そうした意見は収容所内に貼り出され、捕虜同士の討論会で書いた本人によって朗読され、さらには収容所のラジオ放送で読み上げられました。中国側からしてみれば、公表すればするほど都合がよかったのです。

他人に見えるような形で自分の立場を明確にすると、一貫した人間に見られたいばかりに、その立場を維持しようとする強い気持ちが生じます。本章の最初に書いたように、一貫性があるというのは非常に望ましい性格特性です。一貫していない人は、気まぐれで、優柔不断で、軟弱で、軽はずみで、不安定な人と判断されてしまうかもしれません。一方、一貫している人は、合理的で、確かで、信頼のおける、健全な人だとみなされます。こうした点を考えれば、人々が一貫していないと見られるのを避けたがるのも、さほど不思議ではありません。自分の意見が広く知れわたっていればいるほど、体裁を気にしてしまい、意見を変えにくくなっていくのです。

（アリシア・モルガ）

●Eボックス7・1

あなたの人生をどう変えるか

先日、『ニューヨーク・タイムズ』紙にオーウェン・トーマスが、自分でも信じられないといった語り口で、ある携帯アプリを使ったら三十七kgも体重を落とせたと書いていた。彼が使ったのは〈マイ・フィットネス・パル〉というアプリだ。アプリの開発者たちによれば、カロリー数を友人に見えるようにしたユーザーの場合、体重の減少幅が平均より五〇％大きくなったそうだ。

SNSが自分を変える助けになるのは当然のことのように思えるが、どうしてなのかはそれほどはっきりしていない。多くの人が引き合いに出すのは、社会的証明（どう振る舞うべきかを知るために他の人の様子を見ること）の影響だが、変わる理由をもっとうまく説明できるのは、コミットメントと一貫性である。

コミットメントが大勢に見られれば見られるほど、私たちの感じる、そのコミットメントどおりに行動して一貫性のある人間に見られるべき、という圧力も強くなる。それが好循環に（あるいは悪循環に）つながることもある。ロバート・チャルディーニも言うように、「他者の自己イメージを操作するために、小さなコミットメントが利用できる」のに加えて、一度他者の自己イメージを変えてしまえば、その新しい自己イメージに合わせた行動をとらせることもできるのである。その自己イメージと一貫した行動であればどんなことでも。

となれば、自分の人生を変えたいなら、具体的なコミットメントを行い、SNSを使ってそれを宣伝し、そうした場合に感じる、言ったとおりにしなければという内なる圧力を利用するべきだろう。それによって、今度は自分への見方が変わり、その結果、コミットメントどおりの行動を続けられるようになる。
トーマス氏の経験は、この理論がダイエットに当てはまることを示しているけれども、他にもいろいろ応用できる場面はあるはずだ。たとえば、問題を抱えているヒスパニック系の高校生たち（彼らは退学率が最も高い）に応用できないだろうか。彼らに、大学へ行くというコミットメントを人前で行わせてみてはどうだろう。もしかすると、進学する子が増えるのではないか。そうするためのアプリが作られるべきだと思う。

著者からひと言――このブログ記事で執筆者が正しく判断しているように、仲間からの圧力があったにせよ、トーマス氏の事例で望ましい変化を引き起こしたのは、社会的証明ではなくコミットメントと一貫性でした。さらに言えば、効果的なコミットメントは人前でなされたものであるという意見は、減量目標へのコミットメントが周知されればされるほど、短期間で見ても長期間で見ても目標へのコミットメントが強くなり、好結果が出やすくなるということを示した研究（Nyer & Dellande, 2010）と合致しています。

二人の卓越した社会心理学者モートン・ドイッチとハロルド・ジェラードによる有名な実験は、パブリック・コミットメントが、それと一貫した行動をどのように生じさせるかをよく示しています。基本的な手続きは、大学生に線分を見せ、まずその長さを心の中で見積もらせます。次に、第一のグループには、自分の考えを他者に対して表明させます（パブリック・コミットメント）。彼らは見積もりを紙に書き、署名したうえで実験者に提出しました。第二のグループにも考えを書かせましたが、それを公表することはさせませんでした（プライベート・コミットメント）。彼らは見積もりを書き留めた後、誰にも見せずに消しました。第三のグループは、最初の見積もりを表明する必要は一切なく、判断の結果を頭の中にしまっておくことになっていました。

このようにして、ドイッチとジェラードは、最初の判断にパブリックな形でコミットするグループ、プライベートにコミットするグループ、そして、一切コミットしないグループを設定しました。ドイッチとジェラードが知りたかったのは、最初の見積もりが間違っているという情報を伝えられた後、その判断に固執するのはどのグループかという点でした。そのため、すべての学生に対して、最初の見積もりが間違っていることを示唆する新しい証拠が与えられ、次に見積もりを変える機会が与えられました。

最初の選択を最も変化させたのは、その選択を書き留めなかったグループでした。彼らは、頭の中だけにしまっておいた最初の選択の正しさに疑問を投げかける新しい証拠を見せられると、その新しい情報の影響を最も強く受け、自分が「正しい」と考えていた決定を変えてしまったのです。積極的な行為を何もしなかった学生に比べると、自分の決定を書き留めた後ですぐに消した学生は、機会を与えられたときに判断を変更する割合がかなり低くなりました。誰にも知られない状況でコミットメントをしたにもかかわらず、最初の判断を書き留めていたため、学生は新しい情報によって判断を変えるのに抵抗を覚え、最初の決定と一貫性を保とうとしたのです。しかし、最初の判断を最もかたくなに守ろうとしたのは、その判断を公表した学生たちでした。パブリック・コミットメントをしていたことが、彼らを最初の決定に最も固執させたのです。

このような固執は、一貫性よりも正確さが重視される状況でも生じることがあります。ある研究では、六名または十二名の陪審員が、意見の分かれそうな訴訟について審理を行う模擬裁判を行いました。その結果、挙手によって意見表明を行わせた場合のほうが、無記名投票の場合よりも、評決不能のケースが有意に多くなることが明らかになりました。陪審員は、ひとたび最初の見解を人前で披露してしまうと、その意見を人前で変えるのを嫌がるのです。もしあなたが陪審員長に選出されたとしたら、公開投票ではなく無記名投票を採用することで、評決不能に陥る可能性を減らせるでしょう。

人は判断を公表したときに最もその判断を貫き通そうとするという発見は、有益に使うこともできます。悪い習慣から抜け出そうとしている人の支援に尽力している組織を考えてみましょう。たとえば、多くの減量クリニックは、ただ本人が減量を決意したくらいでは、パン屋のショーウィンドーの巧みな誘い、料理からただようおいしそうな香り、宅配ピザのコマーシャルの誘惑にはとても耐えられないと分かっています。そこで減量クリニックでは、本人の決意がパブリック・コメントという支柱で支えられるように取り計らいます。相談に来た人に当面の減量目標を書かせ、その目標をできるだけ多くの友人、親類、隣人に見せるように促すのです。クリニックの経営者によれば、他のすべての手段が失敗した場合でも、この単純な方法だけは効果が上がることがよくあるそうです。

もちろん、目に見えるコミットメントの助けを借りるために、特別なクリニックにお金を払う必要はありません。サンディエゴ在住のある女性が、タバコをやめるためにパブリックな約束をどのように利用したか、私に教えてくれました。彼女は名刺用の白紙のカードを買ってきて、その一枚一枚の裏側に、「もう二度とタバコを吸わないと約束します」と書きました。そして署名したカードを、「この人からは尊敬されたいと思う人全員」に渡しました。それ以後、どうしてもタバコを吸いたいと思ったときはいつも、「約束を破ったら、みんなからどれだけ軽蔑されるか考えて」と、自分に言い聞かせました。そして、本当に二度とタバコには手を出していません。最近では、社会的ネットワークを利用する行動変容アプリのおかげで、影響力を自らに行使するテクニックを用いるとき、何枚かの名刺大のカードには及びもつかない広範囲の友人にまで目標を伝えることができるようになっています。[*6] 例として、Eボックス7・1をご一読ください。

●読者からのレポート7・3——カナダの大学教授より

先日、あるレストランの経営者が、パブリック・コミットメントを利用して、予約したままやって来ない客の問題を解決したという新聞記事を読みました。その経営者があなたの本を読んでいたかどうかは分かりませんが、彼のしたことは、あなたが書いているコミットメントと一貫性の法則と完全に合致していました。彼は、予約係が電話を受けたとき、「変更がありましたらご連絡ください」と言うことをやめさせました。かわりに「変更がありましたらご連絡いただけますか？」と相手に尋ね、答えを待つようにさせたのです。これによって、店に現れない予約客の割合は、三〇％から一〇％に減ったそうです。つまり六七％もの減少です。

著者からひと言——このような些細な変更が、どうして劇的な変化を生み出したのでしょうか。私は、予約係が相手の約束を取り付ける質問をすること（そして、答えが返ってくるまで間を取ること）が、鍵になっていると思います。客にパブリック・コミットメントをさせることによって、客がそれに従った行動をとる可能性が高まるのです。ちなみにこの賢明な経営者は、シカゴにあるレストラン「ゴードン」のゴードン・シンクレア氏です。Eボックス7・2では、この戦術のオンライン・バージョンを取り上げます。

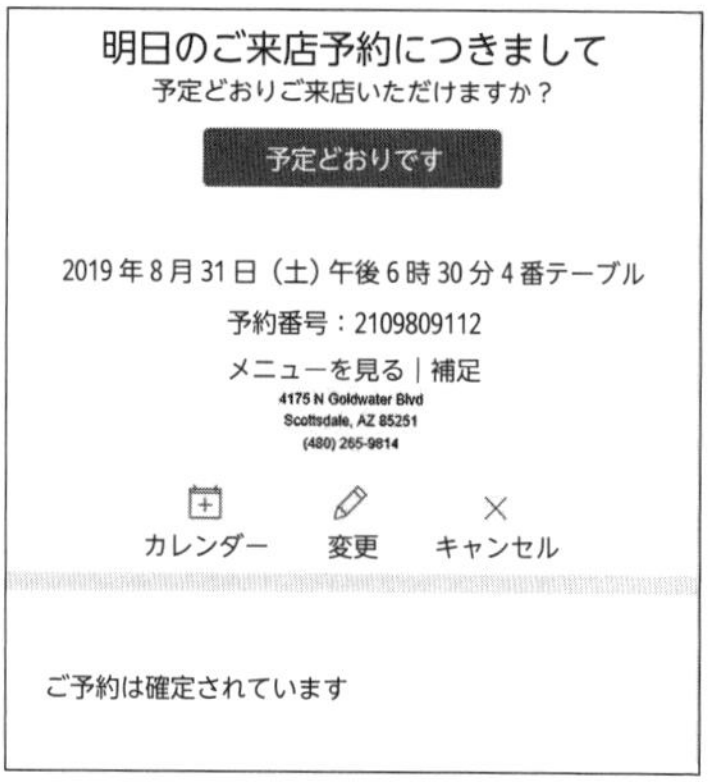

●Eボックス7・2

著者からひと言――今ではレストランは、予約の日が来る前に、ネット上で予約客に行動を伴うパブリック・コミットメントを行わせ、すっぽかしを減らしています。最近、私がかかりつけにしている病院も同じことを始めましたが、そこにはもう一つ、承諾を強化する要素が加えられています。予約確認メールで、私は看護師から、行動を伴うパブリック・コミットメントを行うべき理由を示されました。「お越しになるかどうかを教えていただけると、患者さん全員に、必要な医療を提供しやすくなります」。このやり方がうまくいっているかどうか尋ねてみたところ、すっぽかしが八一%減ったと病院の経営者は教えてくれました。

▼努力の後に続くもの

コミットメントに労力が投入されればそれだけ、コミットした人の態度に与える影響が強くなります。その証拠は、家庭や学校などのごく身近なところにも、世界の果てほど遠いところでも見つかります。まず身近な例として、多くの地域が環境保護のため住民に求める、ゴミの分別について見てみましょう。分別の正しいやり方は、地域ごとに違うことがあります。中国の杭州市もそうで、同市の一部地域では、適切な分別と処分を行うために、他の地域よりも多くの手順を踏まなくてはなりません。適切な処分によって得られる環境的メリットを住民たちに伝えた後、同地の研究者たちは、環境基準に合わせるために頑張らざるを得なかった住人たちが、環境全般への取り組みにより強くコミットするようになるのかを調べるため、彼らが環境に配慮した別の行動（家庭の電気消費量を減らす）にも取り組んでいるかを確認しました。結果ははっきりと「イエス」でした。ゴミの分別を通じて、より熱心に環境保全に取り組まなくてはならなかった住民は、省エネを通じた環境保全にも、他の住民より熱心に取り組んでいました。この結果が重要なのは、ある目標に対するコミットメントが深まる（この場合は、それを促進するために求められる労力が増える）と、私たちは関連のある目標も推進する気になるということを示しているからです。

この努力を要するコミットメントの力については、もっと広範囲に及ぶ例も存在します。南アフリカのツォンガという部族では、少年が部族の一人前の男と認められるには、手の込んだ加入儀礼を経験しなくてはなりません。他の未開社会の部族の場合と同様に、ツォンガの少年たちも、大変な苦難に耐えた後でようやく成人の仲間入りを果たすのです。人類学者のホワイトニング、クラックホーン、アンソニーは、この三カ月にわたる試練を、簡潔に、しかし鮮やかに描き出しています。

> 十～十六歳になるまでの間に、少年たちは両親によって、四、五年ごとに行われる「割礼学校」に送られる。そこで、同年齢の仲間と一緒に、同じ部族の成人男性による厳しい試練を経験する。加入儀礼ではまず、二列に並んだ男たちから棍棒で殴られる。これが終わると服をはぎ取られ、髪を切られる。次にライオンのたてがみをつけた男のところまで連れて行かれ、その「ライオン男」と向かい合わせになる位置に置かれた石の上に座らされる。背後から誰かに殴られ、誰が殴ったのかを見よう

と振り向いた途端、「ライオン男」に包皮をつかまれ、たった二つの動作によってそれを切られてしまう。それから、「秘儀の庭」に隔離され、加入儀礼を通過した人たちとしか会うことを許されずに三カ月を過ごす。

この期間中に、少年たちは六つの主要な試練（殴打、寒さ、渇き、まずい食べ物を食べること、体罰、死の脅威）をくぐり抜ける。少年たちは実に些細な理由で、加入儀礼を終えたばかりの男たちから殴られる（指示を出しているのは、部族の年長者だ）。眠るときは身体に何も掛けず、冬の厳しい寒さに耐えなくてはならない。まる三カ月間、水は一滴も飲むことを許されない。食べ物にはカモシカの胃から取り出した消化されかけの草がかかっており、吐き気を催すような代物になっている。儀礼を統括する重要な規則を破ったことが見つかると、厳しい罰が科せられる。その中には、手の指の間に棒をはさみ、力のある男がその手を力いっぱい握り込むというものがあるが、これをやられると指が折れたときとほとんど変わらない痛みに襲われる。少年たちは、かつて逃げだそうとした者や、まだ加入儀礼を終えていない少年や女性に秘密を漏らした者が吊し首にされ、その死体は焼かれ、後には灰しか残らなかったという話を聞いて恐怖におののき、進んで服従するようになるのである（p. 360）。

一見したところ、このような儀礼は異常で奇妙なものに見えます。しかし同時に、よくある学校のフラタニティへの加入儀式と、原理だけでなく具体的な細かい点についても、非常によく似ているのです。大学のキャンパスで毎年行われる伝統的な「地獄週間」の間、フラタニティの入会希望者は、年長のメンバーが、体力、精神力、羞恥心の限界を試すために考案したさまざまな活動に、耐えなくてはなりません。そして、こうした試練に耐え抜いた少年たちが、その週の終わりに正式なメンバーとして認められるのです。ほとんどの場合、その試練を受けた少年たちは、疲れきって多少調子を崩す程度ですむのですが、ときにはもっと深刻な事態が生じることもあります。

面白いのは、地獄週間の課題が、部族の加入儀礼の課題と非常によく似た特徴を持っている点です。先ほど述べたように、人類学者はツォンガ族の新加入者が「秘儀の庭」で耐えなくてはならない、主要な六つの試練を明らかにしました。新聞報道を見ていくと、それぞれの試練がフラタニティの残酷な儀式にもあることが分かります。

殴打——マイケル・カログリス（十四歳）は、高校のフラタニティ「オメガ・ガンマ・デルタ」の加入儀式、「地獄の宵」で負った怪我のため、ロングアイランドの病院に三週間入院した。彼は「原子爆弾」という行為を先輩に見舞われた。両手を頭上にあげたままにさせられ、その間、先輩たちに取り囲まれて、拳で腹と背中を何度も何度も殴られたのだ。

寒さ——ある冬の夜、カリフォルニアの短大生フレデリック・ブローナーは、フラタニティの先輩によって、国有林の中を十六キロメートル入った標高九百メートルの山へ連れていかれた。そして、そこに置き去りにされ、自力で帰り道を探さなくてはならなくなった。着ていたのは薄手のスウェットシャツ一枚とスラックスだけだった。デブのフレディと呼ばれていたこの少年は、冷たい風に震えながら歩いていたが、急な谷を転がり落ちて骨折し、頭部にも傷を負った。怪我のためにそれ以上進めず、ひどい寒さのなか、その場にうずくまっていたせいで、そのまま命を落とした。

渇き――オハイオ州立大学の一年生二人が、「地獄週間期間中、入会希望者は食事の前に食堂まで這って行かなくてはならない」という規則を破り、フラタニティ・ハウスの「地下牢」に入れられた。彼らはハウスの貯蔵庫に監禁され、二日近くにわたって塩辛い食べ物しか与えられなかった。飲み物はまったく与えられず、自分たちの尿を入れることができるプラスチックのカップを一つずつ渡された。

まずい食べ物を食べること――南カリフォルニア大学キャンパス内にあるカッパ・シグマ・ハウスでは、十一人の入会希望者が、吐き気を催すような課題を出されて目を剝いた。盆の上には百十グラムの重さに切られた生のレバーが、十一切れ置かれていた。厚く切られ、油に浸されたこのレバーを、一人一切れ丸ごと飲みくだせと言われたのである。リチャード・スワンソンは肉を飲み下そうとするたび、むせたり、息を詰まらせたりして、三度失敗を繰り返した。そして、なんとしても成功しなくてはという必死な思いから、とうとう油まみれの肉を飲み込んだのだが、肉が喉に引っかかってしまった。吐き出させようとするあらゆる努力がなされたがうまくいかず、死に至った。

体罰――ウィスコンシンでは、新入会員全員に儀式の呪文を暗記させたが、ある入会希望者がその一部を忘れたために罰せられた。折りたたみ椅子の後ろ側の脚の下に、自分の足を入れさせられた。そして、最も体重が重い先輩がその椅子に座ってビールを飲み終えるまで、足を抜くことは許されなかった。彼はこの罰を受けている間、叫び声を上げることはなかったが、両足とも骨折していた。

死の脅威――ゼータ・ベータ・タウ・フラタニティの入会希望者の一人は、ニュージャージーの海岸まで連れていかれ、「自分の墓」を掘るように言われた。掘り終えた穴の中に横たわれという命令に従った数秒後、穴の壁が崩れ落ち、先輩たちが掘り出そうとしたが間に合わずに窒息死した。

フラタニティと部族社会の加入儀礼には、もう一つ驚くべき類似点があります。どちらも決してなくならないということです。それを排除しよう、禁止しようとするあらゆる試みに耐え続け、新人いじめは今も驚くばかりの生命力を保っています。政府や大学当局は、脅し、社会的圧力、訴訟、追放、賄賂、そして禁令という手段を用いて、加入儀礼から危険で屈辱的な要素を取り除かせようとしてきました。しかし、いずれも失敗に終わっています。当局が監視の目を光らせている間は、変化があるかもしれません。しかし、たいていの場合、これは真の変化ではなく上辺《うわべ》だけの変化です。文句が出そうなほど厳しい試練は秘密裏に行われるようになるだけで、やがて当局からの監視がなくなれば、再び大っぴらに行われるようになります。

いくつかの大学では、「地獄週間」を「援助週間」にかえて公共奉仕活動を行わせたり、加入儀礼を直接指導したりして、危険な新入生いじめを一掃しようとしました。そのような試みに対しフラタニティは巧みに逃げ道を見つけましたが、それができないときには徹底抗戦に出ました。たとえば南カリフォルニア大学では、リチャード・スワンソンの窒息死を受けて、学長が新しい規則を制定しました。この規則には、入会希望者に対するすべての活動は、実施前に大学当局から許可を取る必要があること、また加入儀礼の実施中は、年長の監督者が立ち会わなければならないことが定められていました。その結果、ある全国誌によれば「この新しい〈きまり〉は、市警察や消防隊員でさえ怖がってキャンパスに入れないような、激しい暴動を引き起こした」のです。

他の大学の代表者たちは、手の打ちようがないとして、「地獄週間」をやめさせることを諦めてしまいました。「もし、新人いじめが普遍的な人間の行為で、あらゆる証拠がこの結論の正しさを示しているのだとしたら、新人いじめを効果的に禁ずることなどできない相談であろう。大っぴらに実行するのを禁じたところで、地下に潜るだけである。セックスを禁じることはできないし、アルコールを禁止するのも不可能である。それと同じように、新人いじめを一掃することは、おそらく不可能であろう！」。

なぜ、未開社会の部族やフラタニティにとって、新人いじめはこれほど大切なのでしょうか。なぜ、こうした集団は、加入儀礼の悪質かつ危険な側面が禁じられそうになると、巧みに回避したり、密かに抵抗したり、正面切って異議を唱えたりしようとするのでしょうか。そのような集団には、そもそも心理的あるいは社会的に異端な人が集まっており、集団のメンバーは、他者を傷つけたり屈辱を与えたりしたいという歪んだ欲求を持っているのだ、と主張している人たちもいます。しかし、証拠はそうした意見を支持していません。たとえば、フラタニティのメンバーに対して行われた性格検査では、心理的適応という面で、どちらかといえばフラタニティのメンバーのほうが他の学生よりも、健全だという結果が出ています。同様に、フラタニティは、一般的な社会利益のための有益な地域活動に積極的に参加することで知られています。彼らが反対するのは、加入儀礼の代用としてそのような活動を行うことなのです。ワシントン大学で行われた調査では、対象となったフラタニティのほとんどは公共奉仕活動の伝統を持っていたけれども、それは地獄週間とは別個の活動であったと報告されています。そのような公共奉仕活動と加入儀礼が直接関係していた例は、たった一つしかありませんでした。

こうした結果から浮かんでくる新人いじめをする人たちのイメージは、「普段は精神的に安定しており、社会的な活動にも積極的だが、あるとき（新しいメンバーを集団に迎え入れる直前）に限って、常軌を逸して冷酷な集団と化してしまうごく普通の人々」となります。そうなると、諸悪の根源は、加入儀礼そのものにあるということになります。その残虐性には、集団にとって不可欠な何かが含まれているはずです。その厳しさに何らかの機能があるからこそ、集団はあくまでもそれを維持すべく、奮闘を続けるのでしょう。それは、いったい何なのでしょうか。

社会心理学者以外にはほとんど知られていないある研究の結果に、その答えが出ていたと私自身は考えています。エリオット・アロンソンとジャドソン・ミルズという二人の研究者は、「何かを得るために大変な困難や苦痛を経験した人は、苦労なく得た人よりも、得たものの価値を高く見積もるようになる」と考え、その見解を検証することにしました。よくぞ閃《ひらめ》いたと感心するのは、彼らが自説を検討する場に加入儀礼を選んだことです。アロンソンとミルズは、「性に関する討論グループ」に入るのにとても恥ずかしい加入儀礼に耐えた女子学生たちが、このグループのメンバーと討論の内容は、とても価値があると確信するようになっていたこと見出しました。彼らが討論グループのメンバーを、できるだけ価値がなく、面白くないと思われるように稽古させていたにもかかわらずです。ずっと緩やかな加入儀礼を経験した女子学生や、まったく加入儀礼のなかった女子学生は、自分が新たに加入した「価値のない」グループに対して断然低い評価をしました。続いて行われた別の研究でも、やはり結果は同じでした。このときは、恥ずかしさのかわりに痛みに耐えさせる加入儀礼を行いましたが、その加入儀礼の一環として、強い電気ショックを受けた女子学生ほど、新しく加入した集団とその活動は面白く、知的で、望ましいと確信していました。

●読者からのレポート7・4――イタリアのグラフィック・デザイナー、パオラより

先月あった出来事をお伝えしたいと思います。ボーイフレンドとロンドンに行ったとき、「ロンドン最安値の眉ピアス！」というタトゥースタジオの看板を見ました。眉にピアスをすると考えたら本当に怖かったのですが、やることにしました。ピアスの穴を空けるときは、怖さのせいで気絶しかかりました。身動きどころか目を開けることもできませんでした。気分がとても悪くなったので、なけなしの力を使って「病院」と言いました。医者がやって来て、すぐに良くなるだろうと言いました。十分後、気分はだいぶ良くなりましたが、その十分間は本当に人生最悪の時間でした！

そして、両親のことを考え始めました。私のしたことを喜ばないだろうと思いました。その後、宝石つきのリングピアスを外そうかと考えました。でもそうしないことに決めました。これのせいであんなに苦しんだのだから、外したりできないと思ったのです。

そう決心して良かったと今では思っています。眉につけたこのリングピアスが、とても気に入っているからです。

著者からひと言――アロンソンとミルズが研究対象とした若い女性たちとかなり似た話ですが、パオラは我慢の結果手に入れたものに満足し、コミットしてもいます。

これで、なぜ加入儀礼で嫌がらせや過酷な試練、さらには殴打までもが行われるのか、その理由が見えてきたと思います。ツォンガ族の男が目に涙を浮かべて、十歳になる自分の息子が「秘儀の庭」の冷たい地面の上で一晩中寒さに震えている姿をただじっと見ているだけなのも、大学の二年生が、フラタニティの「かわいい後輩」をひっぱたきながら神経質な笑い声を上げて「地獄の宵」を盛り上げるのも、サディズムがなせるわざではありません。そのような行為が集団の存続には欠かせないからやっているのです。実に奇妙な話ですが、そのような試練によって、これからメンバーになる人はその集団をより魅力的で価値があると思うようになっていくのです。人間が苦労して手に入れたものにより好意を持ち、またその価値をより信じるようになる生き物である以上、これらの集団は努力を要する困難な加入儀礼をきっと続けていくでしょう。忠実で献身的なメンバーが入ってくれれば、集団の結束、そして存続の可能性も、大幅に高まります。実際、五十四の部族の文化を調べたある調査では、最も劇的で厳格な加入儀礼を持つ部族が、最も強く団結しているという結果が出ています。アロンソンとミルズは、加入儀礼の厳しさが新規加入者の集団に対するコミットメントを著しく高めることを示しましたが、これを踏まえるなら、集団の強さの源となるこの決定的な鍵を排除しようとするあらゆる試みに対して、集団が抵抗するのも当然です。

軍隊も例外ではなく、まったく同じようなことが起こります。「新兵訓練所」における軍隊への加入儀礼の辛さは伝説的であり、また実際に効果もあります。作家のウィリアム・スタイロンは、自身が米国海兵隊で経験した強制収容所のような「訓練の悪夢」の辛さについて詳しく述べた後、その訓練の効果について次のように証言しています。

海兵隊員だった知り合いはみんな、あの苦しい訓練のおかげで、自分が強く、勇敢で、より良い人間に生まれ変わったと思っている[*7]（Styron, 1977, p. 3）。

▼自分で決めたこと

朝鮮にあった中国の捕虜収容所の教化プログラムや、大学のフラタニティの加入儀礼を調べると、コミットメントに関する重要な事実がいくつか浮かび上がってきます。自己イメージや将来の行動を変化させるのに最も効果的なのは、何らかの行動を含み、人前で行われ、努力を要するコミットメントのようです。しかし、効果的なコミットメントにはもう一つ、今挙げた三つを合わせたものよりも重要な要素があります。それが何かを理解するためには、まず、共産党の尋問者と大学のフラタニティのメンバーの行動に関する、二つの謎を解き明かさなくてはなりません。

第一の謎は、各地のフラタニティが、公共奉仕活動を加入儀礼の一部に加える案を拒絶していることです。ワシントン大学の調査を思い出してください。フラタニティは地域活動を頻繁に行ってはいたものの、その大部分はメンバーの加入儀礼とは切り離された活動でした。なぜでしょうか。もしフラタニティが、とにかく努力を要するコミットメントを加入儀礼に求めているのなら、入会志望者に課す試練の中に厳しく辛い市民活動を組み入れてもよい気がします。老人ホームの修理、精神衛生センターの庭仕事、病院の患者の下《しも》の世話は、疲れますし嫌なこともたくさんあるでしょう。さらに、そのような公共精神溢れた努力は、フラタニティの地獄週間の儀式に対する世間とメディアの悪印象（ある調査によれば、地獄週間に好意的な新聞記事と批判的な記事の割合は、一対五でした）を払拭するのに、大きく貢献するはずです。宣伝効果だけを考えるなら、フラタニティは公共奉仕活動を加入儀礼の中に取り入れるべきなのです。でも、彼らはそうしません。

第二の謎について考えるために、朝鮮にあった中国の捕虜収容所と、米国人捕虜向けに開催されていた政治エッセイコンテストに話を戻しましょう。中国当局は、できるだけ多くの米国人をコンテストに参加させたいと思っていました。そうすれば、捕虜たちがエッセイを書く過程で、共産主義に好意的な意見を表明するかもしれないからです。しかし、たくさんの参加者を集めることが目的ならば、なぜ、ごくささやかな賞品しか出さなかったのでしょうか。入選したところで、もらえる物といえば追加のタバコ数本か、果物少々という場合がほとんどでした。あのような状況ではこんな賞品でも十分に価値があったのでしょうが、暖かい衣服、手紙に関する特権、収容所内を自由に移動できる特権などを賞品にすれば、コンテスト参加者をさらに増やせたはずです。それにもかかわらず、中国当局はもっと価値があってやる気を起こさせるような賞品ではなく、大して価値のない賞品を特に選んだのです。

状況こそまったく異なりますが、調査対象となったフラタニティが公共奉仕活動を加入儀礼に取り入れなかったのも、中国当局が価値ある賞品よりもささやかな賞品を選んだのも、理由は同じです。どちらも参加者に、自分の意志でその行為を行ったと認めさせたかったのです。言い訳の余地は何一つ与えられず、逃げ道はすべて塞がれていました。新人いじめに耐えた入会希望者は、公共の利益のためにそうしたと信じるわけにはいきませんでした。政治エッセイを反米的な意見で味付けした捕虜は、賞品に釣られたのだと言って、自分のやったことを忘れるわけにはいきませんでした。そうです、各地のフラタニティも中国共産党も、本気だったのです。コミットメントを無理に引き出すだけでは足りませんでした。その行為の責任を引き受けさせる必要があったのです。

社会科学者によれば、人は自分が外部からの強い圧力なしにある行為をする選択を行ったと考えるときに、その行為の責任が自分にあると認めるようになります。価値ある報酬というのは外部からの圧力の一つです。それは、人に何かをさせることはできても、その行為に対する責任を認めさせることはできません。したがって、ある行為にコミットしたという気にさせることもできないのです。同じことが強い脅しについても言えます。強く脅せば、そのときは言うことを聞かせられるかもしれませんが、長期間に及ぶコミットメントを引き出すのはまず無理です。それどころか、大きな物質的報酬や脅迫は、ある行為に対する責任感を減らす、あるいは「むしばむ」ことさえあるため、報酬がなくなったときはその行為の遂行を極度に嫌がるようにさせてしまうかもしれません。

ここで述べたことはすべて、子育てに関する重要なヒントとなります。つまり、子どもに何かを本心からやらせようと思うなら、決して魅力的なごほうびで釣ったり、強く脅してはいけないと言えるでしょう。そのような圧力によって親の言うことを聞かせるのも、一時的にならできるはずです。しかし、子どもに自分の行動の正しさを信じさせたいなら、また、外部からの圧力がないときにも子どもに望ましい行動をとり続けてほしいなら、どうにかして、親のさせたい行動に対して子ども自身が責任を感じるように、お膳立てをしなくてはなりません。ジョナサン・フリードマンによる実験はこの点について、私たちがすべきことと、すべきでないことのヒントを与えてくれます。

フリードマンが知りたかったのは、二〜四年生の男の子が、ある魅力的なおもちゃに触ってはいけないと言われただけで、約六週間経った後でもそのおもちゃで遊ばずにいられるかということでした。七〜九歳の男の子をよく知っている人なら、これがいかに難しいかが分かるはずですが、フリードマンはこう考えていました。最初に禁じられたおもちゃで遊ぶのは間違っていると男の子たちが納得すれば、おそらくはその信念によって、それ以後もそのおもちゃで遊ばなくなるだろう。問題は、どうやって子どもたちを、そのおもちゃ（高級ラジコンロボット）で遊んではいけないと納得させるかでした。

その場で言うことを聞かせるだけなら話は簡単だと、フリードマンには分かっていました。そのおもちゃで遊んでいるのを見つけたらひどく怒るぞ、と脅せばいいのです。フリードマンは、自分がそばにいて厳しいお仕置きを与えられる限り、危険を冒してまでロボットを動かそうとする男の子はほとんどいないだろうと考えました。実際そのとおりでした。まず、男の子の前にロボットを含むおもちゃ五つを並べて、「このロボットで遊んではいけないよ。もしロボットで遊んだらすごく怒るからね。そのときには、こちらにも考えがあるからね」と警告し、それから数分間部屋を離れました。その間、男の子はマジックミラー越しに観察されていました。フリードマンは、同じ手順で二十二人の男の子を脅しましたが、そのうちの二十一人は、彼が部屋からいなくなっている間、一度もロボットに触りませんでした。

見つかったらお仕置きが待っていると子どもが思っている間は、強い脅しは確かに功を奏していました。しかし、これはフリードマンが前もって予想していたことです。本当に興味があったのは、この後彼がそばからいなくなっても、脅しが子どもの行動に効果を持ち続けるかどうかでした。そのような場面で何が起こるかを調べるために、最初の実験から六週間経った後、フリードマンは男の子たちが通う学校に若い女性を派遣しました。彼女は男の子を一人ずつ教室から連れ出して、実験に参加させました。そして、フリードマンとの関連には一切触れないで、前と同じ五つのおもちゃがある部屋に連れていき、絵を描くテストを受けさせました。テストの採点をしている間、部屋にあるどのおもちゃで遊んでもいいと、彼女は言いました。もちろんほとんど全員が、いずれかのおもちゃで遊びました。興味深いのは、おもちゃで遊んだ男の子のうち七七%が、以前に禁止されたロボットで遊んだという点です。フリードマンの強い脅しは六週間前にはとても効果がありましたが、彼がその場におらず、もはやお仕置きを与えられない状況になってみると、その効果はほぼ完全に失われてしまっていたのです。

しかし、フリードマンの実験はこれで終わりではありませんでした。彼は別の男の子たちを対象にして、やり方を少し変えた実験を行ったのです。フリードマンはその子たちにも、まず五つのおもちゃを見せ、「このロボットで遊ぶのはいけないこと」だから、ロボットでは遊ばないようにと指示をしました。このときには強い脅しで恐がらせて、子どもに言うことを聞かせようとはしませんでした。そして部屋を出て、禁止されたおもちゃで遊ばないようにという指示だけでも効果があるのかどうか、マジックミラー越しに観察しました。十分な効果がありました。もう一つのグループの場合と同様、二十二人の子どものうち、フリードマンが部屋にいなかったわずかの間にロボットに触ったのは、たった一人だけでした。

二つのグループの本当の違いは、六週間後にフリードマンがそばにいないという条件下で、おもちゃで遊ぶ機会が与えられたときに現れました。驚くべきは、ロボットで遊ぶのを禁じるときに、何の脅しも与えなかった男の子たちのとった行動でした。好きなおもちゃで遊んでいいと言われたとき、五つのおもちゃの中でロボットが断然魅力的だった（他の四つは、安物のプラスチックの潜水艦、ボールのない子ども用野球グローブ、弾丸の入っていないおもちゃのライフル、おもちゃのトラクター）にもかかわらず、多くの子がロボットには手を伸ばさなかったのです。ロボットで遊んだ子は三三%にすぎませんでした。

二つのグループの子どもはどちらも、劇的な経験をしました。最初のグループの子どもにそれを植えつけたのは、フリードマンから聞かされた強い脅しでした。それが、ロボットで遊ぶのは「いけないことだ」という言葉を補強したのです。この脅しは、フリードマンが見張っていられる間は、非常に効果がありました。けれども、その後監視の目が届かなくなると脅しは効力を失い、決まりは無視されたのです。脅しが教えたのは、「ロボットで遊ぶのはいけないことだ」ということではなく、「お仕置きされるかもしれないときにロボットで遊ぶのは賢くない」ということだけだったと言ってしまってよいでしょう。

二番目のグループの男の子にとって、劇的な経験は外からではなく、自分の中から生じました。フリードマンは彼らにもロボットで遊んではいけないと言いましたが、言いつけに従わなかったらお仕置きすると脅しはしませんでした。結果として二つの重要な事実が判明しました。第一に、フリードマンが少しの間部屋から出ているときに、子どもをロボットで遊ばないようにさせるには、ただそう指示するだけで十分でした。第二に、その間ロボットに触らないでいるという選択に関して、男の子たちは個人的な責任を引き受けました。ロボットで遊ばなかったのは、自分がそうしたくなかったからだと考えたのです。ロボットに結びついたお仕置きはなかったのですから、自分の行動をそうとしか説明できなかったのです。ですから、数週間経ってフリードマンがそばにいなくなったときでも、男の子たちはすでにロボットで遊びたくないという方向に自分の信念を変えてしまっていたので、ロボットには見向きもしなかったのです。

子育て中の人は、フリードマンの実験から一つヒントを得ることができます。たとえば、嘘をつくのはいけないことだと幼い娘に教えたいとします。強くて明白な脅し（「嘘をつくのはいけないことだよ。だから、もし嘘をついたら、テープで口を塞いでしまうからね」）は、両親がいるときや、両親に見つかるかもしれないと娘本人が思っているときには、効果があるかもしれません。しかし、それでは「嘘をつくのはいけないことだから、嘘はつきたくない」と思うようにするという、もっと大きな目標は達成できません。そう思わせるには、もっと巧妙なやり方が求められます。与えられる理由は、女の子がたいていの場合、正直でいる程度には強くなくてはいけませんが、その理由があるから正直でいなくてはならないと思わせるほどに強くてもいけないのです。

この必要最小限の理由というのは子どもによってまちまちですから、慎重を期する必要があります。ある子どもには単に言うだけで十分（「嘘をつくのはいけないことだから、嘘はつかないでほしいな」）かもしれませんが、別の子どもには幾分強力な理由（「もし嘘をついたらがっかりだな」）を付け加える必要があるかもしれません。やんわりとした警告（「そんなことはしたくないけど、お仕置きをしなくちゃいけなくなるかもしれないよ」）が、必要な子どももいるかもしれません。賢い親なら、自分の子どもにはどんな理由が適切なのか知っているはずです。重要なのは、望ましい行動をとらせるのと同時に、その行動を自分が進んでとったのだと、子どもに感じさせられるような理由を用いることです。ですから、外からの圧力を含んでいると悟られにくい理由ほど、効果的なのです。適切な理由を見つけ出すのは親たちにとって簡単ではないと思いますが、努力すればきっとそれに見合う結果を得られるはずです。そしてそれが、その場だけ子どもが言うことを聞いておしまいになってしまうのか、それとも長期間にわたるコミットメントになるのかの違いを生むことになるでしょう。サミュエル・バトラーが三百年以上も前に書いたように、「自分の意志に反して賛同した者は、元の意見を持ち続ける」のです。[*8]

▼自分を支える柱を築く

承諾誘導の専門家は、心の中の変化を引き起こすコミットメントをとても好んでいます。その理由は第一に、心の中の変化が起こると、影響はその場だけでなく、それと関連するあらゆる状況にまで及びます。第二に、変化の影響は持続します。たとえば、人は公共精神に溢れる市民という自己イメージを生み出す行動を一度でもとらされてしまうと、承諾が望まれるさまざまな状況で、公共精神に溢れた振る舞いをしがちになります。そして、その新しい自己イメージを持っている限り、公共精神に溢れた行動をとり続ける可能性も高くなります。

さらにもう一つ、心の中の変化を導くコミットメントが、承諾誘導の専門家に好まれる理由があります。コミットメント自体が「自らを補強する」のです。一度変化を生じさせてしまえば、その強化に労力を割き続ける必要はなくなります。一貫性を保とうとする圧力がすべてやってくれます。自分を公共精神に溢れた市民だとみなすようになると、物事を見る目が自動的に変わります。それが正しいことだと確信し、公共奉仕活動の価値に関して、以前には気づかなかったような事実に注目するようになります。以前であれば耳を貸そうとも思わなかった市民活動に好意的な意見が、しっかり耳に入るようになり、以前よりもその意見に説得力を感じるようになるのです。たいていの場合、一貫性を保とうとする欲求が、公共精神に溢れた行動をとることが正しい選択だったと、その人に確信させようとするからです。コミットメントを正当化するために追加的な理由を生み出すこの過程で重要なのは、生み出された理由が新しいものであるという点です。そのため、そうした行動をとるきっかけとなった元々の理由がなくなったとしても、新しく発見された理由だけで十分に、自分の行動が正しかったと考え続けられるのです。

　自己補強するというコミットメントの特性は、ずる賢い丸め込みのプロに、計り知れない恩恵をもたらします。人は自ら新しい支柱を築いて自分が積極的に関わった選択を補強するので、他人を食いものにしようとする人たちは、そのような選択をさせるように誘いをかける場合があります。そして決定を下させた後、最初に相手を誘った条件を取り除きます。最初の柱（条件）を取り除いても、相手が下した決定は新しく建てられた支柱に支えられると分かっているからです。車の販売業者は、こうした過程に基づいた「承諾先取り法《ローボール・テクニック》」と呼ばれる手口を使って、しばしば利益を得ようとします。私がこのテクニックに初めて接したのは、ある地方のシボレー販売店にセールス訓練生として紛れ込んでいたときでした。初歩的な指導を一週間ほど受けた後、正規の販売員の仕事ぶりを見学させてもらうことができました。そのとき、私が真っ先に関心を持ったのが、この承諾先取り法だったのです。

　たとえば、客にとても有利な、競合店と比べて七百ドルも安い値段を提示します。しかし、そのうまい取引には裏があります。販売業者は取引をそのまま終わらせるつもりはまったくありません。法外に安い値段を提示する唯一の目的は、客に販売店が扱っている車を買う決心《ヽヽ》をさせることです。いったん決定がなされると、今度はさまざまな活動によって、その車に対する客のコミットメントの感覚を強めていきます。何枚もの購入契約書に記入させ、長期ローンの条件を取りまとめ、ときには本契約に署名する前に、「どんな感じの車かお分かりになりますし、ご近所や職場の方々に見せることもできますから」と言って、一日試乗するよう提案します。たいていの場合、そうこうしている間に客は販売業者の思惑どおり、さまざまな理由を考え出して自分の選択を後押しし、たった今行った投資を正当化しようとします。

それから、何かが起こります。ときには、計算上の「ミス」が発見されます。たとえば販売員がカーナビの値段を加算し忘れていて、客がやはりカーナビを必要としているなら、価格に七百ドル上乗せしなくてはならないといった類いのことです。疑われないために、販売業者によっては、ローンを請け負っている銀行にそのミスを見つけさせることもあります。また、最後の最後になって商談に「待った」がかかることもあります。販売員が上司に書類のチェックを頼むと、その上司が、「これではウチが赤字になってしまう」と言って契約を破棄させるのです。車を手に入れるには、あとたった七百ドル足せばいいだけです。これは何千ドルもの商談を行っているときには、そう法外な要求とも思えません。というのも、販売員が強調するように、七百ドル足しても他の競合店と同じ値段にしかなりませんし、すでにその車を自分で選んでいるからです。

また、もっと狡猾な承諾先取り法が用いられる危険があるのは、下取販売で販売員が下取価格に高い値をつけるときです。客はずいぶん気前よく値をつけたものだと思い、取引に飛びつきます。その後、契約書に署名する一歩手前まで来た段階で、中古車担当のマネージャーが、販売員の見積額は適正価格より七百ドルも高いので、下取価格を実際の相場レベルまで引き下げると告げます。客は修正された価格が適正だと思っていますから、当然のこととしてその申し入れを受け入れます。販売員が出した高い見積額で自分が儲けようとしていたことに、罪の意識を感じる場合さえあります。私は、この最後にあげた形の承諾先取り法を使った販売員に対して、おどおどして謝っている女性を目にしたことがあります。そうしながら、彼女はその販売員に多額の歩合が入る、新車購入の契約書に署名していたのです。販売員は、傷つきながらもなんとか寛大な微笑みを浮かべている、といった風情でした。

承諾先取り法にはさまざまな種類がありますが、基本的な手口はどれも同じです。まず相手にとって有利な条件を提示し、喜んで買うという決定を誘い出します。そして、決定がなされてから契約が完了するまでの間に、元々あった有利な購買条件を巧みに取り除くのです。そのような状況で、客が車を購入するとはまず考えられないように思えます。しかし、これがうまくいくのです。もちろん、誰にでもというわけではありませんが、十分な効果を上げているからこそ、多くの自動車販売店で必須テクニックとなっているのです。自動車ディーラーたちは、個人的なコミットメントに、そのコミットメントを正当化する新たな理由を使って自身を支えるシステムを組み上げる能力があると、理解するようになっています。多くの場合、このような正当化は最初の決定を支える強力な脚を何本も作り出すので、販売員がそのうちの一本、つまり当初の決定理由を引き抜いたくらいでは、びくともしません。選択を支持する優れた理由は他にもたくさんあり、客はそれらによって慰められるので、損失など取るに足らないものになってしまいます。そもそも最初にその選択をしていなければ、後から出てきたあれこれの理由は存在しなかったかもしれないという考えは、買い手の心に浮かばないのです。

　車のショールームで承諾先取り法があまりにも見事に働いていたので、私は少しやり方を変えても同じ理屈で同じ結果が出るかどうか、調べてみることにしました。私が観察した販売員は、うま味のある取引を持ちかけ、その結果好ましい決定を客から引き出しておいて、最後にそのうま味の部分を取り去っていました。承諾先取り法の本質に関する私の考えが正しければ、このテクニックを少し違ったやり方で使うことも可能でしょう。つまり、まずうまい話を持ちかけて重要な決定をするというコミットメントを引き出した後で、取り決めた事柄に関する好ましくない条件を付け加えるのです。承諾先取り法の効果は、取引の状況が変わっても相手を取引に固執させるので、取引の条件からプラスの要素を取り除いても、マイナスの要素を付け加えても、このテクニックはうまく働くはずです。

この後者の可能性を検証するために、私は同僚のジョン・カシオッポ、ロッド・バセット、ジョン・ミラーと共同で実験を行いました。その実験は、嬉しくない活動（早起きして、朝七時から始まる「思考過程に関する」研究に加わる）への参加を、大学生から取り付けるというものでした。第一グループの学生には、電話してすぐに開始時刻が朝七時であることを告げました。このグループでは、たったの二四％しか参加を申し出てくれませんでした。しかし、第二グループに電話をするときには、承諾先取り法を用いました。まず、思考過程に関する研究に参加したいかどうかを尋ね、それに答えてもらった（五六％が参加の意思を示しました）後で、開始時刻が朝の七時であると告げ、考えを変える機会を与えたのです。誰一人として考えを変えませんでした。それどころか、承諾先取り法を使われた学生の九五％が、自分の行った参加表明を守って、約束どおり朝の七時に心理学棟までやって来ました。なぜ私がこれが事実だと知っているかというと、二人の研究助手を雇い、その時刻にやって来た学生の名前を控えたうえで、思考過程に関する実験を行ったからです（余談ですが、私がこの研究助手を雇うときに、まず思考過程に関する研究で実験者をやりたいかどうか尋ね、相手がそれに同意した後で、ようやく開始時刻が朝の七時であると教えたという噂は、まったくのデマですからね）。

承諾先取り法で印象的なのは、不利な選択でも人を満足させられるという点です。悪い選択肢しか提供できない人は、とりわけこのテクニックを好みます。彼らは仕事で、社会的場面で、個人的な場面で、承諾先取り法を用いています。たとえば、私の近所に住むティムなどは、まさしく承諾先取り法の愛好家です。思い出してください。ティムは心を入れ替えると言って、ガールフレンドのセーラに目前に迫った別の男性との結婚を取りやめさせ、元のサヤに収まりました。ティムを選ぶという決定の後、約束が守られなかったにもかかわらず、セーラは前よりずっとティムに夢中になりました。「前には気づかなかったティムの良いところが、全部見えるようになった」と彼女は言っています。

セーラが承諾先取り法の犠牲者なのは明らかです。車のショールームで客が「与えておいて取り上げる戦略」に引っかかったのと同じように、彼女はティムの同じ罠に引っかかったのです。ティムは今までとまったく変わっていません。しかし、セーラが見つけた（というか創り出した）ティムの新しい魅力は、彼女にとっては現実に存在し、大きなコミットメントをする前は我慢ならなかった状況と何一つ変わらないのに、今やセーラは満足して暮らしています。ティムを選ぶという決定は、客観的には気の毒に見えるかもしれませんが、自身の支えを作り出し、セーラを本当に幸せにしたようです。ちなみに私は、承諾先取り法の話をセーラにしたことは一度もありません。何も知らないほうが幸福だと思って黙っているのではありません。私が黙っているのは、そんな話を口にしようものなら彼女からひどく嫌われてしまうし、おそらく伝えたところで何も変わらないとよく分かっているからです。

▼公共の利益のために

本書で論じる承諾誘導のテクニックはどれも、それを使いたいと思う人の気持ち次第で、良いことにも悪いことにも使えます。したがって承諾先取り法も、車の販売や昔の恋人とよりを戻すことだけでなく、もっと社会的に有益な目的のために利用できます。たとえば、社会心理学者のマイケル・パラックが中心となってアイオワで実施したある研究プロジェクトでは、承諾先取り法を使って住民に省エネを実践させることができました。このプロジェクトは初冬のアイオワで始まりました。まずインタビュアーが、家の暖房を天然ガスで賄っている家庭に連絡を入れます。そして、省エネの秘訣をいくつか教え、これから先、ガスの節約を心がけるよう頼みます。全員が「やってみる」と答えましたが、その一カ月後と冬の終わりに、対象家庭のガス使用量を調べたところ、実質的な節約はまったくなされていませんでした。節約を心がけると約束した家庭の天然ガス使用量は、近所から無作為に選ばれた、インタビュアーの連絡を受けていない家庭と変わらなかったのです。これで、節約に関する知識とそうする意志だけでは、生活の習慣を変えるには不十分なことが分かりました。

プロジェクト開始前から、パラックとその研究チームは、人が長年繰り返しているエネルギー使用パターンを変えるには何か別の条件が必要だと気づいていました。そこで、やはりアイオワで天然ガスを使用している別の住民たちを比較対象として選び、今度は少し違った手続きを踏んでみました。各家庭は、前のグループと同じようにインタビュアーから連絡を受け、省エネのヒントを教わり、節約を心がけるよう頼まれました。しかし、今回はそれに加えて、あることを聞かされました。それは、省エネに同意した家庭は公共精神に溢れ、省エネを実践している市民として新聞に名前が載るという話でした。この効果はすぐに現れました。一カ月後にガス会社がメーターを調べたところ、対象家庭は平均で十一・九立方メートルの天然ガスを節約していたのです。自分の名前が新聞に載るということで、これらの家庭の人々は一カ月の間、相当な節約の努力をしていたのです。

その後、支えが外されました。天然ガスを節約する気にさせた当初の理由を、研究者が取り除いてしまったのです。新聞に名前が載ると聞かされていた住民たちは、結局それが無理になりそうだと手紙で知らされました。

研究者たちは冬の終わりに、その手紙が対象家庭の天然ガス使用量に、どのような影響を与えたかを調べました。新聞に掲載される機会がなくなったら、それらの家庭は元の浪費的な習慣に戻ってしまったのでしょうか。そうではありませんでした。各対象家庭は冬が終わるまでの間、新聞に名前が出ると思っていた期間よりも多くのガスを節約していたのです。節約率で見ると、一カ月目は一二・二％でした。これは新聞で褒められると期待していたからです。しかし新聞には載らないという手紙が来た後も、ガス使用量が以前のレベルに戻ることはありませんでした。それどころか、冬が終わるまでの間、節約率は一五・五％まで上昇したのです。

なぜこのようなことが起こったのか。確信は持てませんが、省エネ行動が持続したことについて、すぐに浮かぶ説明が一つあります。調査対象家庭の人々は、新聞に名前が出るという約束によって承諾先取り法に乗せられ、省エネに対して積極的に関わりました。いったん積極的な関わりが生じれば、後はそのコミットメントが自身の支えとなる柱を自ら作り始めます。住民たちは、新しい天然ガス使用の習慣を身につけ、自分が公共精神に溢れた努力をしていることに満足し、自らの自制心を誇らしく思い、そして何にもまして重要なことに、自分は無駄遣いをしない人間であると思い始めたのです。これだけたくさんの新しい理由が省エネへのコミットメントを正当化するのですから、省エネを始めた元々の理由（新聞に名前が載る）が取り除かれた後も、そのコミットメントが強固に残っているのは当たり前です（図7・4参照）。

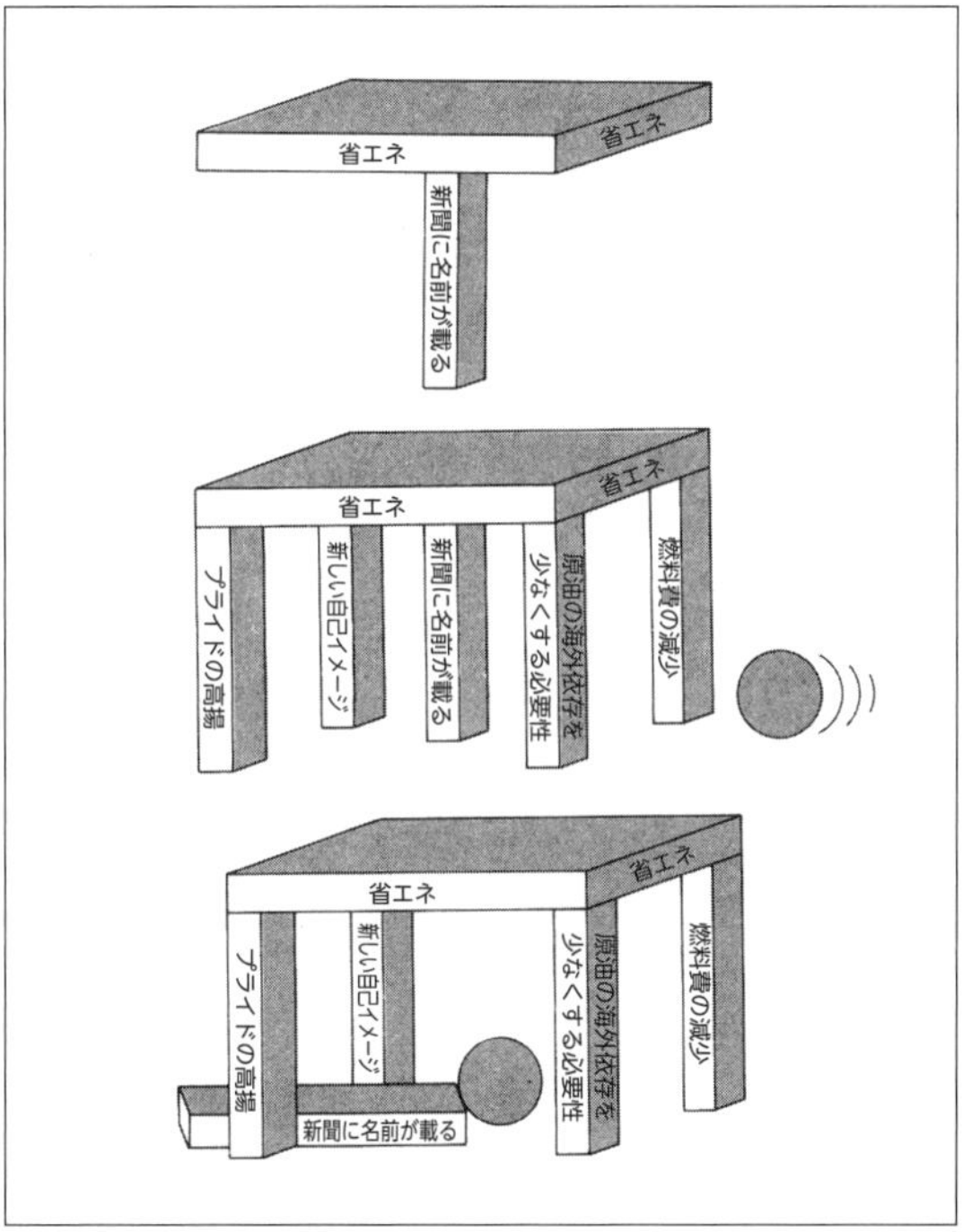

図7・4　長期向け承諾先取り法

これはアイオワの省エネ研究を図示したものであるが、これを見ると、最初の節約の努力は、新聞に名前が載るという約束のうえに成り立っていたことが分かる（上）。しかし、しばらくすると、省エネの問題にコミットすることで新しい支柱ができあがるので、研究チームがローボール【訳註：原著者によると「承諾先取り法《ローボール・テクニック》」の「ローボール」という語は、日常的には2つの意味で使われるらしい。第一は、本文中の説明にあるように、容易に手の届きそうな低く投げられたボール、すなわち最初に提示される「うま味のある条件」を指す。第二は、そのうま味のある条件を取り除く行為自体を指す場合である。この図の中では、もちろん後者の意味に基づいて「ローボール」が描かれている】を投げることができる（中）。その結果、新聞に名前が載るという最初の支柱が倒されても、省エネ行動は新しい支柱の上にそのまましっかりと立つことができる（下）。

Artist: Maria Picardi; © Robert B. Cialdini

むしろ不思議なのは、新聞に載るという要因がなくなった後、対象家庭がただ省エネを続けただけでなく、前よりもいっそうの省エネに励んでいたという点です。これについてはさまざまな解釈が可能でしょうが、私はこう考えます。それまで住民たちは、新聞に名前が載る機会を与えられていたせいで、省エネへのコミットメントをある意味で完全に自分のものにすることができていませんでした。省エネを心がけようという決心を支える理由の中で、それだけが外部から来たものだったのです。その理由だけが、自分はそれが正しいと信じているからガスを節約するのだ、と考える妨げになっていました。ですから、新聞に名前が載るという約束が駄目になったという手紙が届いたとき、エネルギー問題に関心が高い市民という自己イメージに対する唯一の障害が、取り除かれることになったわけです。制限から解き放たれたこの新しい自己イメージこそが、さらに節約しようとする気持ちを高めたのです。セーラの場合と同じように、これらの家庭は、最初に提供された誘因によってある選択にコミットし、その誘因が除かれた後も、それまで以上の熱心さでその選択にコミットし続けているように思われます。[*9]

▼一貫性に合図を送る――再生装置としてのリマインダー

コミットメントに基づいて承諾を求める手法の利点は他にもあります。過去のコミットメントを思い出させるだけで、相手にかつての立場、見解、行動と齟齬のない行為を促すことができるのです。以前のコミットメントが頭に浮かぶようにすると、一貫性を求める気持ちが後を引き継いで、そのコミットメントと関係のある反応をもう一度とらせます。この点を具体的に示すために、医療分野から二つほど例を引いてみましょう。

私は医療会社の経営陣を相手に影響過程について話をするときには、必ず「組織内で最も影響を与えにくいのはどういった人たちでしょうか」という質問をします。答えはいつも決まっています。「医師です！」。この状況は当然のようにも思われます。医療業界の序列の中で彼らが占める高い地位にたどり着くためには、医学校の専門教育、インターンシップ、研修医など、何年もの訓練と実践に耐えなくてはなりません。その期間に得た大量の情報と経験が流儀の土台となっているため、無理もないことですが医師はそこからブレることを嫌がります。一方でこうした抵抗は、患者のためになるような変更の勧めを医師が受け入れないときには、厄介の種になる場合もあります。職業人生の出発にあたって、ほとんどの医師は何らかの形でヒポクラテスの誓いを行います。つまり、患者の幸福を第一に行動する、特に患者に害をなさないように行動すると誓うのです。

それなのに、なぜ医師たちは定められたとおりの頻度で、患者を診察する前に手を洗っていないのでしょう。ある病院を対象とした研究が、この問題への洞察を提供しています。研究を行ったアダム・グラントとデビッド・ホフマンが注目したのは、次のような事実でした。患者を診察する際には一回一回必ず、その前に手を洗うようにと強く勧められているにもかかわらず、ほとんどの医師はガイドラインの規定の半分以下の頻度でしか手を洗っていません。しかも、この問題を改善するためになされたさまざまな対策は効果のないことが証明されており、患者は本来避けられるはずの感染リスクにさらされたままになっています。そうなる原因は、医師が患者の安全に対して行ったコミットメントを放棄したからでも、そのコミットメントと手を洗うことのつながりに気がついていないからでもありません。原因は診察室に入るときに、そのつながりよりも他の諸要因（患者の顔色、担当看護師の言っていること、症例記録に書いてあること、など）に、意識が向いていることにあります。

グラントとホフマンは、医師が診察室に入ったところで、患者に対するコミットメントと、そのコミットメントと手指衛生とのつながりを思い出させれば、この残念な状況を改善できると考えました。そして、診察室の消毒石鹸やジェルの容器の上方に、「手指衛生は病気の感染から患者さんを守ります」と書かれた、非常に目立つ掲示物を設置しました。その結果、手洗いを行う頻度は四五パーセント上昇しました。

医師の犯す他の誤りには、抗生物質の過剰処方があります。これは米国で増えている健康問題で、その結果亡くなる人が年間に二万三千人も出ています。手指衛生の事例と同じく、問題改善のためにいくつかの戦略（教育プログラム、電子メールによる警告、報奨金など）が試みられましたが、いずれも効果はほとんどありませんでした。しかし、ある医療研究者グループは、ロサンゼルスの外来専門病院数カ所で、コミットメントを中心に据えたアプローチを勤務医たちに用いて驚くべき成功を収めました。彼らは十二週間にわたって医師たちの診察室にポスターを掲示しました。そのうちの半数の診察室に貼ったポスターは、抗生物質使用に関する患者向けの標準的な情報が書かれていました。残りの診察室に貼ったポスターは、標準的な情報に加えて、その診察室を使う医師と彼らが署名した文書（抗生物質の過剰処方を避けるよう訴えるもの）の写真が使われていました。それから年末までに、標準的な情報だけが書かれたポスターを毎日見ていた医師たちの間では、不適切な抗生物質処方が、なんと二一％増加しました。しかし、ポスターによって常時、過剰処方を減らすという自分の個人的なコミットメントを思い出していた医師たちの間では、不適切な処方が二七％減少したのです。

すでに行ったコミットメントを思い出させる合図には、さらにおまけの効果もあります。それはコミットメントを復活させるだけではなく、関連した本人の自己イメージを強化することによって、コミットメントをより強固にしているようなのです。環境に配慮した行動を以前にとったことがあるものの、それを思い出すことがなかった消費者と比べて、そうしたコミットメントを思い出す合図を受け取った人たちは、自分のことを環境に配慮する人間だと考えやすくなり、その後、電球、ペーパータオル、消臭剤、洗剤などを買うときに、環境に配慮した物を購入する割合が非常に高くなりました。したがって、これまでに行った環境への取り組みを思い出すよう求めることは、その後の行動に一貫性を保ちたいという欲求を刺激する簡単な手段というだけではなく、大変効果的な手段でもあるわけです。そうしたコミットメントを思い出させる合図が、環境に配慮する人間であるという自己イメージを強めるからです[*10]。

防衛法

「一貫性は凡庸な心に宿る小鬼である」と言われます。少なくとも、ラルフ・ワルド・エマーソンのものとしてよく耳にする言葉では、そう言われています。しかし、これはなんとも奇妙な物言いです。内的一貫性は論理性と高い知性の証であり、その欠落は知性の点で支離滅裂で限界のある人物の特徴であると一般に考えられているのは明らかだからです。では、エマーソンほどの思想家が、一貫性という特徴を凡庸な心の持ち主に割り振る意図は、いったいどこにあったのでしょうか。彼の言葉の原典であるエッセイ『自己信頼』に当たってみると、問題はエマーソンではなく、彼の言った内容を大衆化したもののほうにあることがはっきりします。実際に彼が書いた文は、「愚かな一貫性は凡庸な心に宿る小鬼である」となっています。何らかのはっきりしない理由によって、歳月が正確な文言を侵食して彼の主張の中心的区別が失われ、まったく違う意味に、厳密に言うならまったく間違った意味に、なってしまったのです。

しかし、私たちはこの区別を失うべきではありません。その区別は私が知る限り、コミットメントと一貫性の法則が結びついた形の影響力の武器から身を守るための唯一効果的な防衛法に欠かせないからです。その区別が意識させてくれるのは、一貫性は基本的には良いもので不可欠でさえあるけれども、なかには馬鹿げていて融通の利かない、避けるべき種類の一貫性もあるということです。よく考えもしないで、ただ自動的に一貫性を保とうとしないよう、くれぐれも気をつけなければいけません。さもないと、〈コミットメント→一貫性〉と、機械的に続けてしまう傾向を利用して儲けを企む人の標的になってしまいます。

自動的に一貫性を保つことはほとんどの場合、無駄がなく適切な行動をとらせてくれるので、それを私たちの生活の中からすべて排除してしまえばいいと単純に決めるわけにはいきません。そんなことをすれば、悲惨な結果を招くでしょう。以前の決定や行動の流れに沿って進むのではなく、新しい行動を実行する前にいちいち立ち止まってその利点を考えていては、時間がかかりすぎて重要なことを何一つ成し遂げられなくなります。人間には危険で機械的な種類の一貫性さえも必要なのです。このジレンマから抜け出す唯一の方法は、一貫性が不利な選択を導くのはどんなときかを知ることです。それを教えてくれるサインが（それぞれに異なったものが二種類）あります。それぞれのサインは、身体の別々な部位から届きます。

●読者からのレポート7・5――インド、ニューデリーの大学生より

私がお伝えしたいのは、一貫性の原理に突き動かされて普段だったら絶対にしないような意思決定をしてしまった、という話です。あるショッピング・モールのフードコートに入ったときのことです。私はコークのSサイズを注文することにしました。

「コーラを一杯ください」。と私はカウンターの店員に言いました。「Mサイズにしますか、Lサイズにしますか?」。他の客にレシートを渡しながら店員は私に聞きました。「もうたっぷり食べたから、どう考えてもLサイズは飲みきれないな」と思い、私は堂々と「Mで」と言って、カードで支払いをしました。

「あ、申し訳ありません」。店員はうっかりしてミスをしてしまったという感じに言いました。「Sサイズにしますか、Mサイズにしますか?」。「ええと、Mで」。私は一貫性の原理に則ってそう言い、ドリンクを受け取って後ろの客が注文できるようにその場を離れ、その後ようやく、自分が二種類ある選択肢のうち、大きいほうを買わされたことに気がつきました。

油断していたのと、その前に行った注文との一貫性を保とうとしたせいで、なんとなく「Mで」と言ってしまったのです。与えられた新しい情報を検討すらしませんでした。

愚かな一貫性は、本当に凡庸な心に宿る小鬼のようです。

著者からひと言――この読者はそのときの自分を凡庸な心の持ち主と考えているようですが、それは自分に厳しすぎると思います。急かされているときや、選択肢についてじっくりと考える余裕がないときには、機械的に一貫性を保とうとするのが普通です(Fennis et al., 2009)。

▼胃から送られるサイン

第一の合図は簡単に分かるものです。うまく丸め込まれて、やりたくないと分かっていることをやらされそうになっていると気づいたときに、みぞおちの辺りから合図が発せられます。私は何度となくこれを経験しています。なかでもよく覚えているのは、まだ若く、本書を書くはるか前の、ある夏の夕方にあった出来事です。玄関のベルが鳴ったのでドアを開けると、とても魅力的な若い女性が、肌も露わなホルタートップにショートパンツという服装で立っていました。そのような格好にもかかわらず、彼女はクリップボードを抱えており、ある調査への参加を私に求めてきました。彼女に好印象を与えたかったので私は引き受けましたし、白状してしまえば、自分をできるだけ良く見せたい一心で、インタビューでは真実を誇張して答えました。そのときの会話はこんな具合に進んでいきました。

とても魅力的な若い女性　こんにちは。都市居住者のレジャー習慣について、調査を行っています。いくつかの質問にお答え願えませんでしょうか。

チャルディーニ　どうぞ、お入りください。

とても魅力的な若い女性　いえ、ここでけっこうです。早速ですが、一週間に何回くらい、外で夕食を召しあがっていますか？

チャルディーニ　そうですね、おそらく三回、いや四回かもしれないな。行けるときはいつも外で食べますから。いや本当に、素敵なレストランが大好きなものだから。

とても魅力的な若い女性　素晴らしいですわ。お食事のときにはいつもワインを注文なさいますか？

チャルディーニ　輸入物があれば、ですけどね。

とても魅力的な若い女性　分かりました。映画はいかがですか？　よくご覧になりますか？

チャルディーニ　映画ですか。面白い映画には目がありません。特に好きなのは、洗練されていて、画面の下のほうに字幕が出るやつです。あなたはいかがですか？　映画はよくご覧になるんですか？

とても魅力的な若い女性　ええ……まあ、好きです。さて、質問に戻りましょう。コンサートにはよく行かれますか？

チャルディーニ　行きますとも。もちろん、だいたいはクラシックですね。でも、実力のあるポップ・グループも好きですよ。

とても魅力的な若い女性　（素早く書き留めながら）素晴らしいですわ。では、最後の質問です。劇団やバレエ団のツアー公演はいかがですか？　この街にやって来たときは、ご覧になりますか？

チャルディーニ　ああ、バレエ。あの動き、あの優雅さ、あのフォルム。大好きですよ。バレエが大好きであるのところに、印をつけておいてください。機会があれば必ず見に行きます。

とても魅力的な若い女性　分かりました。少しの間、お答えを見直させてください。ミスター・チャルディーニ。

チャルディーニ　本当は、ドクター・チャルディーニなんですけどね。ちょっと堅すぎるね。ボブと呼んでくれないかな。

とても魅力的な若い女性　分かりました、ボブ。それで今、質問のお答えを見直させていただいたのですが、「クラブ・アメリカ」にご入会なさると、年間千二百ドルも節約できますよ。少しの入会金で、あなたがおっしゃったほとんどの活動で、特典が受けられます。あなたがよくなさるとおっしゃったことすべてに、私どもの会社は、とてもたくさんの割引をご用意しております。あなたのように精力的に活動なさっている方なら、これを利用なさらないわけがありませんよね。

チャルディーニ（罠にかかったネズミのように）ええ……そ、そう、そうですね。

思わず口ごもりながら同意したとき、胃が硬くなった感じがしたのを、はっきりと覚えています。それは、私の脳に向けられた、「おい、はめられてるぞ！」という明確なメッセージでした。しかし、逃げ道はありませんでした。私を窮地に追い込んだのは、自分自身の発言でした。その時点で申し出を断れば、次の二つの困った事態のうちのどちらかに直面することになったでしょう。実はさっき話していたほど出歩くのが好きってわけじゃないんだ、と言い訳して断れば、嘘つきになります。そうした言い訳をせずにただ断ろうとすれば、千二百ドル節約できるチャンスをみすみす棒に振る愚か者になります。はめられたと分かってはいたのですが、結局、入会しました。自分ですでに言ってしまったこととの一貫性を保とうとする欲求が、私を陥れたのです。

ですが、もうこのようなことはありません。最近は自分の胃から送られてくる合図に耳を澄ましますし、一貫性の原理を利用しようとする人々にどう対応すればよいかも分かっています。彼らが何をしているのか、ただ正確に告げるのです。この戦術は完璧な反撃となります。胃のほうから、「またカモにされかかっているぞ。そんな要求を呑んだって、うまく仕組まれてコミットさせられたこととの一貫性が保てるだけじゃないか」というメッセージが届くたび、私はそれをそのまま目の前の相手に伝えます。一貫性の大切さを否定しようというわけではありません。ただ、馬鹿げた一貫性を保つことの非合理性を指摘するのです。私の反撃に対し、相手が罪の意識にかられて尻込みしようと、当惑して退却しようと、私は満足します。私は勝ち、彼らは負けたのです。

ときどき、あのときのとても魅力的な若い女性が、今、勧誘にやって来たらどうなるだろうか。と考えることがあります。だいたい同じようなやり取りがされるでしょうが、最後だけは違ってくるはずです。

とても魅力的な若い女性　……あなたがよくなさるとおっしゃったことすべてに、私どもの会社は、とてもたくさんの割引をご用意しております。あなたのように精力的に活動なさっている方なら、これを利用なさらないわけがありませんよね。

チャルディーニ　いいえ、違います。私には何が起こったのか分かっているんです。調査とおっしゃいましたが、それはどの程度街に出かけるかを言わせるための口実でしょう。それに人間というのは、そのような状況では、ちょっと大袈裟に答えてしまうものなんですよ。ですから、物事が間違った方向に進んでいると分かっているときに、コミットメントをしたらそれと機械的に一貫性を保つという過程に、自分を縛り付けるのはまっぴらです。私には、「クリック・実行《ラン》」は通用しません。

とても魅力的な若い女性　は？

チャルディーニ　いいでしょう、言い方を変えます。一つ、自分がやりたくないことにお金を使うのは馬鹿げています。二つ、こうしたことに関する最高権威である私の胃が、あなたのところの割引プランには用がないと言っています。三つ、ですから、まだ私が入会すると思っているなら、それは本当に馬鹿げたことです。あなたのように知的な方なら、このことがきっとお分かりになりますよね。

とても魅力的な若い女性　（罠にかかったとても魅力的な若いネズミのように）ええ……そ、そう、そうですね。

▼心の奥底からのサイン

胃は、特別鋭敏で繊細な器官というわけではないため、メッセージを送ってくるのは、たいてい、だまされかけているのが明らかな場合だけです。罠にかかっているのかどうかはっきりしないときは、まったく反応を示さないかもしれません。そのような状況では、何か別の手掛かりを探す必要があります。私の近所に住むセーラの話が、その分かりやすい例です。別の男性との結婚話を反故《ほご》にすることで、セーラはティムに対して大きなコミットメントをしました。そのコミットメントが自らの支えを作り出し、その結果、コミットメントをした当初の理由がなくなった後も、セーラはそれと一貫するように行動していきます。新しく生まれた理由によって選択が正しかったと確信しているからこそ、セーラはティムと一緒に暮らしているのです。ですから、なぜセーラの胃が何の反応も示さないのかを理解するのは、難しくありません。胃が反応するのは、自分でも間違っていると思うことをしているときだけです。セーラはそんなふうにはまったく考えていません。彼女からすれば、正しい選択をし、その選択と一貫するように行動しているのです。

しかし、私がひどい考え違いをしていない限り、セーラの一部は、自分の選択が間違っていて、現在の生活ぶりは馬鹿げた一貫性を保っているにすぎないと、気づいているはずです。その一部が具体的にセーラの身体のどの部分なのかは、はっきりと言えませんが、それを指す言葉ならあります。心の奥底です。定義から考えて、そこは自分に嘘をつけない場所です。いかなる正当化も、いかなる合理化も、そこに入り込むことはできません。セーラの真実はそこに存在しています。ただ、今のところセーラは、自分で作った支えからの雑音に妨害されて、そこからの信号をはっきりと聞き取れてはいません。

もし、ティムを選んだのが間違いだったとして、いつまでそれを気づかずにいられるのでしょうか。いつ、心の奥底からの猛烈な発作があるのでしょうか。それはまったく分かりません。けれども、一つはっきりしていることがあります。時間が経つにつれて、ティムの代わりになる男性が少なくなっていくということです。セーラはこのままでいいのかどうか、すぐに決断を下すべきでしょう。

もちろん、言うは易し、行うは難しです。彼女は「今知っていることはそのままにして時間を遡ることができるなら、私は同じ選択をしただろうか」という、非常に難しい質問に答えなくてはなりません。問題は「今知っていることはそのままにして」という部分です。いったい彼女は今、ティムについて、どの程度正確に知っているのでしょうか。セーラが抱くティムの人物像のうち、どこまでが自分のしたコミットメントを正当化する、必死の試みの結果なのでしょうか。セーラの言い分では、よりを戻すと決めてから、ティムは前より彼女を大切にするようになり、過度の飲酒を一生懸命やめようとし、素晴らしく上手にオムレツが作れるようになったそうです。私は彼の作ったオムレツを二度ほど食べたことがありますが、ちょっと同意しかねます。しかし、重要なのは彼女がそうしたことを、（頭ではなく）心の奥底で信じているかどうかなのです。

ティムに対する現在の満足感のうち、どこまでが本物で、どこまでが馬鹿げた一貫性なのかを知るには、セーラはちょっとした工夫をすればよいでしょう。心理学的な研究は、人が行う知的判断に一瞬先立って、感情的な反応が生じることを示しています。私が思うに、心の奥底からのメッセージは、純粋な本音の感情です。ですから、注意深くなるよう訓練すれば、認知判断を行う器官が働き始めるほんの少し前に、その感情に気づけるようになるはずです。この方法で「もう一度同じ選択をするだろうか」と自らに問いかけるなら、セーラはきっと、その問いに対して最初に生じた感情を探し、それを信用するでしょう。おそらくその感情は、自分自身をだましてしまう手段が介入してくる直前に、歪められることなく心の奥底から飛び出してきたシグナルなのです。[*11]

私自身、自分が馬鹿げた一貫性を保つように振る舞っている疑いがあるときにはいつも、この方法を使っています。たとえば、あるとき私は、その地区の他の店よりも一ガロン当たり二セント安い価格の看板を出している、セルフサービスのガソリンスタンドで車を止めました。けれども、給油ポンプのノズルを手にしたとき、ポンプに書かれている価格が看板に出ていたのより、二セント高いと気がついたのです。そこで、通りかかった店員（後で知ったのですが、その人は店長でした）にその点を問い質してみると、値段は数日前に変わったのだが看板を訂正する時間がなかったのだと、説得力に欠ける口調でもぞもぞと答えました。私はどうするべきか考えてみました。頭の中にはガソリンを入れる理由がいくつか浮かんでいました。「本当にガソリンが必要なんだ」「私は急いでいる」「たしか、このブランドのガソリンだと、私の車は調子よく走るはずだ」。

そのような理由が、純粋なものなのか、それとも、そこに車を止めたことを正当化するためだけのものなのか、判定する必要がありました。そこで私は、例の重要な質問を自分にしてみました。「もしガソリンの本当の値段を知ったままで時を遡れるとしたら、もう一度同じ選択をするだろうか」と。最初に感じる印象に神経を集中していた結果、明確で疑問の余地のない回答が得られました。「通り過ぎたに決まっている。スピードを落とそうとすらしなかっただろう」。それで、値段が安くなければ、それ以外のいろいろな理由は生じなかったはずだと分かりました。そうした理由によってそのガソリンスタンドに立ち寄ったのではなく、ガソリンスタンドに立ち寄ったからこそ、そうした理由が生まれたのです。

これで一つ問題は解決しましたが、もう一つの問題が待ちかまえていました。すでにここでホースを握っている以上、わざわざ別の場所まで行って同じ値段を払うくらいなら、今ガソリンを入れてしまったほうがましではないか、という問題です。幸い、スタンドの店長がやって来て、決断を下す後押しをしてくれました。彼は、なぜガソリンを入れないのかと聞いてきました。値段のズレが気に入らないからだと答えると、喧嘩腰になってこう言いました。「いいか、俺の商売のやり方に口出しは無用だ。だまされたと思ってんなら、今すぐそのホースを置いて、とっとと俺の土地から出ていきやがれ」。だまされたという確信ならとっくに持っていたので、私は喜んで自分の信念と彼の望みの両方に沿った行動をとりました。即座にホースを放り出し、それをタイヤで踏みつけて、一番近い出口へと車を走らせたのです。ときとして、一貫性を保つことによって、良い気分が味わえる場合もあります。

▼特につけ込まれやすいタイプ

自分が以前にした発言や行動との一貫性を保とうとする欲求のせいで、本章で取り上げたコミットメント戦術からの影響を、特に受けやすいタイプの人々がいます。そうした人に特徴的な性質を知るために、ここでは、現代スポーツ界で最も有名なスターの一人に降りかかった、痛ましい出来事を取り上げてみましょう。

その出来事を取り巻く状況は、当時のAP通信の記事にあるように、不可解に思われました。二〇〇五年三月一日、ゴルフ界の生きる伝説ジャック・ニクラスの一歳五ヵ月になる孫が、バスタブで溺れ亡くなりました。一週間後、ショックから立ち直れていなかったニクラスは、今後のゴルフ関連の活動について、直前に迫っていたマスターズへの出場も含めすべて白紙にすると発表し、こう言いました。「家族に起きたこの悲劇を考えると、自分の時間は他のことに使いたいと思います。ゴルフに関しては、まったく何も考えていません」。しかし、こう宣言したまさにその日、ニクラスは二つの注目すべき例外的行動をとっていました。フロリダのあるゴルフクラブで会員になりそうな人たち相手にスピーチを行い、長年のライバル、ゲーリー・プレーヤーが主催するチャリティートーナメントでプレーをしていたのです。

どうしてニクラスは、悲しみにくれる家族を置いてまで、この二つのイベントに出かけて行ったのでしょう。どちらのイベントも、彼とその家族が直面している出来事に比べれば、何の重要性もなさそうに思えます。ニクラスの答えは実に単純でした。「出ると言った以上は、出なくちゃならない」。全体の状況から見て、それらの短時間で終わるイベント自体は何ら大切なものでなかったとしても、それに参加するという約束は、とても大切だったのです。少なくともジャック・ニクラス本人にとっては。しかし、そのコミットメントは、ニクラス氏に対してなぜそこまで履行を促す力を持っていたのでしょう。彼にはこのように凄絶な一貫性へと駆り立てる、何らかの特徴があったのでしょうか。そう、あったのです。それも二つ。彼は六十五歳で米国人だったのです。

■年　齢

当然といえば当然ですが、考え方や行動の一貫性を人並み外れて保とうとする傾向がある人は、往々にして一貫性の法則を使った戦術の犠牲者になってしまいます。私が同僚たちとある尺度を作成し、個人の反応に見られる一貫性へのこだわりの強さを測ったときも、そうした結果が出ています。一貫性へのこだわりが強い人は、とりわけ段階的要請法や承諾先取り法を用いられると、言われたことに従いがちでした。十八〜八十歳を対象にして行った後続研究では、一貫性へのこだわりは年を重ねるにつれて強まり、五十歳を超えた人たちが最も強く、以前にしたコミットメントとの一貫性を保とうとすることが分かりました。

この結果に照らして考えれば、六十五歳のジャック・ニクラスが、どうしてすべての活動を見送るのが当然だと誰もが思うような家族の悲劇に見舞われてなお、以前の約束にこだわるのか、説明がつけやすくなります。自分らしくあるためには、約束を守る必要があったのです。また、この発見を踏まえれば、高齢者を狙う詐欺師たちが、なぜ被害者を罠にかけるときにほぼ決まってコミットメントと一貫性を悪用した手口を用いるのかも、分かりやすくなります。ここでは、全米退職者協会が行った注目に値する研究を、証拠として取り上げたいと思います。同協会は、五十歳以上の会員を狙った電話を使う詐欺事件の増加に、（そしてそれが嘆かわしいほど成功していることに）頭を痛めていました。そこで十二の州の捜査当局とともに、高齢者を狙う電話詐欺師たちの手口を暴くため、おとり捜査を敢行したのです。成果の一つが、狙われた人々と詐欺師が交わした会話の録音テープから作成された、大量の通話内容の写しです。テープの内容はアンソニー・プラトカニスとダグ・シャドルによって詳しく調べられ、詐欺師たちが標的とした人物から、最初の小さなコミットメントを引き出し（ときには、標的とした人物がコミットメントを行ったと主張しているだけのこともありました）、その後、その人物にコミットメントに対する責任を負わせ続けることで蓄えを搾り取る、実にさまざまな手口が明らかになりました。以下の引用はテープから個別に抜き出したものですが、これを読めば、詐欺師が一貫性の原理を棍棒《こんぼう》のように使っているのが分かります。餌食になった人たち自身の一貫性へのこだわりが、その原理に恐ろしいほどの重さを与えているのです。


「違いますよ。ただ話しただけじゃない。あなたは注文したんです！　イエスと言いましたよ。イエスと言ったじゃないですか」

「ええと、先月署名をいただいてますね。お忘れですか？」

「はっきりそうおっしゃっていましたよ。三週間くらい前です」

「先週、お約束いただきましたし、はっきりそううかがいました」

「コインを買って五週間も経ってるのに、今さら取り消したいなんて無理な相談ですよ。どうにもなりません」

■個人主義

年齢とは別に、コミットメントとの一貫性をどうしても保ちたいという、ジャック・ニクラスの気持ちを説明できる要因があります。その要因についてはすでに軽く触れました。彼は米国人であり、「個人というカルト」への信仰心が世界でも類を見ないほど強い国の、保守的な中部地域（オハイオ州）で生まれ、そこで育ちました。より集団主義的な社会では焦点は集団にありますが、米国や西ヨーロッパ諸国のように個人主義的な国では、焦点は個人にあります。そのため、個人主義者はある状況で何をすべきか決めるのに、周りの人の経験や意見、選択を参考にするのではなく、まずは自分の過去の体験、これまでの意見や選択を振り返ります。そのせいで、自分の過去の言動を梃子《てこ》として用いる影響戦術に、とてもつけ込まれやすくなってしまうのです。

この考えを検証するため、私は同僚たちと一種の段階的要請法を、私の大学の学生たち（半分は米国生まれの学生、もう半分は米国と較べて個人主義的傾向の弱いアジア諸国からの留学生）に用いてみました。まず全員に、二十分ほどで終わる、「学校と社会での人間関係」に関するオンライン調査への参加を求めました。それから一カ月経った後、今度は四十分かかる同じトピックの関連調査を頼みました。二十分の調査に参加した学生のうち、四十分の調査にも応じてくれた学生の割合を比較したところ、より個人主義的な米国の学生たちは、アジアの学生の二倍以上の確率で引き受けてくれていました（二一・六％対九・九％）。どうしてでしょう。それは、米国の学生たちが、以前にも同様の頼みを聞いたことがあったからなのです。個人主義者は次に何をすべきか決めるときに、これまで自分がやってきたことに基づいて決定します。したがって、個人主義的な社会の成員（とりわけ高齢者の成員）は、ほんの小さな一歩を求めるところから始まる影響戦術に、警戒しなければいけません。そうした小さく慎重な一歩が、大きく逃げ道のないジャンプへとつながっている場合もあるからです[*12]。

まとめ

◎ほとんどの人に、自分の言葉、信念、考え方、行為を一貫したものにしたい、あるいは、他者からそう見られたいという欲求があることは、心理学者の間ではかなり前から知られていた。この欲求は三つの要素によってもたらされる。第一に、一貫性を保つことによって社会から高い評価を受ける。第二に、世間体への効果は別にしても、一貫性のある行為は一般的に日常生活上、有益である。第三に、一貫性を志向することで、複雑な現代生活をうまくすり抜けるのに役立つ思考の近道が得られる。以前の決定と一貫性を保つことで、将来類似した状況に直面したときに、関連するすべての情報を処理する必要が少なくなり、以前の決定を思い出して、それに一貫するように反応しさえすればよくなるからである。

◎承諾を引き出すうえで鍵となるのは、最初のコミットメントを確保することである。コミットメント（つまり、何らかの行為をしたり、自分の意見や立場を明確にすること）をしてしまうと、人はそのコミットメントに合致した要求を受け入れやすくなる。したがって、多くの承諾誘導のプロは、後でやらせようとしている行動と一貫するような、最初の立場をとらせようとする。しかし、すべてのコミットメントがおしなべて、後でそれと一貫した行動を引き出す効果を持つわけではない。コミットメントが最も効果的に働くのは、行動を含み、広く知られ、努力を要し、自分がそうしたかった（強制されたのではない）と考えられるときであるが、その理由は、これらの要因が自己イメージを変えるためである。自己イメージが変わる原因は、それぞれの要因が何を本当に信じているのかに関する情報を、私たちに与えるところにある。

◎コミットメントを伴う決定は、それが間違っているときでさえ「自身を支える柱を築く」ので、人はその決定に固執するようになる。つまり、多くの場合、人は自分がしたコミットメントに、その正しさを示す新しい理由や正当化を付け加える。その結果、コミットメントを生み出した状況が変化したずっと後も、そのコミットメントの効力は持続する。このような現象によって、「承諾先取り法」のようなだましの手口が、なぜ効果を発揮するか説明できる。

◎コミットメントに基づく戦略の別の利点は、以前のコミットメントを少し思い出させるだけで、行動を誘導する力が取り戻される点にある。これは未体験の状況においても当てはまる。さらに、以前のコミットメントを思い出させる合図は、コミットメントの活力を回復させるだけではなく、その人物のコミットメントに関連した自己イメージを強めることによって力を増強すると考えられる。

◎承諾の決定に対する一貫性の圧力の不当な影響を認識し、それに抵抗するには、身体の中の二つの部位（胃と心の奥底）から送られる合図に耳を澄ます必要がある。胃からのサインは、コミットメントと一貫性の圧力のせいで、やりたくもない要求を呑まされそうになっていると自覚しているときに現れる。そのような状況で一番良いのは、相手に対して、こんなふうに丸め込まれそうになっているのは馬鹿げた一貫性を保とうとしているからであり、自分はそんなものにこだわりたくない、と説明することである。心の奥底のサインには、胃からのサインとは違った働きがある。それは、最初のコミットメントが間違っているか明確でないとき、最も効果的に用いることができる。その場合、「今知っていることはそのままにして時間を遡ることができたら、同じコミットメントをするだろうか」という、非常に重要な質問を自分自身に問いかける必要がある。ここで役に立つ答えをもたらしてくれるのは、最初に湧き上がってきた感情である。コミットメントと一貫性の原理を利用した戦術は、個人主義的な社会でとりわけ効果を発揮しやすく、そうした社会の成員の中でも、特に五十歳以上の人々が引っかかりやすい。したがって、この年齢層の人たちは特に、コミットメントと一貫性の原理を利用した戦術に用心するべきである。

一体性

――「私たち」とは共有された「私」のこと

私たちが平和を得られていないとすれば、それは私たちが、お互いに仲間だということを忘れているからです。
（マザー・テレサ）

変わったルームメイトと暮らした経験のある人は大勢います。そうしたルームメイトが関わった私的な出来事について知ると、動揺と、当惑と、人間の能力の幅について、それまで知らなかったことを教わったという気持ちを同時に感じるものです。人類学者のロナルド・コーエンと一時期ルームシェアをしていた人物ほど、深くそうした印象を刻みつけた人はおそらく他にいないでしょう。かつてナチスの強制収容所で守衛をしていたその人物は、ある晩、あまりにも印象的だったために忘れようがないと思った出来事をコーエンに語り、それを聞いたコーエンもやはり忘れようがないと思いました。実際、何年も経った後でもまだ頭に残り続けていたため、コーエンはある学術論文で、その出来事を中心的話題として取り上げたくらいです。

ナチスの強制収容所では収容者がルールを破った場合、全員を整列させ、守衛がその列に沿って歩みながら人数を数えていき、十人目ごとに立ち止まって一人射殺するという処罰法が珍しくありませんでした。コーエンのルームメイトによれば、あるベテラン守衛がこの担当になっていつもどおり任務を遂行していたときに、どういうわけか普段と違うことをしました。不運な十人目と思われた収容者の前まで来たとき、その守衛は眉を上げ、九十度身体の向きを変えて十一人目を射殺したのです。

人の生死を決めたこの守衛の逸脱行為の理由については、後ほど説明します。しかし、きちんと説明するためには、その理由に強力な力を与えている、私たちに深く根づいた社会的影響力のある原理を検討しなければなりません。

一体性

誰でも自動的にそして休みなく、他の人たちを、私たちというカテゴリーに入れる人とそうでない人に分けています。影響力という観点から見た場合、これには大きな意味があります。仲間内では影響力に関係するすべてのことが、達成しやすくなるからです。「私たち」の範囲に入っている人は、同意、信頼、援助、好意、協力、感情的支援、そして許しを得やすく、創造性、道徳性、慈悲深さが高めに評価されもします。内集団びいきは、人間の行動に非常に広範な影響を及ぼしているだけでなく、根源的なものでもあるらしく、人間以外の霊長類やごく幼い子どもにも見られます。「徒党《クリーク》・実行《ラン》」といったところでしょうか。[*1]

そのため、社会的影響力が成功を収めるとき、その中心的土台には「私たち」関係があることもしばしばです。ただ、依然として重要な疑問が一つ残ります。どうすればそのような関係性を最もよく特徴づけられるのでしょうか。この疑問に答えるためには、些末ながらも非常に重要な区別が必要です。「私たち」関係とは、「あっ、あの人は自分たちと似ているぞ」というような関係のことではありません。「あっ、あの人は自分たちの身内だ」というような関係です。したがって、一体性という影響力のルールは、次のように表すことができます。人は自分の身内だと考える相手に対してイエスと言いやすい。一体性の体験は、単なる類似性に関するものではありません（もっとも、類似性も好意の原理を通じて働いていますが）。関係しているのはアイデンティティ、共有されたアイデンティティです。それは、自分や自分の所属する集団を定義する際に使う分類上のカテゴリー、つまり人種、民族、国籍、家族、政治的・宗教的所属といったものと関係しています。たとえば、私と共通した趣味嗜好は、兄弟姉妹よりも職場の同僚たちのほうがずっと多く持っているかもしれません。それでも、私がどちらを身内とみなし、どちらを自分と似ている人とみなすかは、考えるまでもありません。こうしたカテゴリーの重要な特徴は、成員同士がお互いに「一体となって」融合していると感じがちなことです。このカテゴリーでは、所属する一成員の行動が、他の成員たちの自尊心に影響を及ぼします。ひと言で言えば、この「私たち」は、共有された私なのです。

そのため、「私たち」関係集団の中では、人はしばしば、自分の特徴と他の成員たちの特徴をきちんと区別できません。このことが示すのは自他の混同です。この混同を神経科学は次のように説明しています。自分あるいは近しい他者を想像させると、どちらの場合も脳内の同じ回路が作動します。この共通性がと下の図のうち、パートナーとの関係を最も適切に表しているものを、丸で囲んでください。

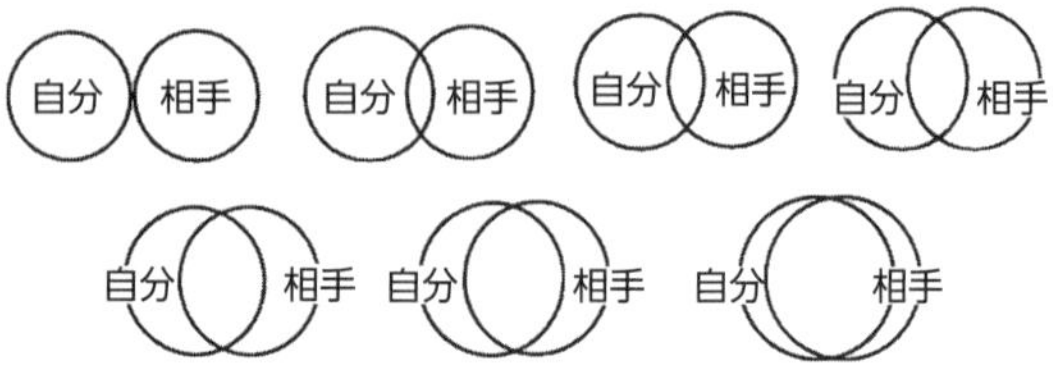

図8・1　円の重なりが自他の重なり

1992年に発表されて以来、科学者たちはIOS尺度（the Inclusion of Other in the Self Scale）を用いて、どのような要因が、他者と「一体」となっている感覚を促進するのか、調べている。

Courtesy of Arthur Aron and the American Psychological Association

きにニューロンの「交差励起」を引き起こすため、自己もしくは近しい他者を想像すると同時にもう片方も呼び出され、アイデンティティの混同が生じるのです。神経科学的な証拠がまだ利用できなかった時代には、社会科学者たちは、人々に特定の他者とどれくらいアイデンティティが重なっていると感じているか尋ねることによって、自他感覚の融合度を測定していました（たとえば、図8・1参照）。この手段を利用して、研究者たちは共有されたアイデンティティという感覚を増大させるのはどんな要因か、またそうした要因はどう働くのかを調べています。[*2]

「私たち」関係が人間の反応に影響する環境や場面の範囲は驚くほど多様です。けれども、常に変わらない点が三つ判明しています。第一に、「私たち」関係に基づく集団は、非成員よりも成員の結果に肩入れし、その幸福を気にかけます。その差は驚くほどです。たとえば、競合関係にあるワークグループ二つの成員たち（どちらも人間二人とロボット二体からなる）は、自分たちのチームメイトに対して一貫して肯定的な態度をとるばかりか、自分たちのチームのロボットに対してすら、競合相手チームのロボットや人間に対するよりも肯定的な態度をとりました。第二に、「私たち」集団の成員は、同じ集団の仲間の嗜好や行動を自分の手本として用いることがとても多く、その傾向が集団の結束を固めます。三つ目は、仲間をえこひいきしたり、手本にしたりする党派的行動パターンは、進化論的観点から言うと、「私たち」集団ひいては私たち自身に利益を与える手段として発生したものです。実際、この点と関連する科学論文を何十年分も調べた後、ある学者グループは、部族主義が普遍的なものであるというだけでなく、「部族主義は人間の本性である」と結論づけています。私たちの最も基本的な社会分野に目を向ければ、この内集団びいきがどれほど広範に力強く（そして多くの場合「クリック・実行《ラン》」というふうに）働いているかが分かります。[*3]

▼ビジネス

■セールス

第3章で取り上げたジョー・ジラード（『ギネスブック』が世界で「最も偉大な自動車販売員」と認めた人物）の、驚くべきセールス実績を思い出してください。彼は二十年連続で自動車とトラックを毎日五台以上売り続けましたが、そうできたのは、彼が社交家だったからです（彼は本当に顧客が好きでした）。「あなたが好きです」というカードを定期的に送って自分の好意を相手に示し、顧客が車を点検に出したときには必ず礼儀にかなった素早い対応をされるように取り計らい、いつも適正価格を提示しました。最

図8・2　レダ、準備完了《レディ》

アリ・レダは、ミシガン州ディアボーンのアラブ人コミュニティに欠かせない人物であり、同胞を顧客として、自動車販売で記録的な売上げを成し遂げた。

Courtesy of Greg Horvath

近の情報によれば、ジョーのセールス記録は、アリ・レダというミシガン州ディアボーンの自動車販売員によって塗り替えられたそうです。この人物の年間売上げは、ジョーの最高記録すら上回っています。レダ氏はインタビューで、ジョー・ジラードが成功への秘訣を語った具体的な忠告に、しっかりと従っていることを何度か認めています。しかし、アリがただジョーを真似ただけなら、どうしてお手本を上回ることができたのでしょうか。彼はきっとジョー・ジラードの忠告に何か秘密の要素を付け加えて、差を生み出したに違いありません。実際、彼が付け加えた要素はあったのですが、それは秘密でも何でもありませんでした。それは、前面に出された民族的な「私たち」性だったのです。

ディアボーンは住民およそ十万人の町で、アラブ系米国人、つまりアラブ民族の子孫である住民の数は全米一です。自身がアラブ系米国人のレダ氏は、この互いに親密なアラブ人コミュニティの能動的で目立った一員たろうとし、その一環で、コミュニティ内での熱心な販売活動も行っています。レダ氏の顧客が彼から車を買う理由は多くの場合、彼が身内であると知っていて、信頼もしているからです。民族的な「私たち」性という点では、ジョー・ジラードはアリにまったく太刀打ちできませんでした。ジョーの誕生時の名前はジラルディで、シチリア系の血統を思わせたため、彼の顧客のほとんどに民族的な「私たち」性がないと感じさせました。それどころか、ジョーの話では、顧客の中には「ダゴ（イタリア系米国人への蔑称）」から物を買いたがらない人もいたため、名前を変えざるをえなかったのです。[*4]

■金融取引

アリ・レダがジョー・ジラードの手法をかなり真似しながらもジョーの実績を超えられた理由が、共有された民族的アイデンティティで説明しやすくなるのなら、おそらくビジネス界の別の謎も同じ要因で説明できるでしょう。現代、最大の投資詐欺事件と言えば当然、ウォール街の内情に通じていたバーナード・マドフが画策した「ポンジ・スキーム」です。この詐欺事件の分析の焦点はいくつかの驚くべき側面、たとえばその規模（被害総額百五十億ドル以上）や、その期間（発覚までに数十年を要した）に集中していますが、私が関心を覚えるのは別の驚くべき特徴、つまり被害者の多くが金融の世界に明るかったという点です。マドフにだまされた人たちの一覧には、抜け目のないエコノミストや、海千山千の資産運用管理者、成功したビジネスリーダーの名前が大勢載っています。いくら顧客に大きな利益があると喧伝されていたとはいえ、この詐欺行為は驚くほど簡単に受け入れられてしまいました。彼がしたことは、詐欺師がカモをペテンにかけるという、よくある詐欺事件ではありませんでした。いわば、詐欺師が他の詐欺師をペテンにかけたのです。どうやったのでしょうか。

こうした大きな出来事における人間の反応の原因が、何か一つだけということはほとんどありません。まず間違いなくいくつかの要因が組み合わさっています。マドフ事件にしてもそれは同じです。マドフの長期に及ぶウォール街でのキャリア、マドフが用いていると言ったデリバティブを土台とする金融手法の複雑さ、そして、彼がファンドへの参加を「許した」投資家の数がごく限られたものだとされていたこと、これらすべてが影響していました。しかし、そうした混合物の中には、他にも一つ働いていた要因がありました。共有されたアイデンティティです。マドフはユダヤ人でした。被害者の大多数もそうでした。被害者たちの勧誘を担当したのは、たいていの場合マドフの代理人でしたが、その人物もやはりユダヤ人でした。さらに新しく顧客になった人々は、既存の顧客たちを知っていたうえに、彼らと民族的同胞でもありました。そのため、新規顧客たちは、既存顧客たちを自分とよく似た人たちによる社会的証明の情報源として使い、マドフに投資するのは賢い選択に違いないと考えたのです。

もちろん、この手の詐欺が一つの民族集団や宗教集団に限られることは、ほぼありません。同胞（アフィニティ）詐欺と呼ばれるこの手の投資詐欺では必ず、あるグループの成員が別の成員をカモにします。バプテストがバプテストを。ラテン系がラテン系を。アルメニア系米国人がアルメニア系米国人を。マドフが行っていたポンジ・スキームの名前の由来となった人物、チャールズ・ポンジは、イタリアから米国にやって来た移民で、一九一九〜二〇年にかけて、他のイタリア移民たちをだまして何百万ドルも巻き上げました。「仲間だ」という「クリック」で、破滅へのプログラムが「実行《ラン》」されてしまったわけです。

投資の意思決定以外の金融取引においても、「私たち」関係に基づいた選択は広く見られます。米国の金融コンサルタント業界で、あるコンサルタントの行った財務不正行為が別のコンサルタントに模倣される見込みは、その二人が同じ民族集団に属していると二倍に跳ね上がります。中国では、会計検査官と企業のCEOが同郷だと、検査官が財務に関わる虚偽を述べてその企業に便宜を図る見込みが高まります。インドの大手銀行の記録を調べた研究では、融資担当者が同じ宗教を信じる申請者に融資を認めやすく、また条件も甘くしているということが分かりました。さらに、このえこひいきは双方向的に働いていたのかもしれません。というのは、宗教が同じ申請者への融資では、返済率が有意に高くなっていたからです。内集団びいきの例はまだあります。香港のあるレストランではサービスに不手際があったとき、店員と客の名字が同じだと、クレームになりにくかったのです。

世界各地で実施されたこれらの研究が、内集団効果の文化横断的な広がりを確信させるのに十分ではないと言うなら、さらに他の事例についても検討しましょう。ガーナではたいていの場合、タクシーの運転手は客と値段交渉を行ってから車を発進させます。もし双方が同じ政党を支持している場合、運転手は安めの料金で手を打ちますが、そこには興味深い付帯条件がつきます。こうした価格破壊が起きるのは、有権者の政党員意識が際立つ、選挙前の七日間と選挙後の七日間だけなのです。この発見は「私たち」集団の反応の重要な側面を教えています。「私たち」という反応は、集団のアイデンティティを意識させる合図や状況があると強まるのです。ですから、一体性の（というよりも、すべての影響力の原理の）力は、普通の強力な磁石のようにいつも強い磁力を放っているわけではありません。むしろその働き方は強力な電磁石に似ています。その時々に流れている電流の強さによって、引きつける力が変わるのです。

カトリックが多い国、ポーランドで起きたことも見てみましょう。研究者たちは町のあちこちに、落とし物に見せかけた手紙を置いておきました。手紙の宛名はポーランド風の（カトリック教徒と思わせる）ものと、アラブ風の（イスラム教徒と思わせる）ものがありました。手紙を見つけたポーランド人が郵便ポストに手紙を投函してあげることは、宛名がポーランド風の場合のほうがアラブ風の場合よりも多くなりました。しかし、そうなるのは主にクリスマスという宗教的祝日の前後でした。こうした結果を、クリスマスシーズンに目立つ全般的な善意で説明することはできません。クリスマスが近い時期には、ポーランド風の名前が宛名に書いてあった場合に投函してもらえた割合は一二％上昇しましたが、宛名がアラブ風の名前だった場合には三〇％も低下したからです。明らかにこの善意は、はっきりと分かる宗教的内集団に対してだけ向けられていたのです。[*5]

▼政　治

他者を傷つけないためにつく罪のない嘘《ホワイト・ライ》（「いや、ほんとだって。その服／髪型／鼻ピアスはよく似合ってるよ）と、他者の利益を損なうためにつく悪意のある嘘《ブラック・ライ》（私の元彼とのデートにあなたがその格好で行ったら、彼、きっと気に入ると思うな）とを両極にする嘘の範囲の真ん中に、新しく名前がついた嘘の色調があります。この嘘、「ブルー・ライ」には、他の二種類の嘘の核となる要素が両方備わっています。この嘘は他者を守るとともに傷つけるために使われますが、守る相手と傷つける相手が異なっており、その選別は「私たち」集団を基準に行われます。ブルー・ライは意図的な嘘で、多くの場合、ある内集団の成員が自分たちの集団の評判を守るために、外集団の評判を落とそうとしてつくものです。自他の区別が曖昧になった集団の内部では、一体性が真実を打ち負かします。違う言い方でもう少し政治色のない表現を用いれば、「私たち」集団を強くする欺瞞は、真実を語ってその集団を弱めるよりも道徳的に正しいと、集団の成員には見られるのです。

政党は、この問題の腐敗した形を示しています。関連研究を詳しく調べたある研究者は、次のように結論づけています。「この種の（政治的利益のためにつかれる）嘘は、怒り、恨み、強い対立の雰囲気がある場で栄えるようである。党への帰属意識が非常に強いことから、党への批判が自分への脅迫のように感じられ、それがきっかけとなって、さまざまな防衛的心理機制が働き始める」。聞き覚えのある話です。自分の政党を売り込んだり守ったりするための嘘を受け入れる以外にも、さまざまな防衛機制が、そのような腐敗した帰属意識によって引き起こされます。自分の政党とアイデンティティが「融合した」人はそうでない人よりも、自党の政治家による脱税の証拠を隠すことに抵抗を覚えませんでした。町の福祉に複数の政党が同じ程度の貢献をしているという証拠を見せられた場合、熱心な党員たちは、自分たちの党がより大きな貢献をしたに違いないと考えました。ある研究で、腎臓病に苦しむ患者を治療を早く受けるのにふさわしい順に並べて、順番待ちリストを作るように指示すると、実験参加者たちは自分と支持政党が同じ人を優先的に選びました。

人は自分の政党の党員をひいきするだけでなく、他の人たちより信頼します。そうするのがおかしい状況のときでさえもです。インターネットを使ったある研究では、実験参加者にいくつかの形を見せ、それを一連の指針に従って分類するよう求めました。正しく分類できた数が多いほど、たくさんお金がもらえることになっていました。参加者はどうすれば最もうまく形を分類できるかを考える際に、別の参加者（各参加者の政治傾向は、以前の情報から分かっていました）の一人を選び、その人がどう答えたかを教えてもらうことができました。

かなりの割合で、参加者たちが見せてもらい利用することを選んだのは、政治的傾向が近い参加者の答えでした。これは、その相手の成績が比較的悪い場合であっても同じでした。つまりこういうことです。人々はある課題に関して、①その課題が政治とは無関係であり、②その人物の課題の成績が悪く、③したがって参考にすればおそらく損をすることになるというのに、政治的傾向が近い人の判断を知りたいと思うことが多かったのです。一般論として言えば、こうした結果は、政党支持者が多くの場合、判断の根拠をイデオロギーよりも「私たち」性の感覚から生まれる忠誠心に置いているということを示す、最近の学識と合致します[*6]。

▼スポーツ

熱心な支持者が自分たちの内集団に行う生来のえこひいきの存在をよく分かっているので、競技大会の運営者たちは実に長きにわたり、ルールを守り偏りのないやり方で勝者を宣言する、独立した評価者（レフェリー、ジャッジ、アンパイアなど）の必要性を認識してきました。しかし、こうした評価者が公平であると、どうして期待できるでしょうか。そもそも、「部族主義は人間の本性」だというなら、理性的に考えて、審判は公平だなどと信じられるものでしょうか。内集団びいきについて私たちが知っていることを踏まえれば、懐疑的にならざるをえません。しかも、その懐疑を裏付ける直接的な科学的証拠が存在します。

サッカーの試合では、選手が審判の母国出身だと有利な判定が一割増しになります。また、このえこひいきは審判のレベルを問わず発生します。メジャーリーグベースボールの試合では、投球がストライクと判定されるかどうかが、主審とピッチャーが同じ人種かどうかで変わります。全米バスケットボール協会の試合では、審判は選手が同じ人種だと、ファウルを取る回数が減ります。こうした不公平は非常に多く、研究者たちは「チームの勝利の可能性は、その試合を担当する審判団の人種構成に大きく左右される」と結論づけました。ですから、「私たち」集団への無意識的なえこひいきは、それを追放するべく特別に選別され、訓練を受けた人々の判断さえも曇らせています。なぜそうなるのかを理解するためには、悪名高い不公平なスポーツファンたちに働いているのと同じ力が、スポーツの審判にも働いていると認識しなければなりません。

著名な作家アイザック・アシモフは、私たちが勝負ごと一般を見るときの反応を、次のように描写しています。「他のすべての条件が等しければ、人は自分と同じ性別、同じ文化、同じ地方の人を応援する（中略）。その人が証明したいと思っているのは、自分が他の人より優れているということなのである。応援する相手が誰であれ、その相手は自分の代理になる。そして、その人の勝利は自分の勝利なのである」。このような観点からすれば、スポーツファンの熱情にも納得がいきます。試合は、その固有の形式や技量を楽しむだけの軽い娯楽ではありません。そこには自己が賭けられています。だからこそ、群衆は地元チームの勝利にいつも貢献してくれる人をあれほど崇拝し、多大な感謝を示すのです。その同じ群衆が、敗北に関わりを持った選手やコーチ、審判員に対してしばしば凶暴な振る舞いに及ぶのも、こうした理由によるのです。

具体例として私の好きな逸話を紹介します。第二次世界大戦で戦った兵士の話です。この兵士は、戦争が終わってバルカン半島の自宅に戻った直後から、口をきかなくなってしまいました。病院に行っても原因は分かりませんでした。どこにも怪我はなく、脳にも声帯にも異常はありません。読み書きはでき、会話を理解することも指示に従うこともできました。しかし、医者に対しても友人に対しても、また、しゃべってくれと懇願する家族に対してさえも、話をしようとはしなかったのです。

腹を立てた主治医は、彼を別の町の退役軍人病院に入院させました。入院は三十年続き、その間、彼は自らに課した沈黙を一度も破ることなく、社会的に孤立した生活の中へと沈んでいきました。そんなある日、たまたま病棟のラジオから、故郷のサッカーチームの試合が流れてきました。対戦相手は昔からのライバルチームです。試合の重大な局面で審判が、物言わぬ退役軍人の故郷のチームの選手に、ファウルを宣告しました。そのときです。彼は椅子から飛び上がり、ラジオを睨みつけ、三十年間の沈黙を破って言葉を発しました。こう叫んだのです。「この馬鹿野郎。やつらを勝たせるつもりか！」。それだけ言ってしまうとまた椅子に戻り、それ以後、二度と口を開くことはありませんでした。

この実話から分かる重要なことが二つあります。一つ目は、その現象の純然たる力についてです。故郷のチームに勝ってほしいという退役軍人の願いは非常に強く、それだけが、かたくなに守り通してきた生活様式から大きく逸脱した行動を生み出すことができたのです。二つ目は、それが決して他人事ではない事柄であるということです。これこそが、スポーツとファンの結びつきの基本的な性質を決定づける特徴なのです。荒廃した無口な男の持ち続けていたアイデンティティの断片がどのようなものであれ、それはサッカーの試合に惹きつけられました。言葉もなく病棟で澱んでいた三十年の間に、いかに彼の自我が弱まっていたとしても、その自我が試合の成り行きに注意を奪われたのです。なぜでしょうか。それは故郷のチームの敗北が我が事のように気分を落ち込ませ、その勝利が我が事のように気分を高揚させるからです。どうしてそうなるのでしょうか。生まれた場所というわずかな関わりが、近づく勝利あるいは敗北と彼とをつなぎ、包み、結びつけたからです。

　最後に私自身の経験から、スポーツに関係した非合理な内集団びいきの例を、もう一つ紹介しましょう。私はウィスコンシン州で育ちました。同地のＮＦＬチームといえば、今も昔もグリーンベイ・パッカーズです。先日、さまざまな著名人が、どのＮＦＬチームのファンかを特集した新聞記事を読んでいて、ジャスティン・ティンバーレイクとリル・ウェインが、私と同じく熱烈なパッカーズファンであることを知りました。すぐに、私は彼らの音楽がそれまでよりも好きになりました。それだけでなく、彼らには将来さらに大きな成功を収めてほしいとも思いました。沈黙を守った退役軍人と私は多くの点で異なっています（誰かが私に喋ってくれと懇願しなければならなかったことはありません）が、考えなしの内集団びいきという点については似ています。それは否定しても仕方ありません。「クリック・実行《ラン》」ですから。[*7]

▼個人的人間関係

■恋愛関係

あらゆる恋愛関係には意見の不一致がつきものですが、それは諍《いさか》いの種となって、放っておけば不和と不満が蓄積し、当事者双方の心理的・肉体的健康が損なわれます。当事者のどちらかが相手を説得して何かを改めさせ、それによって意見の不一致を減らしたいときに使える、とりわけ効果的な影響手法はあるのでしょうか。あるのです。しかも簡単に実行できます。ある研究では、交際期間が平均二十一カ月のカップルたちから同意を得て、今二人の間にある問題について話し合い、解決策を模索してもらいました。研究者たちがその話し合いの様子を検討したところ、注目すべき点が二つ見つかりました。第一に、例外なく、カップルのどちらかが説得する側の役割を買って出て、相手を自分の意見に近づけさせようとしました。第二に、説得する側の影響手法は三種類に分けられましたが、どれを選ぶかで結果が大きく変わりました。

一つ目の威圧的アプローチでは、相手を軽んじるようなコメントと「考え方を変えないと後悔するよ」式の脅しが用いられました。こうした攻撃はうまくいかないばかりでなく逆効果となり、言われた側はますます相手との意見の隔たりが大きくなりました。二つ目の論理／事実提示アプローチでは、説得する側が「ちょっと考えてみればこっちが正しいって分かるはず」式の言い方で、自分の言い分のほうが筋が通っていると主張しました。この場合、言われた側はその主張をはじめから認めず、何の変化も起こりませんでした。三つ目、パートナーシップ高揚アプローチでは、カップルとして融合した双方のアイデンティティをただ意識させるだけで、非常に大きな効果が上がりました。共有している感情や共に過ごした時間への言及を行う、あるいは「私たち」という代名詞を使って「ねえ、私たちはずいぶん長いこと一緒にいるでしょ。それにお互いを大切に思ってる。お願いだから、私のためにこれをしてくれない？」といった具合に訴える。そうしたことが説得の際に行われた場合のみ、説得する側の望む変化が起こったのです。ここには考えるべき問いが一つあります。例に挙げた訴え方は、なぜ最後が、双方のための要請（私たちのためにこれをしてくれない？）ではなく、一見利己的な要請（私のためにこれをしてくれない？）で終わっているのでしょうか。私はそこに本質を表す答えがあると思います。その要請をするまでに、一体化しているというパートナーシップの本質が意識にのぼっていたため、「私」と「私たち」を区別する必要がなかったのです。

この一体感を高めるアプローチには、はっきりと示された効果に加えて、注目すべき性質がさらに二つあります。第一に、このアプローチの機能的本質は、証拠に基づく無理な推論という形式にあります。「ねえ、私たちはずいぶん長いこと一緒にいるでしょ。それにお互いを大切に思ってる」という言葉は、それを言う人の意見に、論理的妥当性も実証的妥当性もまったく与えていません。しかしそれは、変わるべきということに、まったく違った理由を与えます。パートナーシップへの忠誠心という理由です。

この手法の驚くべき性質の二つ目は、新しいことを何も伝えていないという点です。ほとんどの場合、当事者双方とも、自分たちがパートナーであるということを理解しています。しかし、その含意に満ちた情報は、他の考え事が紛れ込んでくると、簡単に意識から消えてしまいます。パートナーシップ高揚アプローチは、その名のとおり、ただ結びつきの意識を強めるのです。この変化の根拠は、社会的影響力に関する研究の多くに対して最近私が抱くようになった見方と、よく合致しています。人の行動に関する意思決定に最も影響を及ぼすのは、状況全体にある最も強力な側面や最も有益な側面ではありません。そうではなく、意思決定をする際に最も強く意識しているものこそが、意思決定に最も影響を及ぼすのです。*8

■親しい友人関係

恋愛関係以外にも、「私たち」関係を生む、別の形の強い個人的なつながりがあります。たとえば友情です。ですから、驚くことではありませんが、ある人の身体活動量は、職場の同僚の身体活動量より友人の身体活動量と似たものになります。

●Eボックス8・1

今日、友人グループというものはネット上で頻繁に合流し、Fコマースと呼ばれる、Eコマース活動の下位ジャンルを生み出している。多くの大手ブランドに協力しているソーシャルメディア・ソフトウェアプロバイダーのアウェアネス社によれば、ネット上のFコマースから生じる利益はときに莫大なものになる。ここでは伝統的な実店舗中心型のビジネスを営むメイシーズとリーバイスが、Fコマース方面で行っている取り組みについて、アウェアネス社の報告内容を検討しよう。

「メイシーズの〈ファッションディレクター〉では、まずユーザーが好きな服の組み合わせを作り、その後、友人たちがその服装を購入したいかどうか意見投票を行います。〈ファッション・ディレクター〉導入後、メイシーズはフェイスブックページへの〈いいね〉数が倍増し、百八十万まで伸び、その間、売上げが三〇％上昇しました。リーバイスの〈フレンズ・ストア〉では、友人たちの好きなアイテムをそろえた仮想店舗を作成できます。同サービス開始時には三万人以上のファンを集め、そのおかげでリーバイスはＳＮＳでの影響範囲を広げ、九百万人以上のファンがつきました。〈フレンズ・ストア〉は売上げ率で一五％増、平均注文価格で五〇％増の成績をあげています」。

著者からひと言——私がとりわけ興味を引かれるのは、リーバイスの「フレンズ・ストア」から得られた証拠です。「フレンズ・ストア」の影響力は、ストアのメンバーの選んだスタイルが好きだと言う、友人たちから生まれているのではありません。むしろ影響力を生んでいるのは、友人たちの間にすでにある好みへの知識であり、その知識が選ばれたスタイルの購入を増やしているのです。

役に立つ話ですが、友人関係（とそれに伴う一体感）が密接であればあるほど、その友人の行動が私たちに及ぼす影響は大きくなります。六千百万人を対象に、選挙について調べた大規模研究では、投票に行こうと訴えるフェイスブックのメッセージが最も効果的だったのは、投票済みのフェイスブック上の友達の写真がメッセージに含まれ、しかも決め手として、その写真の一枚が親しい友人のものだった場合でした。

親しい友人よりもさらに強い一体性を感じられるのが、親友同士の場合です。たとえば、「私たちは親友《ベスティ》です」や、「私たちはＢＦＦ《ベスト・フレンズ・フォーエバー》（一生の大親友）です」といった特別な呼び方と結びつきの強さを知らせています。大学生の飲酒習慣を調べた研究では、ある学生の週あたりの飲酒量、飲酒頻度、アルコール関連の問題は、その学生の親友の状態と非常によく合致していました。[*9]

■ペット

誰でもあくびはしますし、多くの場合その原因は眠気や退屈さなどですが、より強い心理学的興味を引く原因もあります。あくびの伝染という影響過程です。あくびの伝染が生じる原因はただ一つ、他の誰かがあくびをしたことなのです。一体性の感覚が人間の反応に及ぼす効果について私たちが知っていることに違わず、あくびが伝染する頻度には、最初にあくびをした人と二番目にあくびをした人の親しさが直接的に関係しています。あくびが最も伝染しやすいのは血縁の間で、その後は友人、知人と続き、最も伝染しにくいのは他人同士の場合です。人間以外の種（チンパンジー、ヒヒ、ボノボ、オオカミ）でも似た結果になります。つまり、ある動物のあくびが別の動物のあくびを促すのは、主に血縁や友好的な間柄の場合です。

あくびの伝染は、同じ種の成員間、それも主にその種の「私たち」に基づいた集団の成員間で、生じることが分かっています。ところで、こうした影響力が種を超えて働くことはないのでしょうか。日本で行われた研究によれば、あります。しかもその証拠は、何というか、かなり驚くべきものです。種をまたいであくびが伝染するのは、片方の種が人間で、もう片方の種が犬（よく「人間の一番の親友」と呼ばれています）の場合なのです。実際、人と犬の「私たち」の絆は、友情を超えた血縁関係として描かれることが多々あります。たとえば、家族のカテゴリーに犬を入れて、「三人の子どもとスコッティッシュ・テリアの親をやっています」といったコメントをする人は、珍しくありません。

日本の研究では、二十五匹の実験参加犬に同じ手順を繰り返しました。すべての犬に五分間、何度も、研究者もしくは飼い主があくびをする様子を見せました。犬の反応を動画に撮り、次にあくびの伝染が何

図8・3　あくびを引き起こす

ペットと飼い主の間では、あくびの伝染が生じる。これまでのところ研究者が調べたのは、飼い主からペットへ移るあくびだけである。私は賭け事はやらないが、あくびの移動に双方向性があることについてだったら、かなりの大金を賭けるだろう。 *Courtesy of iStock Photo*

度あったかが分析されました。結果ははっきりしていました。種を超えて伝染するあくびが実際に発生していました。ただし、それが起こったのは犬と飼い主の間でだけでした。ここでもまた、影響を及ぼす試みは「私たち」という関係性に基づく集団内で、よりうまくいくということ、それに加えて、そうした集団の範囲はときに驚くほど広くなる（この例では、その範囲は別の種さえ含むほどの広さがありました）ことが分かります[*10*11]。

言うまでもなく、行動科学者たちは一体性の原理が人間の反応に及ぼす影響の広さと深さを、熱心に調べてきました。その過程で、彼らは一体性の感覚を生む要因の主なカテゴリーを二つ見つけています。共に帰属していることと、共に活動することです。

一体性　その1――共に帰属していること

▼血縁関係

遺伝子学的観点から言えば、同じ家族（同じ血統）であることは自他の一体性の究極の形です。実際、個人は自己の存続以上に自分の遺伝子のコピーを存続させようとするという考えは、進化生物学の世界で広く受け入れられています。ここから導かれる結論は、自己利益という場合の「自己」が、本人の肉体の外、共通する遺伝子を大量に持つ血族関係にある他者の肌の内側に存在している場合がある、ということです。そのため、人が特に援助する気になる相手は遺伝的に近い血縁であり、この傾向は生死に関わる決定をするとき（たとえば、米国なら腎臓を提供するか、日本なら誰かを救出するために燃えている建物に飛び込んでいくか、ベネズエラのジャングルなら斧を使った決闘を止めに入るか）に、とりわけ顕著です。脳撮像の研究からそうなる原因が一つ特定されています。人は家族を援助した後、自己報酬に関係する脳の部位に非常に強い興奮が生じます。その強さは、家族を援助することで自分を援助しているかのようだと言っても過言ではなく、しかもこの興奮は、ティーンエイジャーの脳にさえ生じます。

●読者からのレポート8・1――オーストラリア、シドニーの看護師より
（COVID‐19の世界的流行の最中に書いたもの）

先日、日用品を買いにあるお店に行き、警備の人に勧められて消毒液を使いました。そのとき、店の薬局で働いている人が消毒液の使用を断り、そのまま入店したのに気づきました。このときだけではありません。お店の人が無責任な行動（たとえば推奨される社会的距離を守っていないなど）をとっている場面は、何度も見たことがあります。

家に帰ってから店の責任者に電話しました。責任者の女性は、自分には何かを変えさせる権限はないけれども、「本社」には伝えておくと言いましたが、これといって状況は変わりませんでした。その後、私は地元選出の国会議員と連絡を取りました。相手の留守番電話にメッセージを入れ、議員に次のような助言をしたのです。「議員、こんな場面を想像してください。感染対策さえしっかりやっていれば防げたかもしれない病気に、あなたの祖母や奥さんが罹《かか》ってしまうのです。どうか、他の人たちにも同じことを想像するよう訴えてください」。

二日後、議員から電話とEメールをもらいました。彼は保健省、保健大臣、それから全国チェーンの小売業者二社のCEOと連絡を取り、私の言ったことを伝えていました。その後、ネットのニュースを見ていて、その二社が突然、手指消毒と社会的距離に関する新ルールを導入すると発表したのを知りました。記事は、読者にその変更を後押しした議員と連絡を取るよう勧めていました。

その変化を引き起こすことができたのは、自分だったと私は思っています。議員の手柄ということになりはしましたが、気にしていません。

著者からひと言――この看護師が目撃した変化の原因を特定するのは難しいですが、私が思うに、その一つは、彼女が議員相手に述べた話の中で家族に言及して相手の感情を揺さぶり、議員にも他の人を説得する際に同じ話をするようにと勧めたことにあると思います。（このレポートを送ってくださった方は、匿名を希望しています。したがって、彼女の名前は、本書冒頭「『影響力の武器　新版』について」に掲載した読者からのレポート寄稿者一覧には載っていません）。

進化の観点から考えれば、親族に対する便宜は当然、比較的些細なものを含めどんなものでも促進されます。その裏付けとして、私が職業人生において使用してきた多種多様な影響力のテクニックの中で、最も効果的だったものを例に考えてみましょう。以前、さまざまなテーマに関する大学生の考え方と、彼らの親世代の考え方を比較したいと思ったことがありました。そうするためには両方のグループに、同一の長々としたアンケートに答えてもらう必要がありました。大学生にこの作業をやらせるのは難しくありませんでした。大教室を使った心理学の講義でアンケートを課題としてやってもらい、その内容を講義の一部に組み込んだからです。頭を悩ませたのは、彼らの親たちからアンケートへの協力を取りつける方法でした。というのも、謝礼を出す余裕がなかったうえに、こうした調査への成人の参加率はさんざんなもので、二〇％を切ることもしばしばだと知っていたからです。そんなとき同僚の一人から、親子の情を攻め手に使って、親がアンケートに回答してくれた学生には次のテスト（クラスで複数回行うテストの一つ）で点数を一点プラスする、と言ってみてはどうかと提案を受けました。

その効果たるや驚くべきものでした。受講生百六十三人全員がアンケートを親に送り、一週間以内に百五十九人（九七％）が、質問すべてに回答した用紙を返送してきたのです。自分の子どもの一人が、いくつもある学期のうちの一つで、いくつも受講している科目の一つで、何度も行われるテストのたった一回だけ追加される一点のために、そうしたのです。影響力の研究者として、それまで一度もこんな経験をしたことはありませんでした。しかしながら、その後の個人的経験から、今ではさらに結果を良くするやり方があったと思っています。学生たちにアンケートをおじいちゃんかおばあちゃんに送るよう言えば、なお良かったのです。私の見立てでは、百六十三通のアンケートが祖父母宛に送られた場合、一週間以内に

図8・4　家族第一

家族の絆の卓越性は、年長者から子どもたちへの行為にのみ現れるわけではない。逆方向にも作用する。2016年のエミー賞授賞式で、コメディシリーズ〔ヴィープ〕での演技が認められ、最優秀主演女優賞を授与されたジュリア・ルイス-ドレイファスは、その賞を先だって亡くなった父親に捧げ、その絆の重要性をはっきりと言葉にした。「父が『ヴィープ』のファンだったことがとても嬉しいです。なぜなら、父がどう思うかは、私にとって本当に重要だったからです」。

Robert Hanashir

回答が百六十二通は戻ってきます。一通だけ戻ってこないのは、おそらく、回答を作成したおじいちゃんが、それを出しに郵便局まで走って行く途中で心臓発作を起こして、病院に担ぎ込まれていたからでしょう。「クリック・走れ《ラン》」……郵便局へ。

私が祖父母によるこの種の偏愛の裏付けを得たのは、ユーモアコラムニスト、ジョエル・ステインの記事を読んでいたときのことでした。その記事には、彼がある大統領候補に投票するよう祖母に頼んだ話が書かれていました。はじめ、祖母は気が進まない様子でした。延々と説得を続けている途中で、彼は自分の議論には説得力も欠けているし、祖母の「ママ・アン」に理解されてもいないと気がつきました。それでも祖母は、彼の勧める候補者に投票すると言ってくれました。なぜそうなったのか分からなかったステインが理由を尋ねると、祖母はこう答えました。だって孫がそうしてくれと言うんだから。

ところで、特別な遺伝的つながりのまったくない人が、血縁関係の力を利用して好意を得るようなやり方は、何かあるのでしょうか。一つの可能性は、言葉をイメージとして使い、血縁の概念を私たちの意識に吹き込むことです。たとえば、成員たちの間に「私たち」という意識を生み出す共同体には、家族的なイメージと名称（「兄弟《ブラザー》」「姉妹愛《シスターフッド》」「父祖《フォアファーザーズ》」「母国《マザーランド》」「先祖《アンセストリー》」「遺産《レガシー》」「継承物《ヘリテージ》」など）を用いるという特徴があります。こうすることで、集団の幸福のために自己の利益を犠牲にしようという気持ちを強めているのです。人間がシンボルを用いる生き物であるために、こうした「擬制家族」からは、普通なら強い相互関係のある血縁集団としか結びつかないレベルの自己犠牲が生じるということを、ある国際的な研究チームが発見しました。二つがセットになっている研究で、スペイン人に同国人というつながりの持つ家族的な性質を思い出させたところ、「融合」感覚が生まれ、祖国スペインのために戦い、スペインのために死ぬという意欲が、すぐに、そして劇的に高まったのです。[*12]

ここからは、既存の共同体の外にいる人に関する、同様の疑問を考えてみましょう。メッセージの送り手が受け手と遺伝的にまったく関係のない人だった場合、血縁に備わった力を用いて同意を得ることはできるのでしょうか。金融業界の集まりで講演をするとき、私はときどきこんな質問を投げかけます。「現代の投資家で最も成功しているのは誰だと思いますか」。声をそろえて戻ってくる答えは、いつも決まって「ウォーレン・バフェット」です。バフェットは、パートナーのチャーリー・マンガーとのこのうえなく素晴らしい協力体制のもと、バークシャーハサウェイ（他の企業に投資を行う持ち株会社）の指揮を執り、一九六五年に経営権を握って以来ずっと、株主たちに驚くべきレベルの利益をもたらしています。

何年か前、私はバークシャーハサウェイの株をプレゼントされました。これは利益をもたらし続けてくれているプレゼントですが、その利益は金銭的なものだけではありません。これがあるおかげで、バフェットとマンガーの戦略的な投資（投資について私はほとんど無知です）と、戦略的なメッセージの伝え方（これは私もいくらか知っています）を観察する場所が手に入ったのです。私の知っているほうにこだわって話を進めると、自分が目撃してきたテクニックの数々に感心しています。皮肉なことに、バークシャーハサウェイの業績があまりにも抜きん出ているせいで、あるコミュニケーション上の問題が生じています。バークシャーハサウェイが将来も現在の成功を維持するはずだという信頼を、いかにして株主と株主候補に与えるかという問題です。そうした信頼がなければ、株主が株を売ってしまってもおかしくありませんし、株主候補たちがバークシャーハサウェイ以外の株を買ってしまう場合も出てくるでしょう。

素晴らしいビジネスモデルと、他に類を見ないスケールメリットを持っていることを踏まえれば、バークシャーハサウェイは自社の将来的価値について説得力のある論拠を確かに持っています。しかし、説得力のある論拠があることと、説得力のある主張を行うことは同じではありません。この後者を、バフェットは毎年の業績報告書で、誠実さ、謙遜、そしてユーモアを組み合わせながら、必ず行っているのです。しかし、二〇一五年二月には、普段以上に影響力のある一手が必要だと考えられていました。バークシャーハサウェイの五十周年を記念した株主への特別書簡の中で、過去五十年間の業績を総括し、今後の継続的な活力について論じなくてはならなかったからです。

五十年というその記念日の陰には、ある心配がしばらく前からつきまとっていたのですが、それがインターネット上の論評で再び主張されるようになっていました。その心配というのは次のようなものです。

この事業を始めて半世紀、バフェットとマンガーはもはや若者ではなく、もし二人のどちらか一人でも会社の陣頭指揮から身を引くということになったら、バークシャーハサウェイの今後の見通しも同社の株価も安泰とは言い切れない。私はこの論評を読んで悩んだのを覚えています。私の株はバフェットとマンガーの経営能力のおかげで、手に入れたときの四倍以上の値になっていましたが、もし二人のどちらかが高齢を理由に引退したら価値を維持できるだろうか、値崩れしないうちに株を手放して、桁外れの利益を確定させるべきではないか、と。

特別書簡の中で、バフェットはこの問題を正面から取り上げました。具体的には「バークシャーの次の五十年」と題された章で、バークシャーハサウェイの実績あるビジネスモデル、ほとんど前例のない金融資産の防衛法、そして、同社がすでに済ませた、適切な時期にCEOを引き継ぐべき「正しい人物」の選定について、将来を見据えた積極的な結論を明確に述べたのです。説得を専門とする科学者としての私にとってさらに印象的だったのは、バフェットの、この非常に重要な章の始め方でした。いつもどおりのバフェット流で、彼は信頼を再構築しました。つまり、潜在的な弱点と正直に向き合ったのです。「さて、今度は前途に目を向けましょう。まず念頭に置いていただきたいのは、もしも五十年前に私が将来予測を試みていたら、そのうちのいくつかは大はずれに終わっていたということです」。次にバフェットが行ったのは、彼が公式の場でそうするのを見たことも聞いたこともないようなことでした。こう続けたのです。「この警告とともに私があなたにお伝えするのは、もし今日、家族からバークシャーの将来について尋ねられたら、私が彼らに答えるであろう内容です」。

これに続いて述べられたのが、バークシャーハサウェイの経済的健康状態の見通しに関する、注意深く組み立てられた論拠（すなわち、実績あるビジネスモデル、金融資産の防御法、綿密に吟味された将来のCEO）でした。一つひとつの利点に関する議論の内容に説得力があったのはもちろんですが、バフェットが論拠を述べる前に行っていたことによって、私はそれらにいっそう強い説得力を感じました。彼は、これから行う助言は家族に与えるものと同じであると主張しました。そして、彼について知っているすべてのことから考えて、私はその主張を信じました。その結果、それ以後私はただの一度も、バークシャーハサウェイの株を手放そうと真剣に考えたことはありません。映画『ザ・エージェント』に印象的な場面があります。トム・クルーズ演じる主人公が部屋に飛び込んできて、そこにいる人たち（レネー・ゼルウィガー演じる別居中の妻、ドロシーもいました）に挨拶し、長広舌をふるって、妻が自分の生涯のパートナーであり続けるべき理由を一つずつ挙げていきます。その途中でドロシーは顔を上げ、その独白を中断させます。そして、今では有名になったあの台詞を言います。「あなたはハローで私を落としたのよ」。バフェットは書簡の家族という単語で、私を落としたのです。

教訓的だと思うのは、バフェットが五十周年にあたって公開した書簡に寄せられた、好意的反応の洪水（そうした記事には「ウォーレン・バフェットがこれまでに書いた最も素晴らしい年次書簡」「バークシャーハサウェイに投資しなければあなたは愚か者」といった見出しがついていました）の中で、バフェットが書簡の中に巧みに配置した家族という枠組みに触れたものが、一つもなかったことです。もっとも、それに驚いたわけではありません。現実的な考え方をし、事実に重きを置く金融投資家の世界では、メッセージの持つメリットに注意を向けるのが基本です。そして、もちろん（その議論の）メリットがメッセージになる場合があるのも確かです。しかし同時に、効果的なコミュニケーションには、メッセージの根幹となりうる特徴が他にも存在します。私たちはコミュニケーションの導師《グル》マーシャル・マクルーハンを通じて、メディア（メッセージを届ける手法）がメッセージになることを学びました。社会的証明の原理を通じて、群衆がメッセージになることを学びました。権威の原理を通じて、メッセージの伝え手（メッセンジャー）がメッセージになることを学びました。そして今、一体性という概念から、（アイデンティティの）融合がメッセージになることを学びました。次に検討すべきは、ある状況に存在すると、アイデンティティの融合が認識されやすくなる付加的な特徴は、直接的な親類関係以外にどんなものがあるかという問題です。

注目してほしいのは、こうした特徴の多くをたどっていくと、それでもなお血縁的感覚を強める合図《シグナル》に行き着くという点です。当然ながら、他の人の内側を覗《のぞ》いて自分とその人がどれくらい遺伝子を共有しているかを判断できる人はいません。そのため、進化論的に見て分別のある行動をとるには、外側から見てとれる、遺伝子的重なりを連想させる要素に頼るしかありません。そうしたものの中で最もはっきりしているのは、身体的な類似性です。自分と似ている他者の魅力に惹きつけられて、人は自分と見た目の似た人たちと、友人集団、大学のフラタニティ、果ては野球チームまで作ります。家族の中でも人がより援助を差し伸べるのは、自分と似ている相手です。家族以外では、顔の類似性が、他人との遺伝的つながりの度合いを（かなり正確に）判断するために使われます。しかし、この点については、だまされて見当違いのえこひいきをしてしまう場合もあります。写真に写っている人物にデジタル加工を施して見る人との類似性を高めた場合、見る人がその人物に寄せる信頼が著しく高まります。類似性を高めた写真に写っているのが選挙の候補者であれば、それを見た人はその候補者に投票しようという気持ちが強くなります。[*13]

身体的類似性以外では、態度の類似性が遺伝的関連性を判定する土台として使われ、その結果、内集団の形成や、誰を助けるべきかの判断の土台にもなっています。しかし、教訓的な話ですが、すべての態度が同等の力を持つわけではありません。内集団のアイデンティティを決定するのに最も強く働いているのは、性行動や進歩・保守イデオロギーなどの事柄に対する、基本的な宗教と政治的な態度のようです。これにもやはり血縁関係に基づいた理由があって、そうなっていると考えられます。こうした種類の態度は世代から世代へ最も受け継がれやすく、したがって遺伝子的「私たち」を最も反映しやすいのです。世代を超えて受け継がれていきやすいこうした態度は、非常に変化しにくいものでもありますが、その理由はおそらく、自分を規定していると感じる見解を、人はなかなか変えたがらないものだからでしょう。[*14]

▼場　所

たいていの場合に信頼できる遺伝的共通性を強調する合図《シグナル》は他にもあり、それは身体的類似性よりも物理的近接性と関係しています。その合図とは、相手が自分と同じ場所の出身であるという認識で、それが人間の行動に及ぼす効果は非常に大きくなる場合があります。私の知る限り、この効果を最もよく立証する方法は、現代史の中でも最も痛ましい時代の一つであるホロコーストの時代のさなかに現れた、人間行動にまつわるいくつかの謎を解くことです。最初に、人の暮らす場所として物理的に最も小さな形式の例を検討し、その後、より広範な形式の例を見ていくことにしましょう。

■家　庭

人間も動物同様に、成長段階を過ごす家にいる相手には、親戚であるかのような反応をします。同系性への この合図は、ときに間違っていることもありますが、普通は正確に事実を反映しています。たいていの場合、同じ家に住んでいる人は家族だからです。さらに言えば、同居期間が長くなればなるほど、それぞれの家族イメージに及ぼす影響も大きくなり、それに応じて互いのために犠牲を払おうという気持ちも強まります。しかし、長い時間を一緒に過ごさなくても、同じ結果を生む関連要因があります。自宅で、困っている他人の世話をする親の姿を見た人は、親が世話をしている人に対しても家族的な感情を持ち、その人を支援しようという気持ちが強くなるのです。このプロセスからは興味深い結論が得られます。さまざまに異なった人々を自宅に受け入れている親の姿を見て育った子どもは、大人になったとき、見知らぬ人を助ける見込みが他の人々よりも高くなるはずです。その子たちにとって「私たち」という意識は、自分の直接的・間接的な家族という範囲を越え、人類という家族にも当てはまっているからです。

この知見がホロコースト時代にあった出来事の大きな謎を解くのに、どう役立つのでしょうか。歴史は当時の最も有名で成功した支援者たちの名前を記録しています。ラオル・ヴァレンベリ（絶え間なく救助に尽力し、最終的にはそのために命を落とした勇敢なスウェーデン人）と、ドイツの実業家オスカー・シンドラー（彼の「リスト」は、千百人のユダヤ人を救いました）です。しかし、ホロコースト当時行われた中でも、最も効果的かつ集中的だった支援活動については、現在に至るまで比較的知られないままになっています。

それが始まったのは、一九四〇年のある夏の明け方でした。ポーランドのユダヤ人二百人が、リトアニアの日本領事館前に集まっていました。東ヨーロッパを進んでくる圧倒的なナチスの軍勢から逃れるため、支援を訴えに来ていたのです。彼らが日本人官僚に助けを求めたことは、それ自体が一つの謎です。当時、ナチス政府と大日本帝国政府には密接な結びつきと共通の利害がありました。ではなぜ、ナチス政府に憎むべき標的とされていたユダヤ人たちが、アドルフ・ヒトラーの同盟国の慈悲にすがったのでしょうか。いったいどんな助力を、日本から引き出せると見込んでいたのでしょうか。

一九三〇年代後半、ナチスとの密接な戦略的結びつきを強める前の日本は、追放されたユダヤ人たちが簡単に日本の領土へ入れるようにしていました。これは、国際的なユダヤ人コミュニティが見返りとして提供する資金と、政治的好意を得るためでした。日本人の一部にこの政策への支持が根強かったため、日本政府はヨーロッパのユダヤ人に対するビザ発給の方針を、完全に破棄することはありませんでした。その結果、逆説的な結果が生じました。第二次世界大戦勃発直前の時期、世界のほとんどの国（米国も含まれています）が、ヒトラーの最終的解決（ユダヤ人絶滅計画）の「餌食」たちの絶望から顔を背けるなか、ヒトラーの同盟国である日本は、彼らに避難場所を与え、上海、中国、そして神戸にある自国管理下のユダヤ人居留地に住まわせたのです。

したがって、一九四〇年の七月、二百人のユダヤ人たちがリトアニアの日本領事館前に押しかけたとき、彼らには分かっていたのです。その扉の向こうにいる人物が、生存への最善の、そしておそらくは最後のチャンスを与えてくれると。その人物の名前は杉原《すぎはら》千畝《ちうね》と言いましたが、どう見ても救いの手を差し伸べてくれそうな人らしくはありませんでした。中堅どころの外交官である杉原がリトアニアの日本領事館領事代理になったのは、それまで何年も、さまざまな役職を熱心かつ従順に務めてきたおかげでした。また、出自の良さも、外交官の世界での出世を促しました。政府の役人の子で士族出身だったのです。職業上の目標を高く定め、いつか在モスクワ日本大使になるという希望のもと、ロシア語に熟達しました。オスカー・シンドラーと同じく、杉原氏もゲーム、音楽、パーティーが大好きでした。表面的にはそこそこに裕福な生まれで遊び好きのこの外交官が、朝の五時十五分に自分を叩き起こした見ず知らずの人々を助けるために、自らの職歴、名声、将来を危険にさらす可能性は、ほとんどありませんでした。しかし、彼はそれを行ったのです。しかも彼は、どんな結果が自分と家族に降りかかってくるかも、十分に分かっていました。

門の外で待つ群衆の何人かと話をした後、杉原は彼らの窮状を理解し、東京にビザ発給許可を求める電報を打ちました。日本はユダヤ人のビザ取得と定住に対して寛容な政策をまだ続けていましたが、外務省の杉原の上司たちは、そうした政策の継続によってヒトラーとの外交関係に支障が出ることを恐れていました。そのため、杉原の要請は却下されました。より切羽詰まった二度目、三度目の要請も、やはり却下されました。それまで忠誠心や服従心を疑われることなく四十歳を迎えていた、人物的には気ままで、職業的には大望を抱いていたこのキャリア官僚が、誰も予想しえなかった行動に出たのはそのときです。彼は明確に、しかも三度繰り返された命令を完全に無視して、必要とされる旅券を書き始めたのです。

この決断により、彼のキャリアは粉々になりました。ひと月も経たないうちに、領事代理からリトアニア国外のずっと権限の小さい役職に異動となり、もはや独力では活動できなくなりました。最終的には、命令への不服従を理由に外務省を罷免されました。戦後は屈辱のなか、電球を売って暮らしました。けれども、リトアニアの領事館を閉鎖しなければならなくなるまでの数週間、彼は自らの選択に忠実であり続け、早朝から深夜まで申請者との面談を繰り返し、避難に必要な書類を作成しました。領事館が閉鎖された後でさえ、ホテルに居を定め、ビザを書き続けました。作業の負担のせいで体重が減り、疲労困憊した後でさえ、同じ負担のせいで妻が幼い我が子の世話すらできなくなった後でさえ、少しの休憩も取らずにペンを走らせました。彼を申請者たちから引き離す列車がやって来る駅のホームでさえ、列車に乗り込んだ後でさえ、命を授ける書類を書き、命を求める手に渡し続けました。そうやって何千という無辜《むこ》の命を救ったのです。そして、ついに彼を乗せた列車が動き始めると、深々と頭を下げ、ビザを渡せなかった人々に向かって謝罪しました。自分の力が足りず、あなた方を助けてあげられなくて本当に申し訳ない、どうか許してほしいと。

　杉原が何千人ものユダヤ人を助け、上海へ脱出させようと決断した理由を、一つに絞るのは難しいでしょう。通常、こういった並外れた善行がなされるときには、複数の力が働き、またそれぞれの力が相互に影響し合っているものです。けれども、杉原の事例では一つ、家庭に基づいた要因が目立っています。彼の父親は、税務署の職員としてしばらく朝鮮半島に単身赴任した後、税務署を辞めて家族を呼び寄せ旅館を始めました。後に杉原は当時を回想して、両親がさまざまな宿泊客を自宅に進んで受け入れる姿から、強い影響を受けたと述べています。宿泊客の中には貧しくて宿泊費を払えない人もいましたが、両親は彼らに寝る場所と食べ物を世話し、風呂の提供や服の洗濯までしてやりました。ここから、杉原が後に何千というヨーロッパのユダヤ人の救助に尽力した一つの理由、家庭内で多様な人々との接触があったために生じた、拡張された家族の感覚が見えてきます。それから四十五年後に受けたインタビューで述べて

図8・5　杉原と家族

領事館（写真上）でユダヤ人のために何千というビザを書いた後、杉原千畝はナチス占領下のヨーロッパで低い役職に左遷された。チェコスロバキアで、彼が家族（妻、息子、そして妻の妹）を写した写真が残っている（写真下）。場所はある公園の外で、「ユダヤ人立ち入り禁止」とドイツ語で書かれた看板が見える。これはたまたま映りこんだのだろうか、それとも意識的に収められた苦い皮肉の表れなのだろうか。暗示的な証拠として、妻の妹の右手がどこにあるか確かめてみてほしい。

United States Holocaust Memorial Museum. Both photos courtesy of Hiroki Sugihara

いるように、ユダヤ人の国籍や宗教は杉原にとってどうでもよいことでした。大事だったのは、彼らも杉原も人類という家族の一員であるということだけだったのです。杉原の経験からは、子どもの思いやりの気持ちを伸ばしたいと思っている親向けの助言が引き出せます。子どもには、家庭内で、それぞれに背景の異なるいろいろな人と触れ合わせましょう。そしてそのときは、そうした人たちを、お客ではなく家族のように扱いましょう。

伝説的な博愛主義者マザー・テレサがしばしば語った子ども時代の話にも同じような要素があり、やはり子どもを持つ人の指針となるものが含まれています。彼女はセルビアの裕福な家庭に生まれ、父の死後貧しさを経験しましたが、母親のドラナが困っている人であれば誰にでも食事や服を与え、治療や消毒をしてやり、眠る場所を提供するのを見ていました。テレサや兄姉が学校から戻ると、見知らぬ人たちがテーブルについていて、それでなくても乏しい家の食料を食べているということがよくありました。その人たちがいる理由を訪ねると、母親は決まって「彼らは同胞だから」と答えました。注目してほしいのは、「同胞」という言葉が「身内」と同じ概念を示している点です。[*15]

■地元性

種としての人間は、遺伝的に関係のある個人が形成する、小さいながらも安定した集団から進化しました。そのため、私たちは自分の家の近所にいる人々を好み、その人たちに倣《なら》う傾向も進化させてきました。この傾向を表す「主義」、すなわち地元主義《ローカリズム》【訳註：一般的に localism の訳語は「地域主義」「地方主義」が充てられるが、ここでは文脈を明確にするため「地元主義」と訳した】さえあります。近所から共同体に至るさまざまなレベルで、この傾向がもたらす甚大な影響が見られます。ホロコーストにまつわる二つの出来事を振り返ると、このことがはっきりと確認できます。

一つ目の出来事は、本章冒頭で紹介した謎の行動です。ナチスの強制収容所で収容者を整列させ、十人目に当たる人を射殺していた守衛が、説明もなしに十人目を飛ばし、十一人目を射殺したのはなぜだったのでしょう。この行動の理由はいくつか想像することができます。ひょっとすると、見逃してやった囚人は、過去の作業の成績が良かったのかもしれません。あるいは、今後生産性の高い労働ができそうな力強さ、知力の高さ、肉体の頑健さなどが見てとれたのかもしれません。けれども、別の守衛が理由を尋ねたとき、十人目を見逃した理由は、そうした実際的な配慮のどれとも違っていたことが明らかになりました。むしろ、それは地元主義の身の毛のよだつような表れ方だったのです。彼はこう言いました。「おれと同じ町に住んでたやつだって気づいたのさ」。

ある学術論文でこの出来事を語った人類学者のロナルド・コーエンは、そこにある不条理な側面についてこう述べています。「律儀に大量殺人を遂行しているさなかに、この守衛は犠牲者集団の中の一個人に対してだけは、慈悲深く同情的だったのである」。コーエンはそれ以上その問題を追及しませんでしたが、大量殺人を実行中の冷酷な殺人者に、「慈悲深く同情的」な行為を行わせるほど強力な要因を特定しておくのは重要です。それは、場所という共通性でした。

場所という同じ一体性要因が、歴史上の同じ時期に、どのようにしてまったく違う結果を生み出したかも見ておきましょう。ホロコースト時代のユダヤ人を助けた人々に関するいくつかの歴史記事は、ほとんど分析されていないものの、注目に値する現象を伝えています。ほぼすべての場合において、ナチスの迫害の標的とされた人々に住む場所や食事を与えたり、匿《かくま》ったりすることを選んだ人たちは、自分からその人々を探し出して支援を申し出たわけではありませんでした。さらに注目すべきは、たいていの場合、迫害を受けた人々から直接助けを求められたわけでもありませんでした。そうではなく、直接的に支援を頼んでくる相手として最も多かったのは、支援を行った人の親戚や近所の人でした。そうした人々が、迫害を受けている個人や一家の代わりに助力を求めてきたのです。そうなると、支援を行った人たちが事実上承諾した相手は、困り果てている他人よりもむしろ、自分の親戚や近所の人だったということになります。

もちろん、迫害されている他者への同情を主な理由として行動を起こした人が、いなかったわけではありません。フランスのアンドレ・トロクメは、彼のもとへやって来た避難者の最初の一人を受け入れた後、住んでいた小さな町ル・シャンボンの住民たちを説得し、ナチスの占領時代を通じて、何千人ものユダヤ人を支え、庇《かば》い、匿い、そして国外へ逃がしました。トロクメの並外れた物語にある教訓的な特徴は、最初の避難者の世話をどう手配したかではなく、その後に続いた多数の避難者たちの世話をどう手配したかという点にあります。彼が最初に支援を頼んだ相手は、その頼みを断ると後々困ったことになりそうな人たち、つまり親戚や近所の人たちでした。そして次に、そうした人たちに彼らの親戚や近所の人に同じ働きかけをするよう強く求めたのです。既存の一体性を戦略的に利用することによって、彼は単なる同情心篤い英雄以上の存在になりました。そうしたことによって、並外れた成功を収めた英雄にもなったのです。

地元共同体内部の「既存の一体性」を利用して成功した事例は、他にもいろいろあります。たとえば、二〇〇八年の米国大統領選でオバマの選挙戦略担当者たちは、いくつかの直接的な個人的接触手法を有権者に対して用いれば選挙結果を大きく変えられるという研究に基づき、前代未聞の大金を投じて、激戦区となっている州を中心に全国で七百以上の選挙事務所を設置しました。各選挙事務所の職員とボランティアの主な任務は、近隣住民たちにバラク・オバマの大統領としての適性を訴えることではありませんでした。オバマに好意的と思われる住人たちが確実に有権者登録を行い、大統領選当日に投票するようにすることだったのです。この目標を達成するため、各地の事務所のボランティアたちには、地元コミュニティを一軒一軒頼んで回るようにという指示が出ました。そうすれば、ご近所同士の接触が増え、結果とし、より大きな影響が生まれると、戦略立案者たちには分かっていたのです。各地に選挙支部を置くというこの戦略の効果を後に分析したところ、非常に有効だったことが分かりました。分析を行った研究者によれば、この戦略は接戦だった三つの州（フロリダ、インディアナ、ノースカロライナ）でオバマに勝利をもたらし、全米で見た場合には五分五分の勝負だった選挙戦を、オバマの圧勝という結果に終わらせたのです。[*16]

■地　域

大まかな出身地域が同じというだけでも、「私たち」という意識とそこから生じる強烈な効果が生じる場合があります。たとえば、世界中どこでも、スポーツチームが優勝するとそのチームの地元住民たちのプライドが、まるで優勝したのは住民たちであるかのようにくすぐられます。米国内だけでも、地域性に関するこの一般論を補強する追加的な証拠が、さまざまな領域で得られています。地元の州立大学がアンケート調査への回答依頼を行った場合には、住民の回答率が高まりました。アマゾンで商品を購入する人は、レビュアーが同じ州に住む人だと、勧めに従いやすくなりました。人々は自分の暮らす州が米国史に果たした役割を、過大評価しています。アフガニスタンにおける戦死者に関するニュース記事を読んだときに、亡くなった兵士が自分の州の出身者だと分かると、記事を読んだ人のアフガン戦争に反対する気持ちが強まりました。そして、南北戦争では、歩兵同士が同じ地域出身だった場合は脱走する可能性が減り、「より一体性の強い」部隊の仲間たちに対する忠誠心を持ち続けました。このように、スポーツチームのファンから兵士の例に至るまで、同じ地域の出身であるということが、「私たち」的反応に大きな影響を及ぼしていることが見てとれます。しかし、最も興味深い事例を提供しているのは、やはりホロコーストのさなかに起きた一見不可解な出来事です。

杉原千畝のビザによって救われた何千ものユダヤ人は、日本の支配地域へ到着すると、神戸と日本統治下の上海に収容されていた、より大きなユダヤ人難民集団の一部になりました。一九四一年の真珠湾攻撃の後、日本はすべての難民の出入国を禁じ、日本領内のユダヤ人コミュニティーの安全も予断を許さないものとなりました。日本はそのときまでにヒトラーの本格的な戦時共謀者と化しており、この悪意に満ちた反ユダヤ主義を掲げる同盟者との連帯を守らなくてはならなかったからです。さらに一九四二年一月、ベルリンで開催されたヴァンゼー会議において、ヒトラーのユダヤ人絶滅計画は正式なものとなりました。「最終的解決」が枢軸政策に据えられたのを受けて、ナチスはその「解決」を日本にいるユダヤ人にまで拡張するよう、日本政府に圧力をかけました。ヴァンゼー会議の後、死の収容所、人体実験、そして沖合での集団溺死などを含む提案が、日本政府に対してなされました。しかし、ヒトラーとの関係に悪影響の出る恐れがありながらも、日本政府は一九四二年初めのこうした圧力に抵抗し、戦争が終わるまでその姿勢を固持したのです。いったいなぜでしょうか。

おそらくその答えと関係しているのが、その前年にあった一連の出来事です。ナチスは東京に、ゲシュタポのヨーゼフ・マイジンガー大佐を派遣しました。ポーランド人一万六千人の処刑を指揮したため、「ワルシャワの屠殺人」という異名を持つ人物です。彼は一九四一年四月に到着するとすぐ、日本領内に住むユダヤ人に残忍な方針を適用するよう圧力をかけ始め、計画の立案と実行を喜んで手伝おうと申し出ました。日本の軍事政権首脳部は当初どう対応すべきかを決めかね、両方の言い分を聞きたいと考え、ユダヤ人難民コミュニティーに二人の指導者を派遣するよう要請し、ユダヤ人たちの将来に重大な影響を及ぼすことになる会合を開きました。選ばれた代表二人はどちらも尊敬を集める宗教指導者でしたが、尊敬のされ方が異なっていました。一方のラビ・モーゼス・シャクスは有名な碩学《せきがく》で、戦前はヨーロッパ有数の律法学者でした。もう一方のラビ・シモン・カリシュはシャクスより年上で、基本的な人間活動への驚くべき理解力によって知られていました。ある種の社会心理学者だったと言えます。

会合の場に入室したとき、二人のラビと通訳たちを待っていたのは、日本の最高司令部の有力者たちからなる特別法廷でした。この法廷がユダヤ人コミュニティーの命運を握っているのです。日本側は端的に、運命を決する二つの質問を投げかけました。「なぜ、我が同盟国のナチスは、これほどあなた方を憎むのですか」、そして「もし、我々があなた方の味方にならなければいけないとするなら、その理由は?」。学者であるラビ・シャクスは、その問題と関連した歴史的、宗教的、経済的な論点の込み入った複雑さを理解してはいましたが、答えを返すことはできませんでした。しかし、ラビ・カリシュは人間というものをよく理解していたため、言うべき答えを持っていました。私は影響力について三十年以上研究していますが、これほど印象的な説得のメッセージを他に知りません。「なぜなら」、とラビ・カリシュは落ち着いた声で言いました。「私たちがアジア人だからです。あなた方と同じく」。
　短くはあっても、その主張には霊感が宿っていました。その一言が、日本側の支配的な内集団アイデンティティの土台を、当座の軍事同盟から、地域に根ざした共通性にすげ替えたのです。そうした変化を引き起こせたのは、それがアーリア系「支配者民族」はアジア民族と遺伝的に異なり、本質的にアジア民族よりも優れているというナチス自身の人種的主張を連想させたためでした。二つを一つに貫いて見てみれば、日本人と近いのはユダヤ人であり、そうでない（と自ら宣言してる）のはナチスでした。年長のラビの返答には、日本人の代表者たちに対する力強い効果がありました。しばらく黙り込んだ後、彼らは自分たちだけで協議するため、休廷を宣言しました。そして、会合の再開を告げられたラビたちが部屋に戻ったとき、日本側の最高責任者である軍人が立ち上がり、ラビたちがユダヤ人コミュニティーに持ち帰りたいと願っていた再保証を与えました。「あなた方の同胞のもとへお帰りください。そしてこうお伝えください（中略）日本はあなた方の安全と平和を守ります。日本の領内にいる限り、何も心配はいりません」。そして、その言葉は守られました。[*17]
　家族や場所に備わった一体性を生み出す力を、優秀なメッセージの送り手が利用できることに疑いの余地はありません。これについては、ウォーレン・バフェットとラビ・カリシュが、どれほど有効にその力を利用したかを考えてみてください。その一方で、影響力の強め方を模索する人が利用できる、もう一つ別の種類の一体性の効果があります。その効果は、遺伝的もしくは地理的な帰属が同じことからではなく、同調もしくは協力して共に活動することから生じます。

図8・6　日本でのラビたち

日本人は、第二次世界大戦の全期間を通じて、自国領内のユダヤ人を情け容赦なく扱えという、ナチスの圧力に屈しなかった。その理由の一つは、二人のラビ（運命的な会合の日に通訳たちと写真に収まっている）の一人が行った主張だったのかもしれない。彼は、日本の将校たちが持つ「私たち」意識にユダヤ民族を含ませ、ナチスをはっきりと排除したのだ。

Courtesy of Marvin Tokayer

一体性　その2――共に活動すること

同僚のウィルヘルミーナ・ウォーシンスカ教授は、一九五〇～六〇年代のソビエト支配下のポーランドで育った当時を思い出すと、複雑な気持ちになるそうです。否定的な側面としては、基本的な生活必需品が常時不足していたことに加えて、言論の自由、プライバシーの権利、知る権利、異議を唱える自由、旅行の自由など、あらゆる種類の個人の権利に気が滅入るような制限が課せられていました。しかし、彼女と同級生たちは、それを肯定的にとらえるように指導されました。公正で公平な社会秩序の確立に必要なのだと。こうした肯定的な感覚を定期的に示し、あおり立てたのが、参加者全員で歌いながら行進して一斉に国旗を振る、数々の祝賀イベントでした。その効果は印象的だったと彼女は言います。身体は興奮し、感情は高ぶり、そして受け入れられているという気持ちに満ちあふれたのです。「皆は一人のために、一人は皆のために」という考えに駆りたてられるのを彼女が人生で最も強く感じたのは、綿密に演出され、全員が力強く連動した、それらのイベントに参加していたときでした。ウォーシンスカ教授がこうしたイベントについて話すのは、いつも（集団心理に関する）真面目で学術的な発表の場です。学術的な場面であるにもかかわらず、そうした祝賀イベントへの参加体験を語るときの彼女の声には必ず張りがあり、顔には高揚した赤みが差し、目には輝きが宿ります。そうした経験には、それを人間の条件の基礎にある中心的なものとして特徴づける、刻み込まれた本能的な何かがあります。

実際、この点に関する考古学や人類学の記録は、はっきりしています。あらゆる人間社会は歌、行進、

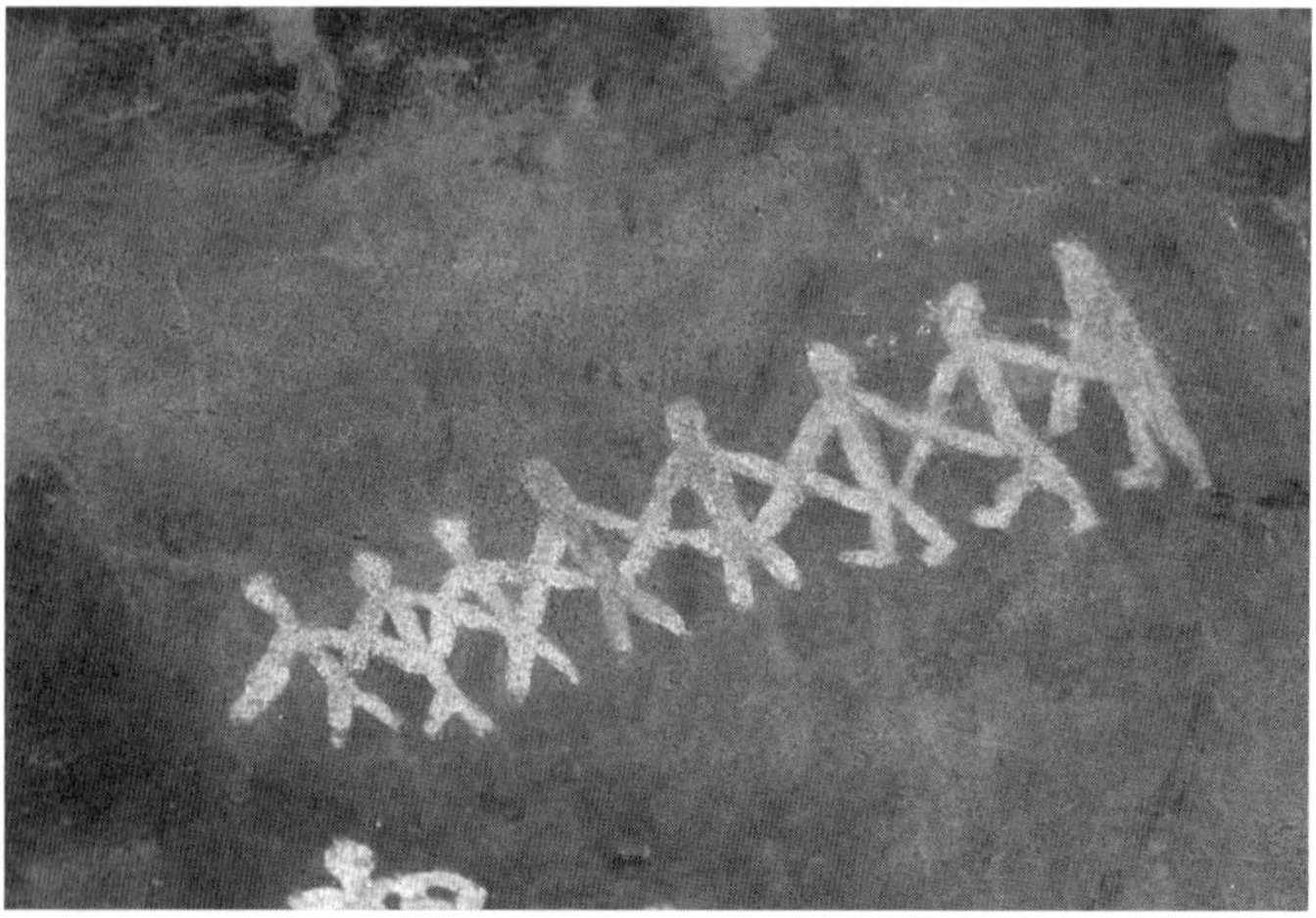

図8・7　新石器時代のラインダンス？

考古学者のヨセフ・ガーフィンケルによれば、有史以前の絵画で描かれる社会的交流は、ほとんどすべて踊りである。インドのビンベットカで、そうした例の一つが確認できる。 *Arindam Banerjee/Dreamstime.com*

儀式、詠唱、祈禱、舞踊で、全員一致した、つまり同調した反応をするやり方を開発しています。さらに、こうしたことは有史以前の時代にまで遡れます。たとえば集団舞踊は、並外れた頻度で新石器時代や銅器時代の素描、岩絵、洞窟壁画の主題となっています。行動科学は同じくらいはっきりと、その理由を突き止めています。人々がそろって同じ行動をとるとき、彼らは一体化しているのです。その結果として得られる集団としての連帯感は社会に益するところが多く、本来なら小さな家族集団内でしか見られないようなレベルの、忠誠心と自己犠牲の精神を生み出します。それゆえ人間社会では、原始的な社会でさえも、必ず協調的な応答などの集団を結束させる「テクノロジー」が発見されているようです。その効果は血縁関係の効果と同じく、「私たち」という意識、融合の感覚、自他の混同、そして集団への自己犠牲を厭《いと》わない気持ちをもたらします。ですから、部族社会の戦士たちが、戦いの前になると頻繁に全員でリズムに合わせて踊るのも、まったく不思議ではありません。

他者との融合を感じるのは滅多にない体験だと思われるでしょうが、実はそうでもありません。そうした感覚を簡単に生み出す方法がいくつかあります。ある一連の研究では、参加者たちが物語を音読した際に、パートナーと声をそろえて（あるいは一文ごとに交互に）読みあげると、一人ずつ音読するよりも、パートナーとの間に感じる「私たち」意識と連帯感が強くなりました。他の研究でも、共に活動することの好ましい効果が示されました。別の研究では、実験参加者を二十三〜三十四人までのグループに分けました。そして、用意してあったいくつもの単語を、一部のグループにはメンバー全員一緒に同じ順番で言わせ、他のグループには順番を統一させずに言わせました。その結果、同じ順番を用いたグループのほうが、他のメンバーに対する「私たち」意識が強くなっただけでなく、その後ビデオゲームをやらせたときは互いに動きをしっかりと連動させ、高得点を取ることができました。この現象の例をもう一つだけ紹介しましょう。脳の活動の研究から得られたものです。その研究では、参加者たちが協同プロジェクトに熱心に取り組んでいるとき、脳波パターンがそろい始めました。つまり、波形が重なるようになったのです。したがって、人々が一緒に動くとき、彼らは文字どおり波長を合わせているのです。

共に活動すること（身体を動かしたり、声を出したり、何かを感じたりすること）が、同じ血縁集団に共に帰属していることのかわりとして利用できるなら、当然、これらの「共に」の形から似た結果を引き出せるはずです。そして、実際に引き出せるのです。影響力を強めたいと考えている人にとって、特に重要な結果が二つあります。他者からの好感度が上がることと、より大きな支援を受けられるようになることです。[18]

▼好　意

　人と人が動きを合わせると、お互いを似ているとみなす度合いが高まるだけでなく、その後、より好意的にお互いを評価するようになります。類似性《ライクネス》の高まりが、好意《ライキング》の高まりに転ずるのです。この「動き」には、研究室の机をトントンと指で叩く、会話中に微笑む、教師と学生がやり取りの最中に姿勢を変える、なども含まれます。そして、こうした動きのどれも同調して行えば、お互いに対する好感度が高まります。カナダのある研究チームが考えたのは、協調した動きから、もっと社会的に意義のある結果を引き出せないかということでした。つまり、協調した動きに備わる、類似性を好意に転じさせる力を、人種的偏見の是正に利用できないかと考えたのです。彼らが注目したのは、普段私たちが自分の内集団成員とは「共鳴」（調和）しようとする一方で、外集団成員にはたいていの場合そうしようとはしないという点でした。そして、その結果生じる一体化の感覚の差が、内集団をひいきしようとする人間の自動的な傾向の、少なくとも一因なのではないかという仮説を立てました。もしこの仮説が当たっているなら、外集団成員の行動と自分たちの行動を調和させるようにお膳立てをすることで、外集団成員に対する偏った考えを是正できるかもしれません。

　この考えを検証するため、ある実験が行われました。実験では白人の実験参加者に、黒人がグラスの水を飲んでそのグラスをテーブルに戻すという映像を、順に七種類見せました。参加者の一部は、水を飲む映像を見るだけでした。別の参加者たちは自分の前に置かれたグラスの水を、映像と完全に動きを合わせて飲むよう言われました。その後、各参加者の潜在的態度を調べてみたところ、黒人の動きを見ていただけの人たちは、黒人よりも白人を好む典型的な白人の反応を示しました。一方、黒人の動きに自分の動きを合わせた人たちには、そうした偏りがまったく見られませんでした。

この実験結果を重く見すぎる前に、知っておくべきことがあります。好ましい変化が見られたのは、動きを合わせる作業をしてからほんの数分後のことでした。研究者たちは、この変化が実験の場を離れた後も持続するという証拠を、一つも示していません。とはいえ、その点に留意しつつ、なおこの結果を楽観的にとらえる余地はあります。就職の面接、営業の電話、最初の顔合わせなどの具体的な場面で、内集団あるいは外集団に基づいた選好の偏りを減らすような手法さえあれば、結果が大きく変わる可能性があるからです[*19]。

▼支　援

他の人と一緒に活動すると、その相手が見ず知らずの人でさえ一体性の感覚が生まれ、相手への好感度が増すという話には、確かな証拠があるようです。しかし、動きを合わせた反応から生じる一体感や好意は、社会的影響力が持つ価値を測る最重要基準、つまりその後の行動を、大きく変えられるほど強力なのでしょうか。この疑問に答える助けとなる研究が二つあります。一つは、以前に一体感を感じた相手に対する支援について、もう一つは、以前に同じチームで一体感を感じた仲間からなる集団との共同作業について調べた研究です。どちらの研究でも、自己犠牲を伴う行為が求められました。

最初の研究では、実験参加者たちは録音されたさまざまな音をヘッドフォンで聴きながら、聞こえてくる音のリズムに合わせてテーブルをトントンと叩きました。一部の参加者はパートナーと同じリズム音を聞いたので、自分が相手と同じリズムを刻んでいるのが分かりました。別の人たちはパートナーと違うリズム音を聴いたので、二人の動きは一致しませんでした。その後、全員に次のように伝えました。「あなたはこれで終了です。一緒に音を聴いた相手の方は、このまま残って数学と論理の問題を大量に解かなくてはなりません。あなたは帰ってもらってもかまいませんが、このまま残って課題の一部を引き受け、パートナーだった人を手伝うことも選べます」。実験の結果は、協調行為に備わった自己犠牲的な支援行為への意欲を増大させる力を、疑いの余地なく証明しました。パートナーと違うリズムを刻んでいた参加者のうち、残ってパートナーを手伝ったのはたったの一八％だったのに対し、同じリズムを刻んでいた人では、四九％が自分の自由時間をパートナーを助けるために差し出したのです。

二つ目の興味深い研究（実施したのは別の研究者たち）では、集団の結束を植えつけるために、昔から軍隊で用いられている方法が使われました。実験参加者をチーム分けした後、研究者たちはいくつかのチームに全員一緒に歩調を合わせて、一定時間歩かせました。他のチームにも同じだけの時間を一緒に歩かせましたが、歩調についての指示はしませんでした。その後で、全チームのメンバー全員に、ある経済ゲームを行わせました。ゲームでは、自分の金銭的利益が増える可能性を最大化するか、他のチームメイトたちの利益が大きくなるようにするかを選ぶことができました。結果は、歩調を合わせて行進したチームにいた人たちは、そうしなかったチームの人たちよりも、仲間に利益を回す割合が五〇％も高くなりました。続く第二研究の結果から、その理由が明らかになりました。最初の同調的行為から一体性の感覚が生まれたことにより、集団の利益を増やすためなら自分の利益を犠牲にしようという気持ちが強まったのです。そうだとすれば、歩調を合わせた行進が戦術的価値を失って久しいにもかかわらず、今も軍隊の訓練に取り入れられているのは当然と言えます。一体性を作るテクニックとしての価値があるために、今も続けられているわけです[20]。

こうした結果を踏まえると、最初に同調的な反応をさせる準備をしておくことで、集団は成員間の一体性、仲間に対する好意、それらの結果から生じるさまざまな状況での支援行動を促進できます。しかし、声を合わせて朗読をする、リズムを合わせてテーブルを叩く、見た通りに水を飲むといった、ここまで見てきた戦略は、（少なくとも大規模に行う場合は）簡単には実行できそうにありません。歩調を合わせた行進ならできそうですが、それでもやはり容易とは言えません。そうした同調性を成員たちに引き起こし、影響を与えて、集団の目標に向かわせるために、社会的集団が使える広く応用可能なメカニズムはないものでしょうか。あります。それは音楽です。そして、メッセージの伝え手にとって幸いなことに、音楽を利用すれば、影響力を行使している単一の主体（つまりメッセージの送り手）が目指す目標へ、他の人たちを向かわせることもできるのです。

▼影響力の戦いにおける音楽——世の中は音楽で満ちている

なぜ、音楽は記録に残された歴史の初めから、あらゆる人間社会で存在を確認できるのかについては、しっかりとした説明があります。気づきやすい規則性（リズム、拍子、音の強さ、ビート、テンポ）が他に類を見ないほどたくさんそろっているため、音楽には同調を促す類《たぐ》い稀《まれ》な力が備わっているのです。音楽を聴くとき、人々は動き、声、感情といった次元で簡単に協調できます。そして、こうした状態から、自他の融合、社会的結束、支援行為といったお馴染みの一体性の目印が生じます。この中の支援行為に関して、ドイツで四歳児に対して行われた研究の結果を見てみましょう。ゲームの一環として、参加した子どもたちの一部は、パートナーと円の周りを一緒に歩きながら、録音された音楽に合わせて声をそろえて歌い、身体を動かしました。他の子どもたちもほとんど同じことをしましたが、音楽は流しませんでした。その後、パートナーを手助けする機会を用意してみたところ、音楽に合わせてパートナーと一緒に歌い、身体を動かした子どもたちは、音楽を通じた共通体験のなかった子たちの三倍以上も援助を行いました。

論文の中で研究者たちは、観察された支援行為について有益な指摘を二つしています。第一に、それは自己犠牲的なものであり、援助側の子どもはパートナーを助けるために、自分の遊ぶ時間をいくらか諦めなければなりませんでした。四歳児が遊んでいるときにつきものの、自己中心的な選択を改めさせようと苦労している親御さん（「レア、そろそろドーソンにそのおもちゃを使わせてあげて。レア？　レア！　レア、そのおもちゃを持ってすぐこっちに戻ってらっしゃい！」）なら誰でも、一緒に体験した音楽と運動が後の自己犠牲の気持ちをこれほどはっきりと増加させたと知って、驚かずにはいられないでしょう。注目すべき指摘の二つ目も、一つ目の指摘に劣らず重要だと私は考えます。子どもたちは自己犠牲をするにあたって、支援をする、あるいはしない理由に、何ら合理的な検討を加えたわけではなかったのです。その支援はまったく合理性に根ざしてはいませんでした。それは、自発的かつ直感的な判断であり、土台にあったのは、一緒に行った音楽的作業から自然と生じた感情的な結びつきの感覚だったのです。この指摘から導かれる結論は、社会的影響力の運用という点から見て、非常に意義深いものです。*21

▼システムを設計する

評価や認識の仕方には二種類あると、心理学者は長い間主張してきました。これらの主張で広く注目を集めた最新のものは、システム1とシステム2の思考を区別する、ダニエル・カーネマンの分類です。システム1は、素早く、連想的かつ直感的で、しばしば感情的です。一方、システム2は、ゆっくりで、熟考され、分析的かつ合理的です。この区別の妥当性を裏付けるのは、どちらかが活性化したときに、もう片方が抑制されていることを示す証拠です。出来事を感情的に体験しているときに、それについてしっかり考えるのが難しいのと同様に、論理的に出来事を解析しているときに、それをしっかりと体験するのも難しいのです。このことから引き出せる影響力と関連した結論があります。どんなアピールをするときであっても、受け手の志向性に合わせてシステム1とシステム2を使い分けるのが、説得する側の賢いやり方だということです。ですから、客が主として感覚に訴える特徴（見た目の格好良さ、うきうきする加速感）に惹かれて車の購入を検討してるときには、ディーラーは感覚に訴える論法でアプローチしたほうが有利になります。この場合、研究の示唆するところでは、「私の感じですと、この車はお客さまにぴったりです」という売り込み方を用いると、購入の見込みが高まります。一方、もし購入の検討が主として合理的根拠（燃費、下取り価格）に基づいているなら、「私の考えですと、この車はお客さまにぴったりです」と言ったほうが、話がまとまりやすくなります。[*22]

音楽の影響力はシステム2よりもシステム1と関係しています。たとえばエルヴィス・コステロは、執筆という認知的な過程で音楽を適切に表現する難しさについて、こう言っています。「音楽について書くことは、ダンスで建築を表現するようなものだ」。

認知と感情の齟齬を示す例を、今度は恋愛の分野からもう一つ見てみましょう。取り上げるのはビル・ウィザースの楽曲「消えゆく太陽」の、年下の女性がまたしても家を出て行ってしまったことに苦しむ男性の気持ちを歌った一節です。「分かってる、分かってる／若い娘を自由にさせてやるべきだと／でも、彼女がいないと、真っ暗闇なんだ」。ウィザースの主張はとても純粋な形式で歌詞に表れており、私はここまで純度の高いポピュラーソングの歌詞を他に聴いた覚えがありません。恋愛のもたらす激痛の中にいるときは、頭では（二十六回も！）認識できることでも、気持ちとして感じる内容を改めはしないのです。

音楽に対する感覚的で理屈抜きの反応として、人々は音楽に合わせて、そしてもし誰かと一緒ならお互いの声や動きにも合わせて、歌い、リズムを取り、身体をくねらせたり揺らしたりします。意識の中で音楽が目立っているときに、分析的な思考をすることはほとんどありません。音楽の影響下にあるとき、認識に至る慎重で合理的なルートは通りにくくなっているため、大部分が通行止めになります。以下の二つのコメントが、嘆かわしい結論を述べています。最初のものはヴォルテールの引用で、軽蔑が滲んでいます。「馬鹿馬鹿しすぎて論じられないものは、なんでも歌になる」。二つ目は広告業界の格言で、戦術的なものです。いわく、「もし、事実を用いて聴衆に訴えることができないなら、歌にして訴えるべし」。ですから、合理性の力をほとんど持たないアイデアを訴えるときでも、諦める必要はありません。側面からうまく攻めるやり方があります。歌と音楽で武装し、合理性がほとんど力を持たない場所に戦いの場を移すのです。そこでなら、調和と協調、そして一体性の感覚が勝利を収めます。

　これに気づいたおかげで、私は長年の謎を解くことができました。それは、音楽的才能が皆無の若造だった頃には、とりわけいらだたしい謎でした。どうして若い女性はあんなにも音楽をやっている連中《ミュージシャン》に惹かれるのでしょうか。私には論理的にまったく説明がつきませんでした。しかし、そもそも論理的説明など、つくはずがなかったのです。ミュージシャンとの関係がうまくいく見込みは非常に低いのですが、そんなことは問題ではありません。そんなものは合理性による見込みだからです。また、それと同じくらい、ほとんどのミュージシャンの現在と将来的な経済的成功の見込みも低いわけですが、やはり問題ではありません。そんなものは経済的判断だからです。音楽はそうした実用主義とは無関係です。関係があるのは調和《ハーモニー》、すなわち、感情の調和を導く美しいハーモニーなのです。そのうえ感情と調和という共通の基盤があるために、音楽と恋愛は生活の中でお互いに強く結びついています。ここでクイズを一つ。現代の歌で恋愛を主題としたものが全体に占める割合はどれくらいでしょう？　答えは八〇％です。大多数と言ってよいでしょう。驚くべき数字です。恋愛は、私たちが話したり、考えたり、書いたりしている時間のほとんどでテーマにはなっていませんが、歌うときにはなっているのです。

　そういうわけで、今では私も、恋愛と音楽への興味がピークにある若い年代の女性が、なぜ音楽をやっている人間に弱いのか分かります。その二つの体験の間にある力強い結びつきのせいで、ミュージシャンに抵抗し難い魅力を感じるのです。何か科学的な証拠をお望みですか？　もし望まなくても、これからフランスで得られた研究結果を歌いますから、聴いているふりをしていてください。その研究では、（当初懐疑的だった）研究者たちがある男性に、若い女性に声をかけ、電話番号を尋ねるよう指示しました。そして、男性にギターケースを持たせた場合、スポーツバッグを持たせた場合、何も持たせなかった場合の三つの条件を設定し、結果を比較しました。では、いきますよ。

♬フランスの科学者たちは
そんなことがあるのか心配だった
ギターがイエス《ウイ》を促すなんて
見知らぬ男からのビックリするようなお願いに
「電話番号を教えて」なんてお願いに
二倍もイエス《ウイ》が返ってきたのさ♬

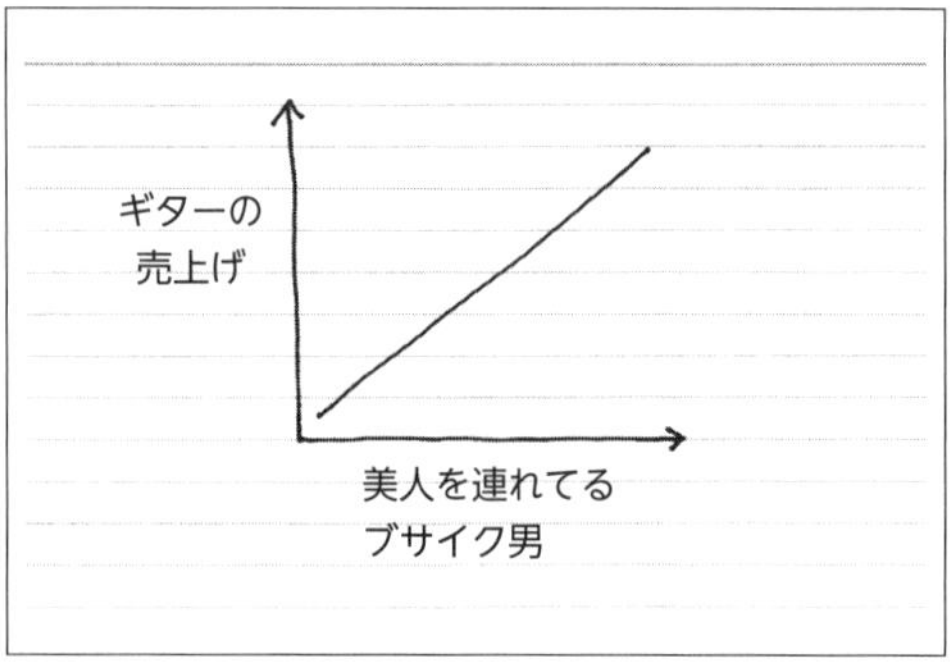

図8・8　問題外から（ギター）ヒーローに
Via @jessicahagy and thisisindexed.com

説得を最大限成功させたいなら、本節から得られる重要な知見が、音楽はシステム1の反応と結びついているとか、その種の反応に導かれると人々は無分別な行動をとるとか、そんなことだけだと考えてはいけません。はるかに大事なのは、狙った受け手の考え方がシステム1的なのかシステム2的なのかを見極め、それに合わせて説得のメッセージに盛り込む特徴を変えることです。非合理的で快楽主義的な受け手には、音楽の伴奏をつけるなどの非合理的要素を含むメッセージを、理性的で現実的な受け手には、事実などの理性的要素を含むメッセージを使うべきなのです。広告の専門家J・スコット・アームストロングの非常にすぐれた著作『説得力のある広告』によれば、テレビコマーシャルを千五百十三本調べたところ、そのうちの八七％が音楽を使用していました。ただ、メッセージに音楽を重ねるという、よくあるやり方には欠点もあるようです。というのも、関連研究を幅広く検討したアームストロングは、受け手が慣れ親しんでいる感覚に訴える製品（スナック菓子、香水など）を、感情的な、つまり思考が働きにくい文脈で提示するときのみ、音楽を使用すべきだと結論づけているからです。実は、受け手本人に重大な結果を及ぼし、しかも購入を強く後押しする論拠のある製品（安全装置、ソフトウェアパッケージなど）、つまりじっくりと検討することが多く、しかもそれが良い結果を生みやすい製品の場合には、BGMを使うと広告の効果が台無しになってしまうのです。[*23]

▼お返しのやり取りを続ける

二〇一五年の初頭、『ニューヨーク・タイムズ』に載ったある記事が、読者の興味とコメントの爆発を引き起こし、あっという間に拡散され、同紙の歴史でもまれなほど多くの人に読まれることになりました。『ニューヨーク・タイムズ』のような報道機関なら、そうしたことがあっても不思議ではないと思われるかもしれません。同紙は国内外の非常に重要な話題に関する報道で、高い評価を確立しているのですから。しかし、このときの記事が掲載された紙面は、政治でもビジネスでもテクノロジーでも健康でもなく、日曜版のライフスタイルのコーナーでした。記事のタイトル、「こうすればあなたも恋に落ちる」からもわかるように、著者のマンディ・レン・カトロンは、愛のもたらす強烈な感情的親密さと社会的結合を、たったの四十五分で作り出す驚くほど効果的なやり方を見つけたと主張しました。そのやり方がうまくいくのは確実だと彼女は言いました。なぜなら、彼女とボーイフレンドにしっかりと効果を発揮したからです。

そのテクニックの出所は、共に心理学者のアーロン夫妻（アーサー・アーロンとエレーヌ・アーロン）が始めた研究プログラムです。二人は親密な関係に関する研究を行っているときに、それを思いつきました。実行に必要なのは、ここまで私たちが見てきたのとは異なる形式の、協調的行為（パートナー同士が交互にお返し的なやり取りを行う）です。これまで心理学者たちは、互いに好意のやり取りを繰り返すことによって、相手への好意が増すことを実証しています（最後に親切を行ったのがどちらであったかは影響しません）。

アーロン夫妻は、お返しの交換が、それを行う人々をどれほど広い範囲で結びつけるか明らかにすることで、この種の積極的同意を説明しやすくしました。彼らが用いたのは、あまりにも人々を「一体化」させるため、お互いに恋をさせてしまうほど強力に結合を進めるタイプのお返しのやり取り、つまり個人的な質問に対する自己開示です。実験の手順に複雑なところはありませんでした。実験参加者たちは二人一組になって、交互に相手への質問を読みます。質問されたほうはそれに答えた後、同じ質問に対する相手の答えを聞きます。参加者たちは三十六ある質問を進めていくうちに、だんだんと自分の個人的な情報を開示するようになり、また、相手のより個人的な情報を次第に知るようにもなります。最初のほうの質問は「あなたにとって最高の一日とは?」などで、順番が進むと、「友人関係で一番大切なことは?」のような質問になります。そして最後のほうには、「家族の中で、誰が亡くなったときが一番辛いですか?」という質問が待っています。

関係性はあらゆる予想を超えて深まりました。この手続きは四十五分足らずで、二人の間に驚くばかりの感情的親密さと一体感を生み出しました。特に、場所が感情の盛り上がりなど望むべくもない心理学実験室で、参加者が赤の他人同士である点を踏まえるなら、まったく信じられない結果です。さらにこの結果は、そのときだけたまたま生じたというわけではありませんでした。研究者の一人、エレーヌ・アーロンへのインタビューによれば、この研究以降、同じ手法を用いた何百という研究がこの効果を確認しており、なかにはそのまま結婚にまで至った人たちもいるそうです。同じインタビューでアーロン博士は、この効果の鍵だと考えている手続きに備わった二つの側面について説明しました。一つ目は、質問の項目が、個人的な自己開示を段階的に深めていくことです。参加者たちは質問に答えながら、しっかりと結びついたペアに特有の相手を信頼しきったやり方で、互いに対して次第に心を開いていくことになります。二つ目は、本節のテーマと重なりますが、参加者たちが互いに心を開いていくときに一緒に活動していることです。つまり、協調的なやり取りを繰り返すことによって、彼らはそのやり取りを、同調性を本質とする持続的経験にしているのです。[*24]

▼共に苦しむ

さらにもう一つ、ホロコースト時代にあった謎を、一体性への別の道筋から解いてみましょう。一九四〇年夏、デュッセルドルフの秘密国家警察《ゲシュタポ》は、ユダヤ系住民の特定を組織的に進めてヨーロッパ各地の絶滅収容所へ送り込んでいましたが、そのさなか、指揮官である親衛隊長官ハインリッヒ・ヒムラーから驚くべき手紙を受け取りました。そこには、あるナチス高官の命令に基づき、エルンスト・ヘスというユダヤ系住民の地方判事には迫害を行わないように、という指示が書かれていました。命令を出したナチス高官は、ヘスが「どのような嫌がらせも受けないようにせよ」と命じていました。

これまで見てきた一体性の感覚を生む要因では、ヘスへの特別扱いを説明できません。ヘスは、そのナチス高官の家族が関わった裁判で好意的な判決を下したわけでも、同じ町で育ったわけでも、軍の隊列で一緒に足並みをそろえて行進したわけでもありませんでした。もっとも、行進については何年も前にしていましたが、それ以上の理由がこの特別扱いにはありました。第一次世界大戦に従軍していたとき、二人は共に逆境、困難、不幸に苦しみながら、いつまでも終わらない恐ろしい戦いをくぐり抜けました。それどころか、ドイツ兵だけで五十万人、全体では百二十万人の戦死者を出したことで知られる、百四十一日続いたソンムの戦いでは、二人とも、二十四時間足らずの時間差で戦傷を負いました。その結果がどうなるか最も的確にとらえているのは、シェイクスピアの『ヘンリー五世』の有名な「絆で結ばれた兄弟」演説の一節でしょう。「今日私とともに血を流すものは私の兄弟となる」（小田島雄志訳）。

ちなみに、ヒムラーの手紙で、ヘスのために通常の手続きをねじ曲げるように命じた「ナチスの高官」

図8・9　泥まみれ同士で一緒に
　企業はよく、困難を共した経験から生まれる団結の力を利用しようと、逆境やリスクを伴ったチーム作りのイベントを社内で開催する。そうしたイベントを主催する企業のウェブサイトを何カ所か訪問したとき、私の目に入ったいくつかの活動は、努力を要するか、恐怖を感じるか、その両方の性質が備わっていそうに見えた。たとえば、いかだによる急流下り、ロック・クライミング、断崖の懸垂下降、橋の上からのバンジージャンプ、火渡り（燃える炭の上を裸足で歩く）、スノーキャンプなどだ。この写真のチーム作りイベント「泥んこレース」は、すでに協力的な振る舞いを促すという望ましい効果を発揮しているようである。参加者のうち二人が三人目を手助けしているのが見てとれる。

iStock Photo

は、ただの高官ではありません。手紙にはこう書かれていました。ヘスは「支援と保護を受けなければならない。これは総統のご希望である」。高官とは、史上空前の邪悪さと能率性を誇ったユダヤ民族迫害者、アドルフ・ヒトラーその人だったのです。

この話とロナルド・コーエンの話との間には、忘れようもない類似性があります。コーエンの話では、ナチスの守衛が強制収容所の収容者を一列に並ばせ、十人目ごとに射殺していく途中で、突然通常のやり方を逸脱して十一人目を射殺しました。コーエンが「律儀に大量殺人を遂行しているさなかに、この守衛は犠牲者集団の中の一個人に対してだけは慈悲深く同情的だった」と、困惑していたことを思い出してください。私たちはその謎を、守衛と収容者の間に一体性の感覚を生む特徴（共通の出身地）によって解きました。ヘスの事例では、道徳上の極悪人で、何百万ものユダヤ人の苦しめ命を奪う手続きを設けたヒトラーが、やはり標準的なやり方を逸脱し、特定の一個人に「慈悲深く同情的」な恩恵を与えたのです。このときもその理由は、人々を結びつけ、一体性の感覚を生む要因にあったようですが、それは出身地の類似性ではありませんでした。分かち合われた苦しみだったのです。

人類の歴史を通じて、苦痛の共有は絆作りの動因となって各人のアイデンティティを融合させ、「私たち」を基盤とする愛着心を生んできました。一五九九年にウィリアム・シェイクスピアが『ヘンリー五世』の「絆で結ばれた兄弟」演説で描いた現象は、そうした例の一つにすぎません。より新しい事例から、こうした現象を生む過程についての科学的証拠が得られています。二〇一三年のボストンマラソン爆弾テロ事件の後、その辛い出来事と直接的に関わりがあった（たとえば、爆発を直接見たり、爆発音を聞いた）住民と、事件によって肉体的・精神的に非常に苦しんだ住民は、それほど苦しみを味わわなかった住民よりも、ボストンという共同体と自分とのアイデンティティの融合を強く感じるようになりました。さらに、事件のことを頻繁にかつ深く考えた住民であればあるほど、他のボストン市民と自分との「一体感」を感じていました。

別の研究では、苦しみの共有から生まれる絆を作る効果が、どんな活動経験の共有からでも生じるわけではない、ということを確認する実験が行われました。そもそも、物語を朗読したり、指で机をトントン叩いたり、行進したりといったことを一緒に行えば、「私たち」という感覚は生まれます。そこに苦痛という要素が加わったとき、より強力な成果物が生まれるのでしょうか。生まれるのです。九十秒間両手を氷水の中に浸けておくという課題を終えたグループの成員たちは、室温の水の中に同時間両手を浸けておくという課題をこなしたグループの成員たちよりも、お互いへの絆を強く感じるようになりました。その後、グループの仲間と経済的ゲームに取り組んだときには、苦しみを分かち合った参加者たちは、自分だけでなく、グループ全体の利益が大きくなるような金銭的選択を行う見込みが有意に高くなりました。

苦痛の共有が一体性と自己犠牲を生み出すとてつもない力は、それが人種を超えた絆を生み出せることからも見てとれます。二〇二〇年、ネイティブ・アメリカンの諸部族、とりわけナバホ族がCOVID-19の感染爆発で大きな被害を出していたとき、思ってもいない相手から大量の支援が届きました。食料や生活必需品を配布するために「ゴーファンドミー」というウェブページを立ち上げていた地元のボランティア団体のもとに、突然アイルランドからの寄付が届き始め、その総額が数十万ドルにもなったのです。アイルランドの人たちがそれほどたくさんの寄付を進んで行う気になった理由をめぐる物語は、返報性のルールを扱った本書第2章の内容とぴったり合っています。それは世紀、国籍、そして何千マイルという距離を超えてなされた返報行為でした。アイルランドのジャガイモ飢饉が非常に深刻だった一八四七年、チョクトー族というネイティブ・アメリカンの部族が、「大飢饉」のさなかにあるアイルランドを救う一助になればと考えて、お金を出し合い、百七十ドル（現在の貨幣価値で五千ドル程度）を送りました。その親切に、今度はアイルランドの人々が恩返しをしたわけです。ある人は寄付をする際に次のようなコメントを添えました。「我々アイルランド人は、あなた方がアイルランドの飢饉の時代に示してくれた連帯と、思いやりに満ちた行為を決して忘れません。あなた方がＣＯＶＩＤ‐19と戦う間、私たちはあなた方と共にあります」。

さて、この話が第2章の返報性のルールが働いた驚くべき事例の数々とよく合致するのであれば、なぜ私は、苦しみを分かち合うことに関するこの節に収めたのでしょうか。その答えを出すにはまず、なぜアイルランド人が二〇二〇年に支援を行ったのかという問いの向こうにある問い、つまり、なぜチョクトー族は一八四七年に支援行為を行ったのか、という問いを見なければなりません。アイルランドへの支援が行われた年のほんの数年前、チョクトー族は米国政府の強制した集団移住で、西に向かって何百マイルも移動しなければなりませんでした。これは「涙の道」として知られている出来事ですが、このとき亡くなったチョクトー族の数は六千人にのぼります。ボランティア団体の主催者の一人ヴァネッサ・タリーは、こう説明しました。「涙の道で多くの人を亡くした経験が、窮地にあったアイルランドの人たちへの共感に火をつけました。それで、チョクトー族は支援の手を差し伸べたのです」。注目すべきは、ウェブサイトにコメントを寄せている他の多くの人たちも、チョクトー族とアイルランドの絆を家族的な苦難の共有から生まれたものとして語り、「私たちのネイティブ・アメリカンの兄弟姉妹」の困難と、分かち合われた「血の記憶」を嘆いていた点です。*25

●Eボックス8・2

近年、研究者たちは人間行動に関する豊かな情報源の発掘を始めている。ソーシャルメディア・プラットフォームに残された行動の痕跡を分析しているのだ（Meredith, 2020）。そうした分析の一つでは、パリで同時多発テロ事件があった二〇一五年十一月十三日以降のTwitter上のアクティビティの量と特徴を分析し、その結果、苦難の分かち合いが集団の結束に及ぼす効果を理解するための、新たなレンズが手に入った。事件のあった日から数カ月の間、行動科学者のデヴィッド・ガルシアとベルナール・リメ（2019）は、フランスのTwitterユーザーアカウント六万二千百十四を対象に、千八百万近いツイートを調査し、ツイートに使われている単語から、精神的苦痛、苦痛の同時発生（集団的性質の表れ）、そして集団の一体感と支え合いを示す表現を探した。事件自体は、不安と悲しみの共有を即座に大きく増やしたが、それはほんの数日で収まった。しかし、その後数週間、数カ月にわたって、一体感と助け合いを表明するツイートの数は多いままだった。さらに、一体感と支え合いの表現の強度と持続時間は、当初の苦痛が同時的に分かち合われた程度と直接的に関係していた。

研究者たちはこう結論づけている。「こうした結果は、集団的感情の社会的機能に新たな光を投げかけ、集団としてトラウマを受けた社会は、同時的な否定的感情で反応しているだけではないということを示している。（中略）こうした発見から分かるのは、我々は心痛にもかかわらずテロ事件の後に一体感を強めたのではなく、まさに心痛を共に経験したからこそ絆が強まり、社会は次の脅威に臆せず立ち向かえるようになるのだということである」。

著者からひと言――私は常々、人間行動の特定のパターンを観察する手法はいろいろあっても、それらすべてで同じようなパターンが出現することがあると、とても印象づけられます。苦痛を共にすることが、その後の内集団の結束と増進に及ぼす大きな影響力も、そうした確信を私に抱かせてくれるパターンの一つです。

▼共同制作

その重要性がまだあまり認識されていなかった頃の米国で、アルド・レオポルドという人物が自然保護の理念を掲げて活動していました。そして、一九三〇～四〇年代、ウィスコンシン大学で米国初の野生動物管理学科教授を務めていた時期に、この問題に対する倫理的なアプローチを開発しました。ベストセラーとなった著書『野生のうたが聞こえる』【訳注：新島義昭訳（1997）講談社】で詳しく語られているように、そのアプローチは、自然の生態系を人間の利用目的に合わせて管理すべきとする、当時支配的だった環境保全モデルに異を唱えていました。かわりに提出されたのが、あらゆる動植物に可能な限り自然状態のままで生存する権利を認め、その権利に基礎を置くという案です。このように、明確で心からの見解を持っていただけに、ある日、自らの見解と矛盾する行為をしてしまったことに気づいたときには、驚いたどころではありませんでした。彼は育てていたストローブマツにもっと光とスペースを与えようとして、斧で庭のカワカバの木を切り倒したのです。

レオポルドは、自分がなぜカワカバの木よりもマツを大事にするような真似をしたのか考えました。自らが主張していた倫理に従えば、カワカバにも庭に生えるすべての木と同じだけ、自然な状態でいる権利があるはずです。当惑の気持ちを抱えながら、自分のえこひいきの裏にある「論理」を探り、二種類の木の間にあるさまざまな違いの中から、自分の優先傾向を説明できそうなものを見つけようとしました。そしてとうとう、これだと納得できる唯一の要因に行きついたのです。それは論理とは何の関係もなく、完全に感情に根ざしたものでした。「まず第一に、マツはぼくが自分でシャベルを使って植えたものであるのに対し、カワカバはフェンスの下から生え伸びてきて勝手に根付いたものだから、という理由があげられる。このように、ぼくの偏見はある程度まで、自分が植えたという親意識に基づいている[*26]」。

自らの手で生んだものに特別な親近感を覚えるのは、レオポルドばかりではありません。それは誰にでも生じる気持ちです。たとえば、研究者たちがイケア効果と呼んでいるものがあり、人は何かを自ら作ると、「自分の素人っぽい作品にはプロの作品と同じくらいの価値がある」と考えるようになります。共に活動することの効果という、ここでの関心に当てはめて考えるなら、さらに二つ検討に値する可能性があります。他の人と手を携えて何かを制作した人は、作品だけでなくその共同制作者に対しても、特別な親近感を抱くようになるのでしょうか。そして、その例外的な親近感の原因となっているのは、その相手に対する好意と自己犠牲的な支援という特徴的な結果によって検知できるような、一体性の感覚なのでしょうか。

　これら二つの疑問への答えを探すために、まずは一つ目のほうから解明していきましょう。なぜ私は、自分一人でストローブマツを植えたことが自らに及ぼした効果に関するアルド・レオポルドの説明から、この共同制作に関する節を始めたのでしょうか。それは、彼がマツを植えるというプロセスを一人で行ったわけではないからです。彼は、苗木のときに庭に植え、今では立派に育ったストローブマツの共同制作者であり、そのパートナーは自然でした。そう考えると興味深い可能性が浮かんできます。母なる自然と一緒に活動した結果として、彼は自然との個人的な結びつきをより強く感じるようになり、その結果、共同作業のパートナーへの愛情と敬意がいっそう強まったのではないでしょうか。そうだったとすれば、これは共同制作が一体化への道になりうるという証拠です。残念ながら一九四八年【訳注：レオポルドの没年】以後、レオポルドに直接この可能性に関する疑問をぶつけることはできなくなりましたが、私はこの答えの正しさを確信しています。

確信の一部は、私が手伝ったある研究の結果に由来しています。その研究では、作業成果物の制作に、管理職が個人的に関与した度合いが持つ効果を調べました。私の予想は、従業員一人と協力して最終成果物を生み出す際に、自分が関わったと管理職の感じる度合いが大きければ大きいほど、彼らは成果物の品質を高く評価するだろうというもので、結果もそのとおりになりました。最終成果物（新製品の腕時計の広告）の開発に、大きな役割を果たしたと信じるよう誘導された管理職たちは、ほとんど関与しなかったと信じるように誘導された管理職たちより、五〇％以上も好意的に広告を評価しました。完成品として目にした広告はまったく同じものだったのに、これだけの差が生まれたのです。また、関与の認識が特に高かった管理職たちは、従業員に対する自らの管理能力が非常に高かったという観点から、その広告の品質に自分が貢献したと考える度合いも高くなりましたが、これも予想どおりでした。

しかし、三つ目の発見に関しては、まったく予想外でした。プロジェクトの成功に対する自分の貢献を大きいとみなした管理職の人ほど、プロジェクト成功を従業員の能力のおかげであるとする度合いも高くなっていたのです。データ表を手にしたときの驚きは、今でも覚えています。おそらく、レオポルドが斧を手にしている自分に気づいたときほどのショックはなかったはずですが、それでもあれは驚きの瞬間でした。なぜ、作業成果物の開発により大きく関与したという認識を持った上司たちは、開発の最終的な成功に対する自分の貢献度と、プロジェクトに関わっている唯一の従業員の貢献度の両方を、より大きく評価したりできたのでしょう。個々人の貢献度の合計は一〇〇%にしかなりません。ですから、もし当事者の片方が認識する自分の貢献度が高くなれば、単純な話、共同作業の相手の貢献度は下がるはずです。当時の私にはまったく理解できない結果でしたが、今では理解できます。もし共同制作が、少なくとも一時的にアイデンティティの融合を引き起こすなら、分配の論理がどうなっていようと、一方の人に当てはまることはもう一方にも当てはまるのです。

▼アドバイスを求めるのは良いアドバイスである

私たちは皆、自分に助言を求めてきた人の賢明さを称賛する。

（ベンジャミン・フランクリン）

共同制作によって改善が見込めるのは、プロジェクトで生産的に働いた従業員を、どうやって上司にもっと評価させるかという問題だけではありません。昔から解決が難しいとされてきたさまざまな困難の軽減も可能です。子どもは六歳か七歳くらいまではたいてい自己中心的なので、ご褒美を分け合う場面でも、友だちに均等に配ることはほとんどありません。けれども、友だちと一致団結して努力した結果としてそのご褒美を手に入れた場合だけは別で、たとえ三歳であっても、たいていは平等に分け合います。第3章で見たように、一般的な教室では、生徒たちは人種的、民族的、社会経済的な背景が同じ者同士で固まり、主に自分たちのグループの中で友人や協力者を見つけます。ですが、他のグループの生徒たちと共に何かを創り出すような作業を行う「協同学習」実習の後は、この傾向がかなり弱まります。企業はどうにかして顧客に自社との絆を感じさせ、自社ブランドを愛用してもらおうと努力しています。それは、現在と将来の顧客に、新製品や新サービス、あるいは従来製品・サービスの最新版を共同制作するよう頼むことによって勝利が得られる戦いであり、最もありがちな協力の形は、欲しい機能に関する情報を顧客が企業に伝えるというものです。

　しかし、そうしたマーケティング面での協力において顧客に求める情報提供は、企業に関する意見や要望ではなく、アドバイスと表現されていなくてはなりません。こうした言葉の違いは些細なものに思われるかもしれませんが、顧客との結合を作るという企業の目標を達成するうえで極めて重要です。アドバイスするとき、人は融合的な精神状態になり、それが本人と他の当事者のアイデンティティを結びつける刺激となります。一方、意見や要望を提供するとき、人は内省的な精神状態になり、自分に集中します。顧客のフィードバック形式のごく些細な違いと、その違いから生まれる、融合的か分離的かという顧客の精神状態の違いは、あるブランドに顧客がどれだけ魅了されるかという点に重大な影響を及ぼす場合があります。

　それが、あるオンライン調査に米国全土から参加した人たちの間で起きたことでした。その調査では、新規開店するファスト・カジュアル【訳註：ファストフードとファミリーレストランの中間にあたる業態】のレストラン「スプラッシュ！」の事業計画の説明が示されました。その中で、「スプラッシュ！」は健康的なメニューをそろえることで、競合他社との違いを出そうとしていることが記されていました。説明の後、参加者全員にフィードバックを求めました。その際、参加者の一部にはレストランへの「アドバイス」を求めたのに対し、他の参加者たちには「意見」あるいは「要望」を求めました。最後に、「スプラッシュ！」に行ってみたいかを全参加者に尋ねました。その結果、「アドバイス」をした人たちは「スプラッシュ！」で食事をしたい気持ちが、「意見」や「要望」を提供した人たちよりもかなり高くなりました。さらに分析を加えたところ、「スプラッシュ！」で食事をしたい気持ちが強くなる理由は、そのレストランとの結びつきをより強く感じていることにありました。アドバイスを与えることが本当に融合を生む方法であれば、これはまさに予想される結果です。

この調査から得られたもう一つの発見が、融合説の正しさを確実なものにしています。三種類のフィードバックいずれを行った場合でも、参加者たちは、これがレストランの経営者にとって同じくらい役に立つと評価していました。つまり、アドバイスを与えた人たちがレストランとの結びつきを感じたのは、自分たちがより有意義な手助けを行ったと考えていたからではなかったのです。そうではなく、アドバイスを与えなければならないという状況だったので、参加者たちは店に対して何を言うべきか考える直前に、分離的ではなく、一体感を覚える精神状態になっていたのです。

また、この一連の結果から明確になったのが、友人や同僚、顧客との直接的なやり取りでアドバイスを求めることの賢明さ（と、本当に有益な情報を求めてそうする場合の倫理性）です。上司とのやり取りであっても、アドバイスを求めるという手法は効果的でしょう。もちろん、上司にアドバイスを求めることで、無能だとか、甘えている、頼りにならないといった印象を与えてしまうかもしれないと心配するのは無理もないことです。ただ、そうした心配は分かるのですが、同時に私はそれが間違っているとも思います。なぜなら、共同制作の効果は、合理性や論理ではうまく説明できないからです。その効果を非常にうまく説明できるのは、その場に存在する独特の親しみを助長する感覚、つまり一体感です。作家のソール・ベローはかつてこう言ったそうです。「アドバイスを求めるとき、我々はたいてい共犯者を探している」。科学的証拠に基づいてこの言葉に一つだけ付け加えるとすれば、もしそのアドバイスを得られたなら、我々はたいてい共犯者も得ているのです。そして、あるプロジェクトで手に入れるべき共犯者として、プロジェクトの責任者以上にふさわしい人物がいるでしょうか。[*27]

一つになる

ここからは、共に帰属していることと、共に活動することから期待できる結果と考えられるものを振り返り、その後、より手ごわい問題に目を転じましょう。これら二種の結合体験のどちらかを組み込むことによって、選挙結果を変えたり、株主や顧客からの支援を固めるお膳立てをしたり、兵士が戦場から逃げ出すのではなく踏みとどまって戦う可能性を高めたり、共同体の崩壊を防いだりできることを、私たちは学びました。それに加えて、これら二つを使えば、遊び仲間、クラスメイト、仕事の同僚たちが互いに好意を持ち、助け合い、協力し合うようになり、九七％の親が何の金銭的見返りもない長々しいアンケート調査の項目をすべて埋め、実験室の中で恋愛感情さえ生じることも分かりました。しかし、まだ答えの出ていない疑問があります。こうした領域で得られた知見をもっと大きな問題、たとえば国家間で長年続く反目、宗教間の暴力的な衝突、一触即発の人種的対立などに当てはめてもよいのでしょうか。共に帰属していることと、共に活動することについて分かっていることから得られた知見によって、私たちが人類として一つになる見込みは増えるのでしょうか。

これは答えるのが難しい問題です。ほとんどの場合、そうした辛く扱いにくい不和には、多くの複雑な事情が絡み合っているというのがその主な理由です。それでも、たとえそうした困難な分野であろうと、結合の感覚を生み出す手法は、望ましい変化へ向かう文脈を確立すると私は信じています。もっともこの考えは、大ざっぱな理論レベルでは希望に満ちているように聞こえますが、手続きと文化に関するやっかいな問題が数多くあるため、理論を円滑に実行できると考えるのは甘すぎます。結合を促すやり方の詳細は、そうした難しさを念頭に置いたうえで最適に設計され、実行されなくてはなりません。この点については、それぞれの問題を専門とする人たちもきっと同意するでしょうし、そうした問題のその後を追った書物の価値あるテーマとなるかもしれません。もちろん、この点に関して専門家からのご意見（アドバイスということにしてください）がいただければ、私としては大変嬉しく思います。

最後は冗談めかして書きましたが、単純すぎる解決策を、規模が大きく根の深い複雑な問題に対して当てはめるのを避けることの重要性は、笑いごとではありません。これに関連しているのは、さまざまな賞を受賞している生物学者スティーブ・ジョーンズが述べた言葉でしょう。彼が語っているのは、なんと言いますか、お年を召しつつある科学者たちについてです。いわく、ある年齢になると、彼らはしばしば「大きな問題について騒ぐ」ようになり始め、まるである分野の専門知識があれば、その分野からかけ離れた世界全体の話題について自信満々に論じることができるかのように振る舞う。ジョーンズの警告的な論点は、現時点での私の状況とも関係があるように思われます。第一に、私は彼の述べた年齢区分にすでに入っています。第二に、これ以上話を広げれば、国際的な外交問題、宗教的・倫理的対立、人種的対立に関する結論を出さなくてはいけなくなりますが、そうした分野の専門知識を私はまったく持ち合わせていません。率直に言って、これ以上話を進めれば、私は何も知らずに「騒ぐ」羽目に陥るでしょう。

ですから、ここで一番良いことは、影響過程という観点から示された本章の教訓が提供する見方を通じて、どうすれば一つになれるかという問いに取り組むことです。また、これも同じくらい良いことは、部族的ではなく全人類という意味での「私たち」という感覚を、人生の早い段階で確立する手法を検討することでしょう。そうした感覚が確立できれば人々に影響を与えて、人類という意味での「私たち」感覚に沿った行動をとらせようとしたときには、より大きな家族の一員であるという意識がすでに組み込まれているので、受け手はすぐにそれに見合った心構えになるはずです。ではまず、子どもの人格形成期とそれを左右する親の行為を検討し、次に大人に影響を与えられそうなやり方を見ていきましょう。

▼一体性の作り方

■家庭の影響力について分かっていること

家庭には、親戚でない人も含め、子どもが確実にそこにいる人全員を家族として扱うようになる影響要因が二つあります。一つ目は、同居期間の長さです。親戚でない大人（家族の友人など）がその一家と長い時間一緒に暮らしていれば、往々にしてその人は「おばさん」あるいは「おじさん」と呼ばれることになります。暮らしているのが一家と血縁のない子どもなら、「兄弟《ブラザー》」もしくは「姉妹《シスター》」と呼ばれるようになります。さらに、同居期間が長くなればなるほど、その親戚ではない人物は、一家から自己犠牲などの血縁集団に特徴的な利益を受けやすくなります。二つ目は、その親戚でない人の世話を親、特に母親がしている姿を目にすることです。それを見ることで、子どもは親戚でない人に対しても、家族に対するのと同様の振る舞いをするようになります。思い出してほしいのは、現代における二人の偉大な人道主義者、杉原千畝とマザー・テレサが、どちらも自伝的な記事で、自宅にやって来たよその人の世話を、両親が無私無欲の姿勢で行っているのを見ていたと語っていることです。注目すべきは、そうした面倒を見る行為（寝場所の提供、入浴や衣服の世話、怪我の手当て――すべて見返りなし）は通常、家族のために行われるものであるという点です。

＊お勧めの行動

子どもの「私たち」感覚が、人類という家族にまで広がることを願う親にとって、これらの発見は家庭で何ができるかを示唆しています。第一のもの（外集団の子を長期間同居させる）は、望ましくはあってもほとんどの家庭では現実味がありません。多くの場合、養父母あるいは里親になるのに必要な要件、費用、責任は、大変な負担になります。

しかし、第二のもの（家庭内で外集団の子に疑似家族的な経験を与える）なら、ずっと簡単にできます。必要なのは二段階の手順です。まず親が、子どもの学校、スポーツチーム、ダンス教室などから、自分の子と異なる集団の子を見つけます。そして、その子を（相手の親から許可を得て）自分の家に遊びに来たり泊まりに来るよう誘います。私の見解では、この段階で重要なのは、招いた子を客人扱いしないことです。やって来た子が家族の一員として扱われるところを、自分たちの子どもに見せるべきだからです。

自分の子どもが手伝うことになっている家事があるなら、招いた子どもにも手伝わせましょう。母親が洗濯の担当で、招いた子が裏庭で遊んだ後、服に草の汚れがついているのに気がついたなら、その服を洗ってあげましょう。同様に、よく注意して観察し、その子がちょっとした擦り傷を作っていたときは、消毒液と絆創膏で手当てをしてあげましょう。父親がスポーツのやり方を教える係なら、招いた子も混ぜて一緒に遊ぶだけでは不十分です。全員のコーチ役となって、ボールがちゃんと飛んでいくようにバットやゴルフクラブの持ち方を指導したり、アメリカン・フットボールのボールに適切な回転がかかるように投げ方を教えたり、サッカーボールを蹴る前にどんなフェイントをかければゴールキーパーが取りにくいか、見本を示したりするべきです。父親の役割が家の修繕や自動車修理をしたり、そのやり方を教えたりすることであっても、やることは同じです。招いた子どもが帰るまで、指導の機会を先延ばしにしてはいけません。

もちろんこうしたやり方は、同じ子がまた来たときにも、別の外集団の子が来たときにも、繰り返されるべきです。私が重要だと思うのは、やって来た子がひいきを受けないということです。公平な親は自分に偏見がないことを示すために、外集団の子をより丁重に扱いたくなるものですが、そうするかわりに、自分の子どものためにも、あらゆる手を尽くして自分の家の習慣からよその子を排除するのではなく、その子を混ぜるようにしてください。

その子の家族を夕食に招いたときにも、同様の対応をするのがお勧めです。席に着いての夕食なら、テーブルの準備は招いた家族が来るまで待ちましょう。そうすれば、家族にするのと同じように、手伝ってくださいと頼めます。裏庭で食事をしたりバーベキューをするなら、椅子やテーブルの設置は、お客さん一家が手伝えるタイミングまで待ちましょう。どちらの場合も、食事をする全員で後片付けをするよう声かけをしてください。

私の提案に亡くなった母が、「ロバート、いったい何をやってるの。お客様をそんなふうに扱うなんて」と言っているのが聞こえてきます。ある意味、母は正しいでしょう。「でもね、母さん」と私は応えます。「彼らはお客様とは違うんだ。今やりたいのは、民族、人種、宗教、性同一性の違う人に、自分は受け入れられている、うちの家事のやり方に組み込まれているって、なるべく早く感じてもらうことなんだ。それにね、研究によれば、準備や後片付けなんかの作業を一緒にやったり、それにつきものの格式張らない会話を楽しんだりすると、彼らが感じる、私たちとの一体性の感覚が強まりやすくなるし、私たちも一体感を強く感じるようになるんだ」。

頭に浮かびはするものの声に出して言いたくはない（母と口論になるとよく「そんなふうに利口ぶるんじゃない」と言われていたので）ことは、まだあります。夕食に客を招く際の一般的なエチケットに反しているということについては母が正しいとしても、適切なおもてなしかどうかは要点ではないのです。招待の狙いは、母親を見ている子どもたちに、あらゆる他者を包み込むほど広がった「私たち」という感覚を教えることにあります。これもやはり声に出して言おうとは思いませんが、お母さん、私はこう思うんですよ。お母さんは子どもたちから、訪問者をお客として扱った人として思い出されるのと、家族として扱った人として思い出されるのと、どちらがお望みですか[*28]？

■多様性のある地域と友情について分かっていること

多様性のある地域と友情について分かっていることは、以下のとおりです。民族的あるいは人種的な多様性の中で暮らしている人は、全人類とのつながりを感じやすくなるだけでなく、それによって全般的な支援を行いやすくなります。さらに、接触の増加はたいてい、外集団に所属する人たちへの好意を強め、偏見を持ちにくくさせます。同様の効果は多様性のある友人関係からも生まれます。また、その友人関係によって、友人が所属する民族集団・人種集団に対して肯定的で協力的な気持ちが強まります。こうした結果が生じるのは、マジョリティ集団の人だけではありません。マイノリティ集団の人にも生じます。マイノリティの成員にマジョリティ集団の友人がいると、マジョリティ集団に対して、より肯定的な気持ちを持つようになります。さらに良いこともあります。集団の垣根を越えた友情は、他の集団横断的な交流も好結果になるだろうという予想を強めるのです。これは、相手集団との間に、一体性の感覚が強まっているおかげです。そして何より素晴らしいのは、集団の垣根を越えた友情には、間接的で目立たない影響力があることです。自分の集団の誰かが別の集団の誰かと友だちだと知っているだけで、その相手集団への否定的な感情が弱まるのです。

＊お勧めの行動

子どもが文化的多様性の中で暮らすと、全人類とのつながりを感じやすくなるという発見を踏まえて、親は何をするべきでしょうか。すぐに荷造りをしてそうした環境へ引っ越すというのは、いくら子どもがそういうふうに育ってほしいと考えている親でも、さすがに無理な注文でしょう。ですが、そうした親であれば、将来引っ越しの際の条件リストに、近隣住民の多様性という項目を入れておくのが適切な一手になるかもしれません。そうした価値観をどのくらい重視するかに合わせて、多様性をリストの何番目に入れるか決めればいいと思います。

近隣住民の多様性と比べ、友人関係の多様性を求める場合には、より多くの選択肢が存在します。一つは、すでに述べたお勧めと同じく、親が学校やスポーツイベントや公園の遊び場で、自分の子どもと特に相性の良い子を探すというものです。そして、その子を遊びにおいでと誘ったり、お泊まり会に招いたり、誕生日パーティーに招待したりすれば自然とプロセスが進み、やがてはその子の家族を夕食に招いて、親同士の集団の垣根を越えた友情の土台ができるでしょう。そのような大人同士の結びつきは、大人同士が家の外で、一対一でランチやコーヒーを楽しむことで固められます。

家の外で会うことは重要です。何よりもまず、その関係が公的なものになるからです。つまり、その友人関係が他の人たちの目に入るようになります。研究によれば、そうなると、それを見た人も集団の垣根を越えることに対する偏見が弱まって、自分でもそうした友人関係を作ってみようと思いやすくなるのです。実際、一対一で一緒にいることが公的なものになればなるほど、より多くの人が、そうした集団の垣根を越えた関係に惹かれるようになります。そして、そうした影響が広がって、さらに多くの人が同じ方向へ進むことになるかもしれません。COVID-19の感染爆発中、私たちは幾何級数的な集団感染の法則の、嘆かわしい働きを目にしました。しかし、集団の垣根を越えた友人関係が公共の場で見られるという事例の場合には、同じ法則が人類の幸福を害するのではなく益するほうに働くことでしょう。

集団の異なる子の親（あるいは集団の異なる大人の誰か）と、一対一で会うように段取りするべきという根拠の重要な二点目は、友人関係の影響を広げることよりも深めることと関係しています。一対一で会うことにより、関係の強固さを強める絶対確実な別の方法、返報的な自己開示を用いる機会が生まれるのです。第2章で見たように、返報性のルールはあらゆる行動を支配しています。自己開示も例外ではありません。会話をしている一方が自分について何か打ち明ければ、もう一方もほとんど確実にお返しとして何か打ち明けます。そのようなやり取りは、三十六の質問に答えるというアーロン夫妻の手法を使えば、恋愛感情にも似た社会的絆を生み出すことができます。ただ、一部の研究者がこの手法を使って集団の異なる相手への偏見を減らそうとしてはいるものの、三十六の質問を一問一問進んでいくやり方は、スターバックスでの社交的なやり取りには向かないでしょう。そこで求められるのは、目をキラキラ輝かせた愛の反応ではないからです。とはいえ、諸研究の示すところによれば、限定的な自己開示だけでも集団の垣根を越えた関係は強くなります。

結論ははっきりしていますし、それほど扱いに困るようなものではありません。もし目標が、私たちの世界にある集団同士の分断につきものの敵意や偏見の軽減なら、集団の垣根を越えた友人を作り、その友情を周囲の人たちに見せ、公共の場でその友人と会い、そのときの会話の中でちょっとした自己開示を行いましょう。[*29]

■一体性の感覚を生むさまざまな結びつきについて分かっていること

同調したり協力したりしながら一緒に活動すること（一緒に踊る、歌う、音読する、歩く、働くなど）

から生じるいろいろな結びつきが、「私たち」という意識を広げることはすでに見ました。それとは違う結びつき（これは共通点への気づきから生まれます）にも、同じ効果があります。これらの共通点には、他の誰かの心に一体性の感覚を掻き立てたいと願う人にとって、非常に役に立つ特徴があります。そうした共通点を相手に意識させるだけで、一体性の感覚を呼び起こすことができるのです。

この点に関して最も効果的である共通のアイデンティティを用いて、ラビ・カリシュは自民族を救うことができました。彼は日本の軍人たちとの間に、アジア人という共通のアイデンティティがあることを指摘したのでした。また、喧嘩中のカップルの一方が、パートナーという共通のアイデンティティを相手に思い出させるだけで、相手からの同意を引き出すことができました。米国の民主党員と共和党員をもっと仲良くさせたいと思うなら、米国人という共通のアイデンティティを思い出させるのがよいでしょう。同様に、ユダヤ人とアラブ人に、両民族にはかなり高いレベルでの遺伝的同一性が見られるという記事を読ませると、互いに対する偏見と敵意が弱まり、イスラエルとパレスチナの和平への努力を支持する気持ちが強まりました。この種の偏愛の力はとても強く、（非常に自己中心的な）サイコパスでさえ、自分の「私たち」集団の成員については、気遣いの度合いが大きくなります。この発見は、サイコパスが他者への共感の欠如で知られているという点を踏まえた場合、どのように説明できるのでしょうか。個々のアイデンティティをまとめる作業によって、結合された他者と自己との融合が促進されることを思い出せばよいだけです。つまり、サイコパスの行動は、彼らの特徴から少しも外れてはいないというわけです。

他の共通点も同じように働きます。たとえば、長く反目し合っていた集団も、共通の敵の出現によって団結します。イスラムのテロリストに関する陳述を読んだ後、米国の白人と黒人は、互いの違いをそれまでより小さいものと見るようになりました。同じことは、イスラエルのユダヤ人とアラブ人にも当てはまりました。両者ともに罹りやすい病気がいくつかある（たとえばガンなど）という記事を読んだ後、互いに感じる違いが小さくなったのです。さらに、この変化は自動的に生じ、認知的な熟慮を必要としません。それとは別の基本的な感情体験という共通点は、違った働き方をします。集団を構成する人々はしばしば、別の集団に対する偏見、差別、不当な扱いを正当化しますが、そのとき用いられるのが相手集団の成員の非人間化、つまり、その集団の成員には共感、寛容、品格、道徳心、利他主義といった、人間の基本的感情や性質が十全に備わっていないという決めつけです。こうした敵意にまみれた思い込みには、相手も基本的な人間らしい感情を同じように経験しているという証拠によって対抗できます。外集団の成員が同じ悲劇的な場面を見て、私たちと一緒に涙を流したり、同じジョークを聞いて私たちと一緒に笑ったり、同じ政府の不祥事に対して私たちと同じくらい怒っていたら、その外集団に対して非人間化した見方を維持することは難しくなります。イスラエルのユダヤ人は、ひき逃げ事故の増加と、工場排水が流出して何千ものイルカが死に至ったことを、パレスチナ人が自分たちと同じくらい怒っていると知った後、パレスチナ人をそれまでよりも人間として認識するようになり、彼らにとって好ましい政策への支持を強めました。

一体性を生み出すつながりのうち、ここで注目したいものの最後の一つは、他の人の観点に立つという行為です。自分を他の誰かの立場に置き、その人物が考えていることや感じていること、経験していることを想像するのです。長い研究者生活で、私は人が他者を手助けする気になる諸要因を研究しました。比較的最近になって、私は重要な真理を学びました。もしあなたが困っている誰かの靴を履けば【訳注：「他者の立場になって考える」という意味の定型表現】、たいていの場合、その靴はあなたが靴の持ち主を助けるように仕向けます。また、私がこの真理の原因を学んだのも比較的最近です。他の誰かの状況に身を置くことが、自他の重なりの感覚を強めるのです。その結果、オーストラリアの大学生がオーストラリアの先住民族の観点に立ってみたときも、セルビア人がボスニアのムスリムの観点に立ってみたときも、フロリダの住民がトランスジェンダー当事者の観点に立ってみたときも、その後、そうしたマイノリティ集団に好意的な政策への、賛成の気持ちが強まりました。また、面白いことに、他の人とのやり取りで相手がこちらの観点に立とうとしているのが分かると、私たちはその人との自他の重なりが大きくなったように感じ、相手に対する好意と親切心が増します。どうやら相手の観点に立つことの影響は、双方向に働くようです。[*30]

ただ、こうしたつながり方には難点があります。集団の垣根を越えた家族的な近所づきあいや友だちづきあいを築くことの効果と違い、共通の敵、さまざまなアイデンティティの共通性、同じ感情反応、相手の立場に立とうとする試みから生まれたつながりは、機能しない場面がたくさんあり、機能するときでもほとんど長続きしません。これにはもっともな理由があります。そうした結びつきが一体性を作る目的はたいてい、生存可能性と優位性を求めて競合相手との戦いに集団を追いやろうとする、進化論的圧力の力強い働きに逆らっているのです。こうした「人類皆兄弟」という考え方を非常によくとらえているのが、古代ローマの哲学者セネカが言ったとされる「私たちは同じ海に立つ波である。同じ木に生える葉である。同じ庭に咲く花である」という言葉です。この心情が正当なものなのは確かですが、この感情のごく平凡な力では、自然選択という進化の原理の力に太刀打ちできません。進化の原理が主張するのは、同時に存在する正反対の真理だからです。一つ一つの波、一枚一枚の葉、一本一本の花は、繁栄のために資源や蓄え、手段を巡って競い合っており、そうしたものなしには、勢力を失うか、消え去るかしてしまうのです。

一体性という考えの擁護者にとってさらに都合が悪いことに、人間の性質の中には、私たちを競争と分断に駆り立てる別の力強い特徴があります。脅威を感じるという特徴です。自分の集団の安寧や名声が脅かされたときはいつでも、私たちは怒りに任せて、相手集団の価値観、重要性、果ては人間性さえも切り捨てにかかります。とはいえ、現代は競合する国家、民族、宗教といった集団双方が、破壊的な技術と破滅を招くほど強力な兵器で大規模な恐怖と損害を与えることができる時代なので、集団同士の調和へと舵を切ることで集団間の敵意を減ずる道を探るべきでしょう[*31]。

＊お勧めの行動

前述した目標の価値を認める人々は、恐ろしい敵に直面します。強力な進化論的圧力によって駆り立てられた敵に。敵とは、自分たちの遺伝子（これは私たちにとって重要な内集団の成員大多数に共有されています）の複製が、確実に生き残るようにせよという絶え間ないプレッシャーです。科学的分析によれば、私たちが圧倒的に多くの遺伝的重なりを有する相手は、家族、友人、地域的、政治的と宗教的結びつきを同じくする人々です。当然と言えますが、私たちは多くの場合で、こうした人々の結果が、より遺伝的な結びつきの少ない集団の人々の結果よりも良くなるように行動します。自然選択のような強敵が立ち塞がっているのなら、私たちはどうやって、集団間の一体性を目指す戦いに勝利できるというのでしょうか。

おそらくここでも、進化論の命令をハッキングし、その力を私たちのために働かせるようなお膳立てが可能です。思い出してほしいのですが、第1章で、柔術の心得のある女性なら、相手の力（エネルギー、重量、勢い）を自分に有利になるよう方向づけることで、自分より力の強い相手を打ち負かせると言いました。私が提案した一体性の築き方は、その戦術を用いています。外集団に所属する人々が、私たちの家、近所、友人関係のネットワークの中に登場する頻度を増やせば、それは遺伝的類似性の信頼できる合図となっているので、人々はその合図に対して本能的に反応します。進化論的圧力を一体性への圧力に向け直そうという場合、キャッチフレーズは『スター・ウォーズ』の「フォースと共にあらんことを」ではいけません。むしろ、柔術を踏まえて「彼らの力《フォース》と共にあらんことを」とするべきです。

同様の、全般的アプローチを用いて進化という過程をハッキングし、共通の敵（「私たちは皆、がんにかかりやすい」）、比較的些細な共通のアイデンティティ（「私たちはどちらもバスケットボールが好きだ」）、同じように感じる人間的感情（「うちの家族もみんな、市長の決定には怒ったよ」）、あるいは相手の立場になって考えようとする努力（「きみの立場になって考えたら、きみの状況が前より分かるようになった」）といった、つながりから生じる一体感の、変わりやすくしばしば短命な効果を強めるには、どうしたらよいのでしょうか。ここまで見てきたように、こうしたつながりは瞬間的には大きな影響力を持つことがありますが、その効果はたいてい脆く簡単に消えてしまうので、行動を永続的に定めることはできません。しかし、幸いにもそれらのつながりの効果が持つ力と安定性を強化できる要因があります。それは注意の焦点化です。これを行うことで、任意の信条、価値感、選択が特別扱いされるようにできます。

私たちが何かに注意を集中するとき、すぐにその対象の重要性を大きく感じるようになります。ノーベル経済学賞受賞者のダニエル・カーネマンは、この現象を「焦点錯覚《フォーカシング・イリュージョン》」と呼びました。これは、もし何かに注意が向くなら、その対象は関心を向けるに値するものであると人々が自動的に考える現象です。カーネマンは自ら執筆したエッセイの中で、この錯覚を次のようにまとめています。「人生のどんな要素にも、あなたがそれについて（集中して）考えている間に感じるほどの重要性はない」。さらに、研究から、焦点化の対象となったものに望ましい特徴があると、その特徴がますます重要に、そしてそれゆえいっそう望ましいように思えてくることが分かっています。

　認知的錯覚はすべて、普段はうまく機能しているシステムの不具合によって生じます。焦点錯覚の場合、通常私たちのためにしっかりと働いてくれるそのシステムは、極めて賢明なものです。どんな情報環境にあっても、私たちにとってその場で最も重要な特徴（暗闇から突然聞こえてくる物音、空腹時に感じる食べ物のにおい、スピーチのために立ち上がるＣＥＯの姿）に、意識を向けるのは賢い対応です。そうするのは進化論的観点から見て、大変筋が通っています。そうしなければ、状況への適応に問題が起こるでしょう。しかし、実はここに不具合があります。私たちの注意は、その状況の最も重要な側面に必ず向くというわけではないのです。ときに私たちは、何かに備わった重要性のためでなく、別の要因がそこに私たちの注意を向けさせたために、それが重要だと思い込んでしまいます。

　あるアンケート調査で、米国史上「非常に重要な」出来事を二つ挙げるよう求められた米国人のうち、二〇〇一年九月十一日の同時多発テロ事件を含めた人は約三〇％でした。しかし、同時多発テロ事件から十年目の九月十一日が近づいてきて九・一一関連の報道が急増すると、九・一一を挙げる回答者の数も急増し、最高で六五％に達したのです。九月十一日が過ぎるとすぐに報道量が激減し、事件を重要だと判断する人の割合も三〇％程度まで下落しました。明らかに、ニュース報道の多寡が受け手のその出来事に対する意識に影響を及ぼし、ある出来事から感じる重要性を大きく変えたのです。また、家具を扱うネットショップの訪問者を対象に行われた研究では、訪問者の半数を柔らかくふわふわした雲の画像を壁紙にしたトップページに誘導し、彼らがそれを見てから店の商品を閲覧するようにしました。研究者によってお膳立てされたこの注意の焦点化によって、訪問者たちはソファーの快適さをより重要な特徴だと評価し、その結果、より座り心地の良いソファーを購入したいと考えるようになりました。しかし、残りの半数の訪問者にはこの傾向が見られませんでした。彼らは価格のほうを重要だと評価し、手頃な値段のソファーを購入したいと考えました。なぜでしょうか。彼らはコストに関連する画像（大量の硬貨）を壁紙にしたトップページに誘導されていたからです。つまり、訪問者の意識を戦略的に向けさせた先の概念が、彼らの重視するものを大きく変えたのです。さらに、インターネットを用いた研究では、参加者たちに自分の写真に注意を向けるよう指示を出しました。写真にはそのときの本人の見た目そのままのものと、かなり年齢を重ねたときの顔に加工されたものがありました。人工的に年を取らせた自分の顔を注視した人たちは、退職後に備えた貯蓄プランへの割り当て金額が大きくなりました。注目すべきは、本人ではない高齢者の写真を見たときには、このような効果が現れなかった点です。この効果は、自分自身の将来的な経済的幸福度が関わるときのみに生じました。この研究では、定年を迎える頃の自身のイメージに意識を集中させたことが、自分の面倒を見ておくことの重要性を高める結果になったのです。

報道関係者、ウェブページのデザイナー、貯蓄に関する研究者が、注意の焦点化を利用して、九・一一やソファーの属性、退職後に備えた貯蓄プランの重要性を強く感じさせられるのだとすれば、この手法を使って一体性を促進することもできるのではないでしょうか。重要度を高めるという焦点化の力を用いて、集団の垣根を越えたつながりの価値を、もっと強く感じさせることができるのではないでしょうか。それは、自分と異なる集団の成員への無意識的な憎悪、敵意、偏見を敏感に察知し、意識を互いの共通点に向け直す訓練になるでしょう。意識を向け直すという行為は、私たちを精神的に分断から団結へ向かわせるだけではなく、それに伴う注意の変更は、重要度を高めるという焦点化の効果を通じて分断を軽減し、団結を促進するはずです。こう考える私は、見通しが甘いのかもしれません。しかし、うまくいく見込みも十分にあります。

第一に、この取り組みには大変頼りになるパートナーがいます。私たちは焦点化を友人に、力に、そして燃料にできるのです。第二に、人は訓練によって脅威となる考えから注意を逸らし、その注意をもっと穏やかな考えに向けられるという証拠があります。この切り替えの結果、脅威となる考えの原因に対する不安が軽減されます。第三に、私たちが外集団と遭遇したり噂話を聞いたりしたときに、いつも真剣に注意を分断から団結に向けようとし、それがうまくいくのなら、文句なしに作戦成功です。しかし、共通のつながりに考えを固定するという作戦がうまくいかない（理由は、おそらく注意の焦点化によって強化されてもなお、結びつきの強さが十分でないため）としても、まだ奥の手があります。やらなければいけないことはただ一つ、集団の垣根を越えた「私たち」という意識を持つための誠実な試みは、私たち自身が心からそれを望んでいる証拠なのだと考えることです。そうすれば、取り組み自体の成功如何にかかわらず、集団の垣根を越えた一体性は、私たちの自己認識の中に定着するはずです。集団の垣根を越えた一体性が育つはずです。[*32]

防衛法

ほとんどの企業には「行動規範」が示された文書があり、社員は入社時にそれを読み、そこで働いている限り、その内容に従うことが求められます。多くの場合、この文書は社員が受ける倫理研修の土台となっています。S&P500種指数に選出されている製造業の会社を対象とした研究では、行動規範文書が、主に一体性と関係のある言葉で書かれ、社員を「私たち」という単語で呼ぶ企業と、よりフォーマルな言葉で書かれ、社員を「社員」「従業員」という単語で呼ぶ企業の、二種類あることが分かりました。大きな驚きだったのは、倫理的責任を「私たち」系統の言葉を用いて伝える企業の社員は、そうでない企業の社員よりもはるかに、在職期間中に違法行為に手を染めやすかったことです。

その理由を知るため、研究者たちは八つの実験からなるプロジェクトを実施しました。実験では参加者を雇って作業を行わせましたが、作業に入る前にまず倫理的な行動規範研修を受けさせました。研修では、一体性型の言葉（従業員を「私たち」と呼ぶもの）で書かれた行動規範文書と、非人格的な言葉（従業員を「社員」と呼ぶもの）で書かれた行動規範文書のどちらかが使われました。目からうろこが落ちるような発見がいくつかありました。行動規範が「私たち」型の言葉で書かれていた参加者たちのほうが、ボーナスを得るために嘘をついたりズルをする、つまり自分が得をするために組織に損をさせることが多かったのです。続く実験で得られた二つの発見が、その理由を説明しています。第一に、行動規範文書に「私たち」系統の言葉が使われていた場合のほうが、参加者はその組織が監視を行って倫理方針の違反者を見つけようとする可能性を、低く見込んでいました。第二に、そうした言葉で研修を受けた参加者のほうが、違反者が見つかったとしても組織は寛容に扱い、違反を許してくれそうだと考えていました。

これまでの章で見てきたように、影響力の各原理は、ときとして利己的な目的のためにその力を悪用されます。些細《ささい》な意味のない贈り物をして、受け手により大きな親切で恩返しをする義務感を植えつけたり、統計を用いた嘘で売り込みの品に対する間違った社会的証明の印象を与えたり、経歴を偽造してある話題の権威になりすましたり……。一体性の原理でもそれは変わりません。一体性の原理を悪用しようとする人がひとたび「私たち」グループに入れたと考えると、その人は利益を得るために、仲間の悪事を矮小化し、許し、助長さえする私たちの基本傾向を利用します。この点につけこまれる可能性があるのは、企業組織ばかりではありません。私は個人的に気まずさを覚えた二つの事例から、企業以外の組織にも同様の不心得者と、そうした人間を寛容に扱う一体性の意識から生じた傾向が存在すると言うことができます。

そうした組織の一つは労働組合です。これは警察、消防、製造業、サービス業の組合が、いつでも組合員の味方をする（その組合員が最悪な人物であっても）というところからも、はっきりしています。労働組合は安全規制の強化、賃金交渉の保証、育児休暇制度の設置、経済的に裕福な中間階級の拡大といった形で、組合員だけではなく、より広い社会にも大きな利益を提供しています。しかし、職場での倫理的に適切な振る舞いという点で、労働組合にははっきりとした欠点があります。組合はしばしば、悪質で継続的な違反の明確な証拠を突きつけられても、その人物が仲間だからという理由だけで、非倫理的な人を守って戦うのです。もう亡くなりましたが、私の家族の一人はそうした違反者の典型でした。ある製造会社で溶接工の仕事をしていましたが、仮病は使う、仕事では手を抜く、小銭はくすねる、勤務時間記録表には嘘を書く、虚偽の労災申請を行うといった行状で、しかもそれを自慢し、彼をクビにしようとする上司たちの無駄な試みを笑っていました。そして、労働組合の組合費ほど見返りの大きな投資は他にないと言っていました。倫理的に許されないどんな行為をしたときでも、組合は彼を守りました。善悪への関心からではなくそれとは異なる倫理的義務感、つまり、組合員に対する忠誠心からそうしたのです。それゆえに、彼がその忠誠心に梃子《てこ》をかけて利己的に利用するのを、どうすることもできなかった組合の硬直した対応は、毎回、私を落ち着かない気持ちにさせました。

二つ目の組織として、ローマカトリックの聖職者たちの行動からも、私は同じような気持ちを味わわされています。私が育ったのはカトリックの家庭で、近所もカトリック信徒が多く、通ったのもカトリックの学校で、青年期になるまではカトリック教会の礼拝に参加していました。今はもう熱心な信者ではありませんが絆の名残は感じており、そのため教会の慈善的な奉仕活動や貧困撲滅プログラムを誇らしく思っています。その同じ絆から私が恥辱を覚えるのは、信徒である子どものために祈るのではなく、その子たちを餌食にしていた好色な神父たちへの、教会上層部の恥ずべき対応のせいです。事件に対して上層部の行った不名誉な取り扱い（犯罪を犯した神父たちを許し、虐待の事実を隠し、神父たちを別の教区に移して二度目、あるいは三度目のチャンスを与えたのです）が初めてニュースになったとき、私は内集団を擁護する人々が、その不正行為を矮小化しようとするのを聞きました。彼らは、教会上層部の人々も神父であり、神父を定義づける役割の一つは罪への赦しを与えることである、ゆえに教会の上層部は自らの宗教的義務にふさわしいことをしているだけだと論じました。そんな言い訳が通用しないことは分かっていました。教会の上層部は、虐待を許しただけではなく、それに関する情報の隠蔽も行ったのです。内集団を守るという理由から事件を隠し、そのせいで事件は再発しました。信徒になったばかりの子どもたちが酷い目に遭わされ、癒えることのない傷を負わされました。教会上層部の人々は心理的塹壕に潜り込み、そこで「私たち」性の見地から自分たちの行いを正当化したのです。

「私たち」意識に基づいた組織の悪意ある成員が、企業、労働組合、宗教組織といったさまざまな団体で見られる利己的な行為に走るのを防ぐことは可能なのでしょうか。私はできると思っていますが、そのためにはそうした団体それぞれが、次の三段階の手順を踏む必要があります。①集団内にいる不道徳な人物は、成員の倫理的違反行為を許そうとする「私たち」集団の傾向が、自分を守ってくれると考えていることを認識する。②関係者全員に、この特定の「私たち」集団に、そのような寛容さは存在しないと宣言する。そして、③その帰結となるような厳格な方針（立証された不正行為には解雇処分で応じる、など）を打ち立てる。

倫理的振る舞いについてのこうしたコミットメントは、いつ、どこでなされるべきでしょうか。まずは一番最初、すなわち、集団成員として受け入れる際に読ませる、組織の行動規範文書でなされるべきです。その後は定期的に、チームミーティングで倫理的振る舞いと非倫理的振る舞いを定義し、厳格な方針の例外なき運用について繰り返し説明するべきです。第7章で紹介した研究を振り返れば分かるように、紙に書き出すなどして強化された重要な価値へのコミットメントは、実際にそうした価値を定着させるための力となります。私はかつて、紙に書かれたコミットメントがどれほどうまく働くかを、たまたま実地で学びました。

現役時代の一時期、私は裁判で専門家証人を何度か務めました。裁判のほとんどは製造業者による詐欺的な広告や売り込みに関するものでした。しかし、三年で辞めました。主な理由は、非常にタイトなスケジュールで仕事をこなさなければならなかったからです。よくある進行は次のようなものでした。まず箱一杯の書類（陳述書、宣誓供述書、嘆願書、エビデンス・レポート、判例）を受け取り、それを消化した後、予備的な意見書を作成します。意見書は完成後すぐに提出する必要があり、次は正式な宣誓証言の場で、相手方の代理人たちから反対尋問を受けなくてはなりません。さらに、宣誓証言の日までに、ときには何度も、私を雇った弁護団の面々と会って、私の意見書に最大限のインパクトが宿るよう、文書の構成と推敲を行うことが求められました。

そうした会合の中で自然と生じたことが、私にまったく違った問題を抱えさせました。倫理的な問題を。私は特定の目的を持って団結した「私たち」集団の一員となりました。目的というのは、相手方の弁護士と専門家証人からなる外集団との裁判に勝つことです。一緒に働いている間に私は同僚たちと友情を築き、彼らが議論の中で見せる知的スキルに感心したり、食事に行って食べ物や音楽の趣味が共通していることを知ったり、お酒を飲みながら相互に自己開示を行うことで（たいていは二杯目を飲み終えた後でした）親しみの念を強めたりしました。準備作業をしているときには、私の意見が相手方との戦いで用いる武器の中で特に重要なものになると、はっきり言われました。私の意見が私たちの主張を支持すればするほど、そして、私が自分の意見に自信があると言えれば言えるほど、こちらが有利になるのだと。

口に出したことはほとんどありませんが、私はすぐにチームの一員としての自分の立場を良くする方法を理解しました。意見書で、証拠（研究論文など）に含まれるこちらの論と合致する点の重要性を自信満々に強調し、そうでない点を矮小化できればできるほど、私はますます自分の集団とそれが目指すものに忠実だと見られるのです。

自分の置かれた倫理的葛藤を抱えた立場に、私は最初からストレスを感じました。私は科学者として、証拠の提示をできるだけ自分が見ているとおりに行う義務がありました。加えて、その証拠の分析にどの程度自信があるのかということも、できるだけ誠実に述べる義務もありました。同時に、私は「私たち」集団の一員だったので、（職業的責任から）依頼人たちにとって最善の形で主張を行うという道義的義務がありました。ときおり、科学的高潔さの価値を自分は非常に大事にしていると、仲間たちには言いましたが、彼らがその優先程度を完全に理解してくれているという確信は、ついに持てませんでした。しばらくして、私は彼らの価値にではなく、科学的高潔さの価値に対してコミットしているのだと、仲間たちに（そして自分にも）公式表明の形ではっきりと示したほうが良いと考えました。私は自分の意見を書いた宣誓供述書の最後に一段落追加して、自分の見解の一部は、私の依頼人である弁護団から提供された情報と議論に基づいており、この見解は相手方弁護団が提供するものを含む、あらゆる情報・議論によって修正される可能性がある、と書くようになりました。その段落はすぐに変化を生み、私は仲間たちから忠誠心に厚いとは見られにくくなりました。そのおかげで、自分が優先すべき役割がはっきりした気がしました。

ある裁判では、追加した段落のおかげで意外な命拾いをしました。その裁判では、ある企業の広告キャンペーンが、商品が健康に与える効能について誤解を招いている、というのが私の意見でした。その企業は莫大な収益を上げていたため、大弁護団を雇う余裕がありました。そして、その弁護団を率いていた人物は、おそらく私が対峙した中で最も尋問に長けていました。予備的な意見表明を含む宣誓供述での私の仕事は、自分の見解を守ることであり、彼の仕事はあらゆる手段を用いて、私の見解、信用性、誠実さを疑わしいものに見せることでした。その仕事を彼は鋭い批判を用いて行い、私は防戦一方に追い込まれました。そして、防戦一方という知的試練をかえって私が楽しんでいたあるやり取りの中で、彼はこちらがまったく予想していなかった攻めを仕掛けてきました。私が段階的要請法（第7章参照）と、ある研究（安全運転を提唱する小さなシールを窓に貼ることを承知した人は、そのせいで二週間後に、関連はありつつも他の場合なら決して同意しないようなこと、つまり、自宅の庭に安全運転に関する巨大な看板を設置するのに同意しやすくなった）について書いていたことを、持ち出してきたのです。

そして、こう尋ねました。「これが意味するのは、たとえば窓にシールを貼るといったある考えに関する最初のパブリック・コミットメントが、結果として、その考えに関するより極端な立場を取るように人々を促すということですか？」。私がそうですと答えると、彼は攻撃を開始しました。私の予備的な意見表明書を掲げ、こう言ったのです。「私からすれば、この意見書は、あなたの行った最初のパブリック・コミットメントのようなものです。あなたの言葉を借りれば、こうしたコミットメントは、その内容如何にかかわらずあなたをこの意見書と厳密に一貫するように促し、さらには、より極端な立場を取らせようとするんでしたね。だとすれば、この先あなたが何を言おうと、どうしてそれを信じたりできるでしょう？　チャルディーニ教授、明らかにあなたはもう窓にシールを貼っていますよ」。

私は非常に感心してしまったので、椅子の背に身体を預けてこう言いました。「お見事です」。彼はお世辞を振り払うように手を振った後、質問に答えてくださいと迫ってきました。その間ずっと、自分の仕掛けた罠にかかった獲物がもがいているのを見てご満悦、といった笑みを浮かべていました。しかし幸いなことに、私はそもそも罠になどかかっていませんでした。私は彼に、意見書の最終段落を読むよう頼みました。もちろんそこには、自分が一貫性にしがみつくのではなく、新しい情報とそれがもたらす変更を受け入れる旨が、はっきりと書かれていたわけです。意見書から顔を上げた彼に向かって私は言いました。「実のところ、私にとってはそれが窓に貼ったシールです」。彼は椅子の背に身体を預けはしませんでしたし、声に出しもしませんでしたが、彼の口が「お見事です」と動いていたのは見間違いではなかったはずです。

彼がそう思ってくれたのは嬉しいのですが、その段落は、その日私の意見書に彼が攻撃を仕掛けてくると見越して書いたものではありませんでした。それは、私が専門家証人として対処しなければならない別の問題、つまり、法的な「私たち」集団内部から生じる圧力と、価値ある友情が育まれるにつれて私自身の内側から生じていた圧力とが、集団に対する私の倫理的義務感に沿った形で真実を解釈させようとすることへの対策だったのです。自分ではうまくいったと思っているのですが、その段落の狙いは、自分がそうした方向へ進むのを許すつもりはないと、書面の形で皆に知らせることでした。

悪事を働く人間を組織内に解き放つという代償抜きで、共同体的な「私たち」に基づいた仕事集団文化の持つメリット（より大きな協力と調和など）を得たい組織が、私の体験談から得られる教訓は何でしょうか。それは、行動規範文書の中に、自らのコミットメントを表明する「窓に貼ったシール」を入れるべきだということです。つまり、各組織は、規範に対する重大な違反が立証された場合もしくは軽微な違反が複数立証された場合、条項を厳格に適用し解雇処分にする、とはっきり述べておくべきなのです。厳格な運用方針の理論的根拠を述べる際に触れるべきは、倫理的な文化と結びついた職場への満足感と誇り、そしてこれが重要なのですが、職場の一体感を守りたいという心からの願いです。なぜ最後のものを入れる必要があるのでしょうか。それは、「私たち」という一体性を求めているとアピールすることで、「私たち」という一体性の欠点から組織を救うことが実際にできるなら……その願いの文言を入れておくのが、実に見事な一手になるからです[*33]。

まとめ

◎人は自分の身内だと思う相手にイエスと言う。他者との「私たち」性（一体性）を体験するときに関係するのは、アイデンティティの共有である。共有されるのは、人種、民族、国籍、家系、政治や宗教といった、自分や自分の集団を定義するのに使う、部族的なカテゴリーに区分されるものである。

◎「私たち」集団の研究から、三つの一般的結論が引き出されている。第一に、こうした集団の成員は、仲間の成員の結果と幸福を非成員のものよりも重く見る。第二に、「私たち」集団の成員は、仲間の好みや行動を手本に自分の好みや行動を決め、それが集団の結束を高める。第三に、こうした党派傾向は、進化論的には「私たち」集団、ひいては個々の成員が利益を得るための手段として生じたと考えられる。これら三点は、ビジネス、政治、スポーツ、そして個人的な人間関係といったさまざまな領域に顔を出している。

◎他者と共に帰属しているという認識は、「私たち」という感覚を生み出す基本要因の一つである。この認識を生むのは、血縁的な共通性（遺伝的な重なりの多さ）や、場所の共通性（家、地域、地方など）である。

◎一致協力して、つまり協調して共に活動する経験は、他者との一体性の感覚を生む二つ目の基本要因である。音楽体験の共有は、人々が一緒に活動し、その結果一体性を感じるようになるための一つの方法である。これとは別に、お返しのやり取りを繰り返す、苦しみを分かち合う、共同製作を行うなどの方法もある。

◎共に帰属していることと共に活動することの結合効果を用い、人間という種として一つになる確率を上げることができるかもしれない。そのために必要なのは、外集団の成員と、自宅での家族的経験や共同体での近隣住民としての経験、社会的交流における友人としての経験などを共有することだろう。

◎その他、国籍、共通の敵、同じ感情的経験、見解の一致などによるつながりも、外集団の成員との間に一体性の感覚を生むことができる。ただ、残念ながらそうして生まれた一体性の感覚は、短命であることが多い。しかし、意識を集中させ、繰り返しそうしたつながりに注意を向ければ、その重要性を強く感じるようになるため、一体性の感覚の寿命は伸びるかもしれない。

第9章

手っ取り早い影響力

――自動化された時代の原始的な承諾

私は毎日、すべてにおいてよくなっていく。
（エミール・クーエ）

私は毎日、すべてにおいて忙しくなっていく。
（ロバート・チャルディーニ）

一九六〇年代、ジョー・パインという人物が司会を務めるかなり変わったトーク番組が、カリフォルニアで制作され、全米で放映されていました。この番組の独自性は、ゲスト（その多くは、出たがり屋のエンターテイナー、有名人志望者、主流から外れた政治組織や社会組織の代表者などでした）に対する、司会者パインの挑戦的かつ辛辣な態度にありました。相手の気持ちを逆なでするようなパインのやり方は、ゲストを論争に引き込み、動揺させて本音を吐かせ、たいていの場合は彼らを愚かな人間に見せようとするところに目的があったのです。ゲストを紹介して何秒も経たないうちに、その人の考え方や才能、容姿を攻撃し始めることも珍しくありませんでした。パインがこうした意地の悪いやり方を使うのは、片足を失って厭世の境地にあるからではないかと言う人もいました。いや、そうではなくて、元々不愉快な性格なんだ、と言う人もいました。
ある晩、ロック・ミュージシャンのフランク・ザッパがゲストとして番組に招かれました。当時は一九六〇年代で、男性の長髪はそれほど一般的ではなく、まだ議論の的になっていました。ザッパが紹介され席に着くやいなや、次のようなやり取りが行われました。

パイン　そんな長い髪をしてると、女になっちゃうよ。
ザッパ　そんな義足をつけてると、テーブルになっちゃうよ。

原始的な自動性

私の好きな丁々発止のやり取りを含んでいるということは別にして、パインとザッパの会話は、本書で扱っている基本的テーマの具体例になっています。私たちは人や物について何か決定を下すときに、利用可能な関連情報をすべて使ったりはせずに、全体を代表するたった一つの情報だけを使うのです。そしてこのやり方は、普段は私たちに正しい反応の仕方を教えてくれるとしても、明らかに愚かな間違いをしでかす危険をはらんでいます。ずる賢い人間に利用されると、自分が愚かな人間に見えてしまったり、あるいはもっとひどいことになってしまうような間違いを犯す危険があるからです。

同時に、事態をいっそう複雑にしているもう一つのテーマがあります。利用できるデータのほんの一部の特徴に頼って愚かな決定を下してしまう傾向があるにもかかわらず、流れの速い現代の生活では、私たちはこの種の思考の近道を頻繁に使わざるを得ないということです。第1章の冒頭で、こうした思考の近道を、低次の動物が示す自動的な反応と比較したことを思い出してください。そうした動物の複雑な行動パターンは、ピーピーという鳴き声、胸に生えた橙色の羽毛、特定の間隔の光の点滅など、単一の刺激特徴があれば引き起こせます。低次の動物が、環境の中にあるたった一つの刺激特徴にしばしば頼らざるを得ないのは、動物の精神的能力に限りがあるからです。その小さな脳では、環境内のすべての関連情報を記録し、処理することはできません。そこでこれらの種は、情報のある側面に対する特別な感受性を発達させてきました。普段はそれらの選択された特徴によって正しい反応がきちんと生じるので、たいていの場合、この仕組みはとても効率的なものと言えます。たとえば、七面鳥の母鳥は、ピーピーというヒナ鳥の鳴き声を聞くと、「クリック・実行《ラン》」で適切な養育行動を機械的に始めますが、そのおかげで限りある脳の力の大部分を温存し、それ以外の毎日の生活で遭遇しなければならない状況や選択に対処できるのです。

もちろん、人間の脳のメカニズムは、七面鳥やその他の動物よりはるかに効率的にできています。疑いなく、私たちは関連する多くの事実を考慮に入れて、正しい決定を下す能力を持っているのです。実際、この地球で支配的な生活ができるのは、この情報処理能力が他の種よりも優れているおかげだと言ってよいでしょう。

しかし、この能力にも限界があります。そこで、より効率的になるために、豊富な情報を土台にした時間をかけて行う洗練された意思決定から、より自動的で原始的な単一の特徴だけに頼る反応へと、後退することがあります。たとえば、頼み事をしてくる人にイエスと言うかノーと言うかを決めるとき、私たちはその状況の中にある関連情報の一つだけに、注意を向けることがしばしばあります。これまでの各章では、私たちが承諾の決定を行う際によく利用する情報をいくつか見てきました。それらがよく使われるのは、信頼性が最も高く、たいていは正しい選択ができるからです。だからこそ、承諾するかを決めるとき、私たちは、返報性、好意、社会的証明、権威、希少性、コミットメントと一貫性、一体性という要因を、あれほど頻繁にそして自動的に採用するのです。それぞれの要因は、どのようなときにノーではなくイエスと言ったほうが得をするかについて、非常に信頼性の高い手掛かりを提供してくれます。

状況を完全に分析する気がなかったり、そうしようにも時間やエネルギー、認知的資源がなかったりする場合、私たちはこれらの手掛かりだけを使う傾向が強まります。急いでいるとき、ストレスを感じているとき、確信が持てないとき、関心が持てないとき、注意散漫になっているとき、あるいは疲れているとき、私たちは利用可能な情報にあまり注意を払いません。こうした状況では、私たちはしばしば、「しっかりとした証拠が一つあれば十分」という、原始的ですがそうせざるを得ないやり方に逆戻りしてしまうのです。これらすべてを考えると、私たちを狼狽させるようなある洞察に至ります。洗練された心的装置によって人間は一つの種としてこの世に君臨してきましたが、まさにその心的装置が、あまりに複雑で変化の早い情報過多の環境を作り出し、その結果、私たちは遠い昔に乗り越えてきたはずの動物めいたやり方で、この環境を扱わざるを得なくなっているのです。

現代の自動性

英国の経済学者で政治思想家、科学哲学者でもあるジョン・スチュワート・ミルは、約百五十年前に亡くなりました。彼の亡くなった年（一八七三年）には重要な意味があります。彼はこの世界のあらゆる知識をすべて知っている最後の人、と見られていたからです。現在では、既知の事実を残らず知っている人間がこの世に存在するという考えは、物笑いの種にしかなりません。何代にもわたるゆっくりとした蓄積を経て、人類の知識は爆発的な勢いで加速度的に拡大する時代に突入しました。今や私たちは、その情報の大部分が、過去十五年以内に得られた世界に住んでいるのです。特定の科学分野一つ（たとえば物理学）だけでも、知識は八年間で倍増すると言われています。こうした科学的知識の急増は、分子科学や量子物理学などの門外漢には理解しにくい領域に限られた話ではなく、健康、教育、栄養など、私たちがいつも最新の知識を持っていたいと願う日常的な知識領域にも及んでいます。さらに、この知識の増大はまだまだ続きそうです。科学者たちは新発見を次々と科学雑誌の論文にしており、その数は年間二百万本と推定されています。

科学の長足の進歩とは別に、身近なところでも急激な変化が生じています。毎年実施されるギャラップ社の調査によれば、人々が重要と考える問題は、ますます多様かつ短命になっています。また、私たちはより頻繁に、より速いスピードで旅をするようになり、より頻繁に新しい家に住み替えるようになりました。その家も、より短期間で建てたり取り壊したりするようになっています。より多くの人と知り合う一方で、その関係はより短いものになっています。スーパーマーケットや車のショールーム、商店街には、スタイル、製品、技術的デバイスの多様な選択肢がそろっています、そのすべてが、前の年には聞いたこともなく、次の年にはもう時代遅れになっているか忘れ去られてしまうものです。文明化された生活をいくつかの単語で表現するとすれば、新奇性、一過性、多様性、加速性ということになるでしょう。

こうした情報量の増大、選択の幅の拡大を支えるのは、急激な科学技術の発展です。何よりも発達したのは、情報を集め、蓄え、検索し、伝達する私たちの能力です。当初、このような発展の恩恵に浴することができるのは、政府機関や大企業など、大きな組織に限られていました。しかし今では、遠距離通信とデジタル技術の発展に伴い、一般人もこのような驚異的な量の情報にアクセスできるようになっています。大規模な無線と衛星通信システムは、情報へのルートをいくつも提供しています。一般家庭へ、そして個人の手へと。現在、一台の携帯電話に備わった情報力は、ほんの数年前の大学すべての持つ力を合わせたよりも大きくなっています。

しかし、肝心なことに注意してください。現代はよく情報化時代と呼ばれますが、知識化時代と呼ばれたことは一度もありません。情報は直接、知識へと形を変えるわけではありません。まず、処理されること、つまりアクセスされ、取り込まれ、理解され、統合され、保持されることが必要なのです。

●Eボックス9・1

あなたはこの電話の携帯を誓いますか？ 誓います……いついかなるときでも

著者からひと言——私たちのデジタルデバイスの情報的な力は、前代未聞のものであるだけでなく、ときに依存性を持つことがあります（Foerster et al., 2015; Yu & Sussman, 2020）。研究結果によると、人は平均で一日に百回以上携帯電話をチェックしており、八四％の人が「携帯電話を持たずに一日を過ごすのは不可能である」と言っています。

近道は神聖なもの

テクノロジーは人間よりもはるかに早く進化するので、私たちの情報処理能力では、現代の生活の特徴である変化と選択と課題が溢れ返った状況を扱いきれない、という場面がますます増えています。低次の動物には、外部の環境の複雑さと豊かさを十分に処理できるだけの心的装置が備わっていませんが、私たちも今後ますますそうした低次の動物と同じ立場に立たされるでしょう。認知能力が元々ある程度欠けている低次の動物と違って、人間の場合は、複雑な世界を急速に構築することによって、自ら欠陥を作り出してきたのです。その結果は、他の動物が長く持ってきた欠陥から生まれる結果と変わりません。決定を下すときに、状況全体を十分に考慮して分析する場面が減っているのです。こうした「情報が多すぎて何も決められない状態」に陥ると、私たちはその状況の中にある単一の、たいていは信頼できる特徴に注目するようになります[*1]。

これら単一の特徴が本当に信頼に足る場合は、注意の範囲を狭めて特定の情報に対してだけ自動的な反応を行う思考の近道に、本質的な間違いはありません。問題は、何かの原因で普段は信頼性の高い合図が、誤った行為や愚かな決定へと私たちを導いてしまうときです。これまで見てきたように、その原因の一つに、一部の承諾誘導のプロが使う手口があります。彼らは、相手がよく考えずに機械的で手っ取り早い反応をするように仕向け、それによって利益を得ようとします。現代生活のペースや形態に合わせて、こうした手っ取り早い反応に頼る頻度が私たちの予想どおりに増えていくなら、この種の手口も、いっそう頻繁に使われるようになると考えて間違いないでしょう。

激しくなると予想される、こうした手っ取り早いやり方への攻撃に対して、私たちは何ができるでしょうか。逃げの手を打つのではなく、力強い反撃を行うべきだと私は思います。とはいえ、その前に一つ、大事な注意点があります。思考の近道のルールをフェアに使って承諾を引き出す専門家まで、敵だと考えてはいけません。彼らは効率的で適応的な交換の過程における私たちの仲間なのです。反撃を加えるべき本当の敵は、自然な状況であれば思考の近道を使う合図となる証拠を、改ざんしたり、捏造したり、不正確に提示する人々だけです。

おそらく私たちが最もよく使っている思考の近道を、例にとって考えてみましょう。社会的証明の原理に照らして考えると、私たちには自分と同じような人々が行っていることをやろうとする傾向がありま す。たいていの場合、ある状況下で多くの人がする行為は、有効であると同時に適切なものですから、そうするのはとても賢明です。したがって、広告主がウソの統計を使っていない限り、あるブランドの歯磨き粉が一番よく売れているという情報は、製品の品質と、その製品を気に入る可能性についての価値ある証拠になります。良い歯磨き粉を買おうとしてスーパーまで行ったときには、人気という単一の情報に頼って、試すかどうかを決めると思います。この方法はほぼ正しい方向へ私たちを導いてくれるでしょうし、それほど大きく間違うこともないでしょう。同時に、認知に関するエネルギーを、情報が溢れ、多くの決定を行わなければならない環境への対処に回せます。この効率的な方法をうまく使わせてくれる広告主なら、決して私たちの敵ではなく、むしろ協力的なパートナーだと言えるはずです。

しかし、承諾誘導の技術の使い手が偽の信号を発して、私たちに思考の近道を使わせようとしているなら、話はまったく別です。私たちの敵は、あるブランドの歯磨き粉が人気商品であるというイメージを意図的に作り上げようとして、たとえば、一般市民のふりをした俳優に製品を誉めさせる「自然なインタビュー」を撮り、CMの連続シリーズを作るような広告主たちです。この場合、その歯磨き粉が人気商品であるという証拠は偽造されたものであり、私たち自身、社会的証明の原理、その証拠に対する私たちの思考の近道、これらすべてが悪用されていることになります。本書の中で私は、インチキな「自然なインタビュー」広告に出てくる商品を絶対に買わないよう勧めましたし、製品を作っている企業に買わない理由を詳細に伝え、そういう広告を制作する広告代理店と手を切るように要求しようと言いました。さらに、こうした攻撃的なスタンスを、丸め込みのプロが証拠の捏造というやり方で社会的証明の原理（あるいは、その他すべての影響力の武器）を乱用するあらゆる場面にまで、拡大することを奨励しました。録音された笑い声が使われていたら、そのテレビ番組を見るのはやめるべきです。延々並んでやっと入れたナイトクラブの店内に人が待つスペースが十分にあって、外で待たされたのは店の人気を偽の証拠で通行人に印象づけるためだったのだと分かったら、すぐさまその場を去り、まだ外で並んでいる人たちにすぐに出てきた理由を告げるべきです。製品評価サイトでサクラにレビューを書かせていることが分かったら、そのブランドをボイコットし、それをソーシャル・メディアで拡散するべきです。要するに、私たちは積極的に遺憾の意の表明、脅し、対決、非難、弾劾演説などのあらゆる手段に訴えて、だまされた報復をするべきなのです。

私は、自分が元々喧嘩好きな人間だとは思っていません。その私が積極的にこのような喧嘩腰の対応を唱道するのは、これがある意味で搾取をする人に対する私自身の、そして私たちみんなの戦いだと考えているからです。ただし、利益を得たいという動機自体に敵意を抱いているのではありません。そのような動機は、誰でも多かれ少なかれ持っています。思考の近道への信頼性を脅かすようなやり方で利益を得ようとするあらゆる試み、これこそが本当の裏切り行為であり、私たちがどうしても我慢できないことなのです。急激に変容する現代で日常生活を営むには、それらすべてに対処する、信頼の置ける手っ取り早い方法や健全な実用的方法が欠かせません。これらはもはや贅沢品ではないのです。それどころか必需品であり、社会の活力が高まっていくにつれて、ますます欠くべからざるものになっています。だからこそ、自らの利益のために私たちの実用的方法を裏切るような真似をする人に出会ったら、なんとしても思い知らせてやらなければなりません。私たちは思考の近道ができる限り効率的に働いてほしいのです。こうした方法本来の働きが、それを悪用する人間の用いる手口によって鈍ってしまえば、私たちは当然それをあまり使わなくなってしまうでしょうし、決定を迫られるさまざまな出来事にうまく対処するのが難しくなってしまいます。戦うことなしに、ただ指をくわえて見ているわけにはいきません。失うものはあまりにも大きいのです。

●読者からのレポート9・1——アリゾナで社会的影響力を研究しているロバートより

ちょっと前のことです。私は電気量販店に行き、高級大画面テレビが魅力的な値段で売られているのに気づきました（買い物の目的は別の品でした）。新しいテレビが欲しいとは思っていなかったのですが、安売り価格と製品への高評価が見えたために足が止まり、いくつかパンフレットをめくってみました。ブラッドという販売員がやって来てこう言いました。「この商品にご興味がおありですね。理由も分かります。この価格ですから大変お買い得です。ただ、お伝えしなくてはいけないことがあって、これは現品限りなんです」。そう言われて、俄然関心が強まりました。さらに彼は、ついさっきある女性から、昼過ぎにそのテレビを買いに行くかもしれないという電話があったと言いました。私は職業人生を通じてずっと説得の科学を研究しているので、彼が私に希少性の原理を使っていることが分かりました。

しかし、そんなことはどうでも良いことでした。二十分後、私はカートを押しながら手に入れた「お買い得品」とともに店を出ました。教えてください、博士。希少性を利用したブラッドの話にこんなふうに反応した私は、愚かだったのでしょうか。

著者からひと言――読者の皆さんはもうお気づきでしょうが、このレポートを書いたロバートというのは私です。だから、私は彼の質問について、とても詳細に理解しています。ロバートが引っかかったと思うべきかを考えるうえで大事なのは、あの状況での希少性に関係する特徴について、ブラッドが正しく伝えていたかどうかです。もし正しく伝えていたのなら、ロバートはブラッドがその情報を教えてくれたことに感謝するべきでしょう。もし、ブラッドがロバートに正しい状況を伝えなければ、ロバートは家に帰ってあれこれ考えた後、夕方になってテレビを買うためにもう一度店に行き、そこで最後の一台が売れてしまっていたことを知ったはずです。そうなればブラッドに腹を立て、「何だって？　どうしてさっき現品限りだって教えてくれなかったんだ！　何を考えているんだよ！」と怒鳴りつけたことでしょう。

一方、ブラッドが正しい情報を伝えたわけではなく、テレビの希少性を巡る状況を捏造したとしましょう。その場合、ロバートがテレビとともに店を出た後、ブラッドはバックヤードから同じモデルのテレビを持ってきて棚に並べ、次の客に同じ話をして買わせようとするでしょう（ちなみに数年前、「ベスト・バイ」の従業員がまさにこれをやっているところを押さえられたことがありました）。この場合ブラッドは、もはやロバートにとって価値のある情報提供者ではありません。けしからぬインチキ野郎です。

真実はどちらだったのでしょう？　ロバートは真相を突き止めようと決意しました。翌朝、彼はまた店へ行き、昨日のテレビがまた展示されているかどうかを確かめました。テレビはありませんでした。ブラッドは彼に本当のことを言っていたのです。それで気を良くしたロバートは、すぐに自分のオフィスへ行き、店のことを、特にブラッドのことを絶賛するレビューを書きました。もしブラッドが嘘をついていたら、レビューは痛烈な批判になっていたでしょう。影響力の諸原理にさらされたとき、私たちは常に、その諸原理で私たちに得をさせようとする人たちには激賞を、損をさせようとする人たちには猛批判を与えるべきなのです。

まとめ

◎現代の生活は、過去のいかなる時代の生活とも異なっている。科学技術の驚くべき発展によって、情報が溢れ、選択の幅が拡大し、知識が爆発的な勢いで増加している。人はこのような変化と選択の洪水に対して、自分自身を順応させなくてはならなくなってきた。それまでと根本的に変わった点の一つが、意思決定の方法である。どのような状況においても、私たちはできるだけ思慮深く、十分に検討を加えたうえで決定を下すことを望んではいるが、現代生活の形態が変化し、ペースが加速度的に速まってきたことで、長所と短所の両方を注意深く分析するのに適した条件が整わない場合が多い。そのため、別の意思決定のやり方、すなわち、普段信頼性の高い、単一の情報を基礎にして承諾（あるいは同意、信用、購入）するかどうかを決めるというやり方に、頼らざるを得ない場面が次第に多くなってきている。本書では、承諾を引き出すきっかけとなるそうした要因のうち、最も信頼性が高く、それゆえ最も頻繁に使われるものについて述べてきた。そうした要因とは、コミットメント、返報の機会、類似した他者の承諾行動、好意や一体性の感情、権威からの命令、希少性に関する情報である。

◎私たちの社会では認知の過剰負荷傾向が強まっているので、それに比例して手っ取り早い意思決定を行う機会が増えている。そのため、相手への要請の中に影響力の梃子《てこ》をいくつか忍ばせるタイプの承諾誘導の専門家は、ますます成功しやすくなっている。こうした手法を用いる人が皆、汚い真似をしているというわけではない。承諾を引き出す梃子が状況に元々備わっていたわけではなく、捏造されていた場合にのみ、それは不正なものとなる。私たちが思考の近道によって得られる利益を失わずにいるためには、あらゆる適切な手段を使って、そのようなインチキに対抗することが重要である。

監訳者あとがき

本書は、Cialdini, R. B.（2021）. *Influence, new and expanded: The psychology of persuasion.* を翻訳したものである。この原書は、一九八四年に出版された *Influence: The psychology of persuasion* の第四版にあたる。『影響力の武器』（第三版以前）を読んだことがある人は、この原書の副題が『影響力の武器』の原書の副題（〝*Science and practice*〟）と違うことに気づいた人がいるかもしれない。また、著者が「まえがき」で、今回の改訂版では「まとめ」が加わったと述べていることについて、「元々あった」と疑問を感じた人もいるだろう。実は、*Influence: The psychology of persuasion* が出版された翌年（一九八五年）、同内容で各章末に「まとめ」や設問を加えた「教室版」が *Influence: Science and Practice* というタイトルで別の出版社から出版された。一九九一年に『影響力の武器』という書名で翻訳出版され、その後第二版（二〇〇七年）、第三版（二〇一四年）が出版されてきたのはこちらの系列の改訂版である。したがって、本書は、『影響力の武器』の系列から見れば、内容理解に役立つ設問やクリティカルシンキングはなくなったものの、各章末にある「まとめ」は残され、註はすべて最後にまとめられてこれまで以上に充実したものになったことになる。最初に出版されたほうの系列（原書改訂版が『影響力の正体』というタイトルで翻訳出版されている）からすれば、「まとめ」が加わったことになる。いずれにしても、本書は、「新版」であると同時に、多少スタイルが異なる形で出版されてきた二つの系列がほぼ四〇年を経過して一本化されたという意味で、「統合版」とも言えるだろう。

しかし、これらの変更は本書にとってはマイナーなものであり、最も重要なのは七つ目の「武器」として「一体性」が加わったことである。「一体性」についてはチャルディーニの二冊目の単著『プリ・スエージョン』（二〇一七年）で既に紹介されているので（こちらでは「まとまり」と訳されていた）、これを読んだ方にとっては別段新しいものではない。しかし、本書において、全般的に新しい知見を加えた上で七つの原理として総合的に説明されることの意義は大きいはずである。

「一体性」が加えられた背景には、人間の心の仕組みを考える上で、関係性や集団所属性が非常に重要な役割を果たしていることが諸研究で明らかにされてきたことがある。人間が社会的動物であることは以前より主張されてきたが、それ以上に、「超」社会的動物であることが認識されるようになったのである。近年では、人間の社会性に関する脳神経科学や進化心理学における研究成果が注目され、社会心理学の領域でも「社会的アイデンティティ」の視点から従来の諸研究を捉え直そうとする流れができてきた。感情心理学でも、自己超越感情（畏敬など）に多くの関心が向けられている。個々の研究については、これまでの版で取り上げられていたものもあるが、このような研究の広がりを受けて、本書では「一体性」が独立した原理として位置づけられたものと考えられる。

影響力の原理が説明される順番が入れ替わったことも、大きな変更と言えるだろう。新たに加わる「一体性」が最後に置かれるのは頷けるとして、「コミットメントと一貫性」が二番目から六番目に下がったのだ。このようなまとめ方をした理由については本文でも述べられているが、個人的には「コミットメントと一貫性」と「一体性」が隣同士になって最後にまとめられたことに意味があるように思う。「コミットメントと一貫性」の章で扱われるのは、人が公的場面で意見表明するなど、特定の立場にコミットすることによってそれと一貫した行動が導かれることであるが、行動に伴ってその人の内面（ビリーフや価値観）にまで影響が及ぶことも詳しく述べられている。言い換えれば、個人的アイデンティティの問題と関わるのであり、この点で一番目から五番目までの原理とは一線を画すると考えられる。そして、次の章で「一体性」の問題が検討される。ここでは、前述のように、個人を超えて他者や集団との結びつきやそれに伴う一体感・連帯感がどのような影響を及ぼすのか、さまざまな研究や事例に基づいて説明されている。これら二つの側面は、広く「個人と集団」の問題、あるいは「能動性（agency）と共同性（communion）」という普遍的な次元に関連するものとして捉えることができるだろう。これまでも、『影響力の武器』は社会的影響という社会心理学の一領域を扱うだけでなく、広く人間心理を学ぶためのテキストとしての側面が備わっていることが評価されてきたが、「新版」ではこれがさらに明確になったと言える。

　さて、今回の改訂では、第三章「一貫性とコミットメント」と並んで分量が多い「一体性」が新たに加わったこと、註がさらに充実したことなどによって、かなりの大部となった。最初に翻訳された『影響力の武器』の原書は厚さが二センチに満たないもので、片手に持ってページをめくることもできたが、今回の訳書の原書（ハードカバー）は註や引用文献を含めて四四六ページ、厚さ約四センチという大著である。翻訳書を原書と同様に一冊に収めるとなると、『影響力の武器［第三版］』よりさらに二割程度厚くなることが予想された。そこで今回は扱いやすさを優先させて、註と引用文献を出版社のウエブサイトからPDFファイルで提供することになった。読書環境によってはすぐに註や文献を参照することが難しい場合もあると思うが、ご理解いただければと思う。前述のように、著者はかなりのエネルギーを割いて「註」を執筆している。該当箇所の追加的説明に加えて、関連書や論文の紹介、個人的な裏話などが含まれており、有用であると同時に楽しめる。本書の場合、一つの章を読み終えたら記憶が鮮明なうちにその章の註を一覧し、目にとまった箇所を読むというやり方をお勧めしたい。

本書は、新版であると同時に拡張版であり、前述のように二つの流れの統合版でもある。社会的影響研究の「グル」とも呼ばれるチャルディーニは、その名の通りに飽くなき追究のプロセスで改訂を繰り返し、初版から三七年後に今回の原書を出版した。実は、『影響力の武器［第三版］』の「訳者あとがき」の中で、「今後の版でも本書の基本的枠組みが大幅に変更されることはないだろう」と書いたのだが、今回の出版で見事に外れた。下手な予想はしないほうがよいかもしれないが、どうしても今後のことを考えたくなってしまう。*Nudge*（邦題「実践 行動経済学」）の著者セイラーとサンスティインは、二〇二一年に出版した改訂版のタイトルを *Nudge: The Final Edition* とした（邦題「NUDGE 実践 行動経済学 完全版」）。さらなる改訂をしないことを自らに課すための「コミットメント戦略」だそうだ。セイラーと同い年のチャルディーニは、幸いにして本書でそのような宣言はしていないし、むしろ社会に向けて精力的に発信を続けようとする意気込みを今まで以上に強く感じる。変動する社会環境における人間行動に強い関心を向けて「さらに先」を考えているに違いないと、密かに期待している。

さて、冒頭で述べたように、翻訳書『影響力の武器』の初版が出版されたのは一九九一年だが、それ以来三二年が経過した。「説得される側」に視点を置いたチャルディーニの原書に魅力を感じた筆者が、以前より他の書籍の出版でお世話になっていた誠信書房編集部の松山由理子氏に翻訳出版の依頼をしたのが始まりだった。版権を得た後、社会行動研究会で活動を共にしていた若手研究者と共に翻訳を進め、何とか出版にこぎ着けた。その数年後、松山氏からプラトカニスとアロンソンによる *The age of propaganda: The everyday use and abuse of persuasion* の翻訳を打診され、再び社会行動研究会のメンバーで分担して訳出、一九九八年に出版された（邦題『プロパガンダ』）。しばらくして、これらの書籍のほか、関連する訳書が『影響力の武器』シリーズとしてまとめられ、現在では九冊を数えるまでになった。松山氏には、誠信書房を退職されるまで、このシリーズ発展の前半を牽引していただいたことになる。残念ながら昨年逝去されたが、心よりお礼を申し上げたい。その後の出版に関しては、本書も含め中澤美穂氏と楠本龍一氏にお世話いただいている。いつも着実な仕事ぶりで、こちらも安心して作業を進めることができる。感謝の意を表したい。

原著者のチャルディーニ教授は、誠信書房が長年にわたり『影響力の武器』や関連図書の出版に関わっていることをご存じで、大きな信頼を置いてくれている。二〇〇七年に日本心理学会第七一回大会（東洋大学白山キャンパス）の特別講演者として来日したが、講演前にわざわざ大会会場にある誠信書房のブースに立ち寄ってくれた。『影響力の武器［第二版］』が出版されて間もない頃だったこともあり、サプライズの「サイン会」を開いてくれたのだ。前日に進呈した大会記念のボールペンを胸のポケットから取り出してサインする、という心遣いにはたいへん恐縮した。その後も、出版に関して何かと気を遣ってくれる頼もしい存在である。

最後に社会行動研究会の立場について触れておきたい。初版と第二版は研究会メンバーが分担して翻訳を行ったが、第三版では翻訳家の曽根寛樹氏に加わっていただいた。今回の「新版」については、大幅な改訂であることを踏まえて曽根氏に翻訳の主要な役割を担っていただき、社会行動研究会は「監訳」という立場で関わることとなった。研究会は二〇一八年に一般社団法人となり、書籍の出版を活動の一つに位置づけている。翻訳書は後から誤訳や不適切な表現が見出されることが少なくない。研究会は今後、本書を含めこれまで関わった翻訳書の、学術的視点からの「メンテナンス」に責任を負うことになる。教室版の副題は「科学と実践（Science and practice）」であるが、翻訳版でこの精神がしっかりと読者に伝わるようにすることが、チャルディーニ教授の心遣いへの「恩返し」と考えている。

社会行動研究会

安藤清志

著者について

ロバート・B・チャルディーニ（Robert B. Cialdini）

アリゾナ州立大学心理学部名誉教授。米国を代表する社会心理学者の一人であり、社会的影響過程、援助行動、社会的規範などに関する数多くの業績で学会をリードしてきた。

ウィスコンシン大学、ノースカロライナ大学、コロンビア大学で心理学を学んだが、彼が特に興味を持っているのが社会的影響力の複雑な仕組みである。

その理由は、彼が米国の中ではドイツ系の住民が多く住む田園都市ミルウォーキーに生まれたこと、さらに、その中でポーランド系が圧倒的多数を占める区画に生まれ、そのうえイタリア系一家の子どもとして育ったためなのだそうだ。

社会行動研究会監訳者一覧

安藤清志（あんどう　きよし）

　現　在：東洋大学名誉教授

川名好裕（かわな　よしひろ）

　現　在：元立正大学心理学部教授

工藤恵理子（くどう　えりこ）

　現　在：東京女子大学現代教養学部教授

沼崎　誠（ぬまざき　まこと）

　現　在：東京都立大学大学院人文科学研究科教授

小口孝司（おぐち　たかし）

　現　在：立教大学現代心理学部教授

坂元　章（さかもと　あきら）

　現　在：お茶の水女子大学理事・副学長

渡辺浪二（わたなべ　なみじ）

　現　在：フェリス女学院大学名誉教授

川瀬隆千（かわせ　たかゆき）

　現　在：宮崎公立大学人文学部教授

今井芳昭（いまい　よしあき）

　現　在：慶應義塾大学文学部教授

八木保樹（やぎ　やすき）

　現　在：立命館大学総合心理学部教授

翻訳者

曽根寛樹（そね　ひろき）

　現　在：翻訳家

ロバート・B・チャルディーニ
影響力《えいきょうりょく》の武器《ぶき》［新版《しんぱん》］
——人《ひと》を動《うご》かす七《なな》つの原理《げんり》

2023年11月10日　第1刷発行
2024年 6 月20日　第3刷発行

監訳者　社会行動研究会
発行者　柴田敏樹
印刷者　田中雅博

発行所　株式会社　誠信書房
〒112-0012 東京都文京区大塚 3-20-6
電話 03 (3946) 5666
https://www.seishinshobo.co.jp/

印刷／製本：創栄図書印刷㈱　　落丁・乱丁本はお取り替えいたします
検印省略

ISBN978-4-414-30429-9　C0011